网络用户与网络信息服务

初景利 主编

海洋出版社

2018年·北京

图书在版编目（CIP）数据

网络用户与网络信息服务/初景利主编. —北京：海洋出版社，2018.1
ISBN 978-7-5027-9899-4

Ⅰ.①网… Ⅱ.①初… Ⅲ.①互联网络-应用-图书馆服务-研究 Ⅳ.①G252-39

中国版本图书馆CIP数据核字（2017）第200775号

责任编辑：杨海萍　张　欣
责任印制：赵麟苏

海洋出版社　出版发行

http://www.oceanpress.com.cn
北京市海淀区大慧寺路8号　邮编：100081
北京朝阳印刷厂有限责任公司印刷　新华书店发行所经销
2018年3月第1版　2018年3月北京第1次印刷
开本：787mm×1092mm　1/16　印张：21.25
字数：360千字　定价：52.00元
发行部：62132549　邮购部：68038093　总编室：62114335
海洋版图书印、装错误可随时退换

《网络用户与网络信息服务》编委会

主　编：初景利

著　者：王丹丹　刘　丽　赵　艳

　　　　李　麟　叶　兰　李　玲

　　　　孔青青　范　炜　沈东婧

　　　　高春玲　魏　蕊　周军兰

前　言

　　自互联网诞生以来，网络（因特网，包括移动互联网）对社会各领域的影响越来越深刻，甚至可以说是颠覆性的。就图书馆（本书主要指大学图书馆和专业图书馆等研究图书馆，下同）而言，在没有网络之前，人们到物理的图书馆去借阅利用印本图书期刊等文献资源，是天经地义、毋庸置疑的。可是，互联网的出现，极大地改变了人们对图书馆的认识和依赖，改变了人们对信息的获取方式，改变了人们的信息行为、信息习惯和信息需求模式，图书馆已经不再是获取文献信息的唯一来源，甚至不是最重要的信息源，而被因特网、搜索引擎、社交网络等新型网络工具所取代。图书馆，这个具有上千年历史的庞然大物，一夜间，仿佛远离了人们的视野和学术生活的轴心，被越来越多的人所淡忘甚至遗忘，被日益边缘化，甚至继 20 世纪 70 年代末兰开斯特的"图书馆消亡论"之后，再次面对图书馆生存价值的拷问。

　　尽管，面对互联网，图书馆不是唯一受冲击的行业，但很可能是受到冲击最显著、影响最强烈、威胁性最直接的领域之一。图书馆存在的价值在于有读者（用户）。如果图书馆没有人或少有使用，成为类似博物馆、档案馆的观赏、浏览、查阅、检索功能，那就不是今天意义上的图书馆，也就失去了其存在的必要。无论是物理图书馆时代，还是今天的数字图书馆时代，用户利用是图书馆生存和发展的根本前提。但这种利用体现为多种方式，到馆阅览和借阅仅仅是其中的一种方式，甚至不是最重要的方式。资源的数字化、服务的网络化大大延伸了图书馆的生存空间和服务能力，包括网络服务和嵌入式知识服务能力。因此，图书馆存在和发展的价值仍然在于服务，只不过服务的方式和内容都正在并将持续发生重要的变化。考察一下今天的专业图书馆，物理馆舍的地位和作用已经无足轻重，尽管建立了信息共享空间（Information Commons）或学习共享空间（Learning Commons），但仍不足以产生足够的吸引力。即使在大学图书馆，表面上读者盈门、络绎不绝，但也都是表象，因为到馆的基本都是本科生，而且仅仅利用的是图书馆的场所和空间，资源和服务少有问津。而且很多图书馆的统计数据显示，到馆读者量和借阅量呈逐年下降趋势。几乎在所有高校，研究生、老师、科研人员和管理人员，基本上是不到物理图书馆的。有的人多年从未造访图书馆大楼，此类数据和事实屡见不鲜。许多科学家和科研人员认为：网上查不到，等于不存在。这就是他们的认知。我们只能适应用户的需求，却无法改变用户的行为。

我们不能谴责我们的读者为什么不来图书馆，也不能怪罪我们的图书馆员为什么不更加努力。一切皆环境使然，是信息环境和信息技术改变了人的信息需求和行为，改变了信息获取的方式和手段。图书馆员再也无法将读者拉回到图书馆，过去"以图书馆为中心"的图书馆服务时代一去不复返了，无论我们（图书馆员和读者）是否感情上接受，都是不以我们的意志为转移的。传统图书馆学理论所谓"千方百计吸引读者到图书馆中来"，只能徒叹息、空悲切。图书馆的大楼再宏伟、空间再温馨、设施再先进、图书馆员素质再优秀，如果不能高度重视网络用户的需求、不能提供网络信息服务，那图书馆的价值和作用必然受到严重质疑。

那图书馆是不是就从此一蹶不起，越来越边缘化，而最终走向消亡？答案并不是非此即彼。图书馆能否走向衰亡，取决于很多因素，包括用户的因素、环境的因素和图书馆员自身的因素。我们能掌控的更多的是自身的因素。如果图书馆固守传统，固守图书馆的阵地服务，固守传统的文献服务，固守落后的服务模式，那只能是死路一条。反过来，图书馆员如果能够直面威胁和挑战，知耻而后勇，敢于打破传统，逆风飞扬，重新认识自己的定位和功能，以互联网思维和精神改造自己，充分利用网络的优势，走出图书馆的围墙，融入科研教学一线，嵌入用户过程，体现"用户在哪里，服务就在哪里"的图书馆服务战略转型，确立在数字化网络化环境下新的"以用户为中心"的服务理念，从资源能力转变为服务能力，更好地支撑用户的信息需求和知识需求，那图书馆就仍然可以焕发新的生机和活力，仍然拥有自己的生存价值和发展空间，仍然会得到用户的信赖和认同，就仍然具有美好的前景和未来。从这个意义上讲，未来的图书馆到底走向何方，取决于图书馆员自身的作为，取决于图书馆对社会新的价值和贡献。

不少人认为图书馆的问题积重难返。领导不支持，经费短缺，馆员素质不高，图书馆和图书馆员的地位和待遇都很差，所以，在图书馆就是混日子，看不到出路和希望，这样就陷入"不重视——不作为——更不重视——更不作为"的恶性循环的怪圈。而走出这个怪圈，只能靠图书馆员自救，靠图书馆员自立自强，在有限的条件下，克服一切困难，从我做起，做出超凡的业绩，做出不一样的服务，做出让领导眼睛一亮和读者刮目相看的服务。这绝非没有可能。国内外许许多多图书馆近些年的创新实践和服务经历表明，只要图书馆战略方向的定位是准确的，只要图书馆员肯于做出不懈的努力，终会产生应有的服务效果，给图书馆和图书馆员带来应有的回报。图书馆是干出来的，哀怨无济于事。

《网络用户与网络信息服务》一书，就是在这样一种背景下萌生的一种冲动和构想：突破传统图书馆的服务内容和服务模式，以网络用户及其需求为中心，构建基于网络（包括移动互联网）的新的图书馆服务体系，体现新的信息环境和信息技术的变化以及用户新的信息需求的变化，充分利用网络并基于网络开展新型的图书馆服务，构建"融入一线、嵌入过程"的学科知识服务。当然，这也并不是不要传统的到馆服务，这些仍然是图书馆服务的基础，因为仍有用户有到馆的需求，有阅读印本的需求，仍然需要阅览、参考咨询、馆际互借、文献传递和检索查新服务，仍然需要阅读推广（悦读）和真人图书活动。但在今天的数字化网络化环境下，大学和专业图书馆服务的重心必须转移到网络和用户一线，借助于网络资源、网络技术和网络平台，借助于图书馆员自身和团队的知识和能力，提供个性化、深度而精准的知识服务，用户在哪里，图书馆员和图书馆的服务就在哪里。在这个过程中，图书馆员作为人的因素的作用和重要性将日渐凸显。图书馆员到用户身边（物理的或虚拟的）提供服务的能力对其自身素质、知识、技能、智慧等的要求越来越高。图书馆员与用户之间的关系不仅仅是简单的服务关系，图书馆员也不仅仅是中介，而是科研教学过程的合作伙伴，是科研人员不可或缺的情报分析专家和高级咨询专家。如果能实现这样一种功能转变和能力转型，那图书馆和图书馆员就会在用户和社会中树立一种全新的职业形象，就会再次受到瞩目和信赖，就会进入良性循环的发展轨道，图书馆和图书馆员的社会价值就会显著增强。这是我们的美好期待，也更需要我们奋发作为。图书馆员也有信念有理想有抱负，这关系到我们职业的地位和尊严，关系到我们的职业生涯前景，我们没有理由自怨自艾、自甘暴弃。图书馆前方的路依然美好。

自 2006 年开始，我在中国科学院文献情报中心指导"网络信息服务"方向的博士研究生,至今已十余年。迄今为止,我指导毕业的博士生15人,在读博士生8人,还有13名已经毕业的硕士研究生。2006年以后,我每年为中心的博士生开设《用户研究与服务》课程,也有10年的历史。我一直有一种愿望,那就是结合我在中国科学院文献情报中心的教学经历、学术研究和图书馆服务实践的心得、感悟和认识,组织撰写一本有关网络信息服务的专著,总结和梳理网络信息服务的理论研究成果和一线实践经验,尝试构建适应今天网络用户需求的网络信息服务体系。今天,这本书终于得以面世,也了却了我这一小小的愿望。

本书是我与我已经毕业的硕士研究生和部分毕业和在读的博士生们共同完成的。大纲是我拟定的,并最后统稿和修改。各章分工如下:

第一章:数字化网络化与图书馆服务的战略转型(初景利)

第二章:网络信息环境分析(王丹丹)

第三章:网络环境下用户信息需求与行为(刘丽)

第四章:网络信息资源保障(赵艳)

第五章:开放获取资源与服务(李麟)

第六章:网络用户信息素质教育(叶兰)

第七章:网络参考咨询服务(李玲)

第八章:面向科研群体的网络化服务(孔青青)

第九章:学术资源的搜索发现服务(范炜)

第十章:学科知识服务(沈东婧)

第十一章:移动、泛在、智能与智慧服务(高春玲、魏蕊)

第十二章:网络信息服务的趋势与变革(周军兰)

尽管我们努力展现网络环境下用户信息服务与知识服务的新特点、新模式、新机制,但网络环境变化很快,信息技术发展迅速,用户需求难以捕捉,构建完备的基于网络、嵌入一线的用户服务体系非一日之功。但我们愿意为此做出点滴努力,在构建适应今天的网络用户的需求方面,奉献我们的思考、设计和研究成果。也期待同仁更富创见,为此继续做出理论上的贡献,并提供实践上的指导。

我和其他合著者都是边从事专业理论学习或承担业务一线工作,边进行这方面的研究和探索,问题和不足在所难免,恳请同仁批评指正。我们也期待更多的同仁这一领域继续开展理论研究和实践探索,以此推进国内图书馆用户研究与网络信息服务的深入开展，为网络用户及所有的用户提供高水平的图书馆服务，体现当今图书馆服务应有的品质和水准，为支撑用户的教学科研保好驾、护好航。如果我们的这些努力对推动国内图书馆的服务转型产生一定的成效，那是我们最欣慰的。

感谢盛怡瑾博士生为本书初稿所做的整理，感谢所有为本书的写作、修改、编辑和出版付出艰辛努力的老师、同学、同仁和编辑。期待读者的指点和批评建议。

初景利

2016 年 12 月 30 日于北京中关村

（2017 年 12 月 10 日修改）

目 录

第一章 数字化网络化与图书馆服务的战略转型 ……………………（1）
  第一节 重新认识图书馆 …………………………………………（1）
    一、图书馆是拥有馆藏的建筑？ ……………………………………（1）
    二、图书馆是中介机构？ ……………………………………………（2）
    三、图书馆是辅助支撑机构？ ………………………………………（3）
    四、图书馆员就是在图书馆里工作的人？ …………………………（4）
  第二节 反思传统图书馆服务的误区 …………………………（5）
    一、图书馆服务就是到馆服务 ………………………………………（5）
    二、图书馆服务就是文献服务 ………………………………………（6）
    三、图书馆服务就是简单劳动 ………………………………………（7）
    四、图书馆服务就是适应用户的现实需求 …………………………（7）
  第三节 图书馆服务战略转型的核心 …………………………（8）
    一、真正确立"以用户为中心"的图书馆理念 ………………………（8）
    二、切实构建图书馆的互联网思维与模式 …………………………（9）
    三、积极推动嵌入式学科知识服务 …………………………………（10）
    四、优化布局图书馆用户服务体系 …………………………………（10）
    五、持续打造图书馆员的新型服务能力 ……………………………（11）
    六、重新审视图书馆服务的评价标准 ………………………………（12）

第二章 网络信息环境分析 ……………………………………（13）
  第一节 以数字化、知识化为标志的泛在知识环境 ………（13）
    一、应用系统更为扁平化，内容更具流动性 ………………………（13）
    二、出现了新的社交和服务方式 ……………………………………（14）
    三、信息中心、长尾和注意力 ………………………………………（14）
    四、用户行为：研究和学习行为模式的转变 ………………………（15）
  第二节 新的网络信息环境对图书馆的影响 …………………（17）
    一、新的网络信息环境下图书馆面临的挑战 ………………………（17）
    二、新的网络信息环境下图书馆存在的机遇 ………………………（20）

第三节　网络信息环境下图书馆服务体系重构 …………………… (23)
　　　一、图书馆服务战略转移 ……………………………………… (23)
　　　二、图书馆服务体系重构 ……………………………………… (26)

第三章　网络环境下用户信息需求与行为 ………………………… (32)
　　第一节　用户信息需求的特征及规律 ……………………………… (32)
　　　一、普通用户的信息需求 ……………………………………… (32)
　　　二、网络一代的信息需求 ……………………………………… (33)
　　　三、科研教学用户的信息需求 ………………………………… (35)
　　　四、信息用户的需求变化 ……………………………………… (37)
　　第二节　用户信息需求的影响因素 ………………………………… (40)
　　　一、信息环境对信息需求的影响 ……………………………… (40)
　　　二、信息技术对信息需求的影响 ……………………………… (42)
　　　三、信息行为与信息需求的互动关系 ………………………… (44)
　　第三节　用户信息行为的表现及模式 ……………………………… (45)
　　　一、用户的信息个人感知 ……………………………………… (45)
　　　二、用户的信息表达行为 ……………………………………… (46)
　　　三、用户的信息获取方式 ……………………………………… (48)
　　　四、用户的信息搜索行为 ……………………………………… (49)
　　　五、用户的信息安全行为 ……………………………………… (51)
　　　六、用户的信息评价行为 ……………………………………… (53)

第四章　网络信息资源保障 …………………………………………… (55)
　　第一节　网络信息资源的含义与特点 ……………………………… (55)
　　　一、网络信息资源的含义 ……………………………………… (55)
　　　二、网络信息资源的特点 ……………………………………… (56)
　　　三、网络信息资源的类型 ……………………………………… (57)
　　第二节　网络信息资源的发展对图书馆的影响与挑战 …………… (59)
　　　一、网络信息资源成为图书馆信息资源建设主流 …………… (59)
　　　二、图书馆的网络信息资源保障能力发展面临诸多挑战 …… (62)
　　第三节　图书馆网络信息资源建设规划 …………………………… (67)
　　　一、嵌入用户环境，提供面向领域、学科、专业的定制化服务 …… (68)
　　　二、拓展和丰富网络信息资源内容体系 ……………………… (69)
　　　三、注重特色馆藏资源的建设 ………………………………… (70)
　　　四、强化和拓展数字资源长期保存建设 ……………………… (70)

五、积极推动资源开放获取及新型学术交流模式的建立………(71)
　　六、资源组织趋于知识的网状关联、融合和发现…………(71)
　第四节　图书馆网络信息资源建设的实施……………………(72)
　　一、建设原则………………………………………………(72)
　　二、建设流程与方法………………………………………(73)

第五章　开放获取资源与服务………………………………………(83)
　第一节　开放获取概览…………………………………………(83)
　　一、开放获取的起源、内涵与实现途径…………………(83)
　　二、开放获取进展…………………………………………(89)
　第二节　开放获取对图书馆的意义……………………………(97)
　　一、应对"期刊危机"，资源获取和利用更加丰富便捷…(98)
　　二、拓展图书馆业务领域…………………………………(99)
　　三、为提升服务奠定基础…………………………………(99)
　第三节　开放获取对图书馆的影响……………………………(101)
　　一、开放获取是对传统图书馆业务的釜底抽薪…………(101)
　　二、开放获取对图书馆服务的新要求……………………(104)

第六章　网络用户信息素质教育……………………………………(109)
　第一节　信息素质与数字媒介素质教育………………………(109)
　　一、图书馆数字媒介素质教育现状………………………(111)
　　二、数字媒介素质教育新领域——数据信息素质教育…(115)
　第二节　信息素质教育平台建设………………………………(120)
　　一、国内外信息素质教育平台建设现状…………………(121)
　　二、信息素质教育平台功能的设计与特点………………(125)
　第三节　网络信息素质教育的模式……………………………(129)
　　一、信息素质合作教育模式………………………………(129)
　　二、嵌入式信息素质教育模式……………………………(132)
　　三、信息素质教育发展趋势………………………………(139)

第七章　网络参考咨询服务…………………………………………(141)
　第一节　从传统参考咨询到网络参考咨询……………………(141)
　第二节　参考咨询服务的技术变革……………………………(142)
　　一、人工和语音时代的传统参考咨询……………………(144)
　　二、Web时代的图书馆数字参考咨询……………………(144)
　　三、Web2.0时代的嵌入式网络参考咨询…………………(145)

四、云计算时代的新型网络参考咨询…………………………………（145）
　第三节　网络参考咨询的服务模式……………………………………（146）
　　一、电子邮件咨询………………………………………………………（146）
　　二、表单咨询……………………………………………………………（147）
　　三、实时咨询……………………………………………………………（147）
　　四、常见问题FAQ………………………………………………………（148）
　　五、咨询知识库…………………………………………………………（149）
　　六、即时通讯咨询………………………………………………………（150）
　　七、手机短信咨询………………………………………………………（151）
　　八、电子论坛咨询………………………………………………………（152）
　　九、博客咨询……………………………………………………………（152）
　　十、微博咨询……………………………………………………………（152）
　　十一、微信咨询…………………………………………………………（153）
　　十二、智能咨询…………………………………………………………（154）
　　十三、用户流程驱动咨询………………………………………………（155）
　　十四、云计算参考咨询…………………………………………………（155）
　　十五、下一代参考咨询的基本特征……………………………………（156）
　第四节　网络参考咨询服务的质量控制与评价………………………（157）
　　一、制定网络参考咨询服务规范………………………………………（157）
　　二、建立网络参考咨询服务的评价指标体系…………………………（162）
　　三、提升网络参考咨询日常管理和质量控制手段……………………（163）
　第五节　网络参考咨询服务的业务组织………………………………（167）
　　一、NSTL网络参考咨询的业务组织…………………………………（167）
　　二、中国科学院文献情报中心网络参考咨询的业务组织……………（168）
第八章　面向科研群体的网络化服务……………………………………（169）
　第一节　面向科研群组的网络平台建设………………………………（169）
　　一、建设背景与功能定位………………………………………………（169）
　　二、基础信息服务系统平台建设………………………………………（171）
　　三、群组集成知识平台建设……………………………………………（174）
　　四、需要解决的问题……………………………………………………（176）
　第二节　面向科研过程的网络化服务…………………………………（178）
　　一、发展背景及概念诠释………………………………………………（178）
　　二、科研过程的信息需求分析…………………………………………（178）

三、嵌入科研过程的网络化服务的主要内容……(180)
　　四、嵌入科研过程的网络化服务保障机制……(183)
　第三节　面向虚拟用户的信息服务……(185)
　　一、概念与产生背景……(185)
　　二、虚拟用户的信息需求分析……(186)
　　三、面向虚拟用户的信息服务模式……(187)
　　四、面向虚拟用户的信息服务保障机制……(190)

第九章　学术资源的搜索发现服务……(192)
　第一节　图书馆OPAC检索服务转型……(192)
　　一、图书馆OPAC存在的问题……(192)
　　二、资源发现系统架构……(195)
　第二节　资源发现系统的服务功能……(197)
　　一、简化统一检索入口……(197)
　　二、分面导航机制……(197)
　　三、情景敏感访问服务……(198)
　　四、知识链接服务……(198)
　　五、云托管服务……(199)
　第三节　资源发现系统案例分析……(200)
　　一、Google Scholar学术搜索……(202)
　　二、Primo……(205)
　　三、Summon资源发现系统……(207)
　　四、EDS资源发现系统……(210)

第十章　学科知识服务……(213)
　第一节　学科知识服务概述……(213)
　　一、知识服务、学科服务的概念……(213)
　　二、学科知识服务主要特点……(215)
　第二节　学科知识服务的发展……(218)
　　一、国外(美国)学科知识服务发展阶段……(218)
　　二、国内学科知识服务发展阶段……(222)
　第三节　国内外学科知识服务案例分析……(224)
　　一、耶鲁大学医学图书馆:个人图书馆员项目……(224)
　　二、约翰霍普金斯大学Welch医学图书馆:嵌入式信息专员计划……(225)
　　三、中科院文献情报中心学科知识服务创新实践……(227)

四、上海交通大学的学科知识服务 …………………………………… (228)
　　五、沈阳师范大学的学科知识服务案例 ………………………………… (231)
　第四节　网络学科知识服务机制保障 ……………………………………… (231)
　　一、需求驱动 ……………………………………………………………… (231)
　　二、业务流程 ……………………………………………………………… (232)
　　三、技术牵引 ……………………………………………………………… (233)
　　四、激励策略 ……………………………………………………………… (234)
　　五、制度建设 ……………………………………………………………… (235)
　　六、能力保障 ……………………………………………………………… (235)
　　七、考核制度 ……………………………………………………………… (236)

第十一章　移动、泛在、智能与智慧服务 …………………………………… (238)
　第一节　移动图书馆服务 …………………………………………………… (238)
　　一、国内外主要图书馆移动服务的发展 ………………………………… (239)
　　二、移动图书馆服务模式 ………………………………………………… (240)
　　三、移动图书馆服务内容 ………………………………………………… (241)
　　四、移动图书馆服务的发展前景 ………………………………………… (246)
　第二节　泛在图书馆服务 …………………………………………………… (249)
　　一、泛在图书馆定义 ……………………………………………………… (249)
　　二、泛在图书馆的特征 …………………………………………………… (249)
　　三、泛在图书馆的服务模式 ……………………………………………… (251)
　　四、泛在图书馆的服务类型 ……………………………………………… (253)
　　五、泛在图书馆服务的三种发展范式 …………………………………… (254)
　第三节　智能图书馆服务 …………………………………………………… (255)
　　一、智能图书馆的提出与应用 …………………………………………… (255)
　　二、智能化图书馆建筑 …………………………………………………… (257)
　　三、智能图书馆的系统设计 ……………………………………………… (258)
　　四、智能图书馆系统的实施 ……………………………………………… (259)
　　五、智能图书馆的转变 …………………………………………………… (261)
　第四节　智慧图书馆服务 …………………………………………………… (261)
　　一、智慧图书馆的出现与兴起 …………………………………………… (261)
　　二、智慧图书馆模式的研究与实践 ……………………………………… (264)
　　三、智慧图书馆发展的挑战与机遇 ……………………………………… (266)

第十二章　网络信息服务的趋势与变革 （268）

第一节　影响网络信息服务未来发展的主要因素 （268）
　　一、未来 5~10 年的技术发展趋势 （268）
　　二、科研范式变化 （280）
　　三、教育模式变化 （286）

第二节　网络信息服务主流趋势 （291）
　　一、趋势一:移动信息服务 （291）
　　二、趋势二:云服务——让服务和管理更有效率 （295）
　　三、趋势三:研究数据服务 （299）
　　四、趋势四:图书馆出版服务——从服务提供者到内容创建者 （309）
　　五、趋势五:物联网——让图书馆服务与管理智能化 （311）

第三节　网络信息服务重新定义图书馆的未来 （312）
　　一、图书馆核心职能的嬗变及新环境的挑战 （313）
　　二、网络信息服务强化未来图书馆的核心职能 （315）
　　三、网络信息服务培育未来图书馆的新职能 （320）

第一章 数字化网络化与图书馆服务的战略转型

当今是一个数字化网络化的时代。数字化网络化对社会各领域都有广泛而深刻的影响。技术的影响从来都是双刃剑。图书馆以及图书馆服务必须顺应这样一种变化,加快自己的战略转型,从被动到主动,从适应到驾驭。图书馆为此需要从认知上到功能上的根本性转变。

第一节 重新认识图书馆

图书馆是什么?多年来人们给图书馆下了无数个定义,但这些定义几乎无一例外是针对传统图书馆而言的,离不开图书馆的几大要素:馆舍、空间、藏书、设备、人员、读者等等。从新型图书馆的角度看,这几大要素仍然存在,但这些要素的涵义及其关系已经发生了重大的变化,图书馆的真正意义已经发生了本质性的变化。如果图书馆还坚守这些要素的传统属性,而不能从服务上体现其发生的变化和应有的新功能,图书馆必然会越来越被边缘化,变得越来越无足轻重。

图书馆是什么,图书馆员是什么,都需要重新审视[①]。

一、图书馆是拥有馆藏的建筑?

将图书馆作为一个建筑是一种基本的认识。《新不列颠百科全书》的定义是:用于阅读或学习的图书馆藏,或保存这种馆藏的大楼或房间[②]。人们一提到图书馆就想到这个大楼,所以,图书馆往往建筑得无比宏伟壮观,往往成为一个城市或一所大学地标性建筑,因此也被誉为"大学的心脏"。在传统的认识中,图书馆规模越大,馆藏越多,图书馆的能力就越强,也就是一个好的图书馆。

---

① 初景利. 重新定义图书馆. 凤凰都市,2015,(11):34-35.
② Library. The New Encyclopaedia Britannic, 15th edition (1992), Vol 7: 333.

诚然，图书馆的物理建筑仍是不可缺少的，但更重要的是图书馆除了作为场所和空间为用户提供阅览和阵地服务还能做什么。今天是一个数字化网络化的时代，很多人（尤其是年轻的一代）的信息需求和行为方式都发生了前所未有的改变。网络、搜索引擎已经替代图书馆作为人们信息获取的首选工具和开展研究的主要场所。越来越多的用户已经绕开图书馆，而将网络作为默认的信息获取途径。他们的观点是：网上找不到，等于不存在。对此，我们必须正视这一现象，必须客观地面对，我们无力改变，只能适应，从我们自身的改变来寻求积极的对策。

图书馆总是依附于用户而存在。没有了用户，图书馆就没有存在的必要。今天的用户在哪里，显然，主要不是在图书馆，而是在用户的办公室、教研室、实验室、教室、会议室和野外台站。如果用户不来图书馆，图书馆员也不到用户那里去，那图书馆与用户之间的关系就变成了死结，而最后死掉的只能是图书馆。因此，尽管物理图书馆对到馆的用户仍有意义，我们仍需为到馆的读者提供一切最好的服务，但我们必须清醒地认识到，到馆的读者相对于不到馆的读者还只是少数，印本馆藏和物理馆舍对不到馆的用户而言则只是一个抽象的概念。他们更喜欢在桌面、在移动终端，随时随地获取所需要的资源和服务，而这不应成为一种奢望，今天已经可以实现。只是图书馆员还习惯于印本的馆藏和物理的图书馆。所以，从图书馆的完整意义上讲，图书馆不仅仅是物理的建筑，更是体现为不到馆的用户提供服务的能力。

二、图书馆是中介机构？

经典的图书馆学教科书认为：中介性是图书馆的本质属性[1]。从传统图书馆功能看，图书馆是介于用户与馆藏资源之间的中介机构，图书馆员就是中介。图书馆就是通过这样一种中介功能，实现为书找人、为人找书的。"中介"理论长期存在，也被广泛地接受和认知，似乎图书馆的中介性是天经地义、不可动摇的。对印本资源而言，用户必须借助于图书馆，到物理图书馆，在图书馆员的帮助下，才能获取所需的文献。老一辈科学家和科研工作者就是遵循这样一种科研习惯和信息行为。他们一定是图书馆的常客，对图书馆和图书馆员怀有很深的感情和敬意。即使在今天，从某种意义上讲，图书馆和图书馆员这种中介作用仍然是不可替代的，图书馆和图书馆员承担着用户与馆藏资源之间桥梁的作用。

---

[1] 吴慰慈主编. 图书馆学基础. 高等教育出版社，2004：90.

但是，我们应该看到，中介理论是针对物理图书馆、针对印本馆藏而言的，是传统图书馆时代的产物，已经不能适应今天的数字化网络化时代数字图书馆和知识服务的要求。随着资源越来越数字化，甚至是完全电子化（digital only、e-only），随着电子资源服务平台功能越来越强大（并且自助功能在完备），随着电子资源越来越走向开放获取（open access），人们就越来越会绕开图书馆和图书馆员这样的中介，自己完成从网络的检索到全文的获取这样一种信息利用全过程。在用户眼里，图书馆和图书馆员并不是不可或缺的。很多人都会提出这样的质疑：当所有的信息都能在网上得到，我们还需要图书馆吗？[1] 图书馆和图书馆员如果还为自己的"中介性"津津乐道，看不到潜在的生存危机和日益边缘化，图书馆的消亡也就指日可待。

图书馆是信息稀缺时代的产物。而今天是一个信息富有（information is rich）而知识贫穷（knowledge is poor）的时代。图书馆和图书馆员如果还死守自己的中介角色，只能被时代所抛弃。因此，图书馆和图书馆员如何重新定位自己，突破自己"中介"角色的限制，延伸自己的触角，超越物理的空间，主动并能动地融入到用户的环境和用户的过程，为用户提供嵌入式的知识服务，与用户建立融入科研全过程的合作伙伴关系，发挥信息专业人员、咨询决策支持专家、智库专家、知识服务专家的作用，是一个具有重大挑战性的问题。图书馆和图书馆员只有重新定义自己的角色，重新塑造自己的核心能力，重新构建与用户的合作关系，才有光明的前景和远大的前途。

三、图书馆是辅助支撑机构？

社会和图书馆界常常将图书馆定位于"依附性"和"辅助性"[2] 的机构，表现为作为科研教学的辅助机构和支撑机构。也许这种定位反映了图书馆工作的当前实际情况。图书馆所起的作用不能与科研人员和教师相提并论。图书馆员不是科研人员，也不是教师。图书馆的能力体现在为教学和科研提供资料的支撑上。图书馆员往往是幕后无名英雄，为他人作嫁衣，甘当绿叶，甘为人梯。这种奉献精神的确为人称道，也因此确立了传统图书馆员的典型形象。

总体上图书馆作为一种辅助和支撑机构客观地表征了图书馆所发挥的实

---

[1] MAIJA BERNDTSON. What and why libraries? http://conference.ifla.org/sites/default/files/files/papers/ifla77/123-berndtson-en.pdf.

[2] 吴慰慈，董焱编著. 图书馆学概论（修订本）. 北京图书馆出版社，2002：74.

际作用。图书馆员的这种作用今后仍然需要，这种职业精神仍然不可缺少。这是一种社会责任和职业分工。尽管这种分工并没有高低贵贱之分，事实也证明了这种分工的必要和合理性。但我们应当看到这种情形也正在发生微妙的变化。辅助支撑是图书馆的一面，另一面则是图书馆需要确立新的角色定位和新的功能发挥。

今天的用户仍然需要图书馆，但可能需要的是与传统图书馆不一样的图书馆，那就是从原来处于信息交流链条中间环节的中介，向上延伸到数字出版领域，通过机构知识库、开放获取、自出版、预印本等出版活动，深度介入出版领域，发挥图书馆在出版中的作用，国外称之为"图书馆出版"（library publishing[①]），为用户提供全谱段的信息交流和学术研究环境；向下则从文献获取、信息服务，延伸到情报研究、科技咨询、个性化服务、精准服务、科技智库、知识服务等。图书馆员需要走出图书馆，走到用户身边，嵌入科研过程，融入科研活动，越来越多地参与科研、教学、管理的活动中，提供情报分析、信息咨询、决策支持、技术预见、前沿判断、智库服务等知识服务，与用户建立合作伙伴关系，直接参与科技创新和知识创造过程，实现从"data"和"information"到"intelligence"和"solution"的转变。这显然已经突破了辅助和支撑的限制，成为科技创新和知识创造的主体的一部分。

四、图书馆员就是在图书馆里工作的人？

图书馆员的传统形象是与图书（文献）打交道的，是在图书馆内从事资源采访、分类编目、流通阅览和参考咨询等工作。维基百科对图书馆员的定义是：在图书馆里从事专业性工作的人[②]。一想到图书馆员就想到在图书馆里借书还书。因此，图书馆员的职业形象就是安全、稳定、清闲、低知识附加值，似乎什么人都能做，无须职业资质和专业能力。

在今天的数字化网络化时代，图书馆员真正的价值并不是文献工作者，也不仅仅是信息工作者，而是知识工作者。知识工作者（如医生、律师、教师）的价值体现在其知识、智能和智慧上，体现的是一种增值服务，可以不以场所和空间而存在。离开了固定的物理场所（医院、法庭、教室），他（她）仍然可以为人看病，帮人打官司，给人讲课。按照张晓林教授的说法：医生的核心能力及其发挥不是在大医院里，而是利用自己的医学知识与经验，

---

① Library publishing coalition. http：//www.librarypublishing.org/
② Librarian. https：//en.wikipedia.org/wiki/Librarian.

针对具体病人来判断病情和治愈疾病,而且这种能力在医学知识检索系统非常发达的今天仍不可或缺①。而传统的图书馆员离开了图书馆,似乎束手无策,一事无成。传统图书馆对图书馆员的要求只是在物理图书馆里给用户提供文献的服务。

从图书馆服务的本质属性和新型图书馆的要求看,图书馆员是与人(用户)打交道的。要求图书馆从以机构为中心转变为以用户为中心,从以资源为中心转变为以服务为中心,从简单粗放型的服务转变为深入精细型服务,从用户走进图书馆转变为图书馆员走近用户。这是一场深刻的变革,要求图书馆员走出物理的图书馆,融入到用户的环境和场景,嵌入用户的科研与教学过程。呆在馆内,作茧自缚,走出围墙,海阔天空。美国约翰·霍普金斯大学医学图书馆图书馆员的定位就是嵌入式信息专员(embedded informationist),其定义是:在用户的空间里利用我们的专长为用户提供服务②。由此可见,必须改变图书馆员的传统职业形象,塑造出信息专家和学科情报专家等新的角色形象,体现图书馆员知识服务能力,不依馆舍而存在,融入到用户之中,用户在哪里,服务就在哪里,为用户提供嵌入的、深度的、高附加值的知识服务,重新证明图书馆员的职业能力和生存价值。

第二节 反思传统图书馆服务的误区

传统图书馆服务是在一定的历史条件下形成的,在特定的时代和特定的环境具有一定的合理性和需求,发挥了不可或缺的作用。但是在今天的数字化网络化和开放获取的环境下,图书馆必须重新审视自己的服务定位与服务能力,反思传统图书馆服务的误区,重新规划和部署图书馆的服务体系。传统图书馆服务的误区主要体现在:图书馆服务就是由图书馆员为到馆用户提供的基于文献服务的简单劳动,就是适应用户的现实需求。

一、图书馆服务就是到馆服务

到馆服务是传统图书馆服务的典型特征。只要有物理图书馆存在,就始终有到馆服务的存在。到馆服务满足了到馆读者利用图书馆服务的需求。但是,我们必须认识到,到馆服务只是图书馆服务体系中一部分,而不是全部。

---

① 张晓林. 研究图书馆 2020:嵌入式协作化知识实验室? 中国图书馆学报, 2012, (1): 11-20.
② 初景利, 阎军. 约翰·霍普金斯大学图书馆考察报告. 数字图书馆论坛, 2011, (1): 53-60.

在今天的信息环境和用户行为模式下，图书馆服务必须突破到馆服务的限制，遵循"以用户为中心""融入一线、嵌入过程""用户在哪里，服务就在哪里"的服务理念，通过网络、技术和平台以及馆员到用户身边，创造泛在的服务环境与服务能力，延伸用户服务的时间和空间，实现随时随地服务和即时有效服务的服务云。传统图书馆服务所追求的"千方百计吸引读者到图书馆中来"①，也只是服务的一种目标，通过创新空间布局（如信息共享空间、创客空间等）、提供有吸引力服务项目（如阅读推广活动、真人图书馆项目等）以及其他各具特色的服务活动，在图书馆中聚集人气，给用户服务创造"图书馆的氛围"。但更为重要的是，新型图书馆就是要给所有的读者创造平等利用图书馆资源和服务的机会和权利。无论用户（指合法用户）在哪里，只要有信息需求，图书馆都要想方设法加以满足，消除用户利用图书馆服务上的物理障碍、技术障碍和法律障碍，拓展用户的范围，将潜在用户转变为现实用户。这并非遥不可及的目标，这正是新型图书馆正在追寻的方向。

二、图书馆服务就是文献服务

文献是构成图书馆的基础性要素，是图书馆的核心要素。今天的文献涵义不仅包括印本，还包括大量的数字资源和网络资源。无论哪种载体形式，以提供文献作为服务内容的文献服务（借阅服务、参考咨询服务、文献传递服务、馆际互借服务、检索查新服务等等）都只是文献层面（单元）的服务。

文献服务是提供一本书、一种期刊、一篇文章层面基于文献单元的服务。但对用户的需求而言，虽有文献层面的需求，但更多的是针对文献内容的知识单元及其组合的服务，如知识单元层面的概念、人物、事件以及知识单元组合层面的特点、规律、趋势、演进、关系、网络等等。而针对知识层面所提供的服务（知识服务）已经不是一个概念，而是正在变成一种现实。一方面，数字资源越来越丰富，而且成为馆藏资源的主体，还有大量的网络资源和开放获取资源；另一方面，已经有大量的分析工具和可视化工具可以支撑对数字内容的抽取、挖掘、分析、展现、关联、融汇和发现。

从这个意义上讲，图书馆的服务就不能仅限于文献层面，而是需要更多地深入到知识层面，以需求为导向，充分利用各种信息分析工具，加强对数字知识内容的挖掘和揭示，将"知识宝库"转变为"知识喷泉"。国内外所谓好的图书馆一定是善于挖掘和利用馆藏资源的图书馆，将图书馆潜在的资

---

① 方红. 论图书馆应如何吸引读者. 图书馆界，2007，(3)：31-34.

源能力转化为现实的服务能力。资源再丰富，不能转化"服务"本身强大的知识服务能力，也不是一个现代意义上好的图书馆。服务能力是新型图书馆的最重要能力。知识服务能力是图书馆服务能力的最重要标志。

三、图书馆服务就是简单劳动

传统图书馆服务是简单劳动，而新型图书馆服务是复杂劳动。简单的借借还还是传统图书馆的典型特征，无须专业训练、无须专业能力。今天的新型图书馆服务是图书馆员、技术、工具、信息环境等与用户直接或间接互动的结果。仅仅靠图书馆员自身或图书馆员人工无法完成需求日益复杂的图书馆服务。没有技术的支持，没有工具的运用，没有信息环境的保障，图书馆的服务往往无法完成。图书馆服务是在多种因素影响下的结果，图书馆服务的水平也是多种因素共同作用的结果。

新型图书馆服务是知识性活动。图书馆服务的过程是图书馆员与用户沟通互动的过程，是满足用户科技文化教育等各方面需求的过程，体现了服务过程的知识性。图书馆员没有一定的科学素养、专业知识、技术能力和其他多方面的能力（如沟通能力等），就不可能完成这样的一种服务。图书馆服务能力的高低一定程度上体现在服务的知识水平的高低。英美发达国家实行图书馆员职业资格制度[1]，也充分说明了图书馆服务对知识水平的需求。

图书馆服务是创新性活动。由于年代的变迁、用户类型的不同和用户需求的变化，图书馆的服务也总是要发生变化的。即使同一用户承担不同的任务，对图书馆服务的需求也是不同的。因此，图书馆服务是一种创新性的活动，面向不同的用户和不同的需求提供个性化和精准性的服务，不可能以不变应万变。创新性始终伴随着图书馆服务的全过程，创新能力也是图书馆服务能力的重要体现。图书馆服务发展变化的过程也是创新能力不断提升的过程。图书馆服务要将创新能力作为重要的驱动要素，不断通过理念创新、技术创新、工具创新、方法创新和机制创新推动图书馆服务不断跃上新的台阶。

四、图书馆服务就是适应用户的现实需求

"用户需要什么，图书馆就提供什么"看似合情合理，但要分析用户需求的本质。用户的需求往往是表达出来的需求，而表达出来的需求往往是显性需求和现实需求。其实，用户的真正需求往往是表达不出来的，是需要观察、

---

[1] 初景利，李麟. 美国图书馆员职业资格认证体系. 国家图书馆学刊，2005，(3): 29-35.

挖掘、分析和感悟的，将用户的隐形的、潜在的需求转化为图书馆的实际服务目标。图书馆能不能做好服务，首先在于对用户需求的认知深度和把握能力。如果仅仅满足于适应而不能预期和超越用户的显性和现实需求，图书馆服务往往也是表面和浅层次的，缺乏服务的深度和知识含量。

对用户需求的认知和把握，需要加强与用户的密切联系、沟通和互动，创造与用户接洽的机会、环境和氛围，拉近与用户的距离，保持与用户之间信息传递与交流的畅通。另一方面，也需要图书馆员站在用户的立场上，从用户的视角去提出问题、思考问题和分析问题，增强对用户需求的感悟，提高对用户需求的敏感性和判断力，善于从用户语言与行为中捕捉到用户需求的实质。乔布斯坚信用户"不知道自己要什么"[①]，他更强调用户体验。所以，对需求的认知、分析和把控能力，也是图书馆员能力的重要体现，是做好服务的重要前提。

所以，对图书馆服务而言，所谓满足用户需求不能以停留在用户的表面和现实需求的满足上，不能将用户的需求简单化，而是建立在对用户内在和隐性需求的挖掘和分析上，特别是要善于运用大数据技术，建立用户需求的模型，对用户需求作出准确的判断和分析。"没有做不到，只有想不到"。如果能够对用户的需求摸得清、看得透、找得准，服务也就不是大的问题，协调资源、组织人力、控制流程为满足需求提供服务，将变得顺理成章了。在现实的环境下，用户的需求也是十分复杂的，对用户需求的研究始终是困扰图书馆学的一个难题。

第三节　图书馆服务战略转型的核心

总体而言，当前正处于从传统图书馆到新型图书馆的转变过渡期，图书馆服务战略的转型是其中的关键和核心。面向当前和未来的用户需求，图书馆服务必须有新的变化和新的突破，构建在新的信息与技术环境下与用户需求相一致的新的图书馆服务理念、服务模式与服务能力。

一、真正确立"以用户为中心"的图书馆理念

以用户为中心就是要取代以图书馆为中心。在印本和物理图书馆时代，

---

① 王启云. 科学网博客：乔布斯的用户需求观. http://blog.sciencenet.cn/blog-213646-531339.html.

用户只有到图书馆才能获取所需要的文献，所以在用户与图书馆之间的关系上，必然是用户围绕着图书馆转。读者只有到图书馆，才能接受图书馆的服务，因而物理图书馆具有中心的地位。但今天图书馆的这种中心地位已经不复存在。为此，要从以图书馆为中心的"地心说"转变为以用户为中心的"日心说"①。相应地，需要建立以用户为中心新的理念、模式和机制，图书馆的一切工作都要围绕着用户来开展，用户在哪里，服务就在哪里，确立用户在图书馆中的主体地位，无论是到馆用户，网络用户，还是一线用户。

以用户为中心就是适应和满足用户的需求。用户需求是图书馆服务的前提。图书馆服务的根本就是旨在适应和满足用户多方面的需求，这种需求不仅是文献和信息需求，而且是知识需求；不仅是显性和现实的需求，而且是隐形和潜在的需求；不仅是场所和空间的需求，而且是远程的到桌面的随时随地的需求；不仅是适应用户的需求，而且是超越用户的需求。今天的用户不是不需要物理图书馆与图书馆员，而是更需要能嵌入用户过程、随时随地为用户提供知识服务的新型图书馆和图书馆员。

以用户为中心就是以服务为导向。服务是图书馆的本质属性，怎么强调图书馆的服务性都不过分。以服务为导向就是要确立用户意识、需求意识和服务意识，将图书馆工作的重心放到服务上，围绕着服务重新布局图书馆的业务体系、管理体系和服务体系，明确服务内容，优化服务模式，提高服务效率，提升服务能力，增强服务效果。以服务为导向就是要检验图书馆为用户提供的是什么服务，怎样提供的服务，服务的时效性如何，服务的水平如何，用户的满意度如何。图书馆不能提供良好的服务，图书馆就将从根本上失去存在的意义。

二、切实构建图书馆的互联网思维与模式

互联网的发展对社会各领域产生深刻影响，包括图书馆。这种影响要求图书馆对互联网作出积极的响应，适应互联网模式与发展需要，借助于互联网提高图书馆的影响力和服务能力，延伸图书馆服务的时空，拓展图书馆的服务领域，构建"互联网+图书馆"的业务模式与服务体系，提升为用户服务的能力，增强用户的体验和效果，将图书馆的服务做到极致。

互联网思维的核心是用户思维、服务思维、免费思维、简约思维、极致思维、迭代思维、社会化思维、大数据思维、平台思维和跨界思维。总体而

---

① 张晓林. 颠覆数字图书馆的大趋势. 中国图书馆学报, 2011, (5): 4-12.

言,图书馆还缺乏足够的互联网思维,缺乏运用互联网增强服务能力的意识和技术,还习惯于图书馆思维和被动服务,缺乏竞争意识和竞争力,甚至惧怕互联网,担心互联网替代图书馆。也许我们提出更多个互联网不能取代图书馆的理由[1],但如果图书馆不能将互联网为己所用,延伸图书馆服务的时间与空间,增强图书馆服务的核心能力与竞争力,那么图书馆被互联网取代也不是没有可能。

三、积极推动嵌入式学科知识服务

学科服务是以学科馆员为主体面向学科领域提供的专业化个性化的服务[2]。学科服务不是任何用户都适用的宣传推广、教育培训、参考咨询,而是强调融入用户一线、嵌入科研过程提供知识服务,为用户提供情报跟踪、学科态势分析、竞争力分析、前沿热点分析、学科趋势分析、人才优势分析等等,为用户提供解决方案或为解决方案提供支撑。这种嵌入式学科知识服务是图书馆服务最重要的能力之一,是图书馆服务体系的重心,代表图书馆服务的形象和地位。

图书馆开展嵌入式学科知识服务,需要突破制约学科服务工作开展的难点,解决观念和认识上的问题,加强顶层设计,加强学科馆员队伍建设与能力培训,掌握情报分析与研究方法,开发或引进支撑学科服务的各种工具和平台,从力所能及做起,循序渐进,通过服务成效赢得用户的信赖和认可,切实为用户的科研过程提供全方位的信息支撑和知识解决方案,成为用户科研过程不可或缺的合作伙伴,重塑图书馆员的职业形象。

四、优化布局图书馆用户服务体系

面向图书馆转型发展的需要,重新设计以用户服务体系为核心的业务体系,设立具有不同功能的业务部门,整合图书馆的业务流程,将服务作为业务重点加以布局,将服务的触角从馆内的阵地服务,延伸到网络、用户虚拟社区和用户一线,覆盖从文献服务、信息服务到知识服务、出版服务、智库服务的用户服务全流程,提供个性化、精准化的新型图书馆服务。

调整和优化人力资源结构,为服务部门和服务岗位配备精干力量,保障必要的物力和财力支持,建立和完善具有激励作用的绩效考核办法,鼓励图

---

[1] 初景利编译. 因特网不能替代图书馆的十个理由. 图书馆理论与实践, 2002, (1): 70-71.
[2] 孙坦, 初景利. 图书馆嵌入式学科服务的理论与方法. 科学出版社, 2015.

书馆员在一线服务中发挥主观能动性、智慧与创造力,将服务效果(特别是用户满意度)作为考核的最重要标准,发挥团队的协同支持作用,发挥技术工具在服务中的支撑作用,推动图书馆服务质量、服务水平、服务能力不断提升。

五、持续打造图书馆员的新型服务能力

图书馆员的传统能力是采访、分类、编目、流通、参考咨询、馆际互借、检索查新等。在数字化网络化环境下,图书馆需要加快推动从资源能力到服务能力,特别是新型服务能力的转型变革。所谓资源能力就是着眼于印本文献、数字资源的购买和获取,图书馆的一切能力都围绕着文献的加工与处理过程。尽管这些能力仍然需要,而且涵义有所不同,但随着资源的数字化和开放获取的不断推进,对图书馆和用户双方而言,只要有经费,资源保障能力不是问题。图书馆所需要解决的核心能力是服务能力,即利用资源、技术、平台和图书馆员的知识和智慧,能为用户解决需要解决的问题。

在新的信息环境下,图书馆员需要致力于为用户提供四大新型能力:出版服务能力、情报分析能力、智库服务能力和智能(智慧)服务能力。图书馆提供出版服务是图书馆服务新的业务增长点,适应的是数字出版、开放获取和新型学术交流体系的需要。图书馆出版(library publishing)已经成为国际图书馆界关注和参与的一个新趋势;情报分析是情报机构的核心能力,但也正在成为图书馆的重要能力。如果图书馆员不能掌握和具备基于文献、数据、专利的情报分析的能力,则学科服务、知识服务、深度服务等都无从谈起,图书馆服务也很难体现应有的质量和效果;国家的新型智库建设正在成为治国理政的新理念,受到社会各方的高度关注和积极参与。智库服务也应成为图书情报界(包括图书馆)新的服务内容和新的服务战略。图书馆在智库建设中有自己的优势,也有劣势,需要找到智库服务的切入点,成为具有智库功能的机构,在智库建设中发挥能动性和重要的作用;以人工智能、物联网为代表的新技术的应用,为图书馆发展提供了新的动力和新的能力。图书馆需要在 RFID 的基础上,结合物联网发展趋势,加强人工智能技术的应用水平,打造与智慧校园、智慧社区相互融合的智能型、智慧型图书馆,将人工智能技术与图书馆员智慧有机结合,打造以智能技术为驱动、以智慧服务为目标的新一代图书馆。

六、重新审视图书馆服务的评价标准

传统图书馆服务评价标准是经费数量、馆舍面积、到馆读者量、参考咨询量、用户培训数量、文献借阅量等。这些标准主要是基于投入而产生的,是针对传统图书馆的主要特征而确定的评价标准。随着图书馆战略转型和业务重心的转变,图书馆服务的评价标准也需要相应地转变。国外图书馆界新的评价趋势是从输入和规模转变为输出与成效,输出和成效主要体现为:对入学率、保持率、毕业率的影响,对学生学习的影响,对教师科研生产率的贡献,对教师立项和资助的影响,对教师教学的支撑①。

传统图书馆服务看重的是输入和规模,而新型图书馆则强调为用户做了什么,做得效果如何。输入和规模不体现图书馆和图书馆员的能力,而将有限的输入转化为巨大的输入(服务及服务的效果)才是图书馆和图书馆员能力、价值和贡献的体现。吴建中馆长认为:图书馆的能力大小,不在于其规模,而在于其智慧。中山大学图书馆馆训是:智慧与服务。所谓的智慧就是能动地发挥图书馆员的作用,为用户提供高附加值的知识性服务。这应该成为图书馆新的评价标准。

综上所述,图书馆是一个变化中的概念。追根溯源,我国图书馆的存在有上千年的历史。如果按照近代图书馆的标准看,图书馆也有上百年的历史。纵观图书馆的发展史,变化最为深刻的是因特网产生以后。数字化网络化对图书馆的影响是根本性的,但不是颠覆性的。某种意义上,这种影响冲击甚至改变了对图书馆的传统认知,带来了图书馆的全新变革,推动了图书馆从传统图书馆向新型图书馆的转变。在数字化网络化时代、搜索引擎时代、社交网络时代,从传统图书馆走向新型图书馆是时代赋予的使命。新型图书馆最重要的标志就是:图书馆的涵义需要重新定义,业务体系、服务体系和管理体系需要重新确立,为用户提供知识服务的能力需要重新打造,"以用户为中心"的服务理念需要重新认知,"用户在哪里服务就在哪里"的服务模式需要重新构建。

---

① Redefining the academic library: managing the migration to digital information services, Washington, DC: The Advisory Board Company 2011.

第二章 网络信息环境分析

网络信息环境是当今用户的主要环境，对用户的信息认知、信息需求、信息行为都具有直接或间接的影响，并进而影响图书馆及其所提供的服务。无论是传统图书馆，还是数字图书馆，都必须正视以网络（互联网）为标志的信息环境的变化，把握特点与趋势，顺势而为，利用互联网打造图书馆新的服务能力。

第一节 以数字化、知识化为标志的泛在知识环境

信息环境，是一个社会中由个人或群体接触可能的信息及其传播活动的总体构成的环境。数字技术、网络技术的发展给整个社会生产生活方式带来了巨大的变化，泛在知识环境逐渐形成。所谓"泛在知识环境"（Ubiquitous Knowledge Environment），实际上是一种综合全面的数字化信息基础设施，是由软件、硬件、网络设施、信息资源、人等有机组成的新一代科技知识基础结构，它通过计算、存储和通信方面的最大便利，使人、数据、信息、工具、设备等资源能够更为完全彻底地发挥作用而构建的一种普遍的、综合性的知识环境。[1]。这一环境呈现出如下一些具体的特征：

一、应用系统更为扁平化，内容更具流动性

我们正在迈向一个更为"扁平化"的网络世界，网络和商业应用系统之间的差距进一步缩小。数据更容易进入用户环境。Web 服务和 RSS 成为传播相关组织的一个重要组成部分，允许用户将不同环境下的服务进行合成。在这一情景下，工作流和商业过程更加自动化，数据获取和重塑更加容易，借助开源软件和按需服务，应用系统的构建和整合更为容易实现。组织不再是通过安装本地应用系统来满足需求，而是使用一个中心的、基于 Web 的应用系统。这样不仅减小了风险，降低了成本，而且可以实现软件系统的快速更

---

[1] 孙波. 泛在知识环境下的图书馆 [J]. 图书馆杂志, 2006, (9): 51-55.

新。此外，越来越多的过程受数据驱动。用户活动产生了大量的数据，这些数据被进一步合并、挖掘以推动服务的改善，辅助决策的制定。当然，重要的应用系统仍然需要被构建，但是这些应用系统被阐述和融入工作过程的方式发生了变化。同时，系统中的内容可以被解构和重新合并。

二、出现了新的社交和服务方式

社交网络成为新的人际交往和信息沟通方式。Facebook 的用户总量超过 3.5 亿，如果将它看成一个国家，将成为仅次于中国和印度的全球第三人口大国。这并不只是一组引人注目的商业数据，其用户目前每天发送的信息已经超过 5 500 万条，每周分享的各类信息则高达 35 亿条。随着 Facebook 的飞速增长，其触角也已经不再局限于美国市场，目前约有 70% 的 Facebook 用户来自美国以外。尽管 Facebook 是全球最大的社交网络，但仍然有其他很多国际化的社交网络。例如，专注音乐和娱乐领域的 MySpace、专注职场人士的 LinkedIn、允许用户发布 140 个字符短信息的 Twitter。按照每月的访客计算，所有这些网站都位列全球最受欢迎的社交网络。除此之外，还包括在印度和巴西市场颇受欢迎的谷歌 Orkut 以及中国的 QQ 等。在该榜单之外，各个国家也都有属于自己的大型社交网络，例如法国的 Skyrock、俄罗斯的 VKontakte 和韩国的赛我网（Cyworld）。而在一些特殊领域还有很多独特的社交网站，例如科研人员聚集的 ResearchGATE。社交网站的飞速增长吸引了大量关注，因为这些网站使得用户的个人关系比以往任何时候都更为清晰可见，也更容易量化。它们还成为发布新闻和施加影响力的重要渠道。"企业 2.0"，"图书馆 2.0" 这些词被用来描述将社交网络和博客整合到组织工作场所中的努力。支持这一观点的人认为，新的社交网络服务现在可以被用于组织中，从而为组织带来巨大的利益。

三、信息中心、长尾和注意力

互联网带来了信息供应的爆炸，由于生理条件的限制，人们吸收信息的能力并没有明显的增长，相反信息的供应与吸收之间的剪刀差却越来越大，造成"注意力"成为经济学意义上的稀缺资源。在以往获得研究和学习资料受限于少数渠道的状况下，图书馆吸引了学术用户的注意力，但是当下图书馆已经不再是学术资源聚合的唯一中心，以搜索引擎为代表的一些新型资源聚合中心正在形成。图书馆的用户也正在被这些新的资源中心所分流，图书馆变成了若干知识传递渠道的一种①。

2004年10月,连线杂志主编克里斯·安德森（Chris Anderson）提出了长尾（The Long Tail）这一网络经济的新概念,用来描述亚马逊、谷歌和Netflix等网站的商业模式,阐释互联网企业成功和失败的原因。该理论认为,只要有足够大的存储与流通渠道,销量不佳或需求不旺的产品共同占有的市场份额也可以与那些数量不多的热卖品所占有的市场份额相匹敌甚至更大。例如,亚马逊网上书店成千上万册商品书中,畅销的小部分图书占据了总销量的一半,而另外绝大部分销量小的图书却凭借其种类的繁多积少成多,占据了总销量的另一半。谷歌的发展也充分展示了长尾理论的应用,其中,Google AdSense是谷歌提供的按照实际点击计费的网络广告发布方式,这对于那些付不起高额广告费或是对传统计费方式感到不满的小企业而言,是一种非常廉价、极为方便的广告发布方式。这就是长尾,它使谷歌获得了大量小企业的拥护。据统计,谷歌每年大部分广告收入都是来自于中小企业②。

目前,图书馆的资源以数字资源为主。数字资源不同于以往的印刷型文献资源和各类视听资源,在存储介质和传播形式上发生了巨大的变化,其不受收藏地点（如图书馆）和收藏时间（开放时间）的局限,可以随时随地存取,使得用户获取信息的成本大为降低,信息获取也极大方便,开始转变传统的信息资源稀缺和供求关系运作状况。此外,与传统文献相比,数字资源的有序化程度、组织与整合都大大提升,与其他媒体信息相比数字化信息最重要特点在于其检索功能,不再需要像传统文献那样逐页翻查,通过检索系统就可以从题名、作者、关键词等各个途径,在几秒钟内从数据库中找到所需要的内容。因此,用户可以直接从所需要的内容着手,查找文献。这使得传统文献资源和数字资源在利用率上分别服从"二八原则"和"长尾理论"。因此,未来图书情报信息服务体系的建立应关注信息的长尾建设,加强图书馆用户所需信息的检索机制建设,增进资源的查找与能见度,实现供求的有效匹配。

四、用户行为：研究和学习行为模式的转变

1. 数字资源和多媒体资源成为用户偏爱的文献形式

图书馆建设与服务的基础是资源。网络环境下,图书馆可收集和能收集

---

① 周军兰. 长尾理论与图书馆 [J]. 图书情报工作, 2007, (4): 30-35.
② 宓永迪. 长尾理论在图书馆的应用 [J]. 图书馆杂志, 2007, (5): 11-13.

的资源数量不断攀升,图书馆资源建设面临包含电子期刊、图书、报纸、数据库、音视频资源、网络资源在内的,分布在不同系统中的海量数字资源。这些资源形态不同,组织方式各异,既有传统文献的数字化形态,又有各种类型的原生数字资源。此外,随着网络的普及,大量有价值的学术文化信息资源通过网络平台发布与传播,网络信息资源也成为与文献资源、数据库资源并列的图书馆信息资源建设重点。开放存取运动的蓬勃发展,更是极大地提升了网络学术资源的权威性与专业性,OA 资源成为许多图书馆网络资源建设的重要组成部分,成为图书馆电子数据库的有效补充。毫无疑问,随着开放共享理念的深入人心,今后网络数据库和学术资源会越来越丰富与集中,在图书馆信息资源构成中所占的比重将会越来越大。总之,数字化馆藏的增长速度正在超过图书馆的管理、保存和传递能力。迫切需要图书馆开展新的服务形式,比如提供资源的个性化发现服务,通过发现服务,协助用户发现图书馆的馆藏内容。

最重要的是,在当前的网络信息环境下,信息环境已呈现出信息内容数字化,信息传递网络化的态势,特别是用户越来越多地参与到信息的创建、发布与传播的过程中,以博客、微博等为代表的微内容蔚然兴起。信息用户的行为大大改变,用户倾向使用电子资源、数字资源而不是传统的纸质资源,对数字资源需求量也是越来越大。新生代的用户更喜欢使用各种多媒体资源进行工作、科研与学习,多媒体资源可通过各种音频、视频丰富的感观刺激激发用户对资源的兴趣,为用户提供一个直观、真实的信息视角,更便于用户对文献信息的接受和理解。同时,随着信息获取渠道与获取方式的多元化,用户信息需求也随之发生变化,呈现出系统性与多层次性、全面性与精确性、及时性与个性化等特点[①]。

2. 网络服务、即时服务和一站式服务成为用户偏爱的服务方式

随着文献资源类型的多样化,现在的用户更喜欢通过计算机和各种虚拟设备得到所需要的信息,更喜欢通过网络服务获取所需要的资源,更习惯使用 Google 形式的搜索引擎来查找信息,倾向于使用自然语言而不是检索语言进行信息的检索,更加希望无障碍地在无缝的信息资源环境中进行科研、学习、教学、交流等工作。用户的阅读习惯也发生了改变,更喜欢粗略地浏览文献信息,然后再进行选择,而不再是采用阅读纸质图书的精读阅读方式。

---

① 司莉,邢文明. Web2.0 环境下用户参与的图书馆信息组织模式及其影响研究[J]. 图书馆论坛,2011,31(6):199-206.

用户会根据自己的需求随时从网上获取相应的文献资源,进行快速信息浏览,即时满足自己的信息需求,这就需要信息平台为用户提供即时无缝的服务。同时,面对日益激增的文献信息量,用户希望各类文献信息与系统能够高度整合,在一个统一检索平台上为其提供一站式信息服务,减少其获取信息的难度①。但是,在传统图书馆中这种令用户满意的数字式、无缝式、实时式和一站式的服务才刚刚起步。

当前,以智能手机、电子阅读器及平板电脑为代表的移动计算的出现使得信息服务者将有用、准确、及时的信息提供给任何时间、任何地点的任何客户成为简易的事情,极大地改变了人们的生活方式和工作方式。人们利用手机等移动设备来上网获取信息已成为社会的主要信息行为,随着安卓、IOS等智能终端系统的发展和移动设备的进一步升级更新,这一趋势将更进一步加大。为了满足用户对移动服务日益增强的需求,图书馆也应该借助信息技术,整合信息资源,建构立体化信息传播环境,为用户营造一个可以实现在任何时间、任何地点获取图书馆任何信息资源的信息服务环境,让用户全方位感受和体验服务成果。

第二节 新的网络信息环境对图书馆的影响

网络环境改变了传统信息资源的搜集、整理、分析、加工、传播途径和范围,大大缩小了时空的限制,也极大地改变了人们的社会观念、生活观念和获取信息资源的行为方式,图书馆既面对着机遇,更充满着挑战②。一方面信息技术从根本上改变了图书馆服务的模式和手段,另一方面环境的竞争态势将给图书馆服务带来新的发展机遇。

一、新的网络信息环境下图书馆面临的挑战

1. 图书馆的资源和服务被边缘化

一直作为公益事业存在的传统图书馆,定位明确,用户群稳定,没有生存压力和竞争问题,网络信息技术的出现打破了这一状况,出现了新的生存模式,冲击着传统图书馆的经营方式。信息服务正朝着多元化方向发展,获

---

① 赵雪莹. 数字信息环境下的用户行为研究 [J]. 科技情报开发与经济, 2013, 23 (5): 103-106.
② 张家德, 陈兴瑞. 网络环境下图书馆用户研究探讨 [J]. 社会视点, 2013, (2): 239.

取信息的途径越来越多,人们对图书馆的依赖程度降低,图书馆所提供的服务已经无法满足用户的需求,图书馆面临着生存的挑战①。

传统知识环境下知识链简单且清晰,图书馆是传统知识链的核心,是知识提供者与知识需求者必经的中心环节。而泛在知识环境下,线性知识发布与交流模式被打破,知识提供者有更多的渠道和方式发布与交流信息,需求者也有更多的渠道和方式交流与获得信息。知识链的彻底颠覆,削弱了图书馆的中介作用。人们越来越习惯通过Google、Yahoo等搜索引擎获得信息,青睐Blog、wiki、电子数据库等模式,对图书馆的依赖越来越小,图书馆所占份额越来越少。OCLC《图书馆认知》报告显示:搜索引擎已成为用户进行检索时最喜欢采用的工具,其中Google是人们进行检索时最常使用的搜索工具。84%的受调查者将搜索引擎作为研究的起点,而仅仅是把图书馆网站作为检索过程中的一环,或是检索的终点,认为搜索引擎比实体图书馆或在线图书馆更符合生活模式,既信任来自于图书馆的信息,也信任从搜索引擎获得的信息,且对两者的信任几乎一样②。大学生认为从朋友那里获取(58%)是了解新的电子资源最直接的方法,其次是从其他网站的链接处获取(55%)。此外,用户也希望可以不受任何地域限制、时间限制在任何场所通过计算机网络技术,"3G"和多媒体等获取所需要的信息服务③。这些变化都对图书馆的信息组织提出了更高要求,为适应信息环境与用户需求的变化,图书馆就必须变革传统的信息组织模式,探索新的模式与方法。

此外,用户对图书馆的学习环境与要求也发生了改变,对图书馆的服务产生了更高的期望:满足用户需求的不再仅仅是良好的学习环境,能够最大限度地放松用户的心情、调整用户的心态、愉悦用户的心灵,成为用户娱乐、交流、沟通休闲的空间,使用户能够全身心地投入到学习中是用户对现代图书馆的要求。

2. 图书馆在资源采集、控制、检索方面的垄断优势不复存在

在传统知识环境下,知识的发布与交流模式是:知识提供者(authors)——供应商(publishers)——中介(libraries)——消费者(readers),图书馆理所当然的是人们获取信息的首选,核心价值没有任何人怀疑,图书馆不可或缺。然而,当下从作者到读者之间的线性知识链转变成

---

① 吴静. 对新信息环境与图书馆核心服务能力的探讨 [J]. 华章, 2013, (20): 335.
② 施天峰. 研读OCLC年报探析图书馆的环境与语境 [J]. 图书馆论坛, 2013, (5): 247-248.
③ 李洪伟. 云时代图书馆服务面临的挑战及其发展趋势 [J]. 世纪桥, 2013, (1): 49-50.

一个非常复杂的网状结构的信息网络（Information Network）。这使得图书馆在信息资源采集、信息组织与规范控制、信息检索与提供等方面拥有的垄断优势已不复存在。用户信息需求的方式在改变、信息行为在变化、信息手段在变革，总是希望以最快的速度、最大的方便性、最有效的手段、最适合的方式获取信息，并能萃取、挖掘、发现信息中的知识，人们获取信息的首选通常不是图书馆，而是网络，是搜索引擎，是网络社交空间，而以物理图书馆为中心、以到馆服务为特征、以文献服务为本质的传统图书馆模式难以为继。图书馆虽然不是被人们遗忘的角落，但也不是被人们重视的场所。这是形势变化使然，是不以我们的意志为转移的，物理图书馆的边缘化趋势不可避免。图书馆的独特优势过去是丰富的信息资源，但面对数据库和数字资源，这一优势不复存在。为此，图书馆必须能够依托丰富的数字资源，开发和利用各种有效的信息工具，对海量的馆内外相关信息进行集成、分析、挖掘、定制，针对用户的个性化需求，能够快速地对用户的各种需求做出反应，能动地为用户提供知识解决方案。

3. 新的网络环境对图书馆员的技能提出了更高要求

图书馆的用户服务工作体现着图书馆全部工作的价值，用户服务是图书馆生存的根本。新的网络环境对图书馆员的技能提出了更高的要求，不仅需要其有良好的沟通能力和人际交往能力，同时还需要其具备灵活性与适应性。图书馆员不应只是固守一门学科知识的狭隘专业人员，而应成为一专多能的综合型知识人才，其角色类似于医生和律师的知识工作者，善于调用丰富的信息资源和工具，善于运用自己的知识和智慧，为用户提供具有高附加值的知识服务。在今后的发展中，图书馆的价值不取决于馆舍面积和藏书量，而是图书馆中有没有、有多少能真正称得上信息专家、情报专家、学科专家、咨询专家的知识性专家型人才。

图书馆的变革也冲击着传统的图书馆学理论体系，图书馆员需要新的图书馆学方法和技术，需要提供能支撑图书馆数字知识服务的学科能力。这需要图书馆学理论工作者在全新的发展环境下加以认知和阐释，也需要图书馆从业人员在实践中从经验走向思辨。图书馆员应正视当前的严峻形势和所面临的挑战，树立危机感和紧迫感，加快变革的步伐，加大变革的力度，努力推动从传统图书馆到新型图书馆的转型，实现图书馆新的超越，彰显图书馆在新的竞争中新的价值和新的贡献。同时必须分析和确认今天用户的需求，反省和纠正自己过去的失误，调整自己的总体战略，重新定义和认识自己的定位，重新确立自己的业务体系和服务能力；图书馆员应努力跳出物理图书馆的范畴，推动数字资源的建设，应对开放存取带来的挑战，加快图书馆数字知识的组织进程，加快技术的应用，融入用户需求一线，嵌入用户过程，将知识服务作为发展的立足点与核心竞争力。

二、新的网络信息环境下图书馆存在的机遇

新的网络环境给图书馆的发展带来了许多新的、不断发展的技术，图书馆可以在学术、科研、教学与学习中应用新的技术和方法。

1. 信息技术为图书馆开展工作提供了有利工具

信息技术的发展，为图书馆开展便捷化和多样化的工作提供了有力的工具。在过去，图书馆的支柱就是图书馆管理系统（LMS 或 ILS），图书馆需要自动化系统来管理不断变化的馆藏。这些系统大多是封闭的专用系统，对于它们来说使用新技术不仅困难，而且需要很高的成本，图书馆不得不依赖系统的卖方来进行与外部系统的整合。随着数字图书馆的推进，大量的网络数据库、镜像站、电子期刊、图书以及多媒体资源的出现，导致电子资源所占的比重日益提高，传统的资源存储方案已经不合时宜且代价昂贵。云计算环境下，图书馆可以建立开放的面向服务的架构，从而跳出技术的限制专注于馆藏建设、用户服务和改革创新。

云计算是指将 IT 相关的能力以服务的方式提供给用户，允许用户在不了解提供服务技术、没有相关知识以及设备操作能力的情况下，通过 Internet 获取需要的服务。其目的就是让一个业务或组织能专心致力于其核心任务，而不是专注于怎样把成果传递给顾客即技术问题。云计算为图书馆提供了庞大的远程数据存储和服务器，并且存储与备份同时进行的方式使服务更加可靠。云计算从软件、平台、基础设施等不同角度为图书馆提供服务，从而将图书馆从技术的束缚中解脱出来，专注于服务质量的提升与创新。因此，云计算技术为图书馆带来的机遇可以总结为三个方面：一是推动图书馆本身运营管理等所需技术的进步；二是提高数据的使用效率；三是更大程度地实现信息共享。

云计算环境下，图书馆可以将其数据保存在"云"上，实现数据保存与备份同步，这样一来，一方面一旦某一个图书馆改变了数据，其他图书馆将共享这个改变；另一方面有助于实现图书馆之间的协作管理，图书馆可以通过共享数据库进行合作性馆藏构建、合作性存储与数字化、合作性资料分享。

通过广泛聚合数据，图书馆也可以基于大量常用数据的基础上开发新的服务如提醒服务。数据整合可以吸引更多的用户与数据交互，添加内容并且反复使用。如此一来，用户可以不再局限于通过计算机来使用图书馆服务，通过手机、PDA 等移动设备，用户同样可获取需要的信息，图书馆甚至可以像其他应用程序那样开发出手机客户端，使浏览访问图书馆网站成为一种时尚和习惯，由此大大增加数据的使用效率。

云计算环境下，以信息共享为目的的图书馆间的合作可以取得突破。因为，借助云计算模式，相关信息源之间可以构筑共同的信息共享空间，众多的机构不必更新相关的硬件，而是分享由大量系统连接而形成的基础设施，运行成本大大降低，效率大幅度提高。对图书馆来说，在"图书馆云"中，通过云计算技术，可以实时获取其他馆的资料，最大限度地满足用户信息需求。此外，云计算有助于促进图书馆与社会媒体之间的合作，一方面图书馆可以围绕自己的服务成立社会性团体或者加入现有的社交网络中，例如 Facebook 和 Twitter 等，在上面建立自己的公共主页，使社交网站的用户能方便快捷地通过链接访问图书馆网站，同时，也能及时关注图书馆的最新动态。另一方面，图书馆可以与 Google、百度等公司合作，优化搜索引擎使得图书馆在搜索结果中占有更多席位。或者图书馆在自身 OPAC 系统上寻求突破，开发出有特色的革新性的搜索引擎[1]。

2. 网络技术的不断发展为图书馆信息资源管理提供了新方法

随着计算机与网络技术的发展，图书馆信息资源管理技术不断变革：文献管理由手工管理发展到机读目录，图书馆进入采、编、典、流一体化的管理信息系统阶段，图书馆实现了联机合作编目、馆际文献交流与合作参考咨询。数字存储与宽带技术的发展又掀起了文献数字化网络化的高潮，异构数据库集成、分布式内容管理、开源软件等计算机领域的技术创新无一不使图书馆从中受益，图书馆信息资源管理水平不断向前迈进[2]。Web2.0 环境为图书馆信息资源管理理念的转变、管理内容的丰富、管理技术的改善提供了技术支持，使图书馆从信息资源的采集、组织到存储、挖掘的方式方法上都有了新的选择。

---

[1] 刘琪，蒲燕妮. 云计算技术为当代图书馆带来的机遇与变革 [J]. 中国高新技术企业（中旬刊），2012，(6)：16-17.

[2] 欧阳红红. Web2.0 环境下的图书馆信息资源管理研究 [J]. 情报资料工作，2009，(5)：39-42.

通常，图书馆在进行文献资源建设时，有外购、自建和收集网络资源三种方式。对于外购资源，Web2.0技术可以帮助图书馆全面了解用户的需求信息，为资源采购提供依据。比如通过使用网络调查系统、创建网上选书购书平台，充分征求用户意见；通过采集用户注册时所填写的兴趣爱好，保存、跟踪用户的检索方式，统计用户借阅和下载情况等方式对用户的潜在信息需求进行分析预测。对于自建资源，可以利用Web2.0工具让用户与馆员一起参与图书馆资源创建，将用户资源转化为图书馆的信息资源。如允许用户对书目记录添加目次、注释和评论，提供用户博客、播客等平台，为用户创建资源创造条件。对于网络资源的采集，一方面可以利用RSS聚合收集网络原创学术资源，另一方面可以利用社会化书签收集整理经用户过滤的优质信息资源。

将Web2.0技术与图书馆传统的资源组织方式结合起来，可以适应用户新的信息利用需求，提高图书馆资源的利用率。比如，允许用户对OPAC添加标签，允许教授以课程代码作Tag来指定参考书目，允许标引人员使用自然语言对图片进行标注，并在资源呈现时应用了Tag云图等。构建基于Fedora、Dspace等开源软件的存储系统，用于收集和保存大量的数字化资源，或建设图书馆机构库或学科库，可以降低图书馆软件费用、促进图书馆技术发展，实现数字信息的永久保存和共享。图书馆应抓住互联网变革的机遇，充分利用最新信息技术，吸引并鼓励用户参与信息组织，形成以图书馆专业人员为主导、用户参与的信息组织模式。

3. 网络环境为图书馆服务拓展了时间和空间

以智能手机、电子阅读器以及平板电脑的出现与普及为代表的移动计算时代，给图书馆带来了挑战，也带来了发展机遇[1]。移动计算是随着移动通信、互联网、数据库、分布式计算等技术而发展起来的新技术。它使得信息服务者将有用、准确且及时的信息提供给任何时间、地点的任何客户成为简易的事情，极大地改变了人们的生活方式与工作方式。网络环境彻底消除了图书馆服务物理空间和开放时间的限制，打破了图书馆的自我封闭状态，使图书馆的服务变得真正的开放。网络环境下图书馆服务可以不受时间、空间的限制，不局限于任何环境、地点和具体资源，可以按照用户需要，灵活地链接、组织和利用合适的资源[2]。

---

[1] 张峥嵘. 跨媒体阅读：图书馆阅读推广的新趋势 [J]. 图书与情报, 2012, (2)：93-96.
[2] 许艳. 信息时代图书馆服务创新的思考与探讨 [J]. 价值工程, 2012, 31 (22)：219-221.

第三节 网络信息环境下图书馆服务体系重构

网络信息环境中各类通信技术、媒体技术和信息技术的发展远远不是图书馆所能控制的，图书馆能做的就是及时跟上环境变化的脚步，重构自己的服务体系，以适应社会环境的变化。

一、图书馆服务战略转移

图书馆服务战略的转移体现在三个方面：一是调整服务策略，优化服务内容；二是拓展服务对象，实现服务角色转变；三是深化服务内容，提供多元化服务途径。

1. 调整服务策略，优化服务内容

在新的网络信息环境下，先进技术的作用和影响力会在图书馆中得到淋漓尽致的发挥。未来的图书馆需要进一步加强人本管理，发扬人文精神，即在图书馆服务工作实践的过程中体现以用户为本的思想，满足用户的需要，实现用户的价值、追求用户的发展以及重视对用户的人文关怀，实现图书馆、馆员与用户三者的和谐发展。这就需要时刻关注用户的需求，倾听用户的意见，创造人性化的用户服务环境；同时给图书馆员以全面的关怀，既注重满足图书馆员物质方面的需求，也注重满足其社会及心理方面的需求，一方面通过内在激励，鼓励馆员的创新与敬业精神；另一方面也注重将图书馆的目标、道德规范、制度、行为准则与价值观相结合，促进其自觉行动，构建图书馆和谐的组织秩序；通过馆员间的知识互补与互动，最大限度地调动馆员的工作积极性等等。

目前的"信息爆炸"、"信息泛滥"给用户带来了真假难辨、良莠不齐的海量信息。信息耗费的是接收者的注意力，信息海量膨胀给用户获取信息制造了很大的压力。这使图书馆在知识存贮、传播、处理等知识管理的各个环节都有发挥巨大作用的空间，图书馆应该肩负起为用户提供知识服务，在茫茫的信息海洋中给用户指引的责任。图书馆应当考虑提供面向用户需求并且方式灵活的知识服务机制，考虑为用户提供能够创造价值的知识产品，不仅要能通过信息分析与重组来发现和吸取信息资源中隐含的知识或模式，还可以根据用户的需求、知识的应用环境，对知识内容与结构（包括知识单元之间的语义关系）进行描述、链接与组织，帮助用户按照自己的需要构建个性化、动态的知识地图与知识组织体系[①]。图书馆应打破以原始文献为依托的传统的借还、预览、复印和一般参考咨询服务等浅层次服务，坚持以用户需求为导向进行文献信息的深化，实现知识和信息资源的重组，为用户提供深化到文献中的数据、公式、事实、结论等服务。改变过去坐等用户上门的被动服务为主动推送服务，由提供原始文献服务变为提供深层知识服务。

2. 拓展服务对象，实现服务角色转变

首先，图书馆应该建设、保存、呈现丰富且多样化的馆藏并提供获取。内容生产和传播的模式日益复杂，用户的需求也日益精细。图书馆应该能够获取所有类型的资料，并最大范围地利用世界各地的来自大众市场、小众市场、二手市场以及自出版市场的信息提供者，甚至主要面向个体用户的资源提供者。在网络信息环境下，学者们产生了新形式的原生数字产品，如数据集、博客和维基百科词条。这些原生资源日趋成为图书馆文化中的主要资源形式，要求图书馆收集、管理和保存这些新型数字资产的呼声越来越高。为此，图书馆必须能够确定、预定并且支付以按照规范的程序来购买全部所需资源；必须确保用户能有效地获取和理解任何格式的馆藏；必须能够储存并保存全部的研究资料，不论它们是数字化的还是实体的；最后，打破单一建设馆藏的局面，充分开展机构之间的协作，在维护现有的合作关系的同时，不断建立新的合作伙伴关系，以确保在内容迅速扩展而资源有限的时代里最广范围地为用户提供资源。

其次，图书馆应该扩大服务范围，开展图书馆营销。全球化的信息环境中，图书馆体系包含了广泛的资源和服务。但是用户并未充分利用图书馆的服务，甚至不知道这些服务的存在。为此，图书馆必须从内部开始，开展各种形式的营销，使用户能够充分了解图书馆的服务与工具。图书馆在继续使用传统媒体的同时，也必须保持对新机遇的警觉；图书馆应采用新式的沟通手段，充分参与到社交网络中，针对不同群体的不同需求，为他们提供定制化的信息。图书馆员必须深入掌握可获取的服务和资源，并能够准确、持续地就这些内容与用户进行沟通交流。需要注意的是，图书馆所有的营销和宣传倡议应响应用户的需求而形成，并受其驱动，使所有的用户能够按其所需的了解并利用尽可能多的资源和服务。最后，图书馆应该探索新的服务领域，实现服务角色的转变。近年来，数据作为主要研究成果之一，其价值已开始

---

① 高兆云. 论泛在知识环境下的数字图书馆发展趋势 [J]. 情报志，2008，(2)：156-158.

得到越来越多的认可。虽然研究人员进行数据存储和共享的方式有很多，但数据中心无疑是确保数据高质量存储和使用的重要方式。因此，图书馆应开始塑造其在研究数据管理方面的角色。

3. 深化服务内容，提供多元化服务途径

信息技术的发展超乎寻常，也给图书馆的服务带来了前所未有的生机与活力，图书馆可采用的服务途径呈现出前所未有的多元化趋势。在美国的很多大学，电子资源不仅可以通过网络获取，而且可以通过移动设施利用。各高校图书馆努力扩展使用移动设备的信息环境，增强图书馆对移动设备接入获取学术资源的支持。在耶鲁大学有84%的电子图书可以通过Apple iPod Touch或iPhone进行正常阅读，使用Sony Reader、iRex iLiad和Amazon Kindle 2.0的用户可以正常阅读24%的电子图书。此外，耶鲁大学图书馆哥伦比亚大学图书馆也十分重视将新技术与服务嵌入到科研和教学、学习信息环境中，如借助网络浏览器（LibX、搜索插件、Zetero）、课程管理系统以及社会网络环境（Facebook、Twitter），使社会网络环境能够通过网站与目录进行信息共享（RSS、Add This、APIs）。斯坦福大学图书馆则开设了BLOG、Facebook、Twitter、社会网摘等账户，利用RSS聚合、Alert订阅等Web2.0手段开展图书馆服务。工程图书馆已推出电子阅读器（如Kindles和Sony-Reader）的借阅，同时还在探索手机信息咨询服务，新馆所有图书都安装RFID并实现用户自助借还书[①]。澳大利亚国家图书馆则通过社交媒体工具进行服务与馆藏的建设、推广和传播。目前最引人注目的图书馆品牌推广途径是Twitter和Facebook，用于广泛支持诸多传播与营销活动。这些活动包括发布新闻；宣传图书馆组织的相关活动、服务与馆藏资源；监督反馈、咨询有关情况并回应。同时该馆还拥有其他社交媒体服务账号，如YouTube、Flickr、Instagram和Slideshare，作为共享教学与宣传内容的特殊传播渠道，如对该馆收藏资源作者的访谈、幻灯片以及"如何使用图书馆服务"视频[②]。

---

① 初景利，许平，钟永恒，等. 在变革的环境中寻求图书馆的创新变革——美国七大图书情报机构考察调研报告［J］. 图书情报工作，2011，55（1）：10-17.
② Carmel McInerny, Rosemary Turne 著，魏蕊编译. 澳大利亚国家图书馆2013-2014年社交媒体战略［J］. 图书情报工作动态，2013，（6）：5-9.

二、图书馆服务体系重构

1. 重视开发"图书馆经济"

现今是一个信息爆炸的时代，世界正处于高速的信息化进程中，商用信息资料传递、提供数据库服务的经销商和提供网络搜索服务的商家应运而生。这些信息服务业都在与图书馆进行着一场没有硝烟的战争。如百度搜索就下设"地图搜索"、"百度百科"、"百度新闻搜索"等栏目，用户只需敲打键盘，轻点鼠标就可以轻松获得所需信息，这对用户的吸引力极大。而国外的"Google Scholar"则为用户提供一个可检索学术文献的简单接口，在同一接口下汇整许多跨领域的、以学术文献出版商或学会与协会单位为主的资料来源（包括经审查的科学文献、博硕士论文、专论书籍等），通过查找入口、资源发现、信息定位、阅取学术文献四个主要功能，建立网络化的科学文献数据库，为用户提供所需的完整研究资源。这都与传统图书馆提供信息资源的方式发生了"撞车"，而且更加便捷，夺走了原本属于图书馆的许多用户。在市场环境下，文献服务商与图书馆的身份变成了商家与客户的关系。原本图书馆担当的是中介者的角色，是连接文献服务商与用户的纽带，但如今，许多文献服务商却想要跳过图书馆直接向用户提供服务，这也对图书馆的中介作用产生了威胁。此外，公众休闲娱乐的方式日趋多元化，去图书馆读书显然已不是一个很有吸引力的选择。看电视、打游戏、上网都在与图书馆争夺着用户的时间。娱乐媒体也占据了公众的闲暇时间。由于越来越多的信息行业也开始与图书馆争夺用户，这就一步一步磨灭了图书馆的与众不同之处，于是图书馆面临着"去职业化"的危险。因此，在当下环境下，图书馆应发挥其在信息资源、设备和人力资源上的优势，参与信息咨询服务业的市场竞争，重视开发图书馆经济；应尝试开发以经济效益为主要目标的商业模式，着重开发为经济服务的新信息资源，在有偿服务与无偿服务相结合的基础上，进行信息市场化的有偿服务。

2. 嵌入用户环境

数字范式（digital paradigm）将彻底改变组织文化、组织中的人及其工作方式、既定的学术传统以及支撑它们的系统和服务。数字范式将对图书馆的性质、理念、模式、服务产生根本性改变。图书馆必须提供与用户需求相关的服务和馆藏，而不是期待用户来改变来适应。这就需要图书馆改革自身的工作方式与服务模式，以适应数字化进程。首先，数字环境使传统图书馆文献资源的内涵和需求形式都发生了变化。用户受到信息资源多元化的影响，纷纷改变了查找文献资源的方法，图书馆必须做出相应的改变，通过加快数字文献资源建设、构建文献资源的共享体系来增加图书馆的数字资源的存储量，即从用户的实际出发，高效地收集、管理和发布数字信息资源，使信息达到最大限度的增值，令用户满意。这就需要图书馆在资源建设时更注重互利共享，强调组织合作及分工，通过建立图书馆联盟等手段建设各具特色、不同层次的信息保障体系。数字图书馆改变了图书馆资源建设的模式，图书馆要充分意识到"拥有"和"获取"两者的区别，使其相辅相成地为图书馆资源建设服务。只有图书馆在资源共建共享中找准自己的位置，深刻而清楚地认识自己，了解本馆数字馆藏的特色，才能通过最少的付出，换取最大的使用效益。此外，图书馆应该加强隐性资源的挖掘，即那些相对于可检索网络资源或表层网络资源而言，无法通过标准的搜索引擎检索到的信息，加强这些资源的挖掘和利用。

其次，图书馆员能否走出图书馆而嵌入教学科研过程中，是对图书馆能力的重大考验。

德国马普学会数字图书馆馆长认为本地图书馆员角色在今后的 48 个月之内将被信息管理专家所取代。信息管理专家的核心职能是为科研人员提供有关元数据的获取、数据规划、写作支持、出版指导等咨询服务。美国约翰·霍普金斯大学医学图书馆馆长 Roderer 也指出图书馆确实不再真的需要拥有一个集中的服务点。到 2012 年，图书馆员有望离开图书馆的大楼。这种分布式的服务模式不仅体现在每个科研人员的计算机能查询图书馆的网站及电子期刊文章和电子图书的内容，而且图书馆员还嵌入到各个院系，与科研人员在其所在的地方开展合作。总之，嵌入式图书馆员（embedded librarian）服务将是图书馆服务的主流模式和新的趋势。图书馆只有实施嵌入服务，才能充分挖掘信息资源的潜力，有效激发用户的信息需求，才能缩小信息与用户之间的"最后一公里"，也才能实现图书馆的价值，提升图书馆的地位，增强图书馆和图书馆员在用户中的显示度和影响力，才会得到用户的认可和更多的支持。图书馆员必须走出物理的图书馆，到用户之中，嵌入用户的科研教学过程之中，才会拥有发挥才能的舞台，才会彰显自身的价值和贡献。

3. 支持所有用户的平等获取

保证信息的平等获取是图书馆使命的重要部分，是图书馆职业的基础，渗透在图书馆所做的一切工作之中。平等获取的目的是完成向所有的人提供高质量的图书情报服务,平等获取意味着拥有所需要的信息,而不管其年龄、教育、民族、语言、收入、身体限制或地理障碍。这意味着用户能够获得各种载体的信息,不仅包括印本,也包括电子载体,这也意味着用户可自由地实施知晓权,而不必担心检查或报复。美国图书馆协会提出,促进所服务的用户的平等性,图书馆员面临许多挑战,如获得所需要的经费,满足日益多样与复杂的信息需求;保护图书馆用户获取信息的权利,而不限制获取或侵犯隐私;招聘与留住反映服务对象多样性的馆员队伍;了解图书馆作为重要的社会资源的价值。

长尾理论是支持平等获取的最新理论。长尾理论是网络时代兴起的一种新理论,长尾理论认为,由于成本与效率的因素,过去人们只能关注重要的人或重要的事,如果用正态分布曲线来描绘这些人或事,人们只能关注曲线的头部,而将处于曲线尾部需要更多的精力与成本才能关注到的大多数人或事忽略。而在网络时代,由于关注的成本大大降低,人们有可能以很低的成本关注正态分布曲线的尾部,关注尾部产生的总体效益甚至会超过头部。对图书馆也是这样,当面对用户的时候,应该牢记所应服务的所有人。在网络环境下,无论是加强资源的利用,还是进一步拓展用户群,图书馆应用长尾理论都具有重要意义[1]。

4. 提供支撑科研过程的深度服务

以资源为中心的传统图书馆业务正在被新的资源采购模式、新的资源组织模式所替代。从某种意义上讲,今天的图书情报机构,最为缺乏的不是资源,而是服务,是知识服务。资源(特别是所采购的数据库)总有趋于饱和的时候(而且受经费的限制)。如果图书馆员不能将自己的能力从以资源为核心,转变为以用户及其需求为中心,图书馆员的传统中介作用就可能被绕过,图书馆员的角色就可能被替代。

学科服务是图书馆当前和今后的主流发展方向。学科服务的全称应是"嵌入式学科知识咨询服务",是图书馆发展的重要选择,是知识服务的重要体现,也是图书馆转型的重要机遇,是图书馆摆脱危机、重塑形象的突破口,是新信息环境下图书馆创新发展的重要出路。从图书馆的角度看,学科服务应是图书馆重点推进的业务领域,无论有多大的困难,有什么样的阻碍,都应该向学科服务方向转型与发展。不能深刻认识学科服务的意义和作用,不

---

[1] 初景利,吴冬曼. 图书馆发展趋势调研报告(三):资源建设和用户服务 [J]. 国家图书馆学刊,2010,(3):3-9.

能实质性地推进学科服务，图书馆的前景难免让人忧虑。

但是当前的学科服务必须实现由简单的联络服务向直接支撑科研过程的深度服务转变，服务的内容由提供文献检索、培训、咨询服务向知识管理与知识服务转变，服务的场所由馆内服务向融入科研一线、嵌入科研过程转变，服务方式由学科馆员个人能力向学科馆员团队以及学科馆员与用户的团队协同转变。为此，图书馆需要在岗位设置与迁移、业务重心调整、业务结构重组方面加强规划和设计。首先要恰当地确定学科馆员的角色，根据本馆和学科馆员的实际，有所为有所不为；其次要合理地设计学科馆员的岗位责任，根据用户需求和学科馆员能力设计学科服务的任务要求；第三，需要加强与全馆各部门各岗位的协同与合作，为学科馆员的服务提供支持；第四，学科馆员个人和团队要充分发挥主动性和能动性，对于用户需求要能及时发现并随时随地地解决；第五，学科馆员必须加强修炼内功，不断提升自身服务能力①。

5. 将移动服务作为新业务增长点

当前很多关于 Internet 发展的研究报告都一致同意，未来的 Internet 是移动的 Internet，并且都得出智能手机将成为用户上网的主要手段的结论。Gartner 在 2010 年最终用户预测中认为"到 2013 年，全球移动电话将会超过 PC 而成为最常用的 Web 访问设备"，而 Morgan Stanley 的移动 Internet 报告则预测"考虑到改变的步伐，相信在 5 年之中，更多的用户将会更乐意应用移动设备而不是桌面 PC 来接入 Internet"。移动互联网已经在用户中得到广泛的使用，其影响力在显著增强。基于这一趋势，当前的图书馆信息服务系统建设中，除了提供现有的基于桌面浏览器的服务之外，还需要进一步开发和提供支持移动设备的服务。Tiffini A. Travis 和 Aaron Tay 认为移动应用已经成为图书馆服务的重要发展趋势②。

图书馆也必须将移动服务作为业务的延伸和新的增长点，适应用户信息行为的变化，延伸图书馆服务的时空。移动设施的使用将成为一种普遍现象，适应的是人们随时随地的需求。图书馆也必须更加积极地适应用户行为的这种变化，实施图书馆资源与服务的移动战略。将图书馆的资源与服务与移动

---

① 图书馆学刊编辑部. 把握现实 赢得未来——中国科学院国家科学图书馆初景利教授访谈录[J]. 图书馆学刊, 2013, (8).

② 张志强, 力曙, 张智雄等. 在创新变革中实现图书馆的自我超越——IFLA 2011 年会各专题内容解读[J]. 图书情报工作, 2011, 55 (21): 11-16.

设施结合,将顺应用户信息行为与需求的变化,极大地扩大图书馆的服务范围,增强图书馆的服务能力,有效增强图书馆服务的效果,实现图书馆的服务随时随地满足用户需求的理念,体现图书馆服务的泛在性——融入用户过程之中。随着移动设施的普及和功能的不断完善,图书馆必须在移动服务中占有重要的一席之地,在学术资源与服务中扮演关键的角色。因此,图书馆应重视移动服务战略,加快推进图书馆资源与服务的布局调整与重新定位,提升图书馆在移动互联网中的地位和影响力①。

6. 提供自助服务的途径

自助(self service)是一种新的服务趋向,其理论基础是用户对"非中介性"的需求。所谓非中介性(dis-intermediary),就是由于不想等候以及隐私等原因,用户不经过图书馆员的中介和帮助,直接获取图书馆的资源和服务。OCLC(2003)及其他报告都揭示出图书馆用户不仅喜欢自助服务,而且认为能够很好地进行自助服务。随着越来越多的内容被数字化且可以通过网络获取,可以获取的信息的数量与有效性也在增加,这进一步增强了用户的自信心与自助的决心。

馆际互借(ILL)是一种由图书馆员介入的资源共享的方式,但美国东海岸七所私立大学建立的直接借阅服务(Borrow Direct)是馆际互借的改进,可以快捷、可靠地利用各馆的流通馆藏,是资源共享最大的突破。它是一种由用户介入的馆际互借,用户一次性检索联合目录(实际或虚拟),联机提出检索要求,在规定的日期内所借的图书就送达所在图书馆中,通过电子邮件通知用户提取。与传统的馆际互借相比,这种模式减少了图书馆员参与和处理用户所要求的图书的时间。加拿大的一些大学图书馆注重采用技术改进馆际互借和文献传递的速度和方便性。安大略省的三所大学最近从以图书馆员为中介的馆际互借,转变为自动中介的馆际互借。自动中介需求直接从终端用户到达潜在的馆际互借提供者,无须图书馆员的干预,这样一种运作模式可以更快捷地为用户提供服务,节省了图书馆员的时间,以便处理更复杂的终端用户的需求。

国外的预测是,图书馆的许多传统业务将越来越多地由机器和系统(自动借书机、RFID)来完成。在国内,上海普陀区图书馆的"图书漂流自助亭"、广东东莞图书馆的"图书ATM"、深圳图书馆的"深圳自助图书馆"

---

① 初景利,杨志刚. 物竞天择,适者生存——图书馆新消亡论论辩[J]. 图书情报工作,2012,56(11):5-11.

等,将图书馆的服务延伸到更大的范围和更广泛的用户群,为用户利用图书馆提供了极大的便利。

总之,图书馆事业的发展过程是一个伴随着信息环境与用户需求不断变化的过程,是服务内容与服务手段不断创新的过程。面对新的信息环境,图书馆如何与时俱进,更好地履行图书馆的职责与使命,这是目前图书馆同仁们普遍关心、关注的现实课题[1]。图书馆的未来的确是一个很难说得清楚的话题,但也是一个很重要的问题。图书馆的未来到底会怎样发展,可能是智者见智、仁者见仁,不同类型、不同规模、不同发展环境的图书馆,其未来发展的模式和路径也可能很不相同。可以预见,未来信息技术还将继续以惊人的速度发展,对社会信息交流环境产生更为深远的影响,这一切给图书馆带来的绝不仅仅是技术上的革新,还有更加深刻的生存和发展环境的变革。在数字化网络化的大环境下、无论从形态还是功能上,图书馆都将发生重大变化,即突破传统范式,突破"馆"的限制,借助网络为用户提供新型的空间服务(如 learning commons、information commons、research commons、knowledge commons 等)、多元服务(如 living library)、多种资源服务(如 data curation)、学科知识服务(如情报分析服务)、移动泛在服务等。未来,图书馆将更加依赖技术和工具,图书馆员通过自己的专长,为用户提供智能与智慧型服务。

图书馆必须顺应时代的发展,直面技术发展带来的机遇和挑战,认清和把握图书馆发展的新趋势,充分利用现代信息技术,构建起新的服务体系。图书馆必须跳出传统的思维定势,突破传统图书馆的定义,在新的信息和技术环境下,重新审视自我,评判自己的价值和竞争力。应该看到,图书馆的传统业务领域正在被数据库商、社会信息机构、新的市场竞争者所蚕食。图书馆既要保住传统业务,又要开辟新的服务领域,否则生存空间将会越来越小。现在是一个纷争激烈的社会,谁先占领,谁就有先发优势,这个阵地就是谁的。因此,图书馆必须敢于跨界,将业务的触角延伸到无人涉足的领域或其他机构正在觊觎的领域,图书馆必须具有高度的敏感性,敢于冒险,以信息与知识为主线,构筑为用户提供深度知识服务的独特市场,重新证明自身的能力和价值。

---

[1] 白云. 当前信息坏境下地方社科院图书馆的发展障碍与对策 [J] 情报资料工作, 2012, (2): 98-101.

第三章 网络环境下用户信息需求与行为

在网络环境下,用户的信息需求与行为呈现出许多新的特点,催生了用户新的需求,改变了用户的信息行为。只有充分把握网络环境下用户的信息需求与信息行为,才可能更准确、更有效地为用户提供所需要的服务,图书馆的服务才会更有价值。图书馆服务没有做好,往往是对用户的信息需求和信息行为了解、挖掘和分析得不够。必须深入研究网络环境下用户信息需求与行为的变化,并将图书馆的服务建立在真正满足对信息需求的基础之上。

第一节 用户信息需求的特征及规律

一、普通用户的信息需求

1. 网络用户信息新需求

在数字信息环境下,由于 Internet 的开放性、公开性和自由性,形成了庞大的多文种而又异常分散的数字资源。但是,由于互联网络本身是松散的,信息种类增多,数据库成分复杂化,所以数字信息资源处于无序"混乱的状态"。同时,数字信息资源中,除文本信息以外,还包含大量的非文本信息,如图形、图像、声音信息等。网络环境为信息资源制造了空前复杂的环境,给用户的信息获取和利用造成了空前的麻烦,用户需花大量时间来进行信息采集甚至加工工作[1]。如何进行信息的选择、加工、组织和价值鉴别,从而快速找到自己需要的信息资源成为普通用户面临的重要问题。各种 Web2.0 技术工具,如 Blog、RSS、IM、SNS 等让信息传播交流的速度前所未有地加快,借助于这些工具提供的快捷、多元化的传播渠道,知识、信息突破时间空间的限制,迅速地、更大范围地在广大网民之间传播和转移。由于信息发布的

---

[1] 郭亚军. 基于用户信息需求的数字出版模式研究 [J]. 档案学通讯, 2010, (3): 52-55.

"零壁垒"，任何人都可以在网络上发布信息，导致大量虚假、错误和低层次信息充斥在互联网上，掩盖了高质量的精品信息，相对来说，这加大了查询这部分有价值信息的难度，人们稍不留意就会淹没在无关而低质的信息之中，浪费大量时间却没找到真正需要的优质信息，出现"信息超载之下的信息匮乏"现象。网络环境为用户提供了更为多元化的、更便捷迅速的查询途径，让读者足不出户就能了解信息、获取知识乃至进行社会性交流。在此背景下，用户的信息需求出现了与以往不同的特点，信息需求的数量增加，层次要求提高，图书馆传统的、一般性的文献提供服务已经不能满足要求①。

2. 图书馆用户信息新需求

用户在利用图书馆获取信息时，往往需要通过多种渠道并花费大量的时间。而随着生活节奏的加快，越来越多的用户在搜寻有用信息时，要求图书馆提供的服务能够使他们省时、省力。对所要查询与检索的信息，用户希望图书馆能够简化环节，快速提供，用最少的步骤满足他们的需求。

（1）在层面上求精深：从最初的浅层次索求向深层次发展，不再满足于从单纯的图书馆书目信息服务中获取所需文献的线索，或是从图书馆获取全文，而是希望图书馆能够提供综合性强、多视角、更深层次的信息服务。

（2）在形式上求多元：信息来源已不再局限于普通的图书期刊，而是扩大到科技报告、标准文献、专利文献、会议记录等针对性强的特种文献资料；载体形式也从单一的印刷型文献扩展到多媒体数字型文献。图书馆用户的信息需求呈现出综合性和多样性的特征。

（3）在实用上求高效：用户的信息需求心理受到环境的影响，对信息资源的需求心理转换速度越来越快，对信息质量的实用性期望值越来越高。他们希望图书馆能帮助他们辨别、筛选有用的信息，去浮存要，提供给他们的是价值高、有含金量的信息资源。此外，用户对信息的查全率和查准率要求也越来越严格②。

二、网络一代的信息需求

不同的研究者根据自己研究的需要和个人认知对新一代用户有不同的界定：Net Generation（指1980年到2000年之间出生的人）、Generation Y（指

---

① 董莉. 基于Web2.0的科研信息服务策略［J］. 科技管理研究，2010，（23）：203-206.
② 卢章平，徐静. 网络环境下图书馆信息服务的新取向［J］. 图书馆工作与研究，2011，（11）：115-117.

1982年以后出生的人)、Digital Natives（指现在在校的学生）。陈成鑫在研究中认为新一代用户是指出生在互联网出现之后，伴随着新技术成长起来的，他们有不同于以往用户的网络信息行为。新一代用户最初利用网络是从娱乐和交友开始的，教育功能不是他们上网的主要目的，但是他们利用网络的教育功能也没有低于平均水平①。大英图书馆和英国联合信息委员会在调查中对新一代用户的网络利用特点进行全面的总结：新一代用户具有超强的技术能力；通过"试错法"掌握计算机的技能；都是专家级的检索者。对通讯技术具有很高的期望；更喜欢交互的系统，正在摒弃被动的信息消费；已经最终转向数字形式的交流：文本而不是说话。在其生活的所有方面总是多任务处理；习惯于保持愉悦；对视频信息的喜欢超过文本；更喜欢容易消化的信息单元式的快捷信息，而不是整个文本。对时滞具有零忍受度，其信息需求必须立即得到满足；认为同行作为信息源比权威数字更可信；需要始终与网络连接在一起的感觉。是"剪-贴"的一代；认为网上无所不有（而且都是免费的）；他们不尊重知识产权。为了让新一代用户知晓、使用图书馆，需要对其正确引导、对使用图书馆的行为进行规范、并且把图书馆的界面和服务按照新一代用户的特点进行设计②。

1982—1994年出生的人被称为"Y一代"，"Y一代"用户成长的信息环境与前一代用户发生了很大变化，信息使用习惯也与之不同，他们更加偏好于使用数字资源和网络查询方式，移动阅读在他们整个阅读量中所占的比重正在日趋增加。"Y一代"用户更喜欢各类社交媒体和音视频媒体，更愿意流连于博客、微博、BBS、诸如Flickr的图书分享网点、人人网之类的社交网、类似YouTube的视频欣赏分享网站等，也更需要利用手机短信、电子邮件和通讯工具持续即时地与其他人联系，Facebook之类的虚拟世界和各类型游戏也已成为他们日常生活中不可或缺的部分。他们在以下方面有自己独特的特征：(1) 技术应用方面：互联网是信息活动的主阵地；即时交流工具和电子邮件是主要交流工具；痴迷于智能手机、ipad等新技术设备；热心于博客"播客"微博等社交媒体和视频游戏。(2) 思考方式方面：非线性、图形化的思维模式；耐心不足，注意力容易迁移；开始和结束具有随意性。(3) 学

---

① 陈成鑫, 初景利. 国外新一代用户网络信息行为研究进展 [J]. 图书馆论坛, 2010, (12): 71-75.

② Livingstone S, Bober M, Helsper E. Active participation or just more information [J]. Information, Communication and Society, 2005, 8 (3): 287-314.

习方式方面：追捧可视化学习方式；喜欢独自探索；学习方式多元化；移动阅读占据相当比重。（4）行为和生活方式方面：处事积极乐观；同时处理多项任务；结果高预期；价值观多元化；自信；独立；灵活；追求快乐；无固定模式的忠诚①。在 2009 年，大英图书馆和 JISC 受委托开展为期三年的"未来研究者"的研究，聚集于"Y 一代"博士生的信息寻求和研究行为。研究发现，年轻一代的博士生是经验丰富的信息搜寻者和复杂信息资源的使用者。他们不会因技术而目眩，对一些重要问题有着清晰的了解，比如研究和证据收集中的权威性和真实性②。

三、科研教学用户的信息需求

1. 科研用户信息需求

在当今新信息环境下，虽然科研用户自身素质和知识层次较高，网络信息检索能力也较强，但是他们对网络数字资源的检索能力却参差不齐。一般来说，为了完成科研任务，他们需要图书馆为他们提供针对某一学科或主题的权威性的、最新颖的、完整而系统的"个性化集成"服务，能提供融入科研过程之中的、面向解决问题的、经过深加工的"知识增值"服务；信息检索过程中表现出"零等待"，对响应速度要求越来越快；要求更多的"自助式"服务。网络信息获取的方便快捷让用户花费最少的时间精力而得到最大化的资源，根据信息获取"最小努力原则"，用户信息需求的满足通常借助最接近的工具来获得，而信息的质量高低往往不是第一考虑的因素，因此通过个人电脑"自助式"获取需要的信息就成为最常见的现象③。文献传递服务，是指由信息提供者将存储信息的实体传递给使用者的活动，是传统馆际互借服务在网络环境下的延伸和拓展。作为文献传递服务的用户，知识型员工的网络行为具有以下特点：具有持续性、时效性、高质量的信息需要。知识型员工从事项目科研工作，在项目的前期，要寻找国内外行业最新资讯、项目价值等信息，以避免重复劳动和拓展思路，这时注重的是查全率；在项目进

---

① 李书宁. 面向 Y 一代用户的大学图书馆服务营销策略研究 [J]. 图书与情报，2012，(5)：31-36.

② Resarchers of Tomorrow：the research behavior of Generation Y doctoral students（Executive summary）. http：//www. jisc. ac. uk/media/documents/publications/reports/2012/researchers-of-tomorrow-exec. pdf [2013-11-18].

③ 董莉. 基于 Web2.0 的科研信息服务策略 [J]. 科技管理研究，2010，(23)：203-206.

行中，需要寻找相关研究进展和问题解决方法，这时注重的是查准率。科研活动具有时效性，用户期待快速高效的信息获取，常常会因为一时没有得到答复，而反复向文献传递系统提交重复申请，造成浪费。总体来说，从事某一项目研究的知识型员工，通常对该项目的相关知识领域已有一定的了解，即已有一定的信息积累，此时的信息需求多表现为质量需求。很少使用限制性检索和高级检索功能，一般只使用简单检索策略的知识型员工不能正确表达信息需求的内容，影响查全率和查准率，获得大量无关信息，造成向文献传递服务系统递交不必要的申请，极大地浪费组织资源。使用搜索引擎或数据库有思维定势的知识型员工，习惯于只使用固定的一两种。如图书馆购进的各种数据库一般都提供多种检索方式，但许多用户只习惯于使用初级、单一的检索方式，难以检索到自己所需的信息，以致于向文献传递服务系统提出重复性申请，造成浪费资源。在实际工作中，重复性申请已成为开展文献传递服务的各个图书馆的共同困扰①。

2. 教师信息需求

在信息寻求过程中，教师是一个特殊群体，信息交互风格会影响其信息需求及查找行为②。邱子恒对台湾辅仁大学中文系教师的信息行为进行探讨，研究发现：中文系教师极为重视一手资料，在教学上主要所需资源为教科书，而研究上主要所需资源依序为自己的、图书馆的与网络上的数据；其信息寻求渠道包括私人藏书、个人人脉、图书馆、网络电子资源等；在信息寻求阶段最常遇到的困难是资料原文取得不易；图书与期刊论文是中文系教师最常引用的数据类型，且中文数据为最大宗。此外，他们认同网络资源的方便性，但也强调其仍有很多错误，因此尚无法取代传统的印刷式资源。此外，受访的辅仁大学中文系教师引用母语文献的比率远高于文献里国外学者对母语文献的引用率③。汪晓东通过对安徽、海南 115 位初中及小学教师的问卷调查，分析了教师的网络信息寻求行为。研究发现教师的网络信息寻求行为水平普遍较低，表现在信息需求较简单、信源选择单一、检索技能不高、检索效果

---

① 王莲，汪传雷. 文献传递服务及其用户的网络行为优化 [J]. 图书馆论坛，2012，(1)：134-136，125.

② Brand-Gurwel. S. Wopereis, I. A descriptive model of information problem solving while using Internet [J]. Computers & Education, 53 (4)：1207-1217.

③ 邱子恒. 中文系教师信息行为之研究：以辅仁大学为例 [J]. 中国图书馆学报，2011，(3)：61-74.

不佳等方面；除了在所教学段上表现出的认知风格差异，教师的网络信息寻求行为不因年龄、学科（包括信息技术学科）、性别等出现显著性差异；教师对搜索引擎使用的学习不够重视，相关研究与培训课程亦显不足①。针对加泰罗尼亚地区（西班牙）的高校进行的一项定性研究表明，与以前相比，现在的高校研究人员阅读量更大，内容也更广泛。电子期刊的使用节省了研究人员到图书馆进行实体浏览的次数，网页浏览和邮件提醒（TOC）也在一定程度上取代实体浏览。为了追踪最新研究动向，网络搜索已成为研究人员最常用的技术手段，谷歌学术已成为他们获取学术信息的重要渠道。与此同时，研究人员的阅读却趋于表面，在学术信息的个性化管理方面还存在诸多问题。调查对象对互联网搜索引擎的偏好和对传统查阅界面的复杂性的批评表明：一方面，用户具有就专门学术领域访问电子馆藏的偏好；另一方面图书馆却采用了把全部馆藏信息汇总到一个界面提供给用户的方式。图书馆的这一做法显然是失败的。因此，在今后工作中，需要研究分析用户对图书馆搜索系统的满意度，并鼓励开发针对具体学科领域的特定增效工具②。

四、信息用户的需求变化

1. 农民信息需求的变化

随着信息社会的到来以及网络技术的发展，农村居民的信息需求出现了一些新变化，主要是：电视依然是农民获取信息的最主要途径，也是农民休闲娱乐最主要的选择。但是随着互联网的普及，农村居民中的"80后"和"90后"正在利用网络获取信息和满足日常消遣。与此同时，读书看报在文化程度较高的村民中仍然没有失去它固有的文化休闲功能。需要的信息种类更多，类型更全面。当代农民不仅需要提高生产经营技能的实用技术信息，还需要新闻时事、休闲娱乐、流行资讯等最新信息，他们对信息内容的要求呈现出多元化、时尚化的特点。在信息载体上，他们也非常希望能够接触更多的多媒体资料。对信息满足方式要求更高。他们不仅希望能够阅读书刊，还希望有专家指导信息获取与利用，同时也渴望参与多种文化活动，比如参加知识竞赛、上夜校接受继续教育等。对技术技能的关注度增加，与之相应的信息需求量增大，很多农民希望图书馆配备能够接入互联网的电脑，并教

---

① 汪晓东. 中小学教师网络信息寻求行为调查研究［J］. 电化教育研究，2012，（8）：28-35.
② 陈杰，孙忠贵. 电子期刊对学术信息行为影响的定性研究［J］. 图书馆杂志，2013，（1）：66-69.

会他们使用。更加关注孩子的信息需求,希望能够通过建立村镇图书馆为孩子们提供一个课外学习的场所,同时也希望能以此提高学生们的阅读能力,帮助他们发展个性,增长智力。对业余文化生活的品质提出更高要求,大多数人迫切要求建立图书馆,认为农村生活需要一个文明的文化休闲场所[①]。农民工是在我国改革开放和工业化、城镇化进程中涌现的一支新型劳动大军,是推动我国经济社会发展的重要力量。其中,1980年以后出生的新生代农民工,他们受教育的程度较他们的父兄辈有较大提高,在知识信息需求方面也有新的特点,随着网络的发展和普及,新生代的农民工对作为新生事物的网络有着更强的接受能力,表现出更大的兴趣,网络成为他们获取信息的主要渠道之一。对图书馆的利用程度偏低,认识模糊,但其利用潜力可待挖掘。调查显示大多数"80后"农民工因时间、空间的阻隔和图书馆本身服务的欠缺,在城务工时基本上不进图书馆。主要原因是其不了解图书馆,认为图书馆是神圣的殿堂;图书馆开放时间同其上下班时间重叠;图书馆信息源不能满足其需求等。但在访谈中他们几乎无一例外地表示,如果图书馆能提供便捷的服务,如"送书上门"、"流动图书馆"等,他们愿意尝试;图书馆若能改善馆舍环境,他们工余会进入图书馆看书、休息[②]。

2. 其他群体的信息需求

随着网络和科技的发展,越来越多的视障人士借助读屏软件学会了使用电脑。读屏软件是视障人士上网最强大的辅助工具。它把传统的计算机系统变成了语音工作站,通过特定的键盘命令,视障人士可以读出当前电脑屏幕上的内容。网络环境下视障人士的信息需求发生了改变,他们对语音的要求较高,经常浏览几个固定网站,常使用收藏夹功能,判断网页困难。公共图书馆要重视这一新的变化,以人为本,将为视障读者的无障碍服务纳入图书馆的重要服务中来。陈艳伟从视障人士信息需求的角度出发,对目前无障碍图书馆的建设进行了探讨,这是一种纯粹从实用角度出发的思考,摒弃了一切的后台技术[③]。

医院图书馆的读者主要以医护技工人员、实习生、进修医生为主。读者

---

① 李静,杨玉麟. 陕西省农村居民信息需求调查报告[J]. 情报杂志,2011,(8):79-82.

② 林若楠,李金芮,翁欣,肖希明. "80后"农民工知识需求及公共图书馆相关服务状况调查[J]. 图书馆,2010,(1):67-69,82.

③ 陈艳伟. 基于视障人士网络信息需求的视障图书馆建设研究[J]. 图书与情报,2012,(6):33-36.

阅读的学科相对集中，但涉及学科的内涵深，专业化程度高，信息需求的差异很大。（1）研究型读者主要是具有高级职称的医护技工人员和在职研究生，尤其是高级职称的医师，他们具有较高的医学理论水平和一定的学术研究能力，外文阅读能力强，很多人在自己所从事的学科领域多有建树并成为学科带头人。他们往往是围绕着科研课题来查阅，由于每项研究课题都有完成期限，因而他们为如期完成研究任务，需要根据进度完成各个阶段的文献查阅任务。他们来馆查阅的资料具有较强的选择性和针对性，阅读的文献数量大，所涉及的知识比较专深，其目的是了解国内外的研究新动向和最新成果，对需求的文献要求具有系统性，即求全、求新、求精，并注重原始文献和全文检索。（2）探索型读者主要是刚工作的临床医生和进修医生，他们有一定的专业理论基础知识，缺少丰富临床实践的经验，在利用图书馆的文献资料时表现出很强的求实性，往往带着具体问题查寻文献资料、探求具体答案、解决临床工作中问题，希望阅读较高水平临床书刊，提高自己的业务能力。他们对图书资料的需求迫切，总是不厌其烦地通过各种方法找到所需图书，这类读者求知欲旺盛，有周密细致的读书计划，有系统、有目标地阅读，在专攻学科的知识积累、拓展方面，都立足于读有所得，学有所获。这类阅读选择所表现的阅读动机明确、具体，并带有阶段性。（3）拓展型读者主要是年资较高的主治医师，他们在工作中积累了一定的临床经验和各自的专业特长。他们来图书馆都是借阅自己所爱的专业书籍。临床上各种罕见疑难病症促使他们不断地吸收新的知识解决问题，以完善提高自己的一技之长。随着医学事业的迅速发展，医学信息日益丰富，为随时掌握医学领域的新观点、新技术，希望能经常阅读到最新医学文献。他们一般是科室的中坚力量，时间较紧，求新意识强，对图书馆的资料提供要求新颖、可靠、及时，有针对性地吸收和利用现有的科学技术知识。（4）求知型读者主要以实习学生为主。他们在毕业前要在教学医院进行为期一年的实习，一边学习一边实践。由于他们在校读书期间基本上都是理论学习和实验室操作，缺乏临床经验，通过在各科的实习将理论与实际联系起来，到图书馆阅读了解某一学科，某一专业的知识，求知欲强，他们阅读有很大的盲目性和随意性，借阅文献的类别随实习科室的变动而改变，缺乏独立性[①]。

---

① 王宝玲. 网络环境下医院图书馆个性化信息服务的探讨［J］. 图书馆工作与研究，2010，（5）：105-108.

第二节 用户信息需求的影响因素

一、信息环境对信息需求的影响

信息需求影响因素的相关研究指出，影响信息需求的主要因素包括个体知识、问题情境、卷入程度。个体知识，是指个体所拥有的与信息搜寻目的相关的知识，从信息缺乏角度定义的信息需求充分表明了个体知识对信息需求的重要影响；相关研究认为个体知识包括知识和技能两个维度，因而网络信息搜寻的个体知识可以划分为领域知识、领域技能、网络知识和网络技能4个影响因素。问题情境，在已有感知复杂性、感知风险性、卷入程度等特征对信息搜寻行为影响研究的基础上，从中建立感知复杂性、感知风险性、感知相关性、感知重要性和兴趣5个影响因素。其中感知复杂性一般是对"不确定性"的度量，感知风险性是"不进行外部信息搜寻而导致的各种损失的可能性与这种损失的重要性的乘积"，而卷入程度通常包括兴趣、感知关联性、感知重要性[1]。

1. 泛在及移动环境对信息需求的影响

泛在知识环境中，各种信息对象都是数字对象，文献资源、科学数据、实验仪器设备、网络计算环境、机构、项目、人员等科研信息呈现多样化形态，决定资源利用呈网状结构。网络带给人们新型的交流方式，E-mail代替纸质信件，可以实现快速的信息交流；博客和论坛用于开放式信息交流，更利于促进创造性学习；情报计算、数据挖掘、智能检索和知识组织得到广泛应用，使数字化资源的桌面服务和知识服务成为主流。泛在知识环境中，用户在信息发表、交流和获取方面需求方式发生了改变。（1）信息发表：用户希望能自由地发布自己的科研成果，从而使自己的学术地位得到认可。除了期刊发表以外，现在越来越多的科研人员开辟自己的网站，或者在学科的知识库或机构知识库中存储论文。（2）信息交流：人们广泛借助先进的信息技术来实现快速、高效的信息交流与共享。如利用电子函件开展日常交流，利用函件组或论坛进行群体交流，利用网络文件传输大规模共享数据或信息。（3）信息获取：用户需要按照他们所需的时间、方式以及期望的容量，从呈

---

[1] 王蕾. 基于信息需求的消费者网络信息搜索行为研究 [J]. 情报理论与实践, 2013, (7): 90-93.

分散或自由存在的资源中获取信息①。移动环境对信息需求的影响。与固定环境相比，移动环境下用户所处的时间和空间都发生变化，并且总是跨越不同地点、跨越不同情境。因此，移动环境下用户的信息需求也因为时间、空间的变化而呈现新的特点。根据时间与空间的影响，移动环境下用户的信息需求可以分为与时间相关的需求和与空间相关的需求。用户在移动环境下的信息活动有临时性、实时性、碎片性的时间特点，相应的信息需求都是与这些时间特点密切相关的，比如应急处理信息（通信、办公、商务等）、获取与交流实时信息（如新闻动态、金融行情、比赛直播、个人信息即时交流等）、打发无聊、利用零星或碎片时间利用与交流信息等。用户在移动环境下的信息活动有本地性、目的地性的空间特点，因此，相应的信息需求也都是与地理位置相关的，比如与位置相关的信息接收、信息查询、信息交流、信息发布等。关于移动环境下用户的信息行为，传播学理论认为手机用户既是媒介内容的消费者，又是媒介内容的生产者，同时也是传播者。用户使用的不仅仅是媒介信息，同时使用的还有媒介本身。手机媒体具有独特的媒体特质和传播优势，用户通过使用手机媒体能获得最大程度的满足感，包括随时随地获取信息的满足感、媒体生产与消费的二重性满足了用户自我价值感的实现、个性化和互动性满足了用户探索和尝试新事物的心理需求。移动学习理论认为情境是移动学习的核心结构，移动通信技术创造更广阔的、更分散的学习情境，移动技术可以支持个性化学习、对话性学习、协作学习、探究性学习等多种类型的学习。移动学习具有学习动机的自发性、学习内容的片断性、学习地点的跨越性、学习目标的自我调节性。移动阅读是用户的主要移动信息行为之一，移动阅读的行为过程包括阅读需求、读物寻求和阅读利用三个阶段。与固定环境下的阅读行为相比，移动阅读行为在阅读时间、内容、方法上都有显著的区别。移动阅读突破了时空的局限，阅读内容主要以各类新闻、金融财经实时信息、体育实时赛况、其他动态资讯等时间敏感性阅读内容和与读者所处地理位置相关的信息为主，内容篇幅更倾向于短小精悍的微型阅读，阅读方式主要表现为快餐式阅读②。

2. 虚拟社区对信息需求的影响

由于社交网络的互动性、移动性等特点，使得社交网络的用户行为有着

---

① 曾建勋，刘华. 泛在知识环境中科技期刊的发展方向[J]. 编辑学报，2010，(12)：471-474.

② 茆意宏. 移动信息服务的内涵与模式[J]. 情报科学，2012，(2)：210-215.

其特有的规律。社交网络环境下的用户行为特点主要有：（1）互动性。由于社交网络是建立在人与人互动的基础上，互动性是其主要特点之一，因此，互动性也是用户行为的基本特性。（2）现实性。社交网络平台身份的现实性及信息的准确性，使得用户不管是其身份、信息行为，还是信息行为目的，都具有明显的现实性特征。（3）移动性。社交网络平台在移动设备、智能手机的广泛移动应用，使得越来越多的用户选择移动电子设备（如手机、IPAD）来利用社交平台，移动性也因此成为了社交网络用户的一大新特点①。虚拟社区发展成为人们生活的一部分，现实中的许多活动在网络中得以实现。社区成员的兴趣、价值观、人机界面、社会文化是最重要的影响因素。虚拟社区近年来得到长足发展，在社会各领域都有应用。但目前国内对虚拟社区的研究偏向于概念的界定和国外研究的梳理，较少涉及虚拟社区中成员实践活动的研究。张素芳基于前人对虚拟社区和用户信息行为的研究，以虚拟社区中的群体信息行为为对象进行调查分析。调查了解到虚拟社区的一些基本使用情况，并从个体、群体和环境三个维度对虚拟社区中群体信息行为的影响因素进行分析，揭示各层面因素对信息行为的影响，结果反映兴趣爱好、价值观、人机界面、社会文化是虚拟社区群体信息行为最重要的影响因素。未来虚拟社区的 SNS 化是发展的大趋势，最近较热门的 LBS 服务也将为虚拟社区的发展带来新的契机②。

二、信息技术对信息需求的影响

以互联网等通信技术为核心的信息技术发展到今天，正从典型的技术主导的模式向技术与应用相结合的模式转变。宽带技术、3G 技术、移动互联技术、Web 技术、云计算等新技术的应用正带来信息内容生产、传播的变化。用户的交互和分享更加便捷。以微博、百科全书（Wiki）、社交网络（SNS）等为代表的 Web 技术，实现了用户间的交互和分享，用户既是网站内容的浏览者，又成为网站内容的制造者，还能够通过多种方式进行相互交流和分享。这带来了信息传播革命性的转变，改变了以往由机构主导信息传播的局面，呈现出"去中心化"的特征。渠道多元化带来的"碎片化"用户以新的网络

---

① 周育红. 社交网络服务模式下的高校图书馆用户需求研究 [J]. 图书与情报，2012，(5)：90-92.

② 张素芳，卢朝金. 虚拟社区中的群体信息行为调查分析 [J]. 情报科学，2012，(4)：563-566.

社区等方式重新聚集，跨越时空的交互与分享形成多元网状的基于人际传播的信息传播方式。信息需求综合化。网络应用越来越深入人们的生活，在信息需求服务方面正朝着综合化的方向发展。从浏览网页到看视频、听音乐、在线阅读、交互和分享、定制服务等，网络成为了用户的万事通、万事能，用户对网络的依赖越来越高，获取信息的广度和深度不断增加。搜索引擎技术的发展，人们获取信息的方式由被动接收转变为主动搜索；社交网络等 web 技术的应用，将机构主导的大众传播转变为网状的网络社区的人际传播与分享[1]。新网络环境的出现对用户的信息行为带来了空前的冲击，促使服务理念从信息本位向用户本位转移，用户是图书馆的上帝，要确立"以用户为中心"的原则，加强对用户信息需求与信息理解的调查，满足用户的信息需求，注意用户需求的差异化，以增强信息服务的针对性和个性化，提高信息服务的效率；在信息服务中重视用户体验的过程，通过用户体验设计，保证信息服务的效率与质量[2]。泛在网络（ubiqutous network）环境下，由于人们有更多的交流和获取知识的渠道，用户信息需求的指向和查找、利用信息资源的方式都发生重大的变化，用户的信息需求朝着纵深方向发展[3]。用户对于移动图书馆服务，尤其是基于移动客户端的图书馆服务具有很强烈的需求，用户需要更为便捷、形式多样、个性化的移动图书馆服务[4]。

信息时代的用户需求已经发生了变化，用户需要的是具有参考价值的、高质量的个性化信息，而不是优劣混杂、质量低下的相关信息。然而，越来越多的出版企业向数字出版靠拢的同时，众多用户的信息需求并未得到有效满足。网络阅读率大幅攀升，表明新一代读者的阅读习惯正在发生根本性变化。电子读物拥有越来越多读者也印证了这一点。虽然用户的网络阅读率大幅提高，对数字出版的需求很大，但调查显示用户对数字出版的需求未能得到有效的满足。中国互联网络信息中心（CNNIC）持续开展对中国网民的调查，调查发现，当网民数量大幅增长时，网民对电子图书及数字出版的需求也呈现旺盛之态。在"网民希望网络能更多地提供的产品或服务"（多项选择）项目中，提供"书刊类"产品的需求多年位居第一位。由此可见，网民

---

[1] 高福安, 刘荣, 刘亮. 网络与通信技术对公共文化服务的影响 [J]. 现代传播, 2012, (6): 78-81.

[2] 欧阳剑. 新网络环境下用户信息行为对图书馆信息服务的影响 [J]. 图书馆论坛, 2011, (10): 125-127, 114.

[3] 胡海波. 泛在网络环境下的政府信息服务 [J]. 情报资料工作, 2011, (3): 83-87.

[4] 赵雅馨. 微信息环境下的图书馆用户需求调研 [J]. 图书情报工作, 2013, (4): 17-21, 39.

对数字出版的需求是旺盛的①。网络环境下各种因素的交互影响与共同作用，导致部分社会群体在数字信息资源获取与利用方面的弱势，产生信息贫富差距。信息数字化、网络化是把双刃剑，虽然具有范围广、内容丰富、数量众多、及时性好等优势，但随之产生的信息泛滥、信息安全等问题，对用户信息素质提出较高要求。以城市下岗职工、失业人员和进城务工人员等为代表的一类社会人群，由于信息获取、检索、分析等综合能力较弱，网络资源利用水平低，无法享受网络信息为生活带来的便利，无力将数字信息转化为个人知识与信息财富，因而成为网络环境中的边缘化群体。社会信息化发展不均衡是网络环境中信息贫富差距形成的重要社会因素。网络公共数字信息资源供给不足与分配不均是造成信息贫富差距的重要原因②。

三、信息行为与信息需求的互动关系

在网络环境下，用户通过交流形成了网络社群，使得具有一定共同需求或兴趣的用户，通过网络联系在一起，以获取信息和相互沟通。网络技术的发展使个人的地位变得越发重要，而弱化了个人对现实群体的依附，网络的社群生活已逐渐成为人们重要的生活方式。在网络社群中，具有共同兴趣的参与者之间进行互动与分享，每个成员的个体情感与心理活动在群体中融合，形成了群体独特的思维方式，对用户体验也会产生重大影响③。信息时代制约用户认知信息活动行为的因素有以下几个方面：网络信息的复杂性；信息组织类目过于繁琐；用户的信息素养问题；用户对信息的关注程度。在因特网上搜索信息时用户的焦虑、恐惧等情绪，也会影响用户当前的唤起水平，唤起水平的高低直接影响用户当前的注意行为，从而影响用户对信息资源的认知容量和对信息的关注度。诚然，用户的认知结构既非先天形成也非客观环境单纯作用的结果，而是在认知主体与客体相互作用的过程中由主体主动构建而成。图书馆的知识组织产品——检索系统的设计，不应只以"科学"、"规范"为依据，而应以对应用户的需求表达为根本依据。也就是说，不应只

---

① 郭亚军. 基于用户信息需求的数字出版模式研究 [J]. 档案学通讯, 2010, (3): 52-55.
② 常文英, 刘冰. 网络环境中信息弱势群体信息援助模式与策略研究 [J]. 情报杂志, 2011, (5): 152-155, 123.
③ 陆泉. 网络环境下基于群体心理的用户体验模型设计 [J]. 情报理论与实践, 2010, (9): 78-82.

注重知识组织的技术方法问题，更应重视如何识别用户需求的认知问题①。

相对于科研人员、学生、消费者等信息行为的相关研究，图书情报学领域的学者对投资者的信息行为研究关注不多。然而，投资者面临的投资环境更为复杂，政策、经济、环境、军事、科技等的变化都有可能对股市产生冲击。李月琳通过半结构化深度访谈，探讨投资者网络信息搜寻方式、选择不同方式的原因及相关因素对网络信息搜寻行为的影响。综合分析19位个体股票投资者的访谈数据，发现投资者网络信息行为具有不同特征：一些投资者仅通过浏览的方式获取信息，多数则通过浏览为主、搜索为辅的搜寻方式获取信息；大多数投资者在获取投资信息的过程中都倾向于后者；投资者的投资经验及投资模式一定程度上影响投资者信息搜寻方式的选择②。王蕾在界定消费者网络信息搜寻概念和理论综述的基础上，从信息需求角度对消费者网络信息需求及搜寻行为展开研究。构建了以信息需求为中心的网络信息搜索行为的影响因素体系，指出影响因素间的相互关系，信息需求的数量、稳定性、清晰程度等的变化规律和相互关系，基于信息需求的网络信息搜寻行为过程化特征和网络实际信息搜寻量与信息需求量间存在倒"U"形的关系等③。

第三节 用户信息行为的表现及模式

一、用户的信息个人感知

随着网络的普及，网络信息行为已成为当前研究的热点。目前国内外情报学界对网络信息行为的研究主要是从信息检索、信息查询、信息资源开发和利用等方面进行的。国内方面，近年来有关用户信息行为的研究也逐步兴起并成为热点研究领域，但国内有关信息行为的研究中，纯理论研究包括述评、介绍等的论文较多，构建模型并对模型进行验证的研究很少。学术信息源不同，用户的网络信息行为过程也不尽相同，不同过程所涉及的载体层级

---

① 陈浩东. 基于信息用户认知的图书馆"信息唤醒"[J]. 图书情报工作, 2010, (1): 46-49, 116.

② 李月琳. 个体投资者网络信息搜寻行为：模式与特征 [J]. 图书情报工作, 2013, (5): 45-50, 57.

③ 王蕾. 基于信息需求的消费者网络信息搜索行为研究 [J]. 情报理论与实践, 2013, (7): 90-93.

不同，从而会对用户获取学术信息的效率和效果产生不同的影响①。

用户认知行为。用户对自身需求的表达实际上是在自身当下知识结构欠缺的表达，这种表达首先是一个认知问题。用户的信息认知是经过选择、构造和补充三个环节而形成的。这三个环节都和信息理解有着密切的联系，直接影响到用户对信息的获取。选择关系到用户获取信息的适用性，构造意味着信息的整体性，补充预示着信息的完整性。网络信息的查寻和利用是用户基于自己的知识储备和认知能力，与检索系统交互作用，以解决当前问题为目的，以完善、改变知识结构为结果的过程。从认知角度来看，人的知识结构对外来信息的吸附、同化、选择、建构和实现社会化的过程就是知识的进化。通常用户认知具有如下四个显著特点：（1）动态性，信息认知活动本身是动态的、随着认知活动过程的展开而不断调整、变化；（2）多维性，源于人类社会实践活动的多样性，如知识创新、信息浏览等；（3）复杂性，主要体现在用户本身的心理活动、社会活动和信息形式的复杂性；（4）整体性，即认知系统内部各认知问题之间的相互制约性②。性别不仅仅是生理学上的一个概念，更是一个心理学、文化学词汇。由于生理、社会基础、心理特征等方面存在着差异，在接受他人影响、情绪性、道德推理、领导能力、成就动机等方面，均被发现存在着性别差异。国内外在研究人类网上信息行为时，同样发现影响信息行为的一个重要因素是性别。国内图书情报界很少有人将其作为一个独立的研究对象进行深入的研究。蔡屏以信息行为的动力（信息需求）——信息行为的进行（信息查寻）——信息行为的结束（信息使用）为研究内容依次探讨了不同性别在网上信息行为所体现出的差异性③。

二、用户的信息表达行为

默多克曾指出：新一代媒体消费者正在兴起，公众不再是被动地接收信息，他们用自己的手段，从内容制作到编辑参与信息传播。他们渴望内容按照他们所需的时间、方式以及期望的容量来传递；在线内容培养了大量受众，已经在影响着每一个传统媒体的变化④。用户的角色正发生着重大变化，他们

---

① 叶凤云，孙建军，汪传雷. 网络学术信息行为理论框架构建与行为过程分析 [J]. 图书情报知识，2011，(5)：82-88.

② 陈浩东. 基于信息用户认知的图书馆"信息唤醒" [J]. 图书情报工作，2010，(1)：46-49，116.

③ 蔡屏. 网上信息行为的性别差异研究 [J]. 图书馆，2012，(3)：99-101.

④ 苗炜，陈赛，王冬月. 网络时代的杂志 [J]. 三联生活周刊，2007，(18)：35-36.

不仅是内容的受众,而且成为内容创造的参与者。用户可以通过博客和各种个人社区进行世界范围内的信息交流与分享,其知识获取和科研创新的方法发生了改变,效率和质量都提升到一个更高的层面。科技期刊的用户从被动地接收信息转身参与信息传播。全面的数字化环境不仅意味着用户对信息的可获得性的极大提高,而且越来越多的个人或机构可以打破特定机构的垄断,方便地、低成本地大规模发布、获取和存储信息①。网络环境下,信息的生产、传递、接收有机结合在一起,双向动态的信息交流渗透到整个信息交互过程中。信息的交互过程是用户与系统、用户与服务者间的一种行为互动、信息交换和感知反馈过程。用户信息交互行为是用户信息行为中的一种,它具有信息行为所具有的一般特征,具体如下:交互行为具有社会性、交互行为具有策略性、交互行为实时性、数字化技术支持、消费属性。交互行为包含对信息内容、信息服务、硬件设施的消费,符合消费行为所具有的自然属性、主观属性、文化属性和符号属性,它同时还存在着与消费过程中同样具有的满足、挫折、倾诉、发泄、抱怨等体验②。

大型多人在线网络游戏虚拟社区是一种集幻想社区、交易社区和关系社区为一体的综合类虚拟社区,具有主题性、开放性和社会交换性等特点。不同信息需求的社区用户参与其中,进行着各种社会交换,在社会交换中信息交换具有重要作用。用户信息习惯决定用户参与虚拟社区的信息行为,长期的参与也正影响着用户的信息行为。网络游戏虚拟社区正吸引着大量的用户参与其中,随着技术与社会的发展,网络游戏虚拟社区已经成为年轻人的重要生活空间,网络游戏虚拟生活方式正影响着年轻一代。网络游戏虚拟空间中的信息具有经济性、社会价值性、娱乐价值性等多种特点。对网络游戏虚拟社区用户的信息行为研究,有利于提供更好的信息服务,加强信息监管。同时,网络游戏虚拟社区存在很多积极的要素,如用户主动参与构建文化产品等,把握网络游戏虚拟社区的用户参与动机与信息行为有助于网络空间的蓬勃发展。因此,网络游戏虚拟空间具有广阔的发展潜力,网络游戏虚拟空间的用户信息行为研究具有重要意义③。

---

① 曾建勋,刘华. 泛在知识环境中科技期刊的发展方向 [J]. 编辑学报, 2010, (12): 471-474.
② 张耀辉,卢爽,刘冰. 用户信息交互过程中影响信息质量的因素分析 [J]. 情报理论与实践, 2012, (6): 12-15.
③ 孔少华. 大型多人在线网络游戏虚拟社区用户信息行为研究——以网易大型多人在线网络游戏梦幻西游为例 [J]. 情报科学, 2013, (1): 123-128.

三、用户的信息获取方式

网络信息搜寻的目的呈现出多样化的趋势,除购物、学习、科研等特定目的的信息搜寻外,越来越多的信息搜寻呈现出日常性、无目的性或目的不清晰。消费者网络行为是指以购买或消费为目的或与这一目的相关的消费者网络操作行为,通常包括需求确认、网络信息搜寻、方案评估、购买决策、购后评价等5个阶段,代表了消费者在网络上对商品、服务购买与消费的完整过程。消费者往往是无特定信息搜寻目的的网络浏览者、具备特定信息搜寻目的的网络信息搜寻者、网络商品购买者3种角色的综合体,因而从广义上讲网络消费者与网络浏览者是从不同角度定义的同一主体,网络信息搜寻呈现出特定目的的信息搜寻、日常性与无目的性或目的不清晰的信息搜寻相结合的场景。大学生使用智能手机已经是非常普遍的行为,但关于智能手机的选型、操作系统使用及维护、应用软件安装及使用、安全防护等问题的知识,对于多数大学生而言属于较为复杂的信息搜寻任务,需要进行大量的信息搜寻,相关信息也适合通过网络渠道获得[1]。

大学生在搜寻学术信息的时候,通常是在互联网上用 Google 等常见的检索引擎。根据 OCLC2005 年的调查,90%的被访大学生在需要信息的时候,首选搜索引擎。已有研究表明,大部分学生是"盲目搜索",采取一种近似为询问的方式进行;其检索结果要么是所获甚少,要么是检索到成千上万条毫无价值的、令人头昏脑胀的信息。吴敏琦在借鉴国外已有研究成果的基础上,建立网络环境下大学本科生学术信息搜寻行为的理论框架。该框架囊括了网络学术信息的搜寻策略、甄别和判断标准、信息获取的决定因素三方面。研究发现,在访问的难易度和简单策略两个维度上男性与女性学生的行为差异较为显著。与低年级的学生相比,高年级的学生随着其专业知识与信息技能的增长,更明显地使用较为复杂的搜寻策略,并且通过多种渠道的信息来验证在网络上搜寻到的学术信息;而且使用年限越长,越关注网络信息的相关性问题。自然科学专业的学生最为关注学术信息的新颖性问题,这很可能与自然科学领域的知识更新速度密切相关。与此同时,自然科学专业的学生更

---

[1] 王蕾. 基于信息需求的消费者网络信息搜寻行为研究 [J]. 情报理论与实践, 2013, (7): 90-93.

明显地使用较为复杂的策略搜寻信息①。

四、用户的信息搜索行为

随着网络和多媒体传播的普及，人们可以使用更多元的媒体及存储形式去整合和分享自身所获得的信息，使其能达到最大的利用效用，因此有研究者开始关注使用者在网络浏览中的信息获取行为，其中关于信息偶遇的探讨和研究得到越来越多的关注。人们获取信息的方式可以简单分为三种：一是搜寻一个明确的主题获得相关信息；二是搜寻模糊的主题中看到相关信息，对其进行识别后获取该信息；三是意外、偶然地获取信息，一般所谓的信息偶遇指意外地获得信息，被认为是被动的信息获得行为，有别于传统的有目的的信息搜寻行为。郭海霞通过调查认为网络信息偶遇大多由自己获得偶尔由他人转发获得，信息来源广泛；个人偶遇的信息主要是为满足个人未来可能会有的信息需求做准备，次要是满足个人对于广泛事物的好奇心；大多数个体会对偶遇信息感到新奇喜悦，并进一步处理获取的信息资源，以期促进更多的信息偶遇经验产生；对信息需求具有内在动机的个体较具有外在动机的个体容易产生信息偶遇经验。尤其是在个体没有时间压力的限制下，此时信息偶遇经验便会越来越多，且无法停止地持续出现；具有较高信息素养的个体，即使面对大量的网络信息，也能比较轻松地以自己的方式去进行信息的处理及储存，并且能以积极主动的态度去创造并使用网络偶遇②。

互联网调查显示：新一代信息用户的信息素养并没有随着技术的发展得到提升，实际上他们利用计算机的便利掩盖了一些令人担忧的问题。在检索之前对自己的信息需求缺乏了解，很难制定检索策略，在检索时他们更愿意用自然语言进行检索，很少分析哪些关键词更有效，很少使用高级搜索功能，认为搜索引擎能够理解他们的查询；在搜索和导航时缺乏耐心，对任何延迟他们所需信息的情况都表现出"零忍耐"。新一代用户信息搜寻行为受很多因素制约，性别、经验、认知类型和自我效能感等都是重要的影响因素：（1）年龄。不同的年龄阶段的信息搜寻者有不同的行为习惯和认知，年龄是信息搜寻行为的重要影响因素。选择不同年龄阶段的被研究者，就会得到不同的研究结论。（2）性别。性别一直被研究者认为是信息搜寻行为的重要影响因

---

① 吴敏琦. 大学生网络学术信息搜寻行为研究——基于大学本科生的调查分析 [J]. 情报科学, 2013, (2)：92-96, 101.

② 郭海霞. 网络浏览中的信息偶遇调查和研究 [J]. 情报杂志, 2013, (4)：47-50, 62.

素。很多研究表明，性别可以影响用户的信息行为。通常来说，男生对技术的敏感程度强于女生，男生的好奇心比女生强烈等。以前的调查结果显示男生的网络使用率和上网时间都多于女生，男生相对使用更少的检索词、使用更多的检索策略。（3）经验。Lazonder等人就用户的网络经验对信息查寻过程的影响进行了专门的实验和调查，发现有经验的人比新手更擅长定位网站，这可能缘于其具备使用搜索引擎的技能。（4）认知类型。在网络信息查寻中，有着相同检索经验的个人，不管是何种认知类型，其效率几乎相同；然而，对新手来说，认知类型对效率有着显著的影响，新一代用户基本都是检索策略不足，其认知类型对于检索问题的影响很大。（5）自我效能感。自我效能感（self efficacy）是指用户自我感觉到的信息查寻、检索相关信息源、获取信息的能力，它类似但不同于自信度。自我效能感与网络信息搜寻是相互促进的，较高的自我效能感会导致更多、更有效的网络信息搜寻，而更多、更有效的信息查寻将进一步增强自我效能感[①]。

  社会化电子商务是电子商务的一种新形态，它通过社会化媒体来强化网络购物过程中的人际互动、信息交流和用户参与。消费者通过自己构建的在线社交网络分享有关产品和服务信息、发现新商品和作出购买决策。这时，消费者购物决策前的信息搜寻行为逐渐从传统的个体行为趋于协同行为。用户主导、用户参与、用户分享成为其主要特点。计算机支持协同工作（CSCW）技术为网络消费者的协同信息行为提供了技术基础，支持用户创造内容和协同工作。信息搜寻行为是合理解决问题和作出决策的基础，在消费者决策过程中起了极其重要的作用。当消费者面临许多有关消费的问题需要有关信息辅助其消费决策时，往往需要通过回顾以往经验、搜索、浏览相关的产品介绍、广告信息作为信息保障。这种行为一般表现为个体信息行为。但是，消费心理中还存在着这样一种现象：消费者在购物（尤其是贵重物品）时，总是喜欢事先听取他人、尤其是熟人的购买意见。这种消费者通过协同的方式明确信息需求、搜寻信息、获得知识的行为称为消费者协同信息行为。经验证明，当社交网站（SNS）的参与者分享个人喜好或者共同体验，并通过信息交互表述意见时，搜寻信息所获得的用户体验可以得到提高。协同技术的兴起将用户的信息行为从个体行为扩展到协同行为。网络消费者的行为会受到多方面因素的影响，如社会规范、感知结果、感知使用方便、感知有

---

  ① 陈成鑫，初景利. 国外新一代用户网络信息行为研究进展［J］. 图书馆论坛，2010，（12）：71-75.

用性、习惯、感知行为控制、感知风险、经验、创新性、年龄、性别、收入、娱乐性、网络使用、信任等。同样，网络消费者的协同信息行为也会受到多种因素的影响和制约，这些因素影响消费者进行协同信息行为的意愿及能力，进而影响到结果及满意度①。

五、用户的信息安全行为

社交网络用户个人信息安全是当下中国发展社交网络必须认真严肃面对的一个重大问题。社交网络用户个人信息安全从狭义上来说，主要是指用户个人信息本身的安全问题，包括用户信息的保密性、完整性、可用性、可控性及可靠性5个方面。而从广义上来说，由信息霸权和网络谣言引发的安全问题也纳入用户信息安全讨论范围，因为基于互联网的高效社会化网络为信息霸权和谣言提供了便利条件，为敌对国家、情报机构、恐怖组织操纵和制造社会舆论、引发社会危机创造了条件。一般研究主要关注狭义的个人信息安全。罗力对社交网络用户个人信息安全的现状进行剖析，发现存在社交网络用户个人信息安全保护的法律法规不健全、社交网络企业安全管理水平不够和用户信息安全素养不足等问题，提出有效保护社交网络用户信息安全的3种途径，包括加强立法保障和行业自律、提高社交网络企业的信息安全管理水平、提升用户信息安全素养②。手机图书馆个性化服务是基于信息用户的信息使用行为、习惯、偏好、特点及用户特定的需求，向用户提供满足其个性化需求的信息内容和系统功能的一种服务。然而，用户在享受个性化服务的同时，存在个人隐私被泄露的风险。网络环境下用户的个性化需求具有易变性、动态性、私密性和情境敏感性等特征，个性化服务的提供越来越需要情境模型的支持。手机图书馆是数字图书馆在移动网络环境下的扩展，是数字图书馆个性化信息服务的需求方式。为此，将情境模型运用于手机图书馆个性化服务，在无线网络和互联网中分别设置情境模型和用户模型，使手机图书馆个性化服务系统具备感知、觉察用户当前和历史情境的功能，并根据用户情境自适应地调整提供给用户的信息，向手机用户提供个性化信息检索、个性化信息推荐、个性化信息推送等服务。在情境模型应用于手机图书馆个性化服务时，需要注意解决手机用户信息安全、手机用户个性化信息获取的

---

① 李枫林. 网络消费者协同信息行为研究 [J]. 情报理论与实践, 2011, (10): 10-12, 4.
② 罗力. 社交网络中用户个人信息安全保护研究 [J]. 图书馆学研究, 2012, (14): 36-40, 76.

准确性与动态性、数字图书馆各种资源的整合、集成及知识产权、系统复杂性与手机用户易用性之间的矛盾等问题[①]。

  作为全球网络技术的发源地和集大成地，美国拥有一套异常发达和完善的网络信息治理机制。美国政府对网络信息的治理，隶属于整体层面的国家信息安全战略。同时，美国也基于网络信息安全问题的重要性和特殊性，单独设计了战略政策和法律制度，并发展出诸多对应性的组织体系和审查原则（审查标准）。总结美国网络信息治理经验，可以将其归纳为四个方面：战略政策、法律制度、组织体系和审查原则。其中，战略政策体现着美国政府治理网络信息的宏观构想，包含对内控制、对外扩张的国家意志；法律制度和组织体系分别是网络信息治理的中观"软环境"和"硬基础"；审查原则是限缩网络信息内容的具体操作准则[②]。网络信息行为作为一种社会行为，不可避免会出现行为失范现象。第一，网络的广泛普及给网络信息行为带来不确定性。人们网络行为的地点、时间、环境不受约束，只要有网络接口，就可与世界上任何一个人进行沟通，随时随地地获取信息。第二，互联网中人们活动的虚拟化导致网络信息行为的异化。信息行为是虚拟化的，缺少直观性，行为主体隐藏于网络背后，可以在网络中扮演不同的角色，其他用户无法确认主体的真实性。第三，信息的便捷传递加剧网络信息行为的影响。网络信息内容极大丰富，人们从网络获取信息加速，要求选择信息时进行自我判断，不同选择导致用户网络信息行为趋向不同。第四，虚拟网络信息行为仍具有一定社会性。网络信息行为失范是指行为主体违背一定的道德规范或者法律禁止的行为要求，在网络社会中出现信息行为偏差，对互联网、网络社会甚至现实社会造成不良影响。信息社会中的网络信息失范行为频发是一个亟待解决的问题，无论是道德还是法律方面都急需加以关注并且采取有效的整治措施。对网络行为的监督和管理，需要从道德上进行良性的引导与教育，从法律上进行强制的约束与惩处。只有深入研究网络信息失范行为发生的原因及其所处环境，从主观与客观出发全方位了解网络失范行为的各种特性，进而采取强有力的对策措施，才能净化网络环境，促使信息社会的和谐的、健

---

  ① 王芳，郭丽杰. 基于情境模型的手机图书馆个性化服务研究 [J]. 图书馆学研究，2011，(7)：93-96.

  ② 尹建国. 美国网络信息安全治理机制及其对我国之启示 [J]. 法商研究，2013，(2)：138-146.

康的发展①。

六、用户的信息评价行为

日益丰富的互联网学术信息资源作为图书馆文献资源的有益补充,已成为用户信息资源获取的重要渠道。面对互联网庞杂无序的信息资源,图书馆用户信息评价能力的缺失为正确、合理、有效地利用互联网信息带来了障碍。用户互联网可信性评价能力可分为信息检索能力、信息认知能力和信息判断能力。可信性反映的是人们对对象可相信程度的认识。可信性并非是对象的特性,而是使用者对目标物的看法,在一定程度上是使用者认知能力的体现。信息传播与利用最终都要回归到用户的使用及评价上,对互联网信息的研究也是如此。用户的个性化差异容易造成信息甄别能力的参差不齐,需要图书馆从互联网信息可信性评价能力提升的角度引导用户对互联网信息进行评价和分析。综上所述,互联网信息可信性评价能力的培养不仅是图书馆信息素养教育的重要组成部分,而且对互联网信息的发布和传播具有很好的促进作用②。

信息质量(Information Quality,IQ)评价是信息质量管理(Information Quality Management,IQM)中的关键内容,对于网络信息资源质量控制有着十分重要的意义,也是进一步规范网络信息的关键步骤。在网络共享环境下,基于网络信息传播的匿名性、交互性、开放性和信息可复制性,信息生产、制作、发布、传播、使用中缺乏一个统一的、有效的组织和管理,缺少必要的类似传统的编辑审核出版那样的质量控制和筛选机制,信息发布自由性极大地丰富了网络信息资源的同时也加剧了 IQ 良莠混杂、难以区分,用户很难从作者权威性、出版机构权威性和新颖性等印刷体信息环境中常用的评价信息资源质量的指标中判断网络信息的真实性。由于网络信息具有印刷型的信息所不具有的新的外部特征,如网络环境下的 IQ 具有社会属性特征,其内涵所体现出的网络性、问题性和社会性是三者的综合性,这些新的特征在进行 IQ 评价时必须要考虑进去。另外,在评价网络 IQ 时,必须考虑信息用户的差异,包括用户的信息储备、知识差异、信息需求差异等。因此,网络信息质量的评价不需要也不可能有绝对的、统一的质量评价标准,因为其 IQ 评价的

---

① 汪传雷,冯世朋,王兰. 网络信息行为失范类型、成因及其危害[J]. 情报理论与实践,2012,(8):21-25.

② 虞俊杰. 互联网信息可信性评价能力培养[J]. 图书馆建设,2012,(12):92-95.

核心在于评价网络信息的效用问题,即网络信息资源是否满足特定用户群特定的与潜在的信息需求,这就需要根据不同的具体评价目的和评价服务对象(即用户群)将评价指标划分为不同的层次,筛选评价指标,决定评价的深度并选择相应的评价方法。对 IQ 评价的研究国外较多些,主要集中在软件信息系统、数据库建设、数据评估模型、知识管理、互联网络等领域,前期多是侧重从技术上研究如何提高 IQ 的方法和软件程序,目前已发展到通过对数据、信息产生全过程的 IQ 进行评价和监测以实现全面质量管理,用户满意度已成为评价信息质量的重要标准之一①。

---

① 宋立荣. 网络信息资源中信息质量评价研究述评 [J]. 科技管理研究,2012,(22):51-56.

第四章 网络信息资源保障

对用户而言,图书馆"馆藏"是远远不够的。用户的信息需求是多元、多变,并且随时随地的。他们通常通过网络获取信息资源。图书馆必须加大网络信息资源的购买和开发力度,为用户提供丰富的网络信息资源,消除用户利用资源的各种障碍,将网络信息资源嵌入到用户的桌面与科研教学环境之中,最大限度地发挥信息资源的潜力与作用。

第一节 网络信息资源的含义与特点

一、网络信息资源的含义

信息资源是图书馆信息资源建设领域的基本概念之一,是图书馆资源采访与资源建设的直接对象。从图书馆信息资源建设角度理解,信息资源是经过人类选取、组织、有序化的有用信息的集合。其内涵包括:①信息资源是信息的集合;②信息资源是经过人类选择、获取的有用信息的集合;③信息资源是经过人类组织的有序化的信息的集合[①]。

计算机出现之前,信息资源一般是指以纸为载体的文献型资源,包括一般性图书及其书目、索引、文摘、辞典、百科全书、年鉴、手册、指南、名录、图表等各种检索工具书和参考工具书,以及期刊、报纸、特种文献资料、档案等,检索方式以手工检索为主。计算机出现以后,磁带、磁盘和CD-ROM光盘等计算机可读型载体逐渐成为信息资源的主要承载形态。通过计算机对文献资源特征的标引,信息资源具备了机读检索的特点。

当网络出现以后,信息资源进入了网络化阶段。通过计算机网络可以利用的各种信息资源都可以称之为"网络信息资源"。与其类似的名词包括电子信息资源、电子资源、虚拟资源、数字资源、数字信息资源等。

所谓网络信息资源,是指以数字化形式记录的、以多媒体形式表达的、

---

① 梁平,陈红勤. 网络信息资源理论与实践研究[M]. 北京:中国书籍出版社,2002. 9.

分布式存储在互联网的不同主机上,并通过计算机网络通讯方式进行传递的信息资源的集合,是计算机技术、通信技术、多媒体技术相互融合而形成的因特网上可查找和利用的资源①。

网络信息资源应包含以下几个主要要素②:

(1) 网络信息资源是经过数字化技术处理的文字、声音、图像、动画等多种形式的信息;

(2) 网络信息资源分布和存储于国际互联网中的不同主机上;

(3) 网络信息资源通过计算机通讯网络进行传输;

(4) 网络信息资源以多种媒体的形式在网络终端显现;

(5) 网络信息资源的生产、加工、存储、传递、检索和利用的过程是计算机技术、通讯技术、数据库技术、网络技术、多媒体技术等多种现代信息技术机器设备的综合运用。

二、网络信息资源的特点

与非网络信息资源相比,网络信息资源在其数量与更新速度、分布和传播方式、利用机制和传递手段等方面发生了深刻的变化,呈现出以下特点:

(1) 资源数量巨大,更新迅速。根据中国互联网络信息中心统计③,截至 2014 年 12 月,中国网页数量为 1 899 亿个,年增长 26.6%;网站总数为 335 万个,年增长 4.6%。据统计,截至目前全球网站数量接近 7 亿个④,而其中仅被 Google 索引的网页数量就超过 700 亿页⑤。有数据显示⑥,2011 年全球网络信息量为 1.8 万亿 GB,而到 2020 年,这个数字将增长为 2011 年的 50 倍。

(2) 资源内容丰富,形式多样。从内容上看,网络信息资源有来自国家政府部门、行政单位、企事业单位、教育与研究机构、社会团体、个人等涉

---

① 陈光祚. 因特网信息资源深层开发与利用研究 [M]. 武汉:武汉大学出版社,2002. 9.

② 梁平,陈红勤. 网络信息资源理论与实践研究 [M]. 北京:中国书籍出版社,2002. 9.

③ 中国互联网络信息中心. 中国互联网络发展状况统计报告(第 35 次) [R/OL]. [2015-1-21]. http://www. cnnic. net. cn/gywm/xwzx/rdxw/2015/201502/t20150203_ 51631. htm.

④ Internet Live Stats. Total number of Websites [EB/OL]. [2014-10-18]. http://www. internetlivestats. com/total-number-of-websites/.

⑤ Statistic Brain Research Institute. Total number of Pages Indexed by Google [DB/OL]. [2014-10-18]. http://www. statisticbrain. com/total-number-of-pages-indexed-by-google/.

⑥ John F. Gantz, Reinsel David. Extracting value from chaos [R/OL]. [2014-11-2]. http://china. emc. com/collateral/analyst-reports/idc-extracting-value-from-chaos-ar. pdf.

及政治、经济、文化、娱乐等所有人类活动的信息。从内容的表现形式上看，网络信息资源可分为文本信息、图像信息、图形信息、音频信息、视频信息、计算机软件等。

（3）资源开放共享，传播便捷。网络信息资源广泛存在于网络环境中，其传递和交流不受空间、时间制约，任何人只需通过网络即可自由发布、轻松获取资源。

（4）资源易于使用，便于存储。网络信息资源按照其自身的逻辑关系组成相互关联的网络结构，用户可以通过检索工具快速查找所需的信息。同时，网络信息资源载体的存储量大、占用空间小，更加便于信息资源的存储。

但是，由于网络环境所具有的多变性和脆弱性的特点，依存于其中的网络信息资源也具有不稳定性。与网络信息资源的快速产生和更新对应，大量的网络信息资源也在高速的改变和消失。根据相关研究[1]，网页的平均寿命仅为44天到2年，大量网络信息资源由于网页内容更新、网站内容重组、网站主办者消失等原因永远消失在网络上。网络信息资源的信息地址、信息链接和信息内容等经常处于变动之中，例如：已有的信息随时可能消失，网上服务随时可能停止。这种不稳定的特点，增加了对网络信息资源利用、管理和保存的难度。

三、网络信息资源的类型

网络信息资源的类型多种多样。依据不同的分类标准，可将其划分为不同的类型。

据相关研究[2]，网络信息资源可以从十几种角度进行划分，分别是：载体形态、传播范围、采用的网络传输协议、存取方式、媒体形式、信息内容的表现形式和用途、文献类型、人类信息交流方式、提供信息的机构、信息加工层次、文件组织形式、来源、内容。

除此之外，也有研究提出[3]，可以从用户检索的角度、网络信息的知识单元组织形式、信息内容的范围、信息传播和信息交流的方式等角度对网络信息资源进行分类。该研究将网络信息资源按照信息传播和信息交流的方式归

---

[1] Anne R. Kenney, Nancy Y. McGovern, et al. Preservation Risk Management for Web Resources [J/OL]. [2014-10-18]. http://www.dlib.org/dlib/january02/kenney/01kenney.html.
[2] 毕强，陈晓美等. 数字资源建设与管理 [M]. 北京：科学出版社，2010. 3.
[3] 朱庆华. 网络信息资源评价指标体系的建立和测定 [M]. 北京：商务印书馆，2012. 3.

纳为：①非正式出版信息，如电子邮件、电子会议、电子布告板、电子论坛和新闻组等；②半正式出版信息，如内部电子期刊、网络版会议文集和各类报告、网络版机构情况及产品介绍等；③正式出版信息，如电子版的报刊图书、搜索引擎、综合性门户网站、商业性网站、网络数据库等。

事实上，随着计算机技术、网络技术的不断发展，网络信息资源产生模式和流程不断发生变化，网络信息资源的表现形式持续发生着新的变化，从而产生出越来越多的新类型。例如，自Web2.0概念出现以来，一系列社会化的新型网络信息资源相继诞生并得到蓬勃发展，比如Blog、微博、微信、网络学术圈、网络社交圈等。

从另外一个角度，随着开放获取运动的蓬勃发展，网络信息资源也可以根据其获取权限和获取方式的不同，区分为开放信息资源、非开放信息资源以及免费网络信息资源。

由于半正式出版信息和正式出版信息都受到一定知识产权的保护，信息质量相对可靠，利用率也相对较高①，尤其是正式出版信息更是图书馆网络信息资源建设的主要对象。因此，下文中对于图书馆网络信息资源的研究将主要针对此类信息资源展开，主要是指图书馆通过订购获得授权的、集成开放获取的、网络免费提供的原生网络版资源。常见的资源类型包括：

- 电子期刊
- 电子图书
- 全文数据库
- 文摘索引数据库
- 参考工具数据库（传记、字/词典、目录、百科全书等）
- 数值数据数据库
- 电子图像
- 电子音/视频资源
- 文献/数据分析工具
- 科学数据

---

① 郭丽芳. 网络信息资源类型研究 [J]. 图书馆理论与实践，2002 (4)：34-35.

第二节　网络信息资源的发展对图书馆的影响与挑战

计算机技术和网络技术的快速发展深刻影响着网络信息资源的出版、传播和利用，信息资源环境正在发生革命性的变化。网络信息资源由于其开放共享、传播便捷、易于使用等特点，在科学研究、学习教育甚至日常生活等方面都发挥着不可替代的作用。数字出版、社交网络已成为信息资源生产的主流，数字化科研学习环境也日益为人们所熟悉和适应。

图书馆的职能是收集、整理、传播、利用社会信息和知识。数字环境下，图书馆要实现并加强这一职能，其方式方法和内容都需要不断地发生变化，以适应社会对信息和知识的需求。这既是图书馆信息资源服务建设利好的发展机遇，也给图书馆信息资源保障和服务带来了新的挑战。

一、网络信息资源成为图书馆信息资源建设主流

1. 网络信息资源日渐成为信息资源的主要载体

最近20年，出版行业经历了从纯印本出版（Print-only，P-only）、印本与数字并存（Print+Electronic，P+E）、数字优先出版（Electronic-first，E-first）到纯数字资源（Electronic-only，E-only）的发展过程。

以外文期刊为例，根据调查①，2012年全球490家出版社出版的15 465种期刊中，以P+E模式出版的期刊为13 581种，占出版总量的87.8%，E-only模式出版期刊1 259种，占比8.1%。数字出版期刊（E-only与P+E之和）品种数量占比高达95.9%，而P-only期刊仅有625种，占比仅为4.0%，与数字出版期刊相差甚远。图书、会议文献等传统文献资源的数字出版进程也在同步加快。据著名咨询公司PwC发布的预测②：2018年，全球专业电子图书（Professional Ebooks）占专业图书（Professional Books）总收入的比例将由2013年的7.0%提升至14.0%，达到88亿美元。

---

① Mark Ware, M. M. The STM Report—An overview of scientific and scholarly journal publishing [R]. International Association of Scientific, Technical and Medical Publishers, 2012.

② PwC. Global entertainment and media outlook 2014-2018 [R/OL]. [2014-11-2]. http://www.pwc.com/gx/en/global-entertainment-media-outlook/segment insights/consumer-and-educational-book-publishing.jhtml.

与此同时,根植于科学研究范式转换的科技出版和科学交流的发展,使得新型网络信息资源类型及新型出版模式不断涌现,其主要表现是:①出版社由提供简单的信息资源的出版商逐渐转变为提供基于工作流程的解决方案的服务商。通过为用户定制科研评价工具和服务、建立学术社交网络服务等,为用户提供更加深入全面的服务。②文献出版向数据密集型出版、可视化出版、语义化出版及互动出版等新兴出版模式转变①,通过增强数据的结构化、语义化和智能化、提高交互性等,服务于科学交流的价值目标。③网络信息资源产生的形式及其类型更加丰富。咨询报告、技术报告、产业报告、专利标准、经济与法律信息等新型资源越来越多,各类资源(服务)登记系统、开放会议、开放课件、开放代码等开放类资源不断增加,科学数据、工具型资源、社交媒体资源等不断涌现。

2. 图书馆用户对网络信息资源的依赖持续增长

计算机和网络的普及使用户对利用网络环境获取信息的依赖性越来越强。网络信息资源已经取代纸质资源成为主流信息需求,图书馆的网络信息资源使用量也随着资源数量的增加、利用率的增加而逐年上涨。

2010 年 OCLC 全球图书馆调查报告②显示,99.5%的用户认为电子期刊是基本的信息来源,83.0%的用户选择电子图书。根据 Library Journal 在 2012 年的调查③,纸质图书在美国公共图书馆中的流通量正在逐渐下降,与此同时,电子图书流通量从 2009 年(5 000)到 2011 年(44 000)翻了三番。

根据统计④,我国高校图书馆数字资源采购联盟(Digital Resources Acquisition Alliance of Chinese Academy Libraries,DRAA)的用户对数据库的使用率从 2005 年的 90.0%提高到 2013 年的 97.6%;中国科学院集团 2013 年全文数据库和二次文摘数据库的使用量分别高达 4 032 万次和 1 374 万次,比 2012 年

---

① 徐丽芳,丛挺. 数据密集、语义、可视化与互动出版:全球科技出版发展趋势研究 [J]. 出版科学,2012,(04):73-80.

② OCLC. Perceptions of Libraries, 2010: Context and Community [R/OL].[2014-10-18]. http://www.oclc.org/en-US/reports/2010perceptions.html.

③ Library Journal, School of Library Journal. Survey of E-book Usage in U. S. Public Libraries [R/OL]. [2014-11-15]. http://www.library.arkansas.gov/PublicLibraryServices/Documents/Ebook-Usage-Report-Public.pdf.

④ 肖珑. 2013 年高校引进资源集团采购状况总结/2014 年引进资源用户满意度调查报告 [R/OL]. [2014-10-18]. http://site.lib.hit.edu.cn/calisconf12/sites/default/files/ppt/xiao_ lao_ shi_ 2013nian_ du_ gao_ xiao_ yin_ jin_ zi_ yuan_ ji_ tuan_ cai_ gou_ gong_ zuo_ bao_ gao_ fa_ bu_ ban_ . pdf.

分别增加 10.0% 和 16.0%[1]；国家科技图书文献中心（National Science and Technology Library，NSTL）在 2013 年数字文献使用量高达 5 982 万篇，是印本全文服务的 60 倍[2]。

E-science 环境下，网络交流的便利性正在支持和促使用户从个体研究逐步转向合作创新模式，越来越多的科学研究、学习教育可以在网络环境中完成，用户对信息内容的需求将继续在以下两个维度扩展和增强：①对新型资源内容的需求。主要体现在对科学数据、多媒体资源、事实数据、社交媒体资源、信息发现和科研管理工具等的需求；②对信息关联及知识关联的需求。包括对内容关联的需求，主要指通过链接实现知识点之间的关联，组成信息网络，提高对资源的"发现"能力；对语义关联的需求，主要指通过对信息资源的语义化描述和组织提升知识检索能力；对开放关联的需求，主要指通过文献信息和非文献信息之间多类型、异构内容的整合与集成，构建合作和研究网络。

3. 图书馆对网络信息资源的建设力度逐步加大

鉴于数字出版的发展潮流以及用户对网络信息资源的接受程度，网络信息资源已经成为图书馆馆藏资源的重要组成部分。

世界知名出版咨询公司 PCG 在 2014 年底发布的《2015 年图书馆预算报告》[3]，对图书馆网络信息资源购置经费情况进行了统计。根据该报告，北美图书馆的电子资源经费比例已由 2004 年的 29.7% 稳步上升至 2014 年的 69.2%；欧洲图书馆的电子经费比例也由 28.5%（2004 年）逐步提升至 52.0%（2014 年）。根据 DRAA 公布的统计数据[4]，从 2006 年到 2013 年，DRAA 集团采购的电子资源数据库从 69 个增加至 132 个；全国 542 所高校的纸本文献资源平均采购经费从 288 万元/家（2006 年）缩减到 243.1 万元/家（2013 年），全国 505 所高校的电子资源采购经费从 78 万元/家（2006 年）增加至 187.9 万元/家（2013 年）[5]。中国科学院集团经过近 15 年的数字资源建设，已经建立起以数字资源为主的文献保障与服务机制。2013 年引进数据库

---

[1] 中国科学院文献情报中心. 中国科学院集团 2013 年度共建共享白皮书 [R]. 2014.03.
[2] 国家科技文献图书中心. NSTL2013 年度工作总结 [R]. 2014.01.
[3] Publishers Communication Group. Library Budget Predictions for 2015 [R/OL]. [2015-01-23]. http://www.pcgplus.com/wp-content/uploads/2015/01/Library-Budget-Predictions-for-2015.pdf.
[4] 肖珑. 2013 年高校引进资源集团采购状况总结/2014 年引进资源用户满意度调查报告 [R/OL]. [2014-10-18].
[5] 王波, 刘静等. 2013 年高校图书馆发展报告 [R]. 2015.

81个,较2006年的38个增长113%,数据库数量年均增幅超过15.0%①。

从以上数据可以看出,与网络信息资源数量及其在馆藏建设中所占比例不断增长相对应的是,图书馆在网络信息资源建设上的投入经费也在不断增加。随着用户需求的不断增加、网络信息资源价格的不断上涨,图书馆在网络信息资源建设上的经费负担将越来越重。根据欧盟委员会的调查结果②,被调查者中,89.0%的人认为订阅价格高是妨碍信息资源有效获取的最大障碍,同时有85.0%的调查者认为有限的图书馆预算限制了信息资源的利用。

二、图书馆的网络信息资源保障能力发展面临诸多挑战

网络环境下,现代技术的发展为图书馆信息资源保障工作带来了深刻变化。一方面,网络信息资源具有与传统资源不同的属性,其遴选、评价、采集、描述、组织、管理和保存等呈现出与传统资源截然不同的特点。另一方面,网络信息资源的内容形态、用户利用信息的行为方式、图书馆运营环境的变化都给图书馆的网络信息资源保障能力带来了前所未有的挑战,甚至显现出颠覆性的趋势③。这些挑战主要体现在以下几个方面:

1. 用户需求和使用行为变化

用户对网络信息资源的需求和使用行为,随着网络信息技术的发展而变化,具体表现为对新型资源的需求不断扩展、对快速高效发现知识的需求不断提升、对能够提供解决方案的服务需求凸显。

用户需求的新型资源主要包括科学数据、工具型资源等。科学数据包括个体数据集、图像、研究大数据、视频数据、实验分析数据、数据集等。用户对科学数据的需求不仅是简单的发现和获取,而是希望通过利用和挖掘数据开展创新活动,因此一方面更为关注数据本身的获取,另一方面则更注重对数据的挖掘和计算,将数据"打散"和"重新组织"。工具性资源包括科研管理工具、信息发现工具、情报分析工具、数据挖掘工具等。面向英美两

---

① European Commission. Online Survey on Scientific Information in the Digital Age [EB/OL]. [2014-06-28]. http://ec.europa.eu/science-society/document_library/pdf_06/survey-on-scientific-information-digital-age_en.pdf.

② 毕强,陈晓美等. 数字资源建设与管理 [M]. 北京:科学出版社,2010.3.

③ 张晓林. 颠覆数字图书馆的大趋势 [J]. 中国图书馆学报,2011,(195):4-12.

国 8 所高校的一项调查结果①显示，大部分受访的研究人员在利用在线工具。

快速高效发现知识的需求主要体现在希望更快、更精确、以可视化方式发现信息。对图书馆来说，则需要对信息资源进行更高细粒度的描述、进行语义化和结构化的描述和组织、进行开放关联等。有研究指出②，未来的学术交流系统，将以数据集、模拟、软件和动态知识的表述等作为信息单元。用户信息需求将逐渐升华为对信息进行特征化表示而形成的知识单元，即对信息资源知识表示的需求，如基于 XML 的知识表示方法、基于本体的知识表示方法等。用户更注重以多角度、高细粒度的方式来揭示知识单元，不仅描述文献的基本信息，同时对文献中文本、表格、图片等知识单元进行描述，并利用知识组织体系建立知识单元之间的关系，支持从多角度发现信息。

用户已经不满足于对内容层面的关联，而是希望能够实现语义关联，即通过对信息资源的语义化描述和组织提高查全率和查准率，从语义、概念出发，揭示资源内容的内在含义和彼此之间的关联，包括实现文本信息和非文本信息的有机嵌入和融汇，如科技文献与科学数据、地理信息、科研项目、学术会议、基金信息、社交网络等异构资源的关联，如研究人员、机构、研究成果、会议、科研项目等多类型内容的整合与集成。

从以上分析可以看出，用户已经不再满足于对信息服务的需求，而是逐步转向对知识服务、开放创新服务的需求。用户需要的不再是分散的、碎片式的信息资源，而是面向特定问题的解决方案，是能够帮助他决策和判断的知识。

2. 网络信息资源内容形态变化

开放获取资源、博客和论坛等社交媒体资源、科学数据、数据密集型出版、可视化出版、语义化出版及互动出版等，使网络信息资源的内容形态发生了极大的变化。

伴随着开放获取运动的蓬勃发展，截至 2015 年 1 月，全球已有 10 176 种开放获取期刊，182.8 万余篇开放出版论文③，108 个国家和地区建有 2 728

---

① John MacColl, Michael Jubb. Supporting Research: Environments, Administration and Libraries [R/OL]. [2013-01-25]. http://www.oclc.org/content/dam/research/publications/library/2011/2011-10.pdf? urlm=162961.

② Simeon Warner. The transformation of scholarly communication [J]. Learned Publishing, 2005, (3): 177-185.

③ Directory of open access journals [EB/OL]. [2015-01-15]. http://doaj.org/

个开放仓储①，全球94家出版社推出2 753种同行评议开放图书②。2012年8月31日，美国加州参议院全票通过首个开放教育资源（Open Educational Resource，OER）数字图书馆③，学生可以免费获取公立高等教育机构低年级课程最常采用的课本。

根据有关研究④，科研人员使用RSS、Blog、Wiki、Social bookmarking等新型交流方式的比例比预想的要高：被调查用户的33%表示会经常阅读RSS新闻，13%表示经常性地访问Blog，11%表示会利用Wiki分享相关信息，7%表示在使用社会标签（Social Bookmark）。

随着科学数据共享要求不断深入，越来越多的期刊开始要求文章作者提供原始科学数据或者将其存入特定数据库以共享，甚至出现了出版科学数据的期刊。2002年4月《数据科学期刊（Data Science Journal）》创刊；2011年，全球生物多样性机构（GBIF）设立了数据出版框架工作组（Data Publishing Frame Task Group），在Pensoft出版集团的系列出版物中展开试点进行生物多样性相关领域的科学数据的出版⑤。

用户需求和信息技术的发展同时促使多媒体类资源不断涌现。在流媒体技术飞速发展的今天，视频数据库正以其内涵丰富、存储量大、检索方便、点播快捷等特点得到广泛应用。2006年10月，第一本致力于以视频的方式展现生物学研究的期刊JoVE出版，充分展现了包括生物学、医学、药学、化学和应用物理学方面的视频资源。

语义出版是未来科学出版的重大发展方向⑥。公共科学图书馆（PLoS）正在实施Semantic Enriching计划，除了提供学术文章PDF的下载格式之外，还提供XML的下载格式。英国皇家化学学会（Royal Society of Chemistry's journals）实施了Prospect项目，让领域和学科专家参与语义标注。Elsevier推出

---

① The Directory of Open Access Repositories [EB/OL]. [2015-01-15]. http://www.opendoar.org/.

② Directory of Open Access Books [EB/OL]. [2015-01-15]. http://www.doabooks.org/.

③ California Passes Nation's First Open Source Textbook Legislation. [EB/OL]. [2015-01-15]. http://sacobserver.com/2012/09/california-passes-nations-first-open-source-textbook-legislation/.

④ Mark Ware. Peer review in scholarly journals: Perspective of the scholarly community-Results from an international study [J]. Information Services and Use, 2008, (2): 109-112.

⑤ Penev Lyubomir, Mietchen Daniel, et al. Data Publishing Policies and Guidelines for Biodiversity Data [R/OL]. [2013-05-12].

⑥ David Shotton. Semantic publishing: the coming revolution in scientific journal publishing [J]. Learned Publishing, 2009, (2): 85-94.

Article of Future 计划,通过语义增强和可视化技术等,对论文中的知识点、文本和图像进行层次化的展现。除语义出版外,可视化出版、云出版、互动出版、自出版也是新兴的重要出版模式,推动了网络信息资源内容形态的进一步发展和变化。

3. 商业网络信息资源订购费用的增长

虽然相当一部分网络信息资源支持免费获取,但就当下而言,商业信息资源仍是图书馆资源保障体系中的核心内容。这部分资源以学术类内容为主,一般具有不可替代性。这种特性导致学术出版市场较其他市场更易形成垄断且日益加剧。据统计①,全球95%以上的出版社仅出版1~2种期刊,而出版量最大的前100个出版社掌握着全球67%的期刊的出版,其中最大的5家出版社出版的期刊品种占全球期刊总量的35%。这种不完全竞争市场导致处于垄断地位的出版巨头基本上控制着期刊市场的价格体系和产品内容,导致学术期刊价格持续大幅上涨,使图书馆频繁陷入网络信息资源稳定保障的危机。

网络信息环境下的数字出版模式和数字销售模式,为出版社提高价格、增加费用带来了新的"契机"。首先,出版社为保证其既得收益在网络信息环境下不减少,甚至能够持续增加,制定强制性的"捆绑"销售政策。在对美国和加拿大研究型大学图书馆的调查②中发现,大多数图书馆都与大型商业出版社签订了某种形式的绑定期刊合同。具体绑定方式包括整库订购(Big Deal)、转为订购网络版后仍须保持原纸本期刊订购品种等等。其次,通过扩展资源内容、增加数字平台的服务功能或对原有网络信息资源进行深度挖掘,拓展新内容、新服务、新功能、新产品,从而创造新价值,提高销售价格。再次,利用网络信息资源易于控制和追踪管理用户访问权限的特性,按照订户类型(政府机构、科研教育机构、企业等)、用户规模(FTE等)、用户层次(Carnegie类别等)甚至科研创新能力为订户进行差别定价,并通过资源订购协议中的"保密条款",增加出版社定价标准和销售价格的不透明性③,从而造成一些订户支付了高额费用而不自知。

---

① Theodore C. Bergstrom, Paul N. Courant, et al. Evaluating big deal journal bundles [J/OL]. [2014-11-10]. http://www.pnas.org/content/111/26/9425.full.

② Karla L Strieb, Julia C Blixrud. The State of Large-Publisher Bundles in 2012 [J]. Research Library Issues, 2013, (282): 13-26.

③ Theodore C. Bergstrom, Paul N. Courant, et al. Evaluating big deal journal bundles [J/OL]. [2014-11-10]. http://www.pnas.org/content/111/26/9425.full.

近年来，随着中国经济的稳速发展和科研创新实力的稳步提高，以及国内科研用户对网络信息资源的依赖日益加重，加之2008年美国次贷危机引发的金融风暴对欧美市场的持续影响①，国外出版社对中国市场的收益预期不断提高。近年来，一些在出版市场处于垄断地位的国外出版社纷纷改变原先低价抢占中国市场的商业营销策略，针对国内图书馆制定了长期的价格涨幅策略，通过大幅提高价格涨幅的方式，使中国价格水平与国际发达国家价格水平差距逐步缩小，甚至追平国际价格水平。其中一些出版社提出的提价幅度，造成国内图书馆外文电子期刊资源订购费用迅速膨胀，完全超出了图书馆经费预算的承受能力。

总之，在"内容为王"（Content is the King）的时代，学术产品市场的垄断、定价策略的不透明性、出版社的收益预期以及用户需求的不断增长，都将对图书馆资源保障基础能力形成挑战。图书馆显然需要采取更多灵活且行之有效的措施，否则将不得不始终被动前行。

4. 知识产权问题

有图书馆学者认为②：如果我们不能以对我们有利的方法管理版权，我们就会失去实现我们应担负的教育和研究使命的珍贵机会。网络环境下，随着信息资源结构从印本向数字资源转变，数字资源的传播利用面临更为复杂的知识产权环境。出版商采取的数字信息资源销售策略使信息服务机构的资源订购从资产购置转变为服务许可购置，购得的仅是"使用权"而非"拥有权"。尽管IFLA推荐将"合理使用"原则作为图书馆文献信息服务的法律基础③，但目前图书馆购买数字资源的合理使用仍无明确、统一、公认的界定。基于现有知识产权环境，信息服务机构利用数字信息资源的可服务范围和能力均受到相应限制。

网络环境下，网络信息资源的建设和服务面临的知识产权风险无处不在。如前所述，网络信息资源具有与传统资源不同的属性，其遴选、评价、采集、描述、组织、管理和保存等均呈现出与传统资源截然不同的特点。这种差异，

---

① 赵艳，鲁宁等. 国外图书馆应对金融风暴及供应商涨价的策略分析及启示[J]. 图书情报工作，2012，（05）：78-83.

② Kenneth D Crews. Copyright law for librarian and educators: creative strategies and practical solutions [M]. Chicago: ALA Editions, 2011. 1.

③ IFLA. IFLA approves licensing principles [EB/OL]. [2013-05-02]. http://www.ifla.org/publications/ifla-licensing-principles-2001.

也体现在知识产权审查与管理方面。错综复杂的数据库海量作品的版权授权问题、图书馆与资源供应商在版权法与合同之间的博弈与制衡、图书馆因权责约定不清晰或资源供应商的版权侵权行为而引起的合同责任和侵权责任等，都是图书馆在网络信息资源建设和服务过程中不可避免所要面临的问题。

根据有关研究①，网络信息资源建设与服务中涉及的主要知识产权风险包括三类（17种），主要体现在资源开发与服务方式的扩展、数字化技术进步与相关知识产权规则的滞后造成的矛盾，以及用户使用行为的变化中。其中在网络信息资源建设环节中的知识产权风险包括馆藏资源数字化版权风险、数字资源产权的不确定性导致版权风险、数字资源导航和移动阅读的知识产权风险、版权规则的不确定导致知识产权风险等。除此以外，网络信息资源的开发利用也涉及知识产权问题。

信息服务机构只有在与出版商的版权博弈中实现全过程版权管理，才能推进资源保障和信息服务，大英图书馆、澳大利亚国家图书馆等均是通过与出版商或版权代理公司（如美国的版权结算中心 CCC、英国的版权许可机构 CLA）签署授权合同，处理信息服务中的版权问题。

第三节 图书馆网络信息资源建设规划

信息资源建设规划是指图书馆面向未来发展，针对各类型信息资源所进行的系统设计，是信息资源采集、加工、管理、存储、发布和长期保存过程的整体性和长期性计划，即图书馆信息资源建设的使命、愿景、目标、战略及其实施计划的思维过程与框架。信息资源建设规划着眼于图书馆资源发展的全局，具有长远性、方向性、概括性。有关调研发现②，大多数图书馆将信息资源建设规划作为图书馆整体战略规划的子集，分散体现规划内容，只有部分图书馆选择单独制定信息资源建设规划。

网络信息资源作为数字环境下图书馆资源建设的重要组成部分，其建设和开发是图书馆承担各种职能的基础，因此，网络信息资源建设规划成为图书馆把握未来、规范组织行为、在竞争中谋求生存与发展的重要工具，同时也是图书馆管理规范化和专业化的重要标志。网络信息资源建设规划是对图

---

① 魏大威. 数字图书馆理论与实务［M］. 北京：国家图书馆出版社，2012. 3.
② 国家图书馆研究院. 国内外图书馆学理论研究与实践进展（2009-2010）［M］. 北京：国家图书馆出版社，2011. 11.

书馆网络信息资源建设的方针、原则、标准、方法等内容的明确规定,是网络信息资源建设工作的宏观指导,为图书馆网络信息资源建设工作提供政策性的标准和规范,为网络信息资源建设、服务与共享提供依据。

虽然传统的馆藏建设标准,如学科、学术层次和目标受众等,适用于大多数网络信息资源的遴选,但其管理更为复杂,因而,针对这一特定载体的资源及其相关问题补充制定资源建设规划是一种行之有效的方法①。同时,补充的网络信息资源建设规划应与传统的资源建设规划相辅相成,纳入完整的资源建设规划体系,而不应独立于资源建设规划之外。对于网络信息资源来说,其建设规划的制定框架、流程、方法等,与图书馆资源建设规划的各个方面一致,仅在特定的网络信息资源业务战略内容中有所区别。因此,本书将着重就网络信息资源建设规划内容进行分析和介绍。

本书调研和分析了大英图书馆(The British Library)、荷兰国家图书馆(National Library of the Netherlands,KB)、英国研究图书馆(Research Libraries UK,RLUK)、澳大利亚图书馆和信息联盟(Australian Library and Information Association,ALIA)、麻省理工大学图书馆(MIT Libraries)、康奈尔大学图书馆(Cornell University Library)、加州大学洛杉矶分校图书馆(UCLA Library)、宾夕法尼亚大学图书馆(Penn State University Libraries)制定的战略规划,通过总结其在网络信息资源建设规划内容中的共同关注点,凝练展示图书馆网络信息资源建设规划内容的演变方向,同时为国内图书馆制定网络信息资源建设规划提供参考。

各个图书馆不同的发展目标和规划愿景决定了信息资源建设规划的具体内容和形式因馆而异。虽然各个图书馆信息资源建设规划的具体内容不同,但从总体上看,积极顺应网络信息环境的快速发展、面向新型学术交流模式拓展网络信息资源建设内容和方法是图书馆信息资源建设规划共同的发展趋势。

一、嵌入用户环境,提供面向领域、学科、专业的定制化服务

大英图书馆在其《2020年愿景》② 中提出,2020年的环境,用户需要情

---

① Penn State University Libraries. University Libraries Strategic Plan for 2014-2019 [EB/OL]. [2014-03-15]. http://www.libraries.psu.edu/content/dam/psul/up/admin/documents/2014-UL-Strategic-Plan.pdf.

② British Library. 2020 Vision [EB/OL]. [2014-03-15]. http://www.bl.uk/2020vision.

境化、个性化、智能化和针对性的服务。图书馆要通过深入了解用户的需求和研究过程,提供定制的研究服务,以支撑研究的卓越水准、创造性和经济利益。宾夕法尼亚大学图书馆在其《2014—2019年战略规划》① 中提出,要在学校内创建一种跨组织边界的"实践共同体"研究服务模式,为跨学科研究和新兴研究需求提供更深入的服务支撑。康奈尔大学图书馆在其《面向2015:2011—2015年战略规划》② 和加州大学洛杉矶分校图书馆在其《2012—2017年战略规划》③ 中均强调,图书馆要面向学术交流和研究的全生命周期提供支持,支持内容包括帮助用户进行内容管理、分析和进行学术交流的专业工具。ALIA在其《图书馆和信息科学专业的未来:专业图书馆》④ 中指出,图书馆的资源和服务应围绕着学科专业领域开展。康奈尔大学图书馆还提出,要加强个性化的按需服务,充分支持教学资源建设和相关的学术交流活动,包括数字化、元数据制作、可视化的资源管理和在线出版。

二、拓展和丰富网络信息资源内容体系

图书馆的网络信息资源建设从传统的文献资源向更多类型拓展。元数据、科学数据、多媒体资源、课程资源、WEB资源等已经开始并将持续扩展纳入网络信息资源建设的范畴。大多数图书馆都将馆藏印本资源的数字化和科学数据的管理作为下一步战略规划的重点。大英图书馆提出,要大量数字化无版权的内容;要收集、存储并长期保存21世纪由用户创作的对人类生活产生重大影响的内容,包括个人档案、博客、机构知识库、维基百科等。康奈尔大学图书馆提出,要重视重要学术资源的建设,无论是视频资源、学科资源库、电子书,还是流媒体资源,不断丰富资源内容体系,以促进学校研究和教学水平的提升。加州大学洛杉矶分校提出,要推动资源体系变革:一是,加强科学数据的获取和管理,以支持研究人员的多样

---

① Penn State University Libraries. University Libraries Strategic Plan for 2014-2019 [EB/OL]. [2014-03-15]. http://www.libraries.psu.edu/content/dam/psul/up/admin/documents/2014-UL-Strategic-Plan.pdf.

② Cornell University Library. Toward 2015: Cornell University Library Strategic Plan, 2011-2015 [EB/OL]. [2014-03-15]. https://www.library.cornell.edu/about/inside/strategic-plan.

③ UCLA Library. UCLA Library Strategic Plan 2012-17 [EB/OL]. [2014-03-15]. http://www.library.ucla.edu/about/collections/collection-development-initiatives.

④ Australian Library and Information Association. Future of the Library and Information Science Profession: Special Libraries [EB/OL]. [2014-03-15]. https://www.alia.org.au/sites/default/files/ALIA-Future-of-the-LIS-Profession-06-Special_0.pdf.

化需求和学术活动，提供相关数据和服务支持科学数据的发现、传播、保存和重用等活动，不断提升采集、管理和保存科学数据的能力；二是，开发非传统类型的研究资源，如文本和视频内容集成的资源，并尽可能广泛地提供访问和获取。麻省理工大学图书馆在其《2014—2016 年战略规划》①中强调，要扩大在数字内容管理相关基础设施和服务上的投资，提升在数字化资源和原生数字资源方面的采集、管理和传播能力。荷兰国家图书馆在其题为《网络的力量》的 2015—2018 年战略规划中明确②，到 2015 年以前，完成 1 万个网站信息的收割；2018 年前，将完成荷兰在 1940 年及以前出版的 90% 的图书、期刊和报纸的数字化。

三、注重特色馆藏资源的建设

大英图书馆将继续加强建设与英国相关的各类信息资源的建设。康奈尔大学图书馆将与商业和非商业合作伙伴不断将图书馆的特色印本馆藏数字化。加州大学洛杉矶分校图书馆将集中对珍稀、独特且容易被忽略和隐藏的特色馆藏进行编目、组织和提供访问服务，拓宽图书馆可提供的资源范围。RLUK 在其题为《助力学术》的 2014—2017 年战略规划③中提出，要通过共享的方式对 RLUK 成员馆的印本、手稿、档案收藏进行管理，同时加强与国内和国际伙伴的协同，减少数字化冗余。

四、强化和拓展数字资源长期保存建设

图书馆普遍重视数字资源的长期保存，几乎所有的图书馆都将数字资源的长期保存作为战略规划的重要内容，长期保存的资源类型和内容多样。图书馆也普遍意识到仅凭个体图书馆很难保证数字资源长期保存的持续和稳定，需要多个图书馆共同承担，或与出版商共同合作。大英图书馆提出，要逐步加大对数据资源的收集和存储，长期保存快速增长的数字资源。荷兰国家图书馆计划在 2018 年以前完成开放存取期刊目录（DOAJ）中数据和信息的全部存储，同时在本地长期保存系统中实现对该图书馆所采购商业电子期刊的

---

① MIT Libraries. MIT Libraries Strategic Plan, 2014-2016 [EB/OL].[2014-03-15]. http://web.mit.edu/facts/mission.html.

② KB. The Power of Our Network：Strategic Plan 2015-2018 [EB/OL].[2014-03-15]. http://www.kb.nl/en/organisation/organization-and-policy.

③ RLUK. Powering Scholarship.[EB/OL].[2014-03-15]. http://www.rluk.ac.uk/wp-content/uploads/2014/02/RLUK-Strategy-2014-online.pdf.

95%内容的有效保存。康奈尔大学图书馆指出，要加大数字资源长期保存建设力度，与可信赖的第三方保存机构合作，长期保存研究数据、视觉资源、学科资源库、电子书、流媒体、机构记录、网站和印本馆藏的数字化备份等。麻省理工大学图书馆计划加强对本校的研究成果，以及必要的研究和教学等学术研究信息的本地化长期保存和服务。加州大学洛杉矶分校图书馆要广泛参与数字资源长期保存活动及交流，确保已经获得许可的数字内容可以被永久获取。宾夕法尼亚大学图书馆要加强对馆藏和其他信息资源的长期保存建设，并提出了具体的措施：一是图书馆要建立和发展长期保存项目；二是在数字资源保存、管理等方面加强与国内国际的项目交流。

五、积极推动资源开放获取及新型学术交流模式的建立

同时，康纳尔大学图书馆要开发和实施可持续的合作模式，支持建设机构知识库和 arXiv 等对研究人员的学术交流具有重要价值的项目。麻省理工大学图书馆要继续加强与国内国际层面的交流，在塑造未来学术交流模式中起到积极的主导作用，需要关注的交流领域包括开放获取、版权政策、数字化保存和研究数据的管理。加州大学洛杉矶分校图书馆积极支持和推动学术出版的变革：一是继续与出版商磋商，影响开放出版的定价体系；二是促进数字内容在开放仓储中的存储和传播。宾夕法尼亚大学图书馆为最优化地组织研究资源，不断拓展"馆藏"概念，以支持形成新型的学术交流模式。具体措施包括：一是培育研究人员对数字仓储的利用能力，鼓励研究人员上传和存储自身的知识产出；二是加强与同行机构在资源共建共享方面的协调能力，建设形成国家层面的可持续资源发展体系，为学术资源在国内国际的传播和再利用提供支持。

六、资源组织趋于知识的网状关联、融合和发现

图书馆在对资源进行传统分类、导航的基础上，逐步增加资源的关联性组织，采用"实体-关系"模型等对各种资源间进行关联性描述。几乎全部图书馆都将改进信息资源发现系统、提高数字资源的利用效率作为战略规划的内容。RLUK 提出将大力推行元数据标准规范的研究和应用，以实现对不同类型资源的元数据集成，提高资源的可发现性。ALIA 认为，必须为用户提供更快的、可定制的、易于访问的、支持准确和全面检索的信息检索功能；图书馆应为用户提供可以直接支持决策（Decision-ready）的信息，这些信息应是便于共享的图表和图形数据包，而不是大量的文本文件；应将大数据转换为

结构化的信息和有意义的知识。荷兰国家图书馆提出，到 2018 年，KB 所有的数字内容中的名称、地点（name and locations）都将作为开放关联数据供用户使用。除以上所调研的图书馆外，德国国家图书馆已经在 2012 年将其书目数据发布为关联数据，并发布了人名规范、主题词规范、团体名称规范数据，建立了同 Wikipedia、DBPedia 的链接，并支持通过 OAI-PMH 和 SRU 对数据进行访问。

第四节 图书馆网络信息资源建设的实施

网络信息资源建设的实施，是指图书馆在网络信息资源建设规划的指导下实施具体建设的工作过程。由于网络信息资源的多样化和复杂性，图书馆在实施和建设时需要制定明确的建设原则与策略，规划建设流程与方法，以确保实施的质量和效果。

一、建设原则

1. 需求导向原则

网络信息资源已经成为用户信息发现和获取的首要对象。图书馆作为信息服务机构，应将用户需求作为部署和实施其业务工作的首要因素。特别是在网络环境下，用户不仅是网络信息资源的消费者，也是网络信息资源的创建者。图书馆应充分与用户协同互动，建立用户需求调研的常规机制，保证所建设的资源是用户所需要的，进而提高网络信息资源的适用性和利用率。

2. 整体性原则

整体性原则是指所建设的网络信息资源应有机纳入图书馆完整的信息资源保障体系，与图书馆所建设的其他类型资源相互协调和补充。同时，在网络信息资源的建设上，应在满足用户需求的前提下，系统地采集相关学科的多种类型资源，做到较全面地收集高水平、高质量的资源；构建完善的图书馆资源保障体系，保证资源结构与布局的科学性与合理性，在满足用户需求与保障服务方面更有效、可靠。

3. 共建共享原则

如前文所述，目前图书馆用于网络信息资源建设的经费总量及其在图书馆资源建设总经费中的比例不断上涨，从避免重复建设、加强商业资源引进的规模效应等角度，图书馆在网络信息资源建设上应充分与区域内、系统内

第四章 网络信息资源保障

其他图书馆联合、协同，形成联盟，实现一定范围内的共建共享。同时，我国图书馆应充分重视与国家科技文献共建共享平台、国家图书馆以及同领域图书情报机构的分工、合作与协调，通过协作共享，提高网络信息资源的保障效益。

4. 特色性原则

各图书馆在建设网络信息资源时，应注重保持在学科范围、内容质量、文种、类型、载体等方面的资源特色，减少图书馆资源建设的同质性，形成有鲜明特色的保障优势。

5. 经济性原则

资源建设经费是有限的。要用有限的经费建设更优质、更全面的网络信息资源，发挥资源建设经费的最大效能，图书馆必须遵守经济性原则：在相同服务效果的前提下，优先选择建设成本更低的建设模式；在相同的经费支出情况下，优先选择需求最大、使用效益最好的资源。图书馆必须综合考虑资源建设经费预算，追求服务效果与资源建设成本效益的最优化。

需要说明的是，以上原则并不能囊括图书馆网络信息资源建设需要考虑的所有因素，在实际操作中须全面综合地考量图书馆具体的愿景、使命以及运营模式，制定针对具体图书馆的网络信息资源建设原则。

二、建设流程与方法

由于目前情况下，图书馆网络信息资源的采集仍以订购商业资源为主，因此下文中将主要围绕商业网络信息资源建设流程和方法进行阐述。商业网络信息资源建设流程的关键环节包括需求分析、资源遴选和评价、资源采集方案设计、商务谈判、协议审定及签署、使用效果评价等6个内容。

1. 需求分析

在网络信息资源建设中，首要依据的是对需求的可靠掌握，从多方面、多途径获取需求信息，保证资源建设能够真正有效、合理地满足用户需要。通过对需求信息进行多角度、多层次的分析，建立需求调研分析机制和分析评价指标体系，较全面地把握需求的发展动态。需求分析的方法包括定量分析和定性分析两类。

定量分析方法包括引文分析法、使用（被拒）数据分析法、纸本资源订购及使用量分析法。

- 引文分析法

引文分析法是通过利用 SCIE、Scopus、CSCD 等国内外引文数据库，获得图书馆用户在统计年之前的若干年内所发表的学术论文中所引用的文献数据，通过对这些引文数据进行统计，以文章或文章所属文献被引用的次数作为反映用户需求的指标，对用户需求进行分析。虽然引文分析方法存在一些内在的缺陷[1]，如引证材料的高度自引、不同学科领域引用习惯和要求存在差异、知名作者论文的指数被引、SCIE 在收集和索引上存在问题等，且引文分析法在应用中涉及大量引文数据及文献数据的清洗，但由于引文数据相对规范、易收集、易处理，仍是评测电子期刊资源需求时最常用的方法。

- 使用（被拒）数据分析法

使用（被拒）数据分析法是通过网络信息资源的使用情况对资源的需求程度进行评测。根据网络信息资源的类型不同，使用数据可以分为全文下载量、系统检索量、二次文献检索量、系统登录次数等。根据资源引进阶段的不同，使用数据可以分为被拒量（资源引进之前，用户对资源无使用权限，使用请求被拒绝的数量）、试用量（资源开通试用期间的使用数据）、使用量（资源开通后产生的使用数据）。使用数据往往需要通过资源供应商获取。

- 纸本资源订购及使用量分析法

对应有纸本资源的网络信息资源，对其需求进行分析时可将纸本资源的订购情况和使用数据作为参考指标之一。具体指标包括是否订购纸本、纸本的借阅/复印/原文传递量等。但由于纸本资源利用的便捷程度相较网络资源弱化许多，其使用量不能真实反映其对应网络版的使用量，因此依据该方法所做的分析只能作为参考。但是，纸本资源的订购价格对于资源采集方案设计中确定网络信息资源的订购价格十分重要，将在后文中阐述。

定性分析主要包括学科专家评价、同类机构对比分析、直接调研等方法。学科专家评价法，主要是通过学科专家对该学科研究热点与发展方向的把握，对网络信息资源的需求做出预判。同类机构比较法，则主要是选取与本图书馆在所服务的用户群体和用户规模、学科领域、运营环境等类似的其他图书情报机构，通过调研其资源建设情况、需求保障情况等，对比自身情况，分析判断用户需求。直接调研法是通过走访用户或向用户发放调研问卷，请用户直接反馈对资源的需求，帮助图书馆了解和掌握用户需求情况。

---

[1] John Laurence Kelland, Arthur P. Young. Citation as a form of library use [J]. Collection Management, 1994, 19 (1/2): 81-100.

定性分析方法中的学科专家评价、同类机构对比两种方法，可帮助图书馆了解用户的潜在需求。其他方法则主要侧重于对现实需求的勾画。对资源的需求调研与分析可由图书馆资源建设部门单独发起，也可由图书馆结合整体服务要求（如满意度调查等）合并进行。无论采取何种形式，用户需求的调研和分析，应成为网络信息资源建设中常规的业务机制。

2. 资源遴选和评价

网络信息资源存在以往传统资源未曾出现过的许多问题，除了适用于传统资源的遴选和评价标准，网络信息资源在使用授权、资源获取、使用方式、定价、权益管理和迅速变化的技术和标准等方面引起诸多复杂的问题。因此，对于网络信息资源的遴选和采集，不能由资源建设部门独立决策，而必须基于与图书馆内其他部门的密切协商，评估该资源的适用性之后再行决定。通常情况下，需要采访、资源描述与组织、信息系统、服务以及法务部门共同协商。

在图书馆网络信息资源建设实践过程中，图书馆理论与实践界对通常采用的数字资源遴选标准形成了相对一致的认识。资源与图书馆的相关性问题、内容质量问题、系统功能及技术问题、成本问题、资源提供商的服务问题、资源的长期保存等问题已经成为众多图书馆在网络信息资源遴选过程中主要考虑的评价维度，但对各个维度上具体包含哪些内容、具体的评判依据是什么等问题，缺乏相应的细则规范，导致网络信息资源的遴选和评价缺乏操作性。

为确保网络信息资源遴选和采集操作的可持续性和规范性，行之有效的办法就是建立一套清晰的网络信息资源遴选与评价指标，并按照既定流程实施资源的遴选和评价。根据有关研究①，图书馆网络信息资源的遴选和评价标准主要涉及以下六个方面：资源质量、资源使用、资源服务、资源契合、资源成本、资源风险。2012 年 5 月国际图联发布的《电子资源馆藏发展关键问题：图书馆指南》（Key Issues for e-Resource Collection Development: A Guide for Libraries）②，将网络信息资源的遴选与评价划分为内容（Content）、技术要求（Technical Requirements）、功能性和可靠性（Functionality and

---

① 唐琼. 图书馆数字资源选择标准研究 [M]. 武汉：武汉大学出版社，2003. 11.

② Acquisition and Collection Development Section, IFLA. Key Issues for e-Resource collection Development: A Guide for Libraries [R/OL]. [2014-03-19]. http://www.ifla.org/publications/key-issues-for-e-resource-collection-development-a-guide-for-libraries? og=55.

Reliability)、供应商支持（Vendor Support）、供应（Supply）等五个方面。综合以上研究成果，结合中国科学院集团对网络信息资源进行遴选和评价的实践成果，建议图书馆从资源内容、技术要求、功能性和可靠性、供应商的服务支持、成本效益五个维度对网络信息资源实施遴选和评价。

- 资源内容

首先，需要从内容的角度，根据与传统资源同样的资源采集政策、指导方针和标准，对网络信息资源进行审核和评价。通常情况下，这些标准包括：

（1）资源能够支持图书馆用户群的主要研究目标和使命；
（2）资源能够补充或拓展图书馆现有馆藏的深度和广度；
（3）资源有质量保证，如经由同行评审，或由权威生产商提供；
（4）资源能够充分保障知识内容的如实展现和有效利用；
（5）资源能够满足所有用户或核心用户的需求；
（6）资源使用量达到可以接受的水平。

对内容的遴选和评价是最基础的遴选和评价内容。一旦网络信息资源达到了该标准，则需要进一步考虑其他特有标准，包括：网络信息资源与其对应的印本资源之间的连续性、在线内容的时效性和更新频率、回溯数据的可获得性、存档、超出其他载体资源的附加值以及定价。

- 技术要求

需要考虑网络信息资源与图书馆现有硬件和软件兼容，同时确定图书馆有能力持续、高效地维护用户对网络信息资源的访问。需考虑的因素包括：

（1）访问方式：网络信息资源可能的访问方式有哪些（例如：单机、远程访问、本地网络安装和托管）？通过网络远程访问主站点通常更为可取，因为它拥有快速更新、最优访问调度、减轻存储/保存和维护成本的优势。

（2）认证：可能的认证方式有哪些（例如：IP控制、用户名/密码登录）？IP控制的方式通常更为可取，因为它通常可允许多个用户同时访问。通过用户名和密码访问是次选，因为密码的传播和控制将带来额外的管理成本和风险。

（3）兼容性：可能涉及的问题包括资源与图书馆现有平台是否兼容、需要本地安装和维护的资源与图书馆现有的硬件和软件是否兼容、是否需要安装专用硬件、软件、多媒体和（或）音频功能等。

（4）浏览器适用性：浏览器和本地系统是否支持网络信息资源的使用？

（5）内容格式：网络信息资源文件使用何种格式？应根据不同类型资源选择适合的内容格式，同时，确保安装访问特定格式文件的相应阅读器、播放器、程序以及插件和活动控件等。

- 功能性和可靠性

图书馆可从功能性和可靠性方面进行网络信息资源适用性的评价，具体评估内容如下：

（1）界面：资源的界面应友好、易于浏览且直观。友好的界面通常包括以下功能：在线教程、简介页面、导航助手以及情景敏感的帮助提示，还应有个性化设置，如，种子订阅、邮件提醒、检索记录保存等。页面设计应易于阅读和操作，并应考虑到与用户正在使用的且已经熟悉的其他资源界面的相似性。

（2）查询和检索：资源应该提供强大、灵活而友好的查询和检索功能。常见的功能可包括关键词检索、布尔检索、全文检索、截词检索、浏览（索引和题名）、相关度排序、词表和检索记录。支持的检索策略应合理、明确且可灵活扩展，检索结果应完整、准确。

（3）导出和下载：应支持诸如电子邮件、打印和下载（到电脑或个人数字设备）等导出功能。应提供将引文下载至引文管理软件（如 EndNote、Mendeley、NoteExpress 等）的服务。是否便于打印或下载、是否有强加限制或附加费用，也应予以考虑。

（4）响应速度、可靠性和可获取性：系统应提供全天候服务。系统性能稳定，服务异常时间有限。系统技术更新及时、并拥有支持多发用户和较快响应速度的承载能力和网络基础设施。

（5）开放集成功能：系统应支持通过参考文献或全文链接与其他服务系统、资源等实现集成整合。

- 供应商的服务支持

应考虑网络信息资源供应商的实力、可靠性以及其所能提供的技术和客户服务。

（1）试用评估和产品演示：资源能够提供免费试用，供应商可提供产品演示；

（2）用户培训：供应商应根据图书馆要求提供初期及后续的培训，包括在产品使用过程中提供相关文档或在线手册。用户培训和支持可以同时确保产品的有效使用。

（3）技术/客户支持和系统通知程序：供应商能够事前通知和通报服务停止时间、内容和平台的变化，在系统可用性和解决技术问题的响应时间方面应及时、专业、有效。

（4）个性化定制：供应商是否提供产品定制和产品标识的个性化方案。

（5）数据安全和存档：已订购数据是否拥有永久使用权？订购数据是否提供本地备份？备份数据格式？备份的频率？图书馆是否具备对备份数据进行管理归档和维持访问的能力？同时，了解供应商的存档政策也十分重要。同时，应考虑供应商是否参加了 LOCKSS 或其他的第三方存档系统等。

（6）书目数据的配送：供应商应能以图书馆首选的文件格式和要求的质量标准提供网址或书目数据。

（7）提供统计报告：供应商应能够提供符合公认标准的、高质量的统计分析报告，比如国际图书馆联盟联合会（International Coalition of Library Consortia, ICOLC）颁布的《基于 Web 的信息资源使用情况统计办法准则》和/或"网络化电子资源在线使用统计计算标准"（Counting Online Usage of Networked Electronic Resources, COUNTER）的实施规范。

- 成本效益

如前所述，网络信息资源的销售方案和定价策略往往没有标准模式。图书馆应对可能的订购、定价模式进行分析，从而确定哪种模式在获取方式、存档权益和成本效益方面最符合图书馆的需求。

关于成本效益的评价，可从以下两个角度进行：（1）如果存在印本资源，图书馆应确认电子版本的成本不会超过印本。如果电子版的价格高于印本，应在所增加的附加功能上有所体现，如功能性和获取方式改善；（2）通过网络信息资源的使用率以及根据使用率计算的使用成本来确定，即单次使用成本（Cost per Use）。一般来说，使用率的指标通常应用登录次数、检索次数和下载次数三类。对于以获取全文为主要使用目的的网络信息资源，其成本的核算应首先选用下载次数这一指标。

3. 资源采集方案设计

资源采集方案的设计应坚持以需求为主导、以我为主、追求服务效果和采购成本效益最优化的资源采购原则，不断探索、创新、优化、完善资源采购模式。资源采集方案设计的要素包括：

- 订购模式和定价

鉴于电子资源的定价模式没有统一标准，图书馆应仔细权衡目标资源所有可能的定价模式。定价模式往往基于用户规模和并发用户数量等标准和参数。基于 FTE（全时约当数）是电子期刊、电子图书、数据库及其他同类资源订购中一种重要的定价模式。

比较推荐的做法是，如果存在印本资源，图书馆应确认电子版本的成本不会超过印本。如果电子版的价格高于印本，应在所增加的附加功能上有所体现，如功能性和获取方式改善。采选人员应确保以超出印本价格额外购买的这类附加功能是物有所值的。订购/定价模式可能包括但不限于：

- 内容和访问独立计价。这种模式下，基于内容的订购费用包含了对所订购内容的永久使用权的获取。独立计价使得图书馆可明确对已购买内容的年度访问费用。访问/托管费用的预期年度涨幅需要明确；
- 组合模式：回溯资源一次付费，现刊内容年度支付访问费；
- 按次计价模式；
- 租订模式；
- 联盟模式；
- P+E 模式：供应商要求同时购买两种版本。如有可能，图书馆应自愿决定是否同时购买两种版本，而供应商不能将此作为订购的附加条件；
- 打包计价模式：购买一组特定主题的产品（通常以学科为基础）；
- 整库计价模式：所有内容整库计价出售，而不针对图书馆自主选择内容计价；
- 固定涨幅上限的多年协议模式；
- 用户驱动的采集定价模式，比如基于使用量触发机制的定价模式。

• 用户规模（FTE）和站点数量

用户规模和站点数量有可能影响定价。如果以 FTE 为计价基础，应根据资源所属学科的实际用户数量而非机构总用户数量来确定价格，这在目标受众有限的专业资源订购中尤为重要。

• 回溯、存档和合约终止后的权利

对网络信息资源的订购或租赁应包括对该数据的永久访问权的获取。在许可协议终止后，应确保对已订购内容的永久访问权（可能存在维护成本）。

无论何种定价模式，都需要考虑回溯刊的处理、协议期或订购期、机构的规模和类型、并发用户和授权站点数量。上述因素都可能影响资源的价格。

4. 商务谈判

商务谈判是图书馆与供应商就网络信息资源的订购进行沟通、协商，达成订购合作的活动过程。网络信息资源的商务谈判除围绕订购价格进行磋商以外，也要注重对资源权益、供应商售后服务（如用户培训等）的争取。结合对国外数字资源许可协议模板的研究①，资源权益至少应包括授权使用方式、原文传递及馆际互借权限、"合理使用"权益和"禁止使用"权益、永久使用权益、本地备份权益、长期保存权益等。

在商务谈判过程中，应尽量遵循双方级别对等的原则，每一轮谈判均须由参加谈判的人员事先商定谈判策略，明确谈判的具体内容和相关事项。为提高谈判效率，双方应在谈判前事先交换有关方案、数据、信息、对方问题的答复等，并分别进行分析，以便在谈判时可直接进行实质性沟通。对于谈判中双方要求对方提供的数据、信息、答复的问题和建议方案等要明确规定提交和答复的时间期限，不能按时提交和答复的必须说明情况并重新规定提交和答复的时间。谈判人员不准私自透露知悉或掌握的内部信息。

除此之外，图书馆谈判人员应遵守廉洁从业要求，不得接受对方商业礼品、礼金、宴请等活动。

图书馆应尽量参与资源订购联盟或集团，通过集体谈判，发挥集团的规模优势，加大买方实力，避免供应商分而治之、逐个击破。

5. 协议审定及签署

IFLA 版权与法律事务委员会（Committee on Copyright and other Legal Matters，CLM）主席指出②："许可使用日益成为规范数字资源使用的必要法律手段。"作为"许可-访问"的依据和准则，许可协议在图书馆网络资源建设中扮演着重要角色：资源供应商通过授权许可的方式定义和控制其产品的使用；图书馆通过与供应商签订许可协议，支付相关费用，获得资源的使用权。除了要遵守版权法以外，图书馆必须在商定的许可条款范围内管理网络信息资源的使用。

在与供应商达成初步购买意向（即确认购买此资源）之后，图书馆即可着手许可协议的准备和审核工作。目前，国外图书馆制订的许可协议模板已经为众多供应商广泛采纳③。国内方面，国家科技图书文献中心制定了其个性化的国家授权许可协议模板，DRAA 集团在其引进工作规范中明确了有关协议要求，中国科学院文献情报中心制订了《商业电子资源许可协议框架》，但由于种种原因，尚未得到全部供应商的接受。无论是起草制定图书馆自己的协议模板，还是审核供应商的协议文本，建议重点考虑以下内容：

---

① 唐琼. 国外数字资源许可协议模板研究 [J]. 情报资料工作，2011，(05)：41-44.
② IFLA. IFLA approves licensing principles [EB/OL]. [2013-05-02].
③ 唐琼. 国外数字资源许可协议模板研究 [J]. 情报资料工作，2011，(05)：41-44.

- 许可使用的资源内容及用户定义
– 许可使用的资源内容（要求提供资源清单并注明覆盖年限，包括通过此次购买免费获得的资源）；
– 许可用户（授权用户）的界定。
- 资源权益
– 许可用户（授权用户）享有的权利；
– 订购方享有的权利；
– 许可产品的"允许使用"条款和"限制使用"条款，如资源使用中涉及的知识产权、身份认证、安全管理、隐私保护等方面的政策与规则；
– 原文传递和馆际互借权利；
– 永久使用权；
– 数据备份权/长期保存权。
- 资源开通方式及权限控制方式

须标明资源开通方式和控制并发用户、控制系统负载等的限制使用情况及其执行规则。

- 供应商提供的服务
– 资源使用服务；
– 售后支持服务，如相关的培训和咨询，用户投诉的途径和方法；
– 通过何种方式提供使用统计数据；
– 相关的数据备份和存档政策。
- 费用及支付

包括资源订购费用及相关的其他费用（如数据传递费、平台维护费等等）。须标明协议有效期内以上费用的计费标准、确定方法，具体的金额以及支付方式。如涉及价格涨幅，亦须标明。

- 担保、赔偿和免责
- 协议的期限和终止
- 法律归属地和仲裁机构

优先适用中华人民共和国法律，其次选择适用香港或第三方国家/地区的法律。

- 协议语言版本

如为国外供应商提供的协议，应要求同时提供协议的中英文文本，且中文文本要求经过专业翻译公司翻译和律师的审核，言辞通顺，具有法律效力。在协议中应标明，如果发生争议，以哪种语言版本为准。

6. 使用效果评估与续订决策

信息技术的变化日新月异，供应商提供的资源产品和价格模式不断出新，图书馆的预算持续承受压力，这都使得图书馆有必要定期评估资源使用效果，以确保资源持续稳定地发挥应有的价值，使经费投入物有所值。对于资源的评价可以再次应用上文中"资源遴选和评价"的标准和指标，也可以利用资源使用统计数据，并辅以相关的成本考虑，以决定这些资源是否真正值得保留和续订。

- 使用效果评估

评估的目的是帮助图书馆回答以下问题，以便决策是否保留和续订：
- 这些资源是否仍符合图书馆用户需求？
- 与前些年相比，或者与类似领域的其他资源产品相比，资源的使用量是增长了还是下降了？
- 这些资源的单次使用成本（cost per use）与其他资源相比如何？
- 这些资源是否有值得继续投入的价值？
- 这些资源的其他获取方式是否有更好的成本效益例如，"按次付费"（pay per view），"选刊"（selected content）与"打包订购"（package deal）的对比。
- 并发用户数的设置是否合理？
- 现刊内容与回溯内容在使用量和相关性上的比较。

- 续订决策 在利用使用统计进行评估的基础上，面向资源的续订决策，图书馆还应考虑以下实际问题：
- 资源是否已得到有效推广？
- 是否已向用户提供了支持资源有效利用的培训或者资料文档？
- 在使用量统计的时间段内，访问资源的可靠性如何？
- 供应商的变化；
- 资源平台的变化；
- 访问规定的变化；
- 价格的变化；
- 回溯资源获取的变化；
- 许可协议的变化；
- 可获得的资源/内容的变化。

第五章 开放获取资源与服务

开放获取不仅是学术交流的一种新模式，对图书馆而言，也是一种新的资源与服务能力。图书馆参与开放获取，意味着图书馆对新型学术交流系统的支持，也意味着图书馆资源建设模式和图书馆发展方式的重大改变。我们需要对开放获取有更深刻的理解，跳出"图书馆"的思维定势，寻求图书馆新的生存空间和发展机遇。

第一节 开放获取概览

一、开放获取的起源、内涵与实现途径

开放获取模式（open access）是在现有的法律框架下基于网络的新的学术信息出版和学术交流系统。它打破了传统的基于订购的期刊出版模式，倡导科研成果资源免费、自由、永久使用，同时坚持原有的同行评议机制以保证期刊的学术质量。这一运动从西方发达国家兴起，掀起了一场前所未有的世界范围的学术交流的变革[1]。

1. 开放获取产生背景

（1）期刊危机是开放获取产生的直接导火索。20世纪90年代末，学术期刊价格急剧上涨、甚至失控。根据美国研究图书馆学会统计数据[2]，学术期刊的价格涨幅甚至大大超出CPI（消费者价格指数），1986—2004年，期刊价格上涨302%。2007年，期刊价格平均上涨8%[3]。这使得图书馆的预算无法维系所需的学术期刊，从1989年到1999年的10年里，美国研究图书馆协会

---

[1] 初景利. 开放使用——一种新的学术交流模式 [J]. 图书情报工作动态，2004，(8)：1-8.
[2] ARL Statistics 2004-05. [EB/OL]. http：//www. libqual. org/documents/admin/2012/ARL_Stats/2004-05arlstats. pdf. [2015/1/29].
[3] Mike Furlough, "Journal economics: a turning point," Scholarly Communication Toolkit. [EB/OL]. http：//www. acrl. ala. org/scholcomm/node/9. [2015/1/29].

(ARL)于成员馆馆际互借量提高了122.2%。这种提高表明,用户不得不越来越多地依赖从其他图书馆获取文献,而这个过程可能要花费两到三周的时间①。即使哈佛大学也难以保障其信息需要,2012年哈佛大学教师委员会发布公告②,宣布难以支撑高昂的学术期刊订购费用,建议员工考虑将论文投稿到开放出版期刊或是投给合理的、可持续订购费用的期刊。

(2)信息获取的双重付费。科研人员利用科研经费进行研究实验、撰写论文、对论文同行评议、担任期刊编辑(绝大多数人不以获得报酬为目的),他们发表论文阐述和贡献本研究领域的新知识,却在阅读和获取这些知识、信息时再次付费。而绝大多数的研究经费来自于纳税人资助的公共资金。学术信息成果成为出版商垄断的商品。

为打破出版商对科学文献的价格垄断,重建学术交流环境,自90年代初,西方发达国家学术界、出版界、图书馆界积极倡导开放获取运动,试图重构学术交流系统。早在1994年,Steven Harnard 在网上公开发布"颠覆性建议"(Subversive Proposal)③,号召所有作者仅为了学术影响而不是学术声誉而写作,并把学术论文免费公开发布在 FTP 或网站上。随后,Steven Hanard 牵头创建了认知科学领域的开放知识库 Cogprints,并与其团队开发了基于 OAI 协议的开放知识库软件 Eprints。

学术界相继签署了若干开放获取宣言或声明,表明其支持和推动开放获取的态度、立场和具体措施:2000年3月通过了"新型学术出版系统原则"(简称"滕比原则",Principles for Emerging Systems of Scholarly Publishing)④、2001年通过了"公平获取健康信息的哈瓦那宣言"(Declaration of Havana Towards Equitable Access to Health Information)⑤、2002年2月提出了"布达佩斯

---

① Scholars Under Siege. The Scholarly Communication Crisis. http://www.createchange.org/librarians/issues/silent.html. [2015/1/29].
② Faculty Advisory Council Memorandum on Journal Pricing [EB/OL]. http://isites.harvard.edu/icb/icb.do?keyword=k77982&tabgroupid=icb.tabgroup143448. [2013-1-25].
③ Stevan Harnad's Subversive Proposal. [EB/OL]. http://www.ucalgary.ca/ejournal/archive/rachel/v5n1/article.html. [2015/1/29].
④ Principles for Emerging Systems of Scholarly Publishing [EB/OL]. http://www.arl.org/scomm/tempe.html. [2015/1/29].
⑤ Declaration of Havana Towards Equitable Access to Health Information. [EB/OL]. http://www.bireme.br/crics5/I/declara.htm. [2015/1/29].

开放获取计划"(BOAI, Budapest Open Access Initiative)①、2003年6月发布了"关于开放获取出版的毕士大宣言"(Bethesda Statement on Open Access Publishing)②、2003年10月22日签署了"关于自然科学与人文科学资源的开放获取的柏林宣言"(Berlin Declaration on Open Access to Knowledge in the Sciences and Humanities)③、2003年12月国际图联公布了"对学术文献和研究文档的开放获取声明"(IFLA Statement on Open Access to Scholarly Literature and Research Documentation)④ 等数十个声明或宣言。其中最具代表的是"3B"宣言，即《布达佩斯开放获取计划》、《关于开放获取出版的毕士大宣言》、《关于自然科学与人文科学资源的开放获取的柏林宣言》。

《布达佩斯开放获取计划》提出了实现开放获取的两条途径：开放出版（金色之路）和开放存储（绿色之路），宣言中提到："开放获取的出现是故有传统与新技术结合的产物，创造了前所未有的公众利益。"故有传统"指科研人员不必支付费用而在学术期刊上出版研究成果的意愿，"新技术"是指网络技术，二者带来的公众利益是同行评议期刊上的论文以电子形式在全世界传播、完全免费、所有的人可以无限制地获取。开放获取消除了文献获取的障碍，能够加速科研进程、丰富教育资源、消除贫富分化、最大限度地发挥文献的用途、为科学知识的交流奠定基础。强调"开放获取情景下"的"获取"不仅包括基本的阅读、下载、打印的权利，还包括对内容的复制、传播、检索、链接、爬取、挖掘的权利"。

《关于开放获取出版的毕士大宣言》倡导保留作品的部分权利，只要恰当地署名原作者，任何人可以使用和再利用作品的数字形式；并且倡导开放存储，并对科研机构和资助机构、出版社、科研人员、图书馆等几个利益相关方提出了支持开放获取的行动建议。

《柏林宣言》规定了开放获取的经典定义，"开放获取"指科技成果（尤指科技论文）的"作者或版权所有者授权所有用户可以为合理目的而下载、

---

① Budapest Open Access Initiative. [EB/OL]. http://www.soros.org/openaccess/read.shtml. [2015/1/29].

② Bethesda statement on Open Access Publishing. [EB/OL]. http://www.earlham.edu/~peters/fos/bethesda.htm. [2015/1/29].

③ Berlin Declaration on Open Access to Knowledge in the Sciences and Humanities.[EB/OL].http://www.zim.mpg.de/openaccess-berlin/berlindeclaration.html.[2015/1/29].

④ IFLA statement on Open Access to Scholarly Literature and Research Documentation. [EB/OL]. http://www.ifla.org/V/cdoc/open-access04.html. [2015/1/29].

复制、利用和传播作品"。

2. 开放获取的定义及内涵

开放获取是指将科研成果在互联网上公开发布供公众免费获取。根据 2003 年《开放获取柏林宣言》,"开放获取"是指科技成果(尤指科技论文)的"作者或版权所有人授权所有用户可以为合理目的而下载、复制、利用、传播作品"。

开放获取是一种新的学术交流模式。作者和版权拥有者授权所有的用户免费地、不会撤销地、在世界范围内、永久性地(在适用版权期限内)有权获取、复制、利用、传播、公开表演和展示作品,并以合理的目的,以任何数字形式传播衍生作品,并有权少量复制作品,供个人使用[①]。而传统的学术交流模式是以订购为基础的,对用户使用则施加了诸多限制,包括付费。

开放获取资源是一种学术信息资源。开放获取的内容包括原始的科学研究成果、原始数据和元数据、参考资料、数字格式的照片和图表、学术类多媒体资源。[②]

开放获取是一种出版方式。根据 2003 年 6 月 11 日公布的《毕士大开放获取出版声明》中的定义,开放获取出版需要满足下列两个条件:(1)作者和版权所有者授予全世界所有的读者免费、永久地获取、复制、传播、向公众展示作品、传播派生作品、以合理的目的将作品复制到任何形式的数字媒介上的权利,以及用户制作少数印本作为个人使用的权利。(2)一个作品的完整版本及其所有补充资料,以及上述所描述的授权书,要在出版之后,立即以适当的、标准的电子形式存储到至少一个联机的知识库中。这些知识库可能是由某个学术机构、学会、政府部门或其他知名的组织支持的,致力于实现科技资源的开放获取、无限制地传播、互操作、长期保存。

开放获取是科学的内在理念。科学倡导平等、开放,科学研究的每一步进展都需要科研人员之间的交流,而开放获取所倡导的无障碍地、永久性地获取科学信息,更便于科研人员之间的交流,这在一定程度上体现着科学研究中蕴含的"开放"、"交流"的理念。

开放获取具有不同的外在表现形式和表现的程度。David Goodman 提出了

---

① Marta M. Deyrup, Martha F. Loesch 著. 初景利译. 美国国家和机构开放获取政策研究报告[J]. 图书情报工作动态. 2005,(3):1-8.

② Open Access Conference-Berlin Declaration on Open Access to Knowledge in the Sciences and Humanities. [EB/OL]. http://www.zim.mpg.de/openaccess-berlin/berlindeclaration.html. [2014-10-17].

开放获取的标准①，第一部分为开放获取的基本标准，包括资源的获取方式、获取的资源类型；第二部分包括获取的版本、资源在物理上和内容上的组织方式、资源被标识和传递的方式、谁来获取、版权规定、同行评议的效果、真实性和内容长期保存的保证、经济和管理方式、系统中其他成分的影响、开放获取希望带来的效果等。

参考这一标准，通过对现有的各种开放获取资源、计划、项目的分析，笔者将科技信息（尤指科技论文）开放获取的各种表现形式进行界定（表 5.1）。对开放获取的界定的目的不在于区分和评判开放获取的各种表现形式和表现程度本身，而是为开放获取的实践者在选择采取何种开放获取项目、实施何种程度的开放获取时提供帮助，加深对开放获取的理解。

表 5.1　开放获取内涵界定表

开放获取 其他特征	对内容的使用上遵循相关使用许可（如：Creative Commons）				
^^	作者拥有版权				
^^	开放获取资源的组织上遵循 OAI-PMH				
^^	时滞期、存储版本				
开放获取 基本特征	网络获取	免费	全文	同行评议	版权所有者认同

基本特征是判断是否是开放获取的必要条件，无论是某种学术交流模式、某种出版模式或是某种学术资源，若能被称作开放获取，必须具备这 5 个基本条件。

这里需要特别说明的是"版权所有者认同"。"版权所有者认同"是指版权所有者预先认同对作品全文没有限制地阅读、下载、复制、共享、存储、检索、链接和爬取。多数作者选择保留权利，反对破坏性或歪曲性复制，还有的作者选择反对对作品的商业性反复使用。总的说来，这些条件反对剽窃、对作品的歪曲以及商业性的反复使用，并授权所有合法地将论文用于学术研究（包括方便联机学术研究的技术）所需要的利用。

版权所有者认同是开放获取的法律基础。由于版权所有者认同开放获取，并不需要废除、改革或违反版权法，也不需要版权所有者根据版权法放弃所

---

① Goodman, Dr. David. The criteria for Open Access [J]. Serials Review (4): 258-270. http://dlist.sir.arizona.edu/798/. [2014-12-3].

有的权利,将其作品存放到公共领域。对版权所有者而言,证明其认同开放获取的一种方便有效而且越来越常用的方式是利用某一使用许可协议(如:Creative Commons)协议。版权所有者也可以建立自己的协议或许可声明,与作品放在一起。

开放获取并不一定意味着作者拥有版权,但作者拥有版权对开放获取具有特殊的意义。之所以倡导作者保留作品版权,其意义不在于作者保留作品的版权本身,而是在于获得"版权所有者认同",使得作者有权利去允许他人免费地下载、复制、打印、传播其论文。相比于要求出版商授权作者允许他授权他人下载、复制、打印、传播其论文,论文作者更容易实现"版权所有者认同"。

在具备了上述基本特征后,每增加一个其他特征,开放获取的程度就深化一层,当然"其他特征"栏中各种特征的顺序不是固定的。用这种方式来判别开放获取比较复杂,而且各个开放获取的出版机构、开放获取计划对开放获取的界定也是有所差异的。但如果从开放获取希望带来的效果来看,各开放获取出版机构、开放获取计划、项目对开放获取的期望是相同的,即"为了实现对学术文献的免费的、无限制的联机获取"①。

通过以上分析可见,开放获取不是自我出版,不是绕开同行评议和出版的一种方式,也不是一种二流的、降价的出版途径。它只是使研究成果免费地联机地向整个学术界提供使用的一种手段②。

3. 开放获取的实现途径

科技论文开放获取采取两种形式:开放出版和开放存储。

开放出版指期刊论文在经过同行评议发表后立即通过期刊网站提供免费开放获取。开放出版可分为以下类型:

- 完全开放出版(Full OA),整个期刊开放出版,不再需要订购;
- 复合开放出版(Hybrid OA),期刊仍需订阅,部分论文开放出版;
- 延迟开放出版(Delayed OA),期刊仍需订阅,但一定时间后开放获取,例如 Science 和 PNAS 分别延迟 12 个和 6 个月开放出版。

为支持期刊可持续运行,部分开放出版论文需要在同行评议录用后支付

---

① Berlin Declaration on Open Access to Knowledge in the Sciences and Humanities [EB/OL]. http://www.zim.mpg.de/openaccess-berlin/berlindeclaration.html. [2013-10-17].

② Peter Suber, Subbiah Arunachalam. Open Access to Science in the Developing World [EB/OL]. 2005-10-17. http://www.earlham.edu/~peters/writing/wsis2.htm. [2005-12-30].

开放出版论文处理费（Article Processing Charge，APC）。

开放存储指期刊论文在期刊（尤指订购期刊）发表后存储到资助者或作者机构的知识库，在一段时间（开放时滞期）后开放获取。开放存储的措施要点在于存储的版本和开放时滞期。

● 存储版本：多数机构要求将经过同行评议、修改、最后被录用的作者稿（Accepted Author Manuscript，AAM）存储到知识库；如果论文本身是开放出版的，则将出版后的 PDF 版存储到知识库；

● 开放时滞期：不同政策提出不同的时滞期要求，例如 NIH 要求 12 个月，RCUK 要求科技领域 6 个月、人文社科领域 12 个月。

这两项措施是为出版社保留一定版本和一定时间内的独占传播期，以支持期刊可持续运行。

多数出版社已经允许作者将 AAM 开放存储到作者个人网站、作者机构知识库以及资助者知识库，例如 NATURE、SCIENCE 和 Elsevier，开放时滞期分别为 6 个月、12 个月、12 个月。

二、开放获取进展

1. 开放出版发展现状

（1）数量持续增加：据 Directory of Open Access Journals，到 2014 年 4 月有 9 713 种同行评议的完全开放出版期刊。我国也有 700 多种科技期刊以不同形式开放出版。研究表明，开放出版期刊以每年 18% 的速度增加[1]（包括从订阅转为开放出版的期刊）。预计到 2017—2021 年开放出版的论文将占全部学术期刊论文的 50%[2]，被 SCI 收录的开放出版期刊的论文数量以年 20% 的速度增加，而整个出版产业学术论文的年增速为 3.5%，开放共享期刊的增长速度远远超过订购期刊[3]。

（2）出版者持续增加：开放获取期刊的出版者包括完全开放出版社，如 Public Library of Science（PLOS，7 种）、BioMed Central（BMC，250 多种）、

---

[1] Laakso, M., Welling, P., & Bukvova, H., et al. The development of open access journal publishing from 1993 to 2009. [J] PLoS One, 2011, 6 (6) http://www.plosone.org/article/info:doi/10.1371/journal.pone.0020961

[2] Lewis, David W. The Inevitability of Open Access. [J] College & Research Libraries 73. 5 (Sep 2012): 493-506.

[3] Lewis, David W. The Inevitability of Open Access. [J] College & Research Libraries 73. 5 (Sep 2012): 493-506.

但商业出版社已开始大规模出版开放获取期刊（或将订阅期刊转为开放出版），据统计已近 300 种，例如 Springer 出版 127 种、Wiley 出版 22 种、Elsevier 出版 39 种，NATURE 也出版了全开放期刊 Nature Scientific Reports。

以商业出版机构和学协会出版机构为代表的 STM 期刊出版机构已成为开放获取出版中的重要角色。2011 年商业出版机构出版了 120 000 篇开放获取论文[1]。Springer[2]、Wiley[3]、自然出版集团[4]、Elsevier[5]、IOPP[6]、牛津大学出版机构（OUP）[7]、IEEE[8]、Lancet[9] 等商业出版机构和期刊均提供开放出版模式。SpringerOpen 包含 160 多种完全开放出版期刊[10]，复合开放出版计划 Open Choice 几乎涵盖了 Springer 出版的所有订购期刊[11]；Elsevier 有 100 多种完全开放出版期刊，1 600 多种订购期刊提供复合开放出版模式[12]；Taylor & Francis 出版集团 2012 年宣布增加一系列新的完全开放出版期刊[13]，并扩大复合开放出版期刊的范围，将复合开放出版计划更名为 Open Select，2014 年复

---

[1] Mikael Laakso, Bo-Christer Björk. Anatomy of open access publishing: a study of longitudinal development and internal structure. BMC Medicine [J]. 10. 1 (2012): 124. http://www.biomedcentral.com/1741-7015/10/124. [2013-1-25].

[2] SpringerOpen [EB/OL]. http://www.springeropen.com/. [2013-9-5].

[3] Wiley Open Access [EB/OL]. www.wileyopenaccess.com/. [2013-9-5].

[4] Nature Publishing Group buys into open-access publisher [EB/OL]. http://blogs.nature.com/news/2013/02/nature-publishing-group-buys-into-open-access-publisher.html. [2013-9-5].

[5] Elsevier-open access publishing [EB/OL]. http://www.elsevier.com/wps/find/intro.cws_home/open_access. [2013-7-4].

[6] IOP Publishing Open Access Policy [EB/OL]. http://iopscience.iop.org/info/page/openaccess. [2013-9-5].

[7] Oxford Open [EB/OL]. http://www.oxfordjournals.org/oxfordopen/. [2013-9-5].

[8] Orin, David E. RAS Journal Publications Provide an Open Access Option President's Message. IEEE Robotics & Automation [J]. 20. 1 (Mar 2013): 6-8.

[9] The Lancet Editors. The Lancet journals welcome a new open access policy. The Lancet [J]. 381. 9873 (Apr 6, 2013): 1166-7.

[10] SpringerOpen [EB/OL]. http://www.springeropen.com/about. [2104-5-5].

[11] Open Choice—Your Research, Your Choice [EB/OL]. http://www.springer.com/gp/open-access/springer-open-choice. [2014-5-5].

[12] Elsevier-open access publishing [EB/OL]. http://www.elsevier.com/wps/find/intro.cws_home/open_access. [2013-7-4].

[13] Open Journals [EB/OL]. http://www.tandfonline.com/page/openaccess/openjournals. [2014-5-5.].

合开放出版计划已涵盖 1 600 多种期刊（2012 年为 500 多种）①；自然出版集团的完全开放出版期刊 Scientific Reports 创办一年共发表 457 篇论文，成为自然出版集团发展最快的期刊②。加拿大学术期刊联盟 2010-2011 年加拿大学术期刊出版年度报告③："尽管只有 25% 的期刊完全开放获取，但有额外 39% 的期刊正在走向开放获取。"

（3）质量得到认可：主流开放获取期刊都实行同行评议制度，尽管多数出版年限仍短，但很多已取得较好影响力。2013 年底 SCI 已经收录 1 200 多种开放获取期刊，Web of Knowledge 平台收录了 2 400 多种开放期刊。PLoS Medicine 影响因子排名 5/153（SCI 同主题领域 153 种期刊第 5 名，下同），PLoS Biology 影响因子排名 1/85。BMC 旗下已有 115 种期刊被 SCI 收录，其中 32 种期刊在 SCI 同主题领域期刊中进入前 30%。特别是由德国马普学会、美国霍华德休斯医学研究所和英国惠康基金会联合资助出版的 eLife 期刊，着力打造国际顶级科学期刊。

（4）大量订阅期刊支持复合开放出版：例如 Elsevier 已经有 1 600 种订阅期刊支持复合开放出版，并准备扩展到它出版的所有 2 300 余种期刊；Wiley 宣布它旗下的 85% 以上期刊支持复合开放出版。

2. 开放存储发展现状

（1）数量持续增加：据 Registry of Open Access Repositories，到 2014 年 4 月有 3 638 个开放获取的主题知识库或机构知识库，并以每年 20% 以上速度增加；这些开放知识库共存储开放获取论文已达 5 800 万篇。据估计，开放知识库中开放论文总数将以每年 30% 的速度增加。

（2）重要性持续增加：美国 NIH 的 PubMed Central 开放知识库共存储 300 万篇论文，包括 1 490 种期刊的全部内容和 2 563 种期刊的生物医学内容；arXiv.org 开放知识库已存储物理、数学、计算机领域预印本论文 93 万篇；经济学开放知识库 RePEC 已存储 140 万篇预印本、论文和研究报告。

（3）成为重要基础设施：在美国、英国、欧盟、澳大利亚等国家的资助

---

① Taylor & Francis Open Select and Routledge Open Select [EB/OL]. http://www.tandfonline.com/page/openaccess/openselect. [2014-5-5].

② Wolpert, Ann J. For the Sake of Inquiry and Knowledge--The Inevitability of Open Access. The New England Journal of Medicine [J]. 368. 9 (Feb 28, 2013): 785-7.

③ Scholarly Journal Publishing in Canada [EB/OL]. http://www.calj-acrs.ca/docs/CAIJ_%20IndustryReport_2011.pdf. [2011-6-15].

机构开放获取政策中,提出要建立研究机构开放知识库,作为保存机构知识资产、传播科研成果、支持开放获取的基础设施。英国和澳大利亚还提出,将在机构研究水平评估时通过机构知识库遴选数据。

3. 资助机构和科研教育机构制定实施强有力的开放获取政策

自 2008 年 NIH 实施强制性开放存储政策以来,越来越多的科研资助机构制定和实施强制性开放获取政策。根据 JULIET 网站统计①,截至 2013 年 12 月,在 JULIET 登记的制定和实施开放获取政策的资助机构有 126 家。根据欧盟的研究②,自 2008 年 8 月欧盟 FP7 计划实施开放获取试点以来,至 2012 年底,全世界强制实施开放获取政策的资助机构数量翻一番,强制实施开放获取的研究机构总数增加了 9 倍。

2012 年 7 月,欧盟宣布在 Horizon 2020 计划全面实施开放获取③,要求所有受资助项目产生的研究论文必须存储到开放知识库中,在论文发表后的 6 个月内(人文社会科学论文发表后 12 个月内)开放获取,允许使用项目经费支付开放出版费用,并将政策条款纳入项目资助协议④。英国研究理事会 2012 年 7 月发布"增强版"开放获取政策⑤,开放存储政策内容与欧盟政策基本相同,在支持开放出版方面将拨付专项资金用于支付受资助项目产出的研究论文的开放出版费用,要求受资助的开放出版论文以开放程度最高的 CC_BY 协议发布,这一规定为研究论文的复用提供了更为开放的保障。丹麦 5 家科研资助机构联合发布研究成果开放获取政策⑥,澳大利亚国立卫生与医学研究

---

① JULIET [EB/OL]. http://www.sherpa.ac.uk/Juliet. [2013-12-29].

② Implementing Open Access Mandates in Europe [EB/OL]. http://webdoc.sub.gwdg.de/univerlag/2012/oa_mandates.pdf [2012-12-28].

③ Towards better access to scientific information [EB/OL]. http://ec.europa.eu/research/science-society/document_library/pdf_06/era-communication-towards-better-access-to-scientific-information_en.pdf. [2013-1-25].

④ Mono-beneficiary General Model Grant Agreement [EB/OL]. http://ec.europa.eu/research/participants/data/ref/h2020/mga/gga/h2020-mga-gga-mono_en.pdf. [2013-12-11].

⑤ Research Councils UK Policy on Access to Research Outputs [EB/OL]. http://www.rcuk.ac.uk/research/Pages/outputs.aspx/. [2013-1-25].

⑥ Open Access Policy for Public-Sector Research Councils and Foundations [EB/OL]. http://en.fi.dk/councils-commissions/the-danish-council-for-independent-research/Final%20Open%20Access%20policy.pdf/. [2013-1-25].

理事会①、澳大利亚研究理事会②均颁布了新开放获取政策，强制要求受资助研究产出的研究论文开放存储。2012 年美国国家科学基金会、德国科学基金会发起、全世界 70 多个国家级科研资助机构参与、成立了全球研究理事会，发布了《GRC 开放获取行动计划》③。2013 年 10 月，继加拿大健康研究院（Canadian Institutes of Health Research，CIHR）于 2012 年 12 月 27 日发布开放获取政策之后，加拿大自然科学和工程研究理事会（Natural Sciences and Engineering Research Council of Canada，NSERC）、加拿大社会科学与人文科学研究理事会（Social Sciences and Humanities Research Council，SSHRC）和 CIHR 联合发布开放获取政策草案④，要求受资助的科研人员确保这三家机构支持的研究产出的同行评议期刊论文出版 12 个月内通过出版机构网站或开放知识库开放获取。2014 年 3 月，英国四家高等教育资助机构［北爱尔兰就业与学习部、英格兰高等教育资助委员会（Higher Education Funding Council for England，HEFCE）、威尔士高等教育资助委员会、苏格兰资助委员会］正式发布文件⑤，自 2016 年起，所有参加 Research Excellence Framework 评估的大学所提交的用于评估的研究论文必须存储到开放的知识库中提供开放获取。

科研教育机构也在积极制定和实施开放获取政策。全世界已有 175 家大学制定和实施了开放获取政策⑥。哈佛大学公共卫生学院成为哈佛第八家实施

---

① Revised Policy on Dissemination of Research Findings [EB/OL]. http://www.nhmrc.gov.au/media/notices/2012/revised-policy-dissemination-research-findings. [2013-1-25].

② Research Intelligence-Measured weights and measures [EB/OL]. http://www.timeshighereducation.co.uk/story.asp?sectioncode=26&storycode=421579&c=1. [2013-1-25].

③ Global Research Council. GRC Open Access Action Plan [EB/OL]. http://www.dfg.de/download/pdf/dfg_magazin/internationales/130528_grc_annual_meeting/grc_action_plan_open_access.pdf. [2013-9-3].

④ Harnad Comments on Canada's NSERC/SSHRC/CIHR Draft Tri-Agency Open Access Policy [EB/OL]. http://www.nserc-crsng.gc.ca/NSERC-CRSNG/policies-politiques/OpenAccess-LibreAcces_eng.asp. [2013-10-16].

⑤ New policy for open access in the post-2014 Research Excellence Framework [EB/OL]. http://www.hefce.ac.uk/news/newsarchive/2014/news86805.html. [2014-3-28].

⑥ ROARMap [EB/OL]. http://roarmap.eprints.org. [2013-10-31].

开放获取政策的学院①。麻省理工学院②、哥伦比亚大学③、普林斯顿大学④、澳大利亚昆士兰大学⑤、澳大利亚国立大学、加州理工学院⑥、荷兰皇家科学院⑦等高校和科研机构均颁布或修订了开放获取政策,微软研究院也于2014年初实施了开放获取政策⑧。为进一步推进开放获取政策的制定和实施,哈佛大学联合其他机构发布《开放获取政策良好实践》⑨,成为制定实施开放获取政策的指南。早在2003年,康奈尔大学教师委员会发布关于图书馆期刊采购政策的决议⑩,控诉商业出版机构学术期刊订购价格的上涨造成了期刊的获取危机,康奈尔大学教师委员会鼓励教师探索和支持可替代的学术信息交流方式。2012年哈佛大学教师委员会发布公告⑪,宣布难以支撑高昂的学术期刊订购费用,建议员工考虑将论文投稿到开放出版期刊或是投给合理的、可持续订购费用的期刊,从关注期刊的声誉、权威性,转到关注开放获取。如果

---

① Harvard School of Public Health Open Access Policy [EB/OL]. http://osc.hul.harvard.edu/2012/11/hsph-approves-oa-policy.[2012-12-05].

② Maintaining Our Resolutions: Implementing the MIT Faculty Open Access Policy [EB/OL]. http://web.mit.edu/fnl/volume/232/holton.html.[2014-4-26].

③ Columbia University Libraries/Information Services Open Access Policy [EB/OL]. http://scholcomm.columbia.edu/open-access/open-access-policies/columbia-university-libraries-information-services-open-access-policy/.[2014-4-26].

④ Princeton goes open access to stop staff handing all copyright to journals - unless waiver granted [EB/OL]. http://theconversation.edu.au/princeton-goes-open-access-to-stop-staff-handing-all-copyright-to-journals-unless-waiver-granted-3596,http://www.cs.princeton.edu/~appel/open-access-report.pdf.[2014-4-26].

⑤ UQ adopts open access policy for research [EB/OL]. http://www.uq.edu.au/news/article/2014/02/uq-adopts-open-access-policy-research.[2014-02-07].

⑥ Caltech Adopts Open Access Policy for Scholarly Writing [EB/OL]. http://campustechnology.com/Articles/2014/01/06/Caltech-Adopts-Open-Access-Policy-for-Scholarly-Writing.aspx.[2014-01-06].

⑦ Open Access And Digital Preservation For KNAW Researchers [EB/OL]. http://roarmap.eprints.org/537/1/knaw-flyer-open-access-en.pdf.[2011-10-25].

⑧ Microsoft Research Open Access Policy [EB/OL]. http://research.microsoft.com/en-us/help/openaccess.aspx.[2014-0-31].

⑨ Good practices for university open-access policies [EB/OL]. http://cyber.law.harvard.edu/hoap/Good_practices_for_university_open-access_policies.[2013-1-25].

⑩ Cornell Faculty Senate Resolution. Resolution regarding the University Library's Policies on Serials Acquisitions, with Special Reference to Negotiations with Elsevier [EB/OL]. http://people.cs.uchicago.edu/~laci/cornell.dir/cornell2003Dec17.html.[2014-5-5].

⑪ Faculty Advisory Council Memorandum on Journal Pricing [EB/OL]. http://isites.harvard.edu/icb/icb.do?keyword=k77982&tabgroupid=icb.tabgroup143448.[2013-1-25].

员工担任期刊编委会的工作,该公告建议他们确定期刊是否是开放获取的,或是独立于出版机构、能够保证订阅价格的合理性和可持续性。如果不能的话,考虑退出该期刊的编委会。普渡大学也通过了有类似要求的建议书①。2013年7月24日,美国加州大学学术委员会通过开放获取政策②,确保以后全部10个校区的UC教师发表的研究论文能够被公众免费获取。

各国还相继组建开放获取推进小组推动开放获取政策与实践。美国的COAPI(Coalition of Open Access Policy Implementation)和COPE(Compact of Open Publishing Equity)分别致力于推动本机构开放获取政策的实施和本机构开放出版支持资金的建立;英国成立了开放获取实施小组(Open Access Implementation Group,OAIG),在开放出版和开放获取政策的研究制订实施中发挥了积极的推动作用;2012年澳大利亚六家机构组建了澳大利亚开放获取支持小组(Australia Open Access Support Group,AOASG);中国成立了中国机构知识库推进工作组。

科研资助机构和科研教育机构的开放获取政策有力地推动了开放出版和开放存储的发展。开放获取政策中对于开放出版费用的支持,保证了开放出版期刊相对稳定的资金流,对开放出版期刊的发展产生了积极影响。

4. 开放获取得到广泛支持

(1)科技界支持力度迅速增加:欧盟SOAP项目和"数字时代的科学信息"项目调查,约90%科研人员支持"公共资助研究产出的出版物应该开放共享"。2012年1月21日,为反对Elsevier对禁止NIH开放获取政策法案的支持,菲尔兹奖获得者Timothy Gowers号召科学家拒绝向Elsevier投稿、参加评审或参加编委会,不到一个半月就有7 000多位科学家签名参加,迫使Elsevier在2月27日撤销对该法案的支持,该法案提案人也宣布不再推进这个法案。6 000多名科学家和各界人士在"布达佩斯开放获取宣言"发布十周年之际提出倡议,要求将开放获取作为同行评议论文的默认传播形式,十年内实现全面开放获取。

(2)政府与机构支持力度迅速增强:2012年6月,受英国政府委托的专家小组发布了Finch报告,要求公共资助项目科研论文实行开放获取,所提建

---

① Advocacy at Purdue: Open Access [EB/OL]. http://www.lib.purdue.edu/scholarlyComm/advocacy. [2013-9-5].

② University of California Open Access Policy. http://osc.universityofcalifornia.edu/openaccesspolicy/ [2013-07-24].

议得到英国政府的支持。2013年2月，美国白宫科技政策办公室发布指令，要求所有研发资助金额达到1亿美元的联邦机构在6个月内实行资助项目科研论文开发存储。由50多个国家级科研机构组成的Science Europe在2013年4月发表声明，支持公共资助项目科研论文和数据实现开放获取。2013年5月，全球研究理事会第二次峰会将通过开放获取行动计划，要求公共资助项目发表在科技期刊的论文实行开放获取。

5. 中国开放获取进展

我国开放出版期刊不断增长，据中科院开放获取期刊平台统计，中科院共有近180种期刊实行不同程度的开放获取，占总数50%以上；根据《2014年中国科协期刊发展报告》统计，截至2013年6月止，中国科协资助期刊中共有364种实行不同程度开放获取，占总数34.5%；另据中国科学引文数据库系统调查，目前国内科技学术期刊中超过700种实现不同程度的开放获取。研究表明，国内开放获取期刊数量年增速超30%。

中科院105家研究所建立了开放获取知识库，保存和传播本所成员创造的研究论文，至2014年1月已存储论文超52万篇，其中42万篇提供全文开放获取，累计下载量超过1400万篇次，其中2013年下载690万篇次，成为世界最大的公共资金资助科研成果共享系统之一。中科院国家科学图书馆发布了《机构知识库内容存缴与传播政策指南》[①]，对保存什么、如何保存与传播、如何保护各方利益提出最佳实践建议。我国高校积极建设开放获取知识库，厦门大学于2006年建设学术典藏库，已有16000篇各类成果开放获取；CALIS（中国高校图书馆联盟）牵头实施高校机构知识库建设[②]，已有22家高校开始提供机构知识库服务。

在2014年5月15日，中国科学院和国家自然基金委分别发布了《中国科学院关于公共资助科研项目发表的论文实行开放获取的政策声明》[③] 和《国家自然科学基金委员会关于受资助项目科研论文实行开放获取的政策声

---

① 机构知识库内容存缴与传播政策指南. [EB/OL]. http://ir.las.ac.cn/handle/12502/5043. [20151/29].

② 中国高校机构知识库建设：模式选择、实施策略、建设现状与前景展望. [EB/OL]. http://ir.las.ac.cn/handle/12502/6303 [2015/1/29].

③ 中国科学院关于公共资助科研项目发表的论文实行开放获取的政策声明. [EB/OL]. http://www.cas.cn/xw/yxdt/201405/t20140516_4121375.shtml. [2015/1/30].

明》①，要求得到公共资助的科研论文在发表后把论文最终审定稿存储到相应的知识库中，在发表后12个月内实行开放获取。这充分体现了我国科技界推动开放获取、知识普惠社会、创新驱动发展的责任和努力。中国科学院文献情报中心还推出了《中国科学院开放获取政策问答》②，详细阐释政策的实施细则。

第二节　开放获取对图书馆的意义

要讨论开放获取对图书馆的意义，首先需要理解图书馆的职能定位是什么。

从古代藏书楼到现代图书馆，随着信息技术的发展和服务观念的转变，图书馆经历了从"纸本图书馆"到"复合图书馆"再到"数字图书馆"的发展形态演化，经历了从"书本位"到"人本位"的发展理念变革，经历了从"借阅服务"到"参考咨询服务"到"嵌入式用户信息服务"的服务模式转换。但归根结底，图书馆存在的根本目的和终极职能是为了满足用户的信息需求，为用户提供信息保障。

图书馆采购文献、建立馆藏是为了提供信息保障，使得用户按需获得所需要的文献；提供嵌入到用户科研过程之中的知识化学科化服务也是为了个性化、深入地为用户提供信息保障。只不过，在纸本时代，图书馆必须事先采购、编目、典藏等，才能保证用户在需要的时候能够检索到和获取到所需要的具体文献。在数字出版时代，图书馆延续纸本时代的采购方式，订购网络数据库是一种信息保障方式；同第三方机构合作提供文献传递服务、馆际互借服务也是一种信息保障方式；融入学科馆员个人的知识背景、分析判断、面向用户问题驱动的学科化信息服务也是一种信息保障方式。也就是说，在数字时代，图书馆的信息保障职能已经不再也没有必要局限于图书馆自身"拥有"哪些馆藏，而在于图书馆是否有能力"获取"用户所需的信息，满足用户的信息需求。

---

① 全球研究理事会2014年全体大会将于5月下旬在京举行. [EB/OL]. http://www.nstc.gov.cn/publish/portal0/tab88/info44456.htm. [2015/1/30].

② 中国科学院开放获取政策问答. [EB/OL]. http://www.open-access.net.cn/5f00653e83b753d6653f7b56/79d178147ba174064e0e8d4452a9673a67845f00653e83b753d6653f7b56/4e2d56fd/4e2d56fd79d15b6696625f00653e83b753d6653f7b5695ce7b54. [2015/1/30].

一、应对"期刊危机",资源获取和利用更加丰富便捷

开放获取有助于应对"期刊危机"。开放获取的初衷是应对学术期刊及其数据库大幅度涨价,图书馆被迫削减期刊及数据库的订购情况。自 2002 年《布达佩斯开放获取宣言》发布至今的十几年来,开放获取期刊和开放知识库的数量急剧增加,包括 Springer、Elsevier、Taylor Francis、Wiley 在内的传统 STM 出版机构也在出版开放获取期刊、支持订购期刊论文在一定时滞期后的开放获取,这有助于缓解图书馆面临的"期刊危机"。

开放获取使图书馆可获取和提供的资源更为丰富。开放出版期刊在过去十年间逐步占据传统出版市场份额,对订购期刊的出版模式产生了颠覆性影响[1]。自创办至 2013 年底,PLoS 已发表 10 万篇论文[2]。根据对 2000-2011 年发表的开放获取论文的统计[3],开放出版论文年出版量所占的市场份额每年增加 1%。预计到 2017-2021 年开放出版的论文将占全部学术期刊论文的 50%,2020-2025 年,开放出版的论文将占全部论文的 90%[4]。被 SCI 收录的开放出版期刊的论文数量以年 20% 的速度增加,而整个出版产业学术论文的年增速为 3.5%,开放出版期刊的增长速度远远超过订购期刊[5]。

开放获取有助于图书馆充分利用和再利用开放获取资源。开放获取的内容可免费地阅读、下载、使用,但开放获取不仅仅是为了阅读,更是为了对内容的利用和再利用。根据开放获取内容的再利用程度,Peter Suber 将开放获取分为 Gratis OA(免费获取)和 Libre OA(免费获取,并且将来对内容的使用和再利用也是免费的)。Gratis OA 只排除了获取的价格障碍,Libre OA 则排除了获取的价格障碍和许可障碍。2010 年 1 月,学术出版圆桌会议

---

[1] Mikael Laakso, Bo-Christer Björk. Anatomy of open access publishing: a study of longitudinal development and internal structure. BMC Medicine [J] 10. 1 (2012): 124. http://www.biomedcentral.com/1741-7015/10/124. [2013-1-25].

[2] PLOS Celebrates Milestone [EB/OL]. http://www.plos.org/plos-celebrates-milestone/ [2013-12-03].

[3] Mikael Laakso, Bo-Christer Björk. Anatomy of open access publishing: a study of longitudinal development and internal structure. BMC Medicine [J] 10. 1 (2012): 124. http://www.biomedcentral.com/1741-7015/10/124. [2013-1-25].

[4] Lewis, David W. The Inevitability of Open Access. College & Research Libraries [J]. 73. 5 (Sep 2012): 493-506.

[5] Lewis, David W. The Inevitability of Open Access. College & Research Libraries [J]. 73. 5 (Sep 2012): 493-506.

(Scholarly Publishing Roundtable) 建议①研究结果"要以能使创造性重用达到最大化的方式进行出版和保存"。在数字化科研的时代,这有利用于图书馆依托于庞大的开放获取资源,深入挖掘开放内容本身,提供超越开放内容本身的增值服务。当然,这本身也成为图书馆将要面临的挑战。

二、拓展图书馆业务领域

开放获取拓展了图书馆的业务领域,使图书馆成为推动开放获取的重要力量。应该清晰地认识到,虽然开放获取源自于应对图书馆的"期刊危机",但开放获取并不仅仅是图书馆的事情、甚至主要不是图书馆的事情。随着开放获取实践的发展和人们对开放获取认知的深化,开放获取在促进学术信息交流、科研成果传播、推动数字科研等方面都发挥着和蕴藏着巨大的潜力,这也是美国、英国等国政府积极并将其作为重要的国家战略,推动开放获取的原因。

开放获取主要与科研人员、科研机构和资助机构、出版机构直接相关,但为什么说图书馆成为推动开放获取的重要力量呢?长期以来,图书馆承担着为所在机构和用户提供信息保障的责任,图书馆代表科研机构采购所需文献资源服务于本机构的信息需求,图书馆直接为科研人员提供信息服务,图书馆采购文献资源直接与出版机构产生关系,代表作者和所在机构的利益与出版机构进行合作和谈判,争取自身的利益。简言之,在开放获取仍处在各利益相关方进行权益博弈的动荡过程中,图书馆作为科研人员和科研机构的利益代言人,同时最熟悉各个出版社,具有与出版社谈判合作的丰富经验。事实上,开放获取的大多数工作也是由图书馆执行的,比如建设机构知识库、具体执行机构对开放出版的支持工作等等。

三、为提升服务奠定基础

开放获取是更合理的信息资源保障方式。传统的出版订购机制及其成本模式起源于纸本时代。纸本期刊时代,科研人员、期刊出版机构和图书馆通过论文的出版传播形成共生关系②:科研人员生产论文,出版机构管理论文出

---

① Report and Recommendations from the Scholarly Publishing Roundtable [EB/OL]. http://www.aau.edu/WorkArea/DownloadAsset.aspx?id=10044. [2014-4-26].

② David J Solomon. Digital distribution of academic journals and its impact on scholarly communication: Looking back after 20 years [EB/OL]. http://www.openaccesspublishing.org/apc4/final.pdf. [2014-5-3].

版前的质量控制和版式加工、负责论文的印刷与发行,图书馆订购并保存学术期刊,保障研究人员获取所需的期刊论文和了解最新科研进展。科研人员需要依靠出版机构传播科研成果,图书馆通过订购来帮助科研人员获得信息资源。出版社通过订购费用来回收相应的印刷成本和发行成本。

数字出版使期刊的发展环境发生巨大转变,研究成果的交流、传播、获取和使用变得更加容易,形式更为多样、具有可替代性;纸本时代由出版机构承担的成本高昂、劳动密集型的期刊发行和订购管理工作转而利用信息技术处理,比如:过去,科研人员需要依靠出版机构将论文打字录入成电子版,LaTex、Office等文字处理软件,使得现在作者直接提供论文的电子版,学术出版过程的自动化提高。过去,出版机构提供的关键服务之一是发行期刊、传播学术论文;互联网的出现使得这一服务变得不再不可替代。并且,随着OJS[1]等期刊出版平台的出现,科研人员自己创办和出版一种学术期刊变得非常容易,几乎没有成本;越来越多的大学也推出了帮助科研人员传播成果的"自出版"服务[2],出版机构承担的出版服务本身也遭遇了竞争。订购期刊出版的边际成本(指传播发行成本)下降,几乎降到零,出版学术论文的第一个副本的成本实质上就是该论文出版发行的所有成本,提供开放出版服务的出版机构延续印本期刊时代通过发行和传播研究成果获得高昂利润的经济模式已不再合理,反而是"按出版一篇论文收费"更为合理[3]。根据出版社在论文评审、编辑和出版过程中提供的服务,按篇支付开放出版的论文处理费(Article Processing Charge,APC),具有明显的经济学合理性,也有助于支持开放出版的可持续进行[4]。

开放获取支持对资源的再次开发利用。正如《布达佩斯开放获取宣言》[5]、《毕士大开放出版宣言》[6] 和《柏林宣言》[7] 强调的,开放获取不仅仅

---

[1] Open Journal Systems [EB/OL]. https://pkp.sfu.ca/ojs/. [2014-5-5].

[2] Self-Publishing [EB/OL]. http://en.wikipedia.org/wiki/Self-publishing. [2014-5-5].

[3] Shieber SM (2009) Equity for Open-Access Journal Publishing. PLoS Biol 7 (8): e1000165.

[4] 张晓林,李麟,顾立平,等. 从 scoap3 模式看图书馆资源建设的范式转变 [J]. 图书情报工作, 2012, 56 (17): 42-47.

[5] Budapest Open Access Initiative [EB/OL]. http://www.soros.org/openaccess/read.shtml. [2013-11-10].

[6] Bethesda statement on Open Access Publishing [EB/OL]. 2003-06-23. http://www.earlham.edu/~peters/fos/bethesda.htm. [2013-11-10].

[7] Berlin Declaration on Open Access to Knowledge in the Sciences and Humanities [EB/OL]. http://www.zim.mpg.de/openaccess-berlin/berlindeclaration.html. [2013-10-17].

是获取内容，更是为了对内容的再利用。开放获取只有消除了获取和再利用的障碍，才会具有将文献变革成为更强有力的研究、教育和创新资源的潜力。特别是在这个信息爆炸的时代，开放科研环境下，仅仅获取到论文的内容是远远不够的。Knowledge Exchange 于 2002 年调查了开放出版机构和复合开放出版机构的开放获取论文使用许可条款①。研究调查 12 个开放获取出版机构，几乎所有开放获取论文都由作者保留著作权，没有设置时滞期。开放出版期刊主要使用 Creative Commons 的各类许可协议，在 12 个出版机构中，有两家采用 Share Alike 条款，5 家只允许非商业化使用（Non-Commercial），6 家采用 CC_BY，一家出版机构未使用 CC 协议，而是采用了专有许可。这为图书馆充分利用开放信息资源，提升服务内容奠定了资源基础。

第三节 开放获取对图书馆的影响

一、开放获取是对传统图书馆业务的釜底抽薪

开放获取学术信息资源（开放学术资源）迅猛增长，正逐步"成为学术研究主流资源"的趋势②。这种趋势将对习惯于依赖所采购资源来建设馆藏、利用馆藏来提供服务的图书馆形成严峻挑战。根据 Peter Binfield 预测，"到 2016 年，约 100 个超级开放获取期刊就能覆盖全球近 50%的科技文献，另外的文献则由 100 种高质量传统期刊收录"。同时，图书馆的一些服务已由开放资源或第三方资源提供。那么，当未来某一天，图书馆没有资源可买、图书馆提供的资源检索与利用服务已有第三方机构提供，并且可能做得比图书馆更好时，图书馆该怎么办？

1. 资源建设模式的变革

将订购费转换为支持开放出版费用是未来图书馆资源建设模式的重要内容。在这方面，于 2014 年 1 月正式实施的高能物理领域的开放出版支持联盟 SCOAP3（Sponsoring Consortium for Open Access Publishing in Particle Physics，

---

① Study into licences used by Open Access journals [EB/OL]. http://www.knowledge-exchange.info/Admin/Public/Download.aspx? file=Files%2fFiler%2fdownloads%2fLicensing%2fOA+journals+licences%2fSummary+Licences+OA+journals+study. pdf. [2014-4-26].

② 张晓林, 李麟, 刘细文, 等. 开放获取学术信息资源：逼近"主流化"转折点 [J]. 图书情报工作. 2012, 56 (9): 42-47.

国际粒子物理开放出版资助联盟）提供了生动的案例，可能会给图书馆带来一些启示。

SCOAP3[1] 联合世界高能物理研究的资助者、研究教育机构和图书馆，倡导将文献采购费转换为开放出版服务费，将高能物理领域高水平论文全部实行开放出版，同时取消订购和论文处理费。

SCOAP3 不同于传统的图书馆文献采购，是从出版源头开始，通过支付开放出版服务费，实现学术论文开放获取，从源头保障信息获取能力。而且，如表 5.2 所示，它扩大了传播范围、避免了用户不在 IP 地址范围时难以获取所需资源的问题；出版后立即开放获取，使用户第一时间获得所需资源；可保留作者及其机构对论文的著作权，可以保障对论文内容的再利用和长期保存，为图书馆在此基础上开展新服务提供了更为广阔的空间和机遇。事实上这也是开放出版模式与传统资源建设模式之间的差别。

表 5.2 SCOAP3 模式与传统模式对比

	SCOAP3 模式	传统资源建设模式
获取机制	出版前支付出版服务费	出版后支付文献采购费
传播能力	立即开放获取	按照采购范围获取
著作权管理	保留作者或机构著作权	著作权往往归出版商
使用许可	允许广泛再利用	受出版商限制

资料来源：张晓林，李麟，顾立平，等．从 scoap3 模式看图书馆资源建设的范式转变［J］．图书情报工作，2012, 56 (17)：42-47

面临未来可能 90%以上的学术期刊论文是开放获取的预测[2]，订购费转换为开放出版支持费用也为图书馆提供了一条可行的生存之道。一方面，将订购费转为开放出版支持费用，最大可能地将对文献保障的资助资金拨给了图书馆，使得图书馆有了存在的理由；另一方面，在开放出版执行的过程中，存在大量诸如开放出版费使用的流程管理、订购费用扣减、科研人员的咨询、出版社提供的服务等等具体问题，这也极大地拓宽了图书馆的服务范围，强化了图书馆的服务职能。

---

[1] Sponsoring Consortium on Open Access Publishing in Particle Physics. ［EB/OL］. http：//scoap3.org

[2] Lewis, David W. The Inevitability of Open Access. College & Research Libraries ［J］. 73. 5 (Sep 2012)：493-506.

2. 服务内容的变革

（1）从购买资源的获取权到购买资源的开放权。制订并实施开放获取政策已成为世界重要科研教育机构和科研资助机构推动公共资助研究成果开放获取的重要措施。科研教育机构的开放获取政策覆盖了越来越多的科研人员，科研资助机构的开放获取政策覆盖了越来越多的科研项目。开放获取政策的制定和实施，将覆盖越来越多的公共资金资助的科学研究成果。开放出版期刊蓬勃发展，开放获取资源正逼近信息资源的"主流化"转折点[1]。正视开放获取，积极参与开放获取，在新的学术信息交流模式建立的过程中、在新型知识环境的形成过程中积极占位、参与规则的建立，是图书馆的生存选择。

（2）从购买资源到组织和再利用资源。首先，在支持开放出版时，资助机构和作者机构都要求保留作者著作权，要求将开放出版论文保存到机构知识库中长期保存，要求允许对论文内容的丰富的再利用。在这样的政策机制支持下，图书馆可以重新获得对本机构关键知识产出的保存权，可以在不受制于出版商的情况下，利用学术论文进行知识挖掘和开放关联，灵活地组织本机构及合作机构的学术论文资源体系，将学术论文资源与科学数据、科技报告、学位论文、教育资源等灵活组织成为新的知识资源体系，并嵌入到科研与教学过程之中，参与构建开放式的高能物理学术交流环境。其次，随着开放出版规模的扩大和语义出版的发展，越来越多的出版机构采用更为宽松的使用许可。截止2014年5月，在DOAJ[2]收录的9 714种开放出版期刊中，3 735种期刊采用了CC协议，占全部期刊数量的38.5%。而2013年8月的统计显示[3]，DOAJ中3 415种期刊采用CC协议，占全部期刊数量的34.8%。第三，图书馆是所在机构的机构知识库的建设者和维护者，帮助机构组织、揭示本机构知识资产，进一步构建本机构的知识图谱，通过对本机构知识资产的组织，支持开放科研环境下的科研合作。

---

[1] 张晓林，李麟，刘细文，等. 开放获取学术信息资源：逼近"主流化"转折点[J]. 图书情报工作. 2012, 56 (9): 42-47.

[2] DOAJ. [EB/OL]. http://www.doaj.org. [2014-5-5].

[3] 黄永文，张建勇，谢靖，等. 开放资源的再利用模式研究. 图书情报工作[J]. 2013, 57 (21): 32-37.

二、开放获取对图书馆服务的新要求

1. 图书馆参与开放获取的服务内容

虽然开放获取给图书馆带来了挑战，使得图书馆原来的文献采购模式发生变化，但也给图书馆带来了新的机遇和新任务。这包括：

（1）支持开放出版

代表所在机构支持开放出版、保障信息获取。作者的论文处理费（APC）逐步成为支持开放出版的主要机制，在对 APC 的支付方式、如何避免掠夺性开放获取期刊（predatory OA journals）、管理 APC 的支付等方面提供服务。这涉及许多复杂工作，图书馆在信息传播中的专业知识和公共的服务地位，正是履行这个职责的最佳部门，理应承担起战略规划、政策制定、机制构建和对相关利益方协调统筹的责任。中国科学院文献情报中心发布的《开放出版期刊遴选指南》[①]、《学术期刊支持开放获取的良好实践指南》[②] 为图书馆支持开放出版服务提供了参考。

（2）建设机构知识库

建设机构知识库、保存机构的知识资产、扩大机构科研成果的传播途径和传播范围，提高机构知识成果的显示度和影响力。这与图书馆传播知识服务科研的职能是一脉相承的。中国科学院文献情报中心发布的《机构知识库内容存缴与传播的政策指南》[③] 详细分析了机构知识库内容存缴的权益关系，以及内容传播与使用的实施细则。需要注意的是，建设机构知识库的最终目的在于机构知识成果的开放、传播和利用，不等同于机构成果的存储库，机构知识库的存在价值在于内容的开放和再利用，以及与其他机构知识库间的开放链接形成的机构知识库网络。有限范围的获取、不符合国际通用互操作协议的技术标准都无法真正发挥机构知识库的价值。

同时，机构知识库的可持续机制也是需要重视的。除了推动机构颁布研究成果的开放存缴政策之外，丰富机构知识库的服务，激励科研人员主动存

---

① 遴选开放出版期刊的标准与指南 [EB/OL]. http://ir.las.ac.cn/handle/12502/7342. [2015/1/29].

② 张晓林, 陆彩女, 李麟. 学术期刊支持开放获取的良好实践指南 [J]. 中国科技期刊研究, 2014, 25 (11): 1-12.

③ 张晓林, 张冬荣, 李麟, 等. 机构知识库内容存缴与传播的政策指南 [J]. http://ir.las.ac.cn/handle/12502/5043j. [2015/1/29].

缴内容,也是机构知识库可持续发展的重要途径。比如:

增加吸引作者提交成果的服务。越来越多的出版机构开始提供自动推动服务,将作者发表论文的某一版本在正式出版后的一定时滞期之后自动推送存储到科研机构或资助机构指定的开放获取知识库中,免去了作者自行提交的工作;SHERPA/FACT 项目提供了出版机构与资助机构开放存储政策规定的查询与对比,便于作者准确地了解出版机构与资助机构的开放存储政策;基于论文层面的影响力统计指标丰富了研究成果的影响力评价途径,基于存储内容的作者研究履历自动生成、知识地图分析、知识能力分析等功能都是吸引作者提交内容的服务机制。

充分利用技术条件减轻作者存储负担。JISC 和 UKOLN 联合发布了 RIOXX 应用程序配置文件[1],以确保大学机构知识库能遵循 RCUK 的政策。RIOXX 能够将记录研究资助机构和项目/拨款标识符的元数据字段保持一致,使得跨系统追踪研究成果成为可能,从而节省各项活动(如,研究报告、一致性检查、收集商业情报)的时间和精力。Eloy 和 Stevan Hanard 提出[2],Eprints、Dspace 以及所有其他知识库平台是否能够遵守资助机构对存储的研究成果的收割要求以便于检查政策的遵循情况,对于资助机构、科研机构开放获取政策的成功与否是非常重要的。他们提出建立可靠的记录政策得到遵照执行的日期戳认证机制(data-stamped compliance verification mechanism)。

(3)开放获取的宣传、咨询和培训

开放获取对于国内科学界来说仍处于认识深化的阶段,特别是 2014 年 5 月,国家自然科学基金委员会、中国科学院各自发布了开放获取政策,将受资助项目产生的已发表论文开放存储作为项目资助的考核条件,这对于科研人员来说是一次强有力的宣传。对于政策的如何具体实施、如何执行、如何检查,科研人员和所在机构必然会有一系列的问题和相应的疑虑,图书馆应把握这次机会,积极解答用户的问题,利用已有的机构知识库建设成果指导和帮助用户存缴,反过来也建立了与用户间的信任关系,促进机构知识库的

---

[1] Making research easier to track [EB/OL]. http://www.jisc.ac.uk/news/stories/2013/04/rioxx.aspx [2013-04-18].
[2] [EP-tech] FW: Citation Import Plugin Error [EB/OL]. 2012-11-6. http://www.eprints.org/tech.php/17239-17227.html. [2014-5-5].

内容建设。中国科学院文献情报中心发布的《中国科学院开放获取政策问答》[①] 详细阐述了政策如何实施、如何执行、如何检查,并解释了科研人员对于开放存储是否违反知识产权方面的疑虑,可供国内图书馆界参考。

此外,支持科研人员在开放出版中鉴别掠夺性开放获取期刊、宣传开放获取的基本知识、对用户进行如何在开放获取期刊上投稿等的培训,也可以成为图书馆的服务内容。比如:中科院文献情报中心曾针对出版社警告科研人员将已发表的论文存储到机构知识库中,而帮助科研人员与出版社交涉,打消了科研人员的开放存储的顾虑和担心,承担了他们与出版社交涉的负担,维护了科研人员和机构的合法利益。

(4)组织开放资源

资源的组织与揭示是图书馆的传统业务和强项。但需要注意的是,组织开放资源不是对资源的简单汇集,而应系统分析本馆信息需求,有针对性地遴选、标引、揭示资源。同时,开放资源的范围不仅包含期刊论文,还包括开放课件、开放数据等,将这些异构资源如何整合揭示提供服务,甚至在此基础上利用文本挖掘和数据挖掘技术,开发新的服务,将是图书馆要思考的问题。

2. 岗位设置与人员要求

开放获取给图书馆带来了新的机遇和挑战,拓展了图书馆的服务内容。显然,岗位设置与人员队伍需要与新的服务内容相匹配。世界主要国家的重要科研教育机构、图书馆均设立了与开放获取相关的服务岗位。包括:哈佛大学图书馆、杜克大学图书馆、加州大学图书馆、普林斯顿大学图书馆、欧盟、德国马普学会、德国哥廷根大学图书馆、英国牛津大学、剑桥大学、曼彻斯特大学、澳大利亚等。根据各机构的不同需求和开放获取的实践程度,各图书馆有关开放获取的岗位设置也有所差别,具体分为三类:

(1)学术信息交流办公室。专门设立相对独立的部门,承担开放获取及相关领域的业务。哈佛大学图书馆是较早设立学术信息交流办公室(Officer for Scholarly Communication)[②] 的机构,最主要的职责是起草并推动学校各院系采纳和实施开放获取政策,形成的政策模板及政策指南成为全美高校图书

[①] 中国科学院开放获取政策问答.[EB/OL]. http://www.open-access.net.cn/5f00653e83b753d6653f7b56/79d178147ba174064e0e8d4452a9673a67845f00653e83b753d6653f7b56/4e2d56fd/4e2d56fd79d15b6696625f00653e83b753d6653f7b5695ee7b54. [2015/1/29]。

[②] Office for Scholarly Communication.[EB/OL]. https://osc.hul.harvard.edu/.[2015/1/29]。

馆开放获取政策的范本；此外，还管理和维护哈佛大学的机构知识库DASH；管理哈佛大学开放出版支持基金HOPE，为在开放出版期刊上发表论文且符合资助要求的本校作者报销论文处理费；发起成立开放出版公平联盟（COPE），号召全世界科研机构像支持订购期刊一样支持开放出版，为开放出版设立专项支持经费；组织开放获取周等活动，宣传开放获取。杜克大学的开放获取部门名称是"版权与学术信息交流办公室"①，除了提供开放获取的帮助外，还帮助用户咨询与学术信息交流相关的法律、技术、版权、出版问题。

（2）开放获取专员。设立专门的岗位，由专人负责开放获取的相关工作。所属部门根据各图书馆实际情况而不同，如：所属咨询服务部、资源建设部、信息技术部等。提供的服务仍包含机构知识库管理、开放出版支持、用户咨询与培训等方面。由于工作覆盖内容较广，需要与咨询服务部、资源建设部、信息技术部等密切合作，甚至根据工作需要临时性嵌入相关部门。比如：德国马普学会数字图书馆的OA Officer则隶属于资源建设与信息服务部，根据工作需要与技术部及其他部门和机构合作。匹兹堡大学虽然没有明确设立OA Officer这一岗位名称，但该馆的学术信息交流与出版办公室②则是一个主要由信息技术部兼职的虚拟部门，除电子出版主管由专人担任外，学术信息交流与出版办公室主任、学术信息交流馆员、电子出版助理、知识库管理员均由信息技术部的负责人和成员兼任。

（3）多家图书馆联合设立机构。最典型的是澳大利亚，澳大利亚的开放获取实践较早，全国所有大学均建有机构知识库，最大的两家科研资助机构——澳大利亚研究理事会（ARC）和国立健康与医学研究理事会（NHMRC）也已颁布强制性开放获取政策。2012年10月，澳大利亚已制定开放存储政策的6所大学（澳大利亚国立大学、Charles Stuart大学、Newcastle大学、麦考利大学、昆士兰理工大学、维多利亚大学）联合发起成立了澳大利亚开放获取支持小组（AOASG），面向全国和世界宣传普及开放获取③。

从事开放获取工作的图书馆员需要在以下方面加强自身素质。第一，开放获取知识。了解开放获取、熟悉开放获取的关键问题，包括开放出版、开

---

① Office of Copyright and Scholarly Communication. [EB/OL]. http://library.duke.edu/about/depts/scholcomm. [2015/1/29].

② Office of Scholarly Communication and Publishing. [EB/OL]. http://www.library.pitt.edu/departments/office-scholarly-communication-and-publishing. [2015/1/29].

③ MED_AOASGLaunch-PressRelease_20121022. [EB/OL]. http://aoasg.org.au/news/med_aoasglaunch-pressrelease_20121022/. [2015/1/29].

放存储、知识产权等方面。在这方面，国外的 SPARC、Open Access Directory、国内的中国开放获取门户网站（www.open-access.net.cn）、中国开放获取推介周等平台均提供了丰富的内容。第二，良好的表达能力。开放获取的重要工作是宣传和用户培训，需要图书馆员能够清晰、准确、通俗地制作宣传材料，讲解开放获取相关问题。第三，合作能力。开放获取工作需要与馆内馆外的多个利益相关方发生联系。比如与馆内的资源建设部、技术部、用户服务部合作，揭示信息资源、整合信息资源、管理知识库、开展用户培训和用户咨询。还会与出版社、图书馆所属的科研机构以及科研资助机构发生联系，推动机构实施开放获取政策、支持开放获取。第四，也是最为基础和重要的一点，开放获取不是为图书馆发现资源，也不是把资源搜集到图书馆里作为另一个数据库存储起来等待用户去检索和发现；而是积极地推动用户主动参与到机构知识库内容的存储中来、积极地推动用户尝试以开放出版的方式发表论文、积极地推动机构颁布和实施开放获取政策，这不仅有利于实现图书馆的信息保障职能，更是图书馆新的服务增长点。

第六章 网络用户信息素质教育

信息素质教育是当今世界乃至社会各界广泛关注的重大理论与实践课题，也是图书馆网络信息服务的主要方式之一。由于信息环境的变化，信息素质教育内容与模式也在不断地发展变化。网络环境下图书馆开展素质教育具有重要意义。网络用户要求创新和拓展信息素质教育内容及模式，更好地利用网络和网络平台开展多样化的信息素质教育，提高用户利用网络和网络信息资源的能力。

第一节 信息素质与数字媒介素质教育

信息素质（Information Literacy，又叫信息素养）由美国信息产业协会主席保罗·泽考斯基（Paul Zurkowski）在 1974 年提交的一份报告中首次提出。1989 年，美国图书馆协会（American Library Association，ALA）下属的"信息素养总统委员会"在其研究的总结报告中给信息素养下的定义是："要成为一个有信息素养的人，必须能够确定何时需要信息，并且具有检索、评价和有效使用所需信息的能力[1]"。经过多年的理论研究，关于信息素质的基本内涵已达成共识，其中 ALA 的解释成为大家所普遍接受的定义之一。

美国从上世纪 50 年代初期开设《文献检索课》，我国高等院校的信息素质教育发端于 1984 年教育部下达的《关于在高等学校开设文献检索与利用课的意见》[2]。近几十年的发展，国内外信息素质教育随着信息环境的变化、信息技术的发展及用户知识和技能的提升已经建立起全方位的教育体系。媒介空间、社交网络媒介素质、移动媒介素质、数据信息素质、科学数据素养等新型数字媒介素质教育丰富了信息素质教育的内容，信息素质教育的模式丰

---

[1] Presidential committee on information literacy: final report [EB/OL]. [2013-04-10]. http://www.ala.org/acrl/publications/whitepapers/presidential.

[2] 陈志慧. 高等院校信息素质教育模式的现状及重构 [J]. 图书馆论坛, 2011, 31 (4): 24-26, 102.

富多彩、形式灵活多样，逐渐形成了以常规课程、培训、新生入馆教育等为主要形式的普及性信息素质教育，辅之以开展内容和形式多样的特色讲座与培训，并随着"学科化服务"理念和学科馆员制度的发展，与院系合作深入开展嵌入式信息素质教育。

在网络环境下，信息素质教育的核心是数字媒介素质。数字媒介素质（Digital Media Literacy，又称数字媒介素养）是随着信息（媒介）类型逐步数字化而产生的。信息（媒介）类型通常划分纸质、视觉、声音、数字等4种类型（见图 6.1），近年来出现了以移动网络（手机）为代表的第五媒介。"数字媒介素质"从字面意思理解即是关于数字媒介（包括互联网、手机移动网络及其他的数字化媒介）的素养，而非纸质、视觉、声音等媒介。

图 6.1 媒介类型

资料来源：Why digital and media literacy［EB/OL］.［2013-04-10］. http://www.sagepub.com/upm-data/42825_Chapter_1.pdf.

澳大利亚通信和媒体管理局（The Australian Communications and Media Authority，ACMA）将"数字媒介素质"定义为："利用数字媒介获取、理解、或（参与）创建内容的能力[①]"。

罗德岛大学（University of Rhode Island）Harrington 交流与媒体学院的数字媒介素质研究专家 Renee Hobbs 在其报告《数字与媒介素质行动计划》中将"数字媒介素质"定义为："参与富媒体及富信息社会所需的一系列生活技

---

① ACMA. What is digital media literacy and why is it important［EB/OL］.［2013-04-10］. http://www.acma.gov.au/WEB/STANDARD/pc=PC_311470.

第六章 网络用户信息素质教育

能的集合,包括媒介与数字信息的检索、分析、创造、反思及行动等技能①",包括(见图6.2):

- 检索:熟练发现及利用媒体与技术工具,通过定位及分享资源与对信息的理解做出合理的决策及实现信息检索;
- 分析与评价:通过对作者、目的、观点等因素的辨识及对内容质量与可信度的评价,分析各种信息;
- 创造:使用各种语言、图像、声音及其他新数字工具与技术创建各种形态的内容,明确创建内容的目的、受众及所需应用的技术;
- 反思:运用社会责任与道德准则规范信息使用与信息交流行为;
- 行动:通过知识分享参与社交活动,解决家庭、工作及社区相关的问题,参与社区活动。

综上可知,数字媒介素质是数字时代的信息素质,除了强调利用数字媒介获取及检索信息外,还非常强调对信息的创造与交流,强调社交合作及遵守信息道德与个人隐私,这些能力正呼应了当今数字化、网络化、移动化媒介注重个人内容创造、互动交流等的特征需求。数字媒介素质进一步扩充了原来仅注重对纸质、声音、视觉等传统媒介信息检索、利用、评价等组成的信息素质能力体系,为图书馆在数字媒介环境下开展信息素质教育提供了新内容与新形式。

一、图书馆数字媒介素质教育现状

数字媒介素质教育(Digital Media Literacy Education)是培养用户数字媒介素质的教育,是指采用各种方式指导用户利用数字媒介获取、理解、或(参与)创建内容的教育。根据澳大利亚通信和媒体管理局对数字媒介素质的定义和罗德岛大学数字媒介素养研究专家 Renee Hobbs 所总结的数字媒介素质能力结构,笔者认为数字媒介素质教育除了培育用户利用数字媒介获取、评价及使用数字信息外,更应注重培养用户对信息的创造、交流与社交合作的能力。

目前,图书馆界主要热衷于信息素质教育,对数字媒介素质教育的概念、内容及教育方式还处于探索之中,极少文献涉及数字媒介素质教育,以至于

---

① Hobbs R. Digital and media literacy: A plan of action [EB/OL]. [2013-04-10]. http://www.knightcomm.org/digital-and-media-literacy/.

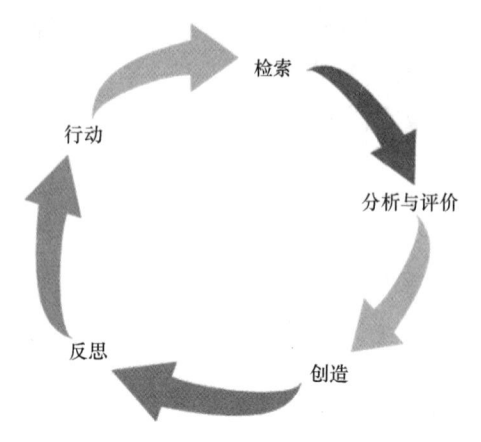

图 6.2 数字媒介素质的 5 种能力

新媒体集团（New Media Consortium，NMC）的《地平线报告》（Horizon Report）从 2010 年开始已连续 4 年将数字媒介素质列为新技术应用的制约因素和重大挑战[1]。《地平线报告》指出，数字媒介素质正成为各学科和专业越来越重要的技能，但是教师教育和师资培训本应有的支持技术和技巧却存在缺失。讲师和教授开始认识到，他们从某种意义上限制了学生的发展，在课程中他们不能帮助学生开发和使用数字媒介素质技巧。缺乏正规训练与专业学习课程导致数字媒介素质教育还未成为学生教育活动中的常规准则。

正因为如此，承担数字媒介素质教育成为图书馆不可推卸的责任。目前，国外的大学及公共图书馆已开始围绕数字媒介开展相应的素质教育，如芝加哥公共图书馆的 YOUmedia 项目使用数字媒介激发用户创造与创新并成为主动学习者的潜力。尽管发起 YOUmedia 项目的图书馆还未将该项活动定义为数字媒介素质教育，但从 YOUmedia 开展的活动及最终目标来看，其已非常接近数字媒介素质教育，可视为图书馆开展数字媒介素质教育的一个新探索。此外，社交媒介、移动网络媒介也成为图书馆尝试数字媒介素质教育的新内容与新形式。另外，科学数据作为数字媒介的一种新形式也开始越来越受到重视，不少国外图书馆开始开展科学数据素养项目和数据信息素质教育。

1. 交互式数字媒介空间

交互式数字媒介空间是图书馆开展数字媒介素质教育的一种新形式，该

---

[1] The New Media Consortium. Horizon report 2013 higher education edition [EB/OL]. [2013-04-15]. http://www.nmc.org/publications/2013-horizon-report-higher-ed.

形式的典型案例是 YOUmedia。YOUmedia 是芝加哥公共图书馆、约翰与凯瑟琳·麦克阿瑟基金会和数字青年网（Digital Youth Network，DYN）在 2009 年 7 月合作推出的社交性学习中心，旨在建立青少年对数字媒介的兴趣和使用数字媒介培育青少年的学习和创新能力、信息与媒介和技术技能、生活和职业技能等数字时代所需的技能。目前，YOUmedia 仅向处在高中年龄段的青少年开放，它的一个最终目的就是鼓励年轻人进一步利用数字媒介，提高数字媒介素质[1]。

YOUmedia 的物理空间提供色彩鲜艳的客厅家具以及供浏览和社会使用的电脑、游戏控制台、数字音乐设备和音频生产电脑软件，此外还提供模块化会议桌和一个交互式电子白板的工作空间。这些工具和结构为青少年提供社交、探索或掌握日益复杂技巧的便利条件。此外，YOUmedia 还提供一个封闭的社交网络平台供青少年 24 小时访问，允许青少年在线建立个人网页、加入网上社区、发帖和对多媒体进行评论等。YOUmedia 提供的这些实体和数字媒介资源对青少年极具吸引力，通过利用这些实体资源和数字资源，感兴趣的青少年将学会使用新技术创造数字媒介产品。这种通过自身独立克服困难的创造过程，能够有效提高他们的数字加工技能和问题解决能力，而这也是 YOUmedia 创建者们最初的目的。很多数字媒介产品都是团队协作的结果，并且青少年在对彼此作品发表评论、根据别人的反馈意见改进自己的设计的互动过程中也得到了提高。

YOUmedia 的工作人员由来自芝加哥公共图书馆的图书馆员和数字青年网络（DYN）的导师混合组成。这些员工通常掌握与图书馆或者数字媒介相关的专业知识。为提供更多的学习机会，员工有目的地组织了工作小组、专题活动及其他计划性或结构化的活动，同时为青少年利用数字媒体提供了无限制的空间和时间。在运行的第一年里，YOUmedia 员工大多采取正式的工作小组和比赛，包括表演、作者演讲和项目等引导学生参与。此外，工作人员还针对青少年大量课余时间专门设计了一系列如制作视频、编写歌曲、诗歌等活动。这些活动有的是青少年独立完成，有的是在图书馆员的指导下完成。这种类型的活动为青少年提供了选择与自己个人兴趣爱好相匹配的活动的机会。在这些结构化或非结构化的活动中，馆员根据青少年的兴趣爱好与其建立起良好的互动关系。这种关系对于提高青少年日后参与社交、学习、创造

---

[1] YOUmedia Chicago: Reimagining learning, literacies and libraries: A snapshot of year 1 [EB/OL]. [2013-04-15]. http://ccsr.uchicago.edu/downloads/6899youmedia_final_2011.pdf.

性思考和制作原始数字产品具有重大帮助作用。

总之，YOUmedia 塑造的是一个学习的社交环境，在这里，青少年用户与工作人员之间的相互联系与互动激发了学习与合作热情。经过第一年的运营，YOUmedia 已逐步成型。随着数字媒介日渐成为青少年日常生活不可或缺的重要组成部分，建设类似 YOUmedia 的学习环境培养用户的数字媒介素质将变得越来越重要。

2. 社交媒介素质教育

社交媒介（如 Facebook、Twitter、微博、博客等）是当今最流行的数字化媒介之一。社交媒体网站用户的数量正以指数级增加，截至 2012 年 12 月 31 日，Facebook 月活跃用户有 10.6 亿人，相当于美国人口的 3.4 倍。全世界数以百万计的人在使用社交网络工具，并将其作为日常生活、工作和娱乐中的一部分。越来越多的图书馆发掘到社交媒体的巨大潜能，美国的图书馆从 2006 年开始使用社交媒介网络宣传图书馆的在线资源，提供新闻消息类、链接中转类、技术服务类、交流类、参考服务类等信息服务，并与用户建立信任关系[1]。因此，社交网络应用成为数字媒介素质的一项重要技能，国外称之为"社交媒介素质"（social media literacy）。加州大学伯克利分校及斯坦福大学的教授 H. Rheingold 认为社交媒介素质包含五个技能：注意力（attention）、参与（participation）、合作（collaboration）、网络意识（network awareness）、批判性消费（critical consumption）[2]。这五项技能是相互关联的，最重要的不是掌握其中的某一项技能，而应能够融合运用这五项技能。这五项技能为图书馆社交媒介素质教育内容设计与能力评价提供了重要参考。图书馆可开设有关社交媒介网络或与社交媒介集成的课程，培养用户利用社交媒介网络与使用图书馆服务的能力、利用社交媒介创造与交流信息的能力、参与合作的能力、评价社交网络信息的能力等。此外，图书馆应特别利用社交网络的互动功能，培养用户参与并利用图书馆各项服务的兴趣，在互动过程中促进社交媒介素质教育。

3. 移动媒介素质教育

移动网络也是当今最流行的数字化媒介之一。在移动媒介环境下，利用

---

[1] The 2012 state of America's libraries report [EB/OL]. [2013-04-15]. http://www.ala.org/news/mediapresscenter/americaslibraries/soal2012.

[2] Rheingold H. Attention, and other 21st-century social media literacies [J]. EDUCAUSE Review, 2010, 45 (5): 14-24.

用户对智能手机的痴迷来提高其信息素质成为迫在眉睫的事情。图书馆员有义务教导用户通过手机等移动媒介获取、评价和使用信息。美国雷曼学院在2011年秋开设移动信息素质课程,主要向学生展示如何依靠手机设备检索和获取可靠的信息[1]。随着用户访问信息的移动化,移动网站和应用程序将成为用户主要的信息来源。目前,苹果的应用程序商店已经有350 000多个不同的程序。这些移动网站和应用程序如何为用户所检索、获取、鉴别及利用成为移动媒介素质教育的一项新内容。馆员多年从事的资源内容与这些程序有相似之处但又不完全相同。因此,馆员在汲取传统信息素质教育方式的同时也需要针对移动网站和应用程序的新特点探索新的教育方式,如通过移动设备的技术体验来培养用户的移动媒介素质。

二、数字媒介素质教育新领域——数据信息素质教育

近年来,随着e-Science的产生,科学数据的作用和地位被提到了前所未有的高度,以科学数据的长期保存、组织、维护、管理和再利用为重点任务的Data Curation（美国经常使用该称谓,在英国通常使用Digital Curation）作为一个新兴的研究领域应运而生。大规模数据集作为一种新型数字媒介类型为图书馆信息素质教育提供新的机遇。国外一些高校图书馆和协会组织已将科研数据的管理、发现与检索、利用纳入到信息素质教育的内容中,对科研人员、研究生和数据服务人员进行科研数据管理意识、知识和技能方面的培训,开展科学数据素养项目和数据信息素质教育。

1. 雪城大学信息学院科学数据素养项目

2007年,美国国家科学基金会（NSF）资助雪城大学信息学院开展科学数据素养项目（2007.5-2009.5）,以培养学生数据收集、处理、管理、评价与使用的能力。作为该项目的组成部分,雪城大学信息学院的秦健教授在2008年春季及秋季开设了"科学数据管理"学分课程,介绍科学数据的基础知识及科学数据的描述、处理、可视化及管理[2]。该课程包括三个模块:①模块一:主要介绍科学数据及数据管理的基础知识,包括数据格式、数据类型、数据结构、数据库存储与检索、数据管理等基础知识;②模块二:通过案例教授数据收集、处理、转换及管理等知识,并从研究—资源—参考文献三个

---

[1] Havelka S, Verbovetskaya A. Mobile information literacy: let's use an app for that [J]. College & Research Libraries News, 2012, 73 (1): 22-23.

[2] The science data literacy project [EB/OL]. [2013-04-27]. http://sdl.syr.edu/.

层次对数据进行组织；③模块三：介绍数据质量评估的方法和工具及数据在学科领域的应用情况。学生在教师的指导下以跨学科小组完成综合的科学数据管理项目。每个学生的成绩由练习作业、测试、小组报告、课堂参与及课程项目组成，并通过4次练习提高学生的数据管理技能。

在项目开展的两年中，秦健教授提出"科学数据素养"（Science Data Literacy）概念，并成为科学数据素养领域的专家。她将"科学数据素养"定义为"理解、使用及管理科学数据的能力"，认为科学数据素养有两大不同但又相连的目标：一是使学生成为科研工作者中具有 e-science 数据素养的人，另一个是使学生成为 e-science 数据管理专家。两个目标的共同之处都是为了培养学生收集、处理、管理、评价及使用数据的能力[1]。此外，她还对科学数据素养、信息素养、数据素养等相关概念进行了说明（见表6.1），指出这些概念有相似之处，但科学数据素养较少关注基于文献的信息，更多关注数据收集、处理、管理、评价及使用方面的能力。

表6.1 几个不同素养的区分

特征	信息素养	数据素养	统计素养	科学数据素养
能力及技能	发现、检索、分析及使用信息的能力	理解数据含义的能力	阅读及理解日常媒介中的统计数据的能力	科学探索中收集、处理、管理、评价及使用数据的能力
资源类型	信息	各种数据	统计数据	科学数据

2. 普渡大学图书馆的数据信息素质教育项目（Data Information Literacy，DIL）

受美国博物馆和图书馆服务协会（Institute of Museum and Library Services，IMLS）25万美元的资助，普渡大学图书馆与明尼苏达大学图书馆、俄勒冈大学图书馆及康奈尔大学图书馆合作开展"开发数据信息素质教育课程，培养下一代数字科学家"项目（Educating the New Generation of E-Scientists through Developing a Data Information Literacy Curriculum）。项目为期两年（2011.10.1-2013.9.30），主要针对立志于成为工程学及自然科学领域研究人员的研究生，具有三大目标：①建立图书馆开展数据信息素质教育的基础设施；②培养与

---

[1] Jian Qin, D'Ignazio J. Lessons learned from a two-year experience in science data literacy education [EB/OL]. [2013-04-27]. http://docs.lib.purdue.edu/iatul2010/conf/day2/5/.

学生所学专业相符合的数据信息素质技能；③为图书馆员开设数据信息素质教育课程提供一个行动框架。

项目组建了5个小组，其中普渡大学图书馆有2个小组，明尼苏达大学图书馆、俄勒冈大学图书馆及康奈尔大学图书馆各有1个小组。每个小组由1名数据馆员、1名学科馆员及1名工程学或自然科学领域的研究人员组成。各小组具体的分工及实施情况见见表6.2。

表6.2 数据信息素质教育项目的小组分工与实施情况

	康奈尔大学	明尼苏达大学	俄勒冈大学	普渡大学	普渡大学
承担的学科	自然资源	土木工程	生态学	电子与计算机工程	农业与生物工程
发现的数据管理需求	数据共享；数据库；元数据；	数据所有权；数据长期获取；	数据管理文化；元数据；	数据归档；数据组织；数据管理责任归属；	数据共享；数据管理协议；元数据；
教学方式	小型课程	在线数据管理课程（包括7个模块）	阅读与研讨会	嵌入式图书馆员服务	专题讨论会
成果	教师参与；最佳实践的应用	完成数据管理计划的制订，改进数据管理行为	意识到数据管理工具、资源及最佳实践的重要性	提高了数据管理意识，探索评估学生数据管理需求的方法	确定数据管理的标准化实施程序

资料来源：Wright S, Fosmire M, Jeffryes J, et al. A multi-institutional project to develop discipline-specific data literacy instruction for graduate students [EB/OL]. [2013-04-27]. http://docs.lib.purdue.edu/lib_fspres/10.

项目小组首先进行文献浏览与环境扫描以发现相关学科资源，参与的馆员利用普渡大学图书馆开发的数据管理工具（Data Curation Profile tool）与研究人员及研究生进行访谈以了解他们的数据管理需求，并在研究人员的实验室观察他们数据处理与管理行为以了解科学数据管理的实际行为。每个小组将建立一个DIL项目，并确定学习目标、教育干预及评价指标。教育干预主要在实验室或课题中进行，并根据学生的成绩及教师与学生的态度决定教育的方式，项目小组将根据教育干预的情况确定 DIL 项目实施的形式及准则，并最终确定基于学科的数据信息素质教育模式①。

项目组通过对研究人员及研究生的访谈，采用李克特量表（1-5 分），由研究人员及研究生对数据管理所涉及的 12 个技能进行评分②。调查结果显示，研究人员及研究生对这 12 个技能的打分都在 3 分以上，由此可见这些技能在数据管理中具有重要作用，是数据信息素质教育的重要内容。结合研究人员及研究生对数据信息素质技能的评分，并参考 ACRL 信息素养能力标准，项目组最后形成数据信息素质教育的 12 个核心能力体系③：

- 数据库及数据格式概论：理解关系型数据的概念及关系型数据的查询方式，熟悉学科领域数据格式、数据类型及数据标准。
- 数据发现与采集：了解及使用学科领域的数据存储库，能够发现数据源、导入或转换数据。
- 数据管理与组织：理解数据的生命周期，能够制定数据管理计划，跟踪数据集之间的关系，创建数据管理与归档的标准化流程。
- 数据转换与互操作：能够将数据从一种格式转换至另一种格式，了解数据格式转换过程中信息丢失风险。
- 数据质量控制：能够辨认并解决数据集的不完整性或数据缺失等问题，控制数据质量。
- 元数据：了解各学科领域的元数据方案，正确使用元数据以保证数据的重用。
- 数据管理与重用：能意识到数据的价值，了解数据管理的复杂性及重要性，制定数据管理的行动与方案。
- 相关文化：了解学科领域数据管理、共享及保存相关的文化（包括学科理念、价值及准则），了解学科领域的数据标准等；
- 数据保存：了解数据保存的成本与效益，数据保存的技术、资源及组织结构等。

---

① Data information literacy project overview [EB/OL]. [2013-04-26]. http：//wiki. lib. purdue. edu/display/ste/About.
② Carlson J, Johnston L, Westra B. Developing an understanding of data management education：A report from the data information literacy project [EB/OL]. [2013-04-27]. http：//wiki. lib. purdue. edu/download/attachments/17532170/iDCC_ DIL_ 2013_ final_ 20130113. pdf.
③ Carlson J, Fosmire M, Miller C, etal. Determining data information literacy needs：A study of students and research faculty [J]. portal：Libraries and the Academy, 2011, 11 (2), 629-657.

- 数据分析：熟悉学科领域基本的数据分析工具，使用合适的工具进行数据分析。
- 数据可视化：熟练使用学科领域基本的可视化工具。
- 数据道德（包括数据引用）：了解数据相关的知识产权、隐私及保密信息，与数据共享相冲突的学科准则，使用外部资源时尊重相应的知识产权。

普渡大学等图书馆提供的数据信息素质教育核心能力体系为准备或正在开展数据管理教育与培训的机构提供了一个普适性的准则与模型，各图书馆可参考该能力体系设置相匹配的课程内容或培训计划。

数据信息素质教育、科学数据素养是国外目前刚兴起的一些课题，其教育内容与方式还处于探索之中，国内还未有图书馆开展相应的教育或培训。国外不少图书情报学院开始设置科学数据（研究数据）管理相关课程，此外，国外图书馆也陆续开展数据管理相关的培训，并与学院教师合作开展数据管理教育。随着科学研究越来越数据密集化，利用数据这种新型数字媒介开展科学研究将越来越重要，图书馆需要将数据管理纳入信息素质教育的范畴内，在下一代科学家数据发现、组织、使用及共享能力的培养中贡献一份力量。数据信息素质教育为信息素质教育从图书馆拓展至实验室及研究所提供新的机遇。不同的学科具有不同的研究方法与流程，数据管理、数据共享、数据保存的方法与流程也随之不同，图书馆在开展数据信息素质教育时需针对具体学科情况探索相应的教育课程及培训方式。

总之，数字媒介正在不断改变我们学习、娱乐、社交及参与民主生活的方式，也对信息素质教育的内容与形式提出了更高要求。YOUmedia 媒介空间、社交网络媒介素质、移动媒介素质、数据信息素质、科学数据素养可以说是数字媒介环境下信息素质教育的新内容与新形式。不过，目前数字媒介素质教育无论是在国外还是国内都还是一个比较新的主题，还未形成正规的教育模式。国外目前处于探索与尝试中，已出现了一些较为成型的项目或课程，国内数字媒介素质教育还未形成独立的发展模式，仍依附于原有的信息素质教育中，如信息素质教育课程也有涉及社交网络媒介、移动媒介等内容，国内有的信息共享空间也提供类似 YOUmedia 的服务。随着数字媒介的发展，国内的图书馆需要进一步探索专门针对数字媒介素质教育的课程体系，推出信息素质教育的新型模式。

第二节 信息素质教育平台建设

网络信息素质教育（Online Information Literacy Education）是以计算机技术、网络技术、数据库技术等现代技术为手段，通过互动式网络教学的方式来培育和提高用户的信息意识、信息能力和信息道德的一种教育方式。网络信息素质教育在国外的发展始于20世纪80年代末90年代初，尤其以美国和加拿大等国家为代表，以数字资源的检索、评价和利用能力的培养为主要内容和主要目标，通常以四类方式展开：一类是普通网站，即图书馆以单独或合作形式利用网站开发技术自行构建的信息素质教学网站。国外一般称之为"指南"（tutorial），如德州大学数字图书馆的信息素质教育指南（Texas Information Literacy Tutorial，TILT），国内一般为信息检索课的教学网站，如北京工业大学图书馆根据TILT制作的信息素质教育网络教程BJUTILT；第二类是在已有网络教学平台（如Blackboard、WebCT等）的基础上，信息素质教育馆员根据系统所提供的功能模块实施课件制作、学生管理、相互交流等教学活动；第三类是开放式课程；第四类是信息素质教育平台。这些途径各有其优势及特定的用途。普通网站比较适合于普及性的图书馆用户培训工作，而网络教学平台比较适合于开展提供系统内容、强调学生管理和需要成绩评判的正式课程，主要针对需要获得学分或某种形式证书的学习者，以网络课堂的形式开展信息素质教育，一般只对本校学生开放。开放式课程则只是提供各类学科数字化的学习资料，并不授予学位或证书，包括在线开放式课程、在线讲座/培训、在线新生入学培训等。信息素质教育平台则以专指的信息素质教育代替课程教学，教学内容在强调信息技能培训同时，更注重信息意识、能力、评价、道德培养，除课程外还整合了相关的资源和服务，一般也不授予学分或证书。

普通网站、开放式课程的交互功能不够完善，大多不能实现对教学活动的有效管理，而网络教学平台和信息素质教育平台则在互动性及教学管理上有了很大的改善。宋琳琳[1]和朱伟珠[2]通过量化手段从开放性、交互性、生动性、合作性等方面对信息素质教育平台、网络教学平台、开放式课程等三种

---

[1] 宋琳琳. 在线信息素质教育实现途径探讨 [J]. 情报理论与实践, 2009, 32 (6): 90-94.
[2] 朱伟珠. "985工程"高校图书馆信息素质教育途径探析 [J]. 情报探索, 2011, (11): 110-113.

网络信息素质教育方式进行评分，最后都得出信息素质教育平台在开放性、自主性、虚拟交互性及合作广泛性等方面具有较大的优势。因此，信息素质教育平台成为网络环境下用户信息素质教育的理想选择之一。

一、国内外信息素质教育平台建设现状

信息素质教育平台是开办机构（多为高校图书馆），根据用户的信息素质需求，针对信息素质教育的各个方面，同时提供整合的资源与服务的网络平台，其主旨是通过提供网络信息资源的检索技巧、评价标准、使用规范等达到提高用户信息素质的目的①。

美国的在线信息素质教育始于上个世纪90年代，是世界上最早开展在线信息素质教育的国家，因而也较早建立信息素质教育平台，如哈佛大学、伯明翰大学、斯坦福大学、康奈尔大学、埃默里大学、奥本大学等图书馆都开设了正式的在线信息素质教育平台②。在美国的带动下，英国、加拿大、澳大利亚等国也开始建设信息素质教育平台。英国的联合信息系统委员会（Joint Information Systems Committee，JISC）十分注重信息素质教育，资助英国高等教育机构开展信息素质教育项目，其中，Intute虚拟培训系统即是其所支持的一个较为成功的信息素质教育平台。澳大利亚被认为是最重视信息素质教育的国家之一，其在信息素质教育理论、技术平台建设和实践模式等方面积累了丰富的经验。据贡金涛和贾玉文在2008年11月对澳大利亚16所高校的图书馆信息素质教育的调查显示，有10个图书馆都有专门的在线信息素质教育平台，其中，比较著名有新南威尔士大学的"ELISE"（Enabling Library and Information Skill for Everyone）、西澳大利亚大学的"Info Pathways"和麦考瑞大学的"Information Skills Online"③。

国内部分图书馆也在美国等国家的影响下建设了信息素质教育平台。根据朱伟珠在2010年8月—9月间对33所"985工程"高校图书馆信息素质教育途径的调查显示，目前有17所"985工程"高校图书馆（占总数的

---

① 沙淑欣，陈利华，基于生存体的高校信息素质教育平台构建 [J]. 图书馆理论与实践，2009，(1)：70-73.

② 宋琳琳. 美国前20所大学图书馆在线信息素质教育的调查与分析 [J]. 图书与情报，2007，(5)：68-72.

③ 贡金涛，贾玉文. 澳大利亚前16所高校图书馆在线信息素质教育的调查与分析 [J]. 图书馆学研究，2009，(3)：78-81, 85.

51.5%）利用信息素质教育平台开展信息素质教育[1]。另外，根据宋琳琳2009年对国内排名前20位的大学的图书馆网上信息素质教育的调查发现，上海交通大学、北京师范大学、中国人民大学3所高校的图书馆建立了信息素质教育平台[2]。此外，还有北京高教学会图书馆工作研究会信息素质教育专业委员会建设的北京地区高校信息素质教育园地、中国科学院国家科学图书馆开发的开放信息素质教育服务平台等。香港地区的香港大学、香港中文大学、香港科技大学、香港理工大学、香港城市大学、香港浸会大学、香港教育学院和岭南大学等8所主要大学的图书馆也都建立了信息素质教育平台[3]。

通过对文献中提及较多的国内外信息素质教育平台的调查（见表6.3），笔者发现国外信息素质教育平台注重知识的系统性及内容的丰富性，在组织及编排上更重实用性，大多提供用户自测或相关案例，同时强调用户与信息素质教育馆员的互动与反馈，如斯坦福大学图书馆的SKIL、Nature出版集团的Scitable、Intute虚拟培训系统都设置了"测试"、互动与反馈环节。国内信息素质教育平台的开发程度各不相同，有些平台只是简单的资料堆加，并没有实现其他的功能（如互动、评价等），有些平台则进行了很好的设计，能够培养用户自主学习能力，并提供互动性协作学习，如开放信息素质教育服务平台。该平台集信息检索技巧、科研方法指导、论文写作与投稿、信息能力自测、信息交流答疑为一体，是我国现有信息素质教育平台中的佼佼者，实现的功能较多，包括水平自测、参考咨询知识库、学科馆员博客等，能在一定程度上满足用户的需要，比较接近国外信息素质教育平台所提供的功能[4]。

---

[1] 朱伟珠. 高校图书馆信息素质教育实现途径探析——以"985工程"高校图书馆为例 [J]. 图书馆工作与研究, 2012, (11): 85-89.

[2] 宋琳琳. 高校图书馆网上信息素质教育调查与分析 [J]. 图书馆杂志, 2009, 28 (7): 69-72.

[3] 王雪莲, 魏来. 香港地区大学在线信息素质教育的发展及启示 [J]. 图书馆学研究, 2009, (4): 77-79, 27.

[4] 郭静. 基于Drupal的高校信息素质教育平台构建研究 [D]. 武汉: 华中师范大学, 2012.

表 6.3 国内外主要信息素质教育平台

图书馆	平台	建设时间	功能模块	辅助模块	资源	"测试"环节	互动与反馈环节	特色
斯坦福大学图书馆	Stanford's Key Information Literacy① (SKIL)	2003年秋	6个模块：信息检索、信息选择、信息数据库、信息定位、网络、信息道德	由帮助、站点图、术语表等3个模块组成	没有学科资源	有	有	将本馆馆藏资源整合到信息素质教育平台中
Nature出版集团	Scitable②	不详	由主题、个人社交网、兴趣组、学习路径和个人主页等5个模块组成	由学习插件、专家咨询、在线课堂和通讯工具等组成	遗传学学科	有	有	嵌入个人社交网络，内容设计新颖
以英国曼彻斯特大学为首的7所大学联盟	Intute 虚拟培训系统③ (The Intute Virtual Training Suite, 简称VTS)	不详	由导览、发现、评价、案例等4个模块组成	由帮助信息、收藏夹、反馈栏、打印工具、教学套件、术语表6个模块组成	60个专业领域知识库	有	有	辅助功能比较好
澳大利亚麦考瑞大学 (Macquarie University Library)	Information Skills Online④	2006年	发现图书馆资源、制定检索策略、基本数据库检索、高级数据库检索、信息道德	无	没有学科资源	无	无	可连接图书馆资源

---

① Stanford's key Information Literacy [EB/OL]. [2013-04-23]. http://skil.stanford.edu/intro/index.html.

② 李彦昭，陈朝晖，郑菲. 学科信息素质教育平台的构建与启示——以 Scitable 协作学习平台为例 [J]. 图书情报工作，2011, 55 (13)：88-91, 41.

③ Virtual training suite [EB/OL]. [2013-04-23]. http://www.vtstutorials.ac.uk/

④ Information skills online [EB/OL]. [2013-04-23]. http://infoskills.mq.edu.au/.

续表

图书馆	平台	建设时间	功能模块	辅助模块	资源	"测试"环节	互动与反馈环节	特色
北京高教学会图书馆工作研究会信息素质教育专业委员会	北京地区高校信息素质教育园地①（由清华大学图书馆承建）	不详	由图情教育、信息素质、电子期刊、图情论坛、图情工具箱等模块组成（图情论坛未开通）	网站地图	11个学科领域的文献检索课程	无	无	集合了北京地区多个学校的文献检索课程
中国科学院国家科学图书馆	开放信息素质教育服务平台②	2008年6月开始酝酿，2010年9月正式上线	预约培训、资源与服务指南、水平自测、任务导航、问图书馆员等模块	工具箱、管理入口	集成了各学科的资源	有	有	集成了学科资源及学科咨询服务，强调互动性

信息素质教育平台为用户信息检索、信息获取、信息评价等能力的培养提供了新的方式，但是在建设中也存在一些问题，这些问题值得我们在改进信息素质教育平台的功能上进行深思。

（1）问题一：平台的可持续性发展问题

无论是国外还是国内的信息素质教育平台都面临着平台的可持续性发展问题，主要体现在平台的维护管理及资金支持上。一些建设较早的平台内容很久未更新或不再更新，如斯坦福大学图书馆的信息素质教育平台 SKIL 宣布从 2009 年 12 月 31 日开始停止更新。有的平台则更换管理与维护者，影响资源的持续更新与维护，如以英国曼彻斯特大学为首的 7 所大学联盟建立的 Intute 虚拟培训系统 VTS 由于 Intute 门户在 2011 年 7 月关闭，使得 VTS 从 2011 年 8 月开始由 TutorPro 维护与管理（之前由比利斯托尔大学的学习与研究技术中心负责维护）。尽管 TutorPro 宣布将继续保持平台资源的更新并与其他资源提供商合作尽可能保证资源的丰富性，但仍不可避免的影响平台的持

---

① 北京地区高校信息素质教育园地 [EB/OL]. [2013-04-23]. http://edu.lib.tsinghua.edu.cn/index.htm.

② 开放信息素质教育服务平台 [EB/OL]. [2013-04-23]. http://il.las.ac.cn/index.php/%E9%A6%96%E9%A1%B5.

续发展与风格的统一性。

（2）问题二：理论学习与实际操作的脱节问题

当前，信息素质教育平台的一个很大弊端即是理论学习与实际操作的脱节，平台讲授各种检索技巧，但是没有提供一个实践的平台，所以很多用户在不经过实践的情况下，学过之后便很快遗忘。正因为此，很多平台的使用效果并不理想。

（3）问题三：平台内容设计陈旧

很多信息素质教育平台仅是传统信息检索课教学内容或培训课件的简单网络化翻版，是教材和教案的简单搬家或理论知识的堆砌，从平台的实用性和界面的友好程度来看，仍有较大欠缺，有待于进一步加强和改进，如北京地区高校信息素质教育园地的文献检索课程内容陈旧，许久未更新，"图情工具箱"模块的内容非常简单，仅列出了"文献检索与利用课"的文件、图书馆学情报学核心期刊及国内外图书馆等信息，并没有提供适合各专业领域的实用学习工具。

（4）未来趋势：从普适性的信息素质教育到以学科或专题为基础

随着信息素质教育的开展，用户自身素质不断提高，其信息需求向更加专业化方向发展，针对不同学科开展专业层次的信息素质教育成为必要。因而，探索和构建基于学科的在线信息素质教育平台开始受到人们的关注。通过调查，笔者发现Nature出版集团的Scitable、中国科学院国家科学图书馆的开放信息素质教育服务平台、上海交通大学图书馆的LibGuides等除了提供普适性的信息素质教育外，还结合学科服务开展信息素质教育。这些信息素质教育平台嵌入了学科参考咨询系统、设置了学科资源推介栏目。由此可见，构建以学科信息环境和提供重点学科情报服务为基础的学科信息素质教育将成为未来信息素质教育平台的发展方向。

二、信息素质教育平台功能的设计与特点

信息素质教育平台建设目的是为用户提供个性化、交互性、灵活性、可扩展性和实用性的学习交流平台。平台构建过程中要充分体现出这些特点，才能激发用户进行网上学习交流的激情，培养信息素质教育的良好氛围。结合目前信息素质教育平台建设中存在的问题，图书馆在平台功能的设计上应特别强调以下几个方面：

（1）改革平台教学内容，加入学科素质教育

目前我国的信息素质教育平台多是进行信息素质的通识教育，包括图书

馆资源介绍、使用技能培训、信息检索课件下载、论文写作指导和在线课程学习等,这种模式最大的特点是将图书馆资源、服务与信息素质教育结合,而针对专业层次的学科信息素质教育开展较少。因此,借鉴 Scitable、开放信息素质教育服务平台等的经验,在现有通识教育模式的基础上,改革教学内容,加入学科信息素质教育模块,按专业内容和性质进行差异化教学。

(2) 创新平台的内容设计和组织形式

针对目前许多机构在平台构建过程中仅仅是将传统信息素质教育进行网络化,教育内容和形式依然陈旧,用户参与和使用的积极性不高等问题,在信息素质教育平台构建过程中可以建立一些内容活泼、形式新颖的栏目,如 Scitable 平台的焦点讨论区、实践操作区等,中国科学院国家科学图书馆开放信息素质教育服务平台的"任务导航"等丰富现有刻板的教育内容和形式,吸引用户尤其是年轻用户的广泛参与。

(3) 利用最新技术,加强交互功能

目前,大部分信息素质教育平台提供的服务仍然是基于 Web1.0 的组织方式,用户之间、用户与教学人员之间的交流渠道有限。虽然用户可以通过邮件、网络表单、电话等方式进行咨询和反馈,但用户间的交互和协作学习的程度不够。因而,构建信息素质教育平台可整合社会网络技术、Web2.0 技术、开放获取技术和个性化推送技术等,充分实现用户在科研、教育和学习中的交互协作。如中国科学院文献情报中心开发的开放信息素质教育服务平台采用 MediaWiki 作为技术支撑。MediaWiki 是一套以 GPL 授权发行的 Wiki 引擎,它具有很丰富的功能,并被维基百科及其他维基媒体基金会的计划所采用。Scitable 平台也通过社会网络和 Web2.0 技术等各种新型技术的应用,实现学生之间、学生与教师或学科专家之间的沟通交流。

(4) 理论学习与实际操作相结合

根据彭奇志等对国内 98 个高校图书馆在线信息素质教育的调查显示,仅有 9 个图书馆提供在线练习题库,且没有一所高校提供在线信息素质测评①。因此,在平台设计中将理论讲授与实际操作结合起来,设计"在线测试"、"学习操作"等栏目是平台建设的重要方面。

结合以上几个方面,同时综合国内外现有信息素质教育平台的优势功能,本文设计了一个信息素质教育平台框架,该平台包括通用信息素质知识、学

---

① 彭奇志,严而清,吴信岚. 我国高校在线信息素质教育的分析研究 [J]. 图书与情报,2009,(1): 125-128.

科知识、互动中心、辅助、管理等5个模块（见图6.3）。

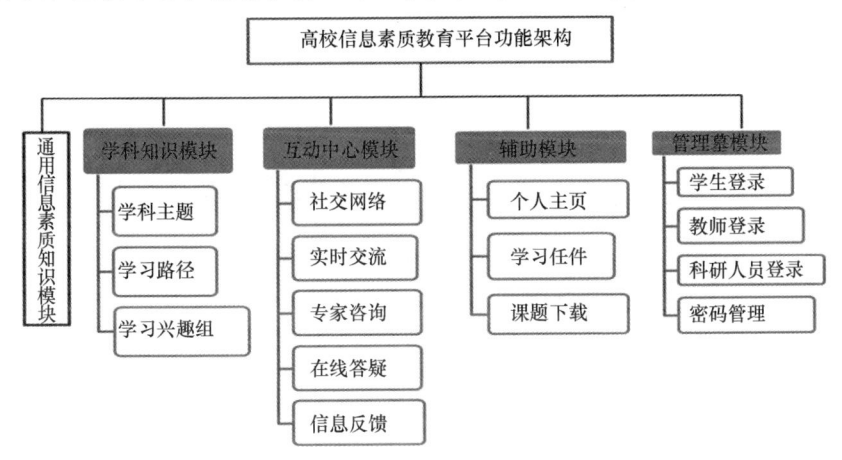

```
                    高校信息素质教育平台功能架构
        ┌──────────┬──────────────┬──────────┬──────────┐
    通用信息    学科知识模块    互动中心模块   辅助模块    管理壹模块
    素质知识     ┌────────┐     ┌────────┐  ┌────────┐  ┌──────────┐
    模块        │ 学科主题│     │ 社交网络│  │ 个人主页│  │ 学生登录  │
                ├────────┤     ├────────┤  ├────────┤  ├──────────┤
                │ 学习路径│     │ 实时交流│  │ 学习任件│  │ 教师登录  │
                ├────────┤     ├────────┤  ├────────┤  ├──────────┤
                │学习兴趣组│    │ 专家咨询│  │ 课题下载│  │科研人员登录│
                └────────┘     ├────────┤  └────────┘  ├──────────┤
                               │ 在线答疑│              │ 密码管理  │
                               ├────────┤              └──────────┘
                               │ 信息反馈│
                               └────────┘
```

图6.3 高校信息素质教育平台功能架构

信息素质教育平台的通用信息素质知识模块一般由信息素质概论、信息选择、信息检索、信息评价、信息获取等组成。随着获取和使用信息的道德越来越重要，同时考虑到目前我国高校信息道德教育的缺失，本文所构建的模块还增加了信息道德子模块，帮助用户了解信息使用所产生的经济、法律和社会问题，更加合理、合法地获取和利用信息资源。此外，本平台还提供信息素质能力评价模块，用户可以测试自己的能力，并根据测试情况加强所需的能力素质（见图6.4）。这些子模块的设置按照"总体介绍—案例剖析—操作实践—在线测试—总结概括"的原则建构，达到理论知识与实践操作相结合。

本平台不仅设置通用信息素质知识，还设置了学科相关的知识模块（见图6.4）。其中，学科主题主要为用户提供各种学科主题的学术资源、教学资源及学科领域内各种最新出现或备受人们关注的热门话题。学习路径则通过文献导读的方式对用户的科研和学习过程进行指导，一般是以时间为顺序将某一主题研究过程中的关键环节或重大发现串联起来，使用户形成对该主题研究过程的整体认识。学习兴趣组允许用户根据需要建立自己的科研、学习兴趣组，同时可以邀请其他学生或专家老师的参与。

在信息素质教育过程中，信息交流是必不可少的。美国高等教育信息素质能力标准也提到用户要积极参加各种讨论，在交流中验证对信息的诠释和理解，提高自身的信息表达能力。为此，本文的信息素质平台专门设置"互

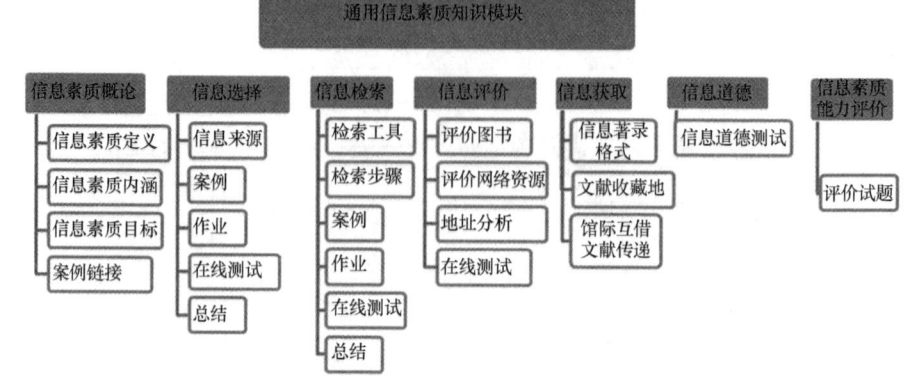

图 6.4　高校信息素质教育平台通用信息素质知识模块

动中心"模块（见图 6.3）。该模块嵌入个人社交网络，用户可以根据需要建立与世界各地科研人员、教师和学生的关系网络，开展科研合作、学术交流和资源共享。此外，还设置实时交流工具，嵌入在线参考咨询服务，提供专家咨询及在线解答，并设置信息反馈模块供用户提出建议或意见，鼓励用户参与平台建设。

本平台的辅助模块则主要是为加强用户交流和协作而设立的一些功能组件（见图 6.3）。其中，个人主页是平台为注册用户提供的个性化服务页面，包括短消息、联系人、书架、信息更新等内容，为用户建立小型科研与学习环境提供支持。用户在个人主页中通过一系列个性化工具和技术的应用，可以将人、资源、工具和服务有机地结合起来，从而更好地支持用户的科研和学习。学习插件则集成各种学习插件和工具帮助用户进行学习，如书签、文件包等。课件下载区则提供各种资源的下载。

本平台的管理模块主要实现用户管理、教学资源管理、交流信息管理、评价信息管理等功能（见图 6.3）。

可以认为，早期所建立的单纯以信息素质通用知识为基础的信息素质教育平台已不能适应用户的学习与科研需求了。未来的信息素质教育平台应与学科服务平台相结合，在提高基本信息素质的同时，满足用户个性化的学科知识需求。因此，嵌入学科参考咨询系统，设置学科资源推介栏目、构建学科信息环境和提供重点学科情报服务等将成为未来信息素质教育平台重点建设的内容，此外，采用新技术增强交互式与协作式学习则成为其吸引用户的利器。

第三节　网络信息素质教育的模式

网络信息素质教育模式是指在信息素质教育思想、教学理论和学习理论等的指导下，利用网络进行信息素质教育的相对稳定的结构形式。

按照教育形式的正规性，从整体上可将信息素质教育模式分为正式和非正式两类。正式信息素质教育模式是对全校师生开展系统性和科学性的信息素质教育结构形式。这种模式中图书馆是信息素质教育的主体，是显性的信息素质教育方式，其代表性模式有"文献检索课"（学分课）模式、"信息素质教育课"模式、"新生入馆教育"模式等。非正式信息素质教育模式，是指利用图书馆的相关资源，通过灵活的形式，对广大师生开展的有针对性的咨询服务等，以提高其信息检索和应用能力的信息素质教育方式。这种模式是图书馆信息素质教育的重要组成部分，是隐性的信息素质教育方式。其代表性模式有"参考咨询模式"、"信息导航模式"、"信息检索与利用讲座模式"、"嵌入教学/科研的模式"、"IC^2模式"等。它是相对个性化的信息素质教育方式，从某种意义上来看，对个体信息素质的提升起着关键作用①。

根据教育活动开展所涉及的机构，信息素质教育模式可分为单独开展信息素质教育和合作开展信息素质教育两类。单独开展信息素质教育模式是图书馆单独组织的为用户传授信息技术或信息检索技能的培养模式。合作开展信息素质教育模式是图书馆通过与其他机构的合作开展信息素质教育的形式。

根据教育课程的附属性质，信息素质教育模式可分为嵌入式和非嵌入式两类。嵌入式信息素质教育由图书馆员和院系教师合作，将信息素质教育嵌入到院系专业课程的教学中，提供有针对性的信息素质教育，是一种新型的信息素质教育形式。非嵌入式信息素质教育一般是图书馆独立开展的文献检索课程，一般以信息素质通识教育为主。

这些信息素质教育模式中，合作信息素质教育及嵌入式信息素质教育是大众所推崇的模式，因此本节着重介绍这两种模式的国内外发展现状。

一、信息素质合作教育模式

信息素质教育不是一门孤立的课程，而是一项复杂的与各级各类教育紧

---

① 王运显．高校图书馆信息素质教育新模式研究［J］．图书馆学研究，2012，(5)：19-22，30.

密相连的系统工程。仅仅依靠图书馆的力量通过开设文献检索课程这种方式来进行信息素质教育并不能达到显著的效果，需要社会各方面的力量合作，积极参与信息素质教育。因此，合作开展信息素质教育已势在必行，而网络的发展为跨机构间合作开展信息素质教育提供了可能与机遇。

信息素质合作教育通常包括四种类型：①校园范围内的合作，即发挥校园各部门人员的力量协作开展信息素质教育，包括图书馆与教师之间的协作、图书馆与计算机中心、电教中心、教育管理部门等的协作；②大学图书馆之间的合作，多基于大学图书馆原有的联盟和合作团体。由于共同的发展目标，通过集众家所长，达到信息素养教学资源的共建共享。合作内容通常包括开发基于 Web 的在线信息素质教育指南/课程和开展信息素质能力评价等方面；③不同教育层次的合作，主要是大学图书馆与中小学图书馆之间的合作；④图书馆与其他类型机构的合作，通常指图书馆与校外非图书馆类型机构的合作。

1. 美国信息素质合作教育

美国是信息素质合作教育发展较为成功的国家之一，并随着计算机和网络技术在信息素质教育工作中的深入和普及，开展了全方位、多层次、多形式的合作，取得了良好的实践效果。

(1) 图书馆与学校院系之间的合作

图书馆与学校院系的合作，即馆员与教师的合作是美国大学图书馆开展信息素质教育的最为主要的合作类型。在网络环境下，这种方式主要表现为开发基于学科或基于某门课程的信息教育指南/课程。由于不同的学科在进行具体研究时其检索信息的过程和检索技能存在一些差异，因此有必要针对某一特定学科或课程为学生提供关于如何在这个领域进行检索和利用信息的服务。美国艾奥瓦大学的 TWIST（Teaching With Innovative Style and Technology）项目是图书馆与院系合作的成功典例。该项目旨在支持和培训院系教师将艾奥瓦大学图书馆的信息资源整合到各自课程中去。项目以教师作为内容专家、馆员作为信息专家、教育技术人员提供技术支持和培训服务的合作方式创建了几百个基于学科的在线指南/课程①。

(2) 大学图书馆之间的合作

网络环境下，美国相当数量的大学图书馆之间的信息素质教育合作是建

---

① 李武，刘兹恒. 美国大学图书馆开展信息素质教育的两种合作类型 [J]. 图书馆建设, 2004, (5): 96-98, 101.

立在原有图书馆联盟的基础上合作开发基于 Web 的在线信息素质教育指南/课程，如德州大学数字图书馆的信息素质教育指南（Texas Information Literacy Tutorial，简称 TILT）即是大学图书馆基于大学系统合作开发的在线信息素质教育指南的典型。该指南是在德州大学系统的数字图书馆资助下，由德州大学奥斯汀分校图书馆联合系统内其他大学图书馆共同开发的，其出发点就是要实现德州大学系统内 16 所图书馆之间信息素质教育资源的共建共享①。

(3) 不同教育层次的合作

美国大学图书馆与中小学图书馆的合作非常密切，以大学图书馆为主导，带动中小学图书馆的信息素养教学，培养更多符合高一级层次教育的学生，使学生的信息素养教育在各个层次能很好地接续。具有代表性的案例是加州大学 Irvine 图书馆实施的 SPIRIT（School Partnership for Instruction, Research, and Information Technology）项目。Irvine 图书馆通过此项目与 Orange 地区中学合作开展信息素养教学，培养中学生终身学习的基本技能，以提高符合加州大学入学要求的学生人数②。

(4) 图书馆与其他类型机构的合作

不同类型机构合作开展信息素质教育也是美国信息素质教育的一种常见方式，如美国图书馆协会发起的信息素质教育多机构合作项目（Information Literacy Community Partnerships）。该项目旨在加强信息素质教育中各种类型机构的合作，包括不同类型图书馆、图书馆与相关教学研究机构、政府机构、企业单位之间以及公共社区的多层次、全方位的合作③。另外，从宏观和松散的合作角度来看，美国国家信息素养论坛可以说是一个国家范围乃至世界范围合作开展信息素质教育的大联盟，其成员来自美国图书馆界、教育界、企业界、政府部门等各个方面。

2. 我国信息素质合作教育

我国高校信息素质教育的合作实践尚处于起步阶段，在对国外信息素质合作教育模式理论和应用进行深入的研究的基础上，各个高校也在进行着多层次、多角度的合作。

---

① 李武. 美国在线信息素质教育指南的典范——TILT 的介绍和剖析 [J]. 高校图书馆工作，2004，24（2）：33-36.

② 张静波. 合作化——高校信息素养教育必由之路 [J]. 大学图书馆学报，2008，(1)：69-72.

③ 曾群，方统伟，钟晓诚. 网络环境下高校信息素质教育合作模式探析 [J]. 图书馆学研究，2011，(4)：23-26.

(1) 图书馆与学校院系之间的合作

我国信息素质教育中，馆员与教师协作方式有三种。首先是与专业课程教学的协作，该协作馆员与教师并不直接发生合作，图书馆员仅仅是将图书馆最近获取到的信息资源及时通知教师，此协作在我国高校开展的比较多，如浙江大学的"教学资源网"和清华大学的"建筑数字图书馆"等项目；其次是与专业课程相关的协作，该协作要求图书馆员根据某一专业课程的特点或需要，向学生传授检索知识，该协作在我国并不多，目前有北京大学医学部、上海交通大学、华南理工大学和天津大学等开始了相关实践与探索；最后是与专业课整合的协作，该方式要求馆员与教师进行密切的合作，把图书馆的资源全面融入课程教学中，图书馆员积极参与到课程教学，把信息素质教育渗透到专业课程，该协作在我国仅仅处于理论研究中，不过上海交通大学图书馆已开始探索全面融入学科教学。

(2) 大学图书馆之间的合作

我国图书馆之间的合作主要包括图书馆联盟和馆际合作两方面。图书馆联盟和馆际合作为我国高校合作开展信息素质教育提供了良好机遇。全国性联盟 CALIS 积极推进以合作形式开展高校信息素质教育。区域性联盟也陆续合作开展信息素质教育，如北京地区多个学校图书馆联合建设的"北京地区高校信息素质教育园地"及"北京地区高校信息素质能力指标体系"、广州地区高校图书馆联盟所建设的"信息素质教育在线"等。

(3) 不同教育层次的合作、图书馆与其他类型机构的合作

我国几乎没有大学图书馆与中小学图书馆合作开展信息素质教育的案例，图书馆与非图书馆类型机构的合作情况并不普及，最常见的是定期或不定期邀请数据库商到馆为学生讲解某一数据库或检索平台的特点和使用，可以看成是图书馆与信息提供商共同开展信息素质教育的一种非正式合作形式。此外，我国也没有建立类似美国国家信息素养论坛的项目。

相对于美国这种多类型合作的发展情况，我国图书馆信息素质教育的合作显然还有很大的差距。与院系教师之间的合作还不密切，区域性大学图书馆之间合作开展信息素质教育的课程内容较为简单，图书馆与中小学图书馆及企业合作开展信息素质教育几乎空白。未来，倡导多层次、多形式、多方位的协作与合作仍将是国内各高校图书馆推进信息素质教育的一项重要措施。

二、嵌入式信息素质教育模式

随着数字图书馆的建设和 Web2.0 的应用，泛在图书馆和泛在服务成为学

术界讨论的热点。泛在服务要求从用户及其需求出发，适应用户的行为变化，将图书馆的人力、资源和服务直接或间接融入用户的工作、生活、学习、科学研究与决策过程之中，实现图书馆服务与用户空间和过程有机融合，为用户提供一种到身边、到桌面、随时随地服务。嵌入式信息素质教育即是泛在服务环境下图书馆所采取的一种服务方式。嵌入式信息素质教育与泛在服务要求是一致的，是图书馆员嵌入到课堂和各种教学平台，融入到整个教学过程，提供主动的、专业的、到身边、到桌面的泛在信息素质教育。

根据用户所处任务情景的不同，嵌入式信息素质教育主要包括嵌入教学过程、嵌入科学研究过程、嵌入学位论文写作过程等模式。

嵌入教学过程的信息素质教育，在国外又称"课程整合式教育（Course-integrated Instruction）"。根据美国大学与研究图书馆协会（ACRL）的描述，嵌入教学过程的信息素质教育是把图书馆及其资源的利用教学作为（学科）课程目标的有机组成部分。其基本要求是既要教授专业学科内容，又要培养成功完成与图书馆有关的作业的能力，而且对两方面的学习结果都要进行测试[①]。该模式有以下几个特点：①课程的内容由专业课教师和图书馆员合作设计并讲授；②授课内容嵌入到专业课的各个环节；③授课时间是课程计划内的，而不是额外加入到专业课的"添加课"；④信息素质课程的内容会有相应的作业或考试使学生有机会进一步复习和巩固所学的知识；⑤课程结束时应该有专业课和信息素质能力两方面的测评成绩。根据图书馆员与院系教师合作的广度和深度，嵌入教学过程的信息素质教育可分为部分式参与和全程式参与两种模式。部分式参与是嵌入教学过程的初级阶段，即图书馆员根据院系专业课程的教学内容，将信息素质教育的内容适时地（多为一次性地）嵌入到专业课程的教学中，不参与专业课程的其他内容建设，也不参与对学生专业课程的考核。全程式参与则需要与院系教师深层次、全方位合作，包括共同设计专业课程大纲和内容，参与课程作业的评估和学生的答疑等[②]。

嵌入科学研究过程的信息素质教育是结合某项具体的科研课题，根据科学研究不同阶段的信息需求进行信息素质教育。在国外，一些高校图书馆已开展了嵌入科学研究过程的信息素质教育。如美国西佐治亚大学（University

---

① Information literacy glossary [EB/OL]. [2013-05-06]. http://www.ala.org/acrl/issues/infolit/overview/glossary.

② 胡芳，彭艳. 美国高校图书馆开展嵌入式信息素质教育的实践及启示 [J]. 图书馆建设，2011，(12)：79-82.

of West Georgia，UWG）图书馆将信息素质教育嵌入到"全球研究"的课题中，使整个教学过程围绕研究课题开展。具体教学内容包括：确立研究课题、搜索参考书目、撰写研究论文、进行研究成果展示等①。在国内，高校图书馆一般结合学科化服务开展科学研究相关的信息素质教育。

嵌入学位论文写作过程的信息素质教育是结合学生学位论文写作过程中的信息需求进行信息素质教育。在国内，中国科学院国家科学图书馆十分注重研究生院学生的信息素质教育，其学科咨询部工作人员多次调查研究生的科技信息素质需求及学位论文撰写过程中存在的问题并提出相应的培养方案，如欧阳峥峥等②调查嵌入中科院研究生学位论文研究过程的信息素质现状，宋秀芳等③研究生命科学院研究生开题的信息技能。另外，哈尔滨工程大学图书馆张玲④根据撰写学位论文过程中所需的信息素质能力绘制导航图，提出嵌入研究生学位论文写作过程的信息素质教育方案。该导航图包含 25 个与学位论文写作相关的信息素质知识单元，其中比较常用的是学术规范、阅读技巧、目标期刊选择、参考文献著录规则、文献管理工具的具体用法、创新点论证等。该导航图为信息素质教育工作者组织或实施与学生学位论文写作相关的课件或教学内容提供了重要指导。

在这些嵌入式信息素质教育中，嵌入教学过程的信息素质教育是目前国内外高校图书馆流行的一种新教育方式。为此，本节将详细介绍这种模式在国内外的具体实践情况及特点。

1. 国外嵌入教学过程的信息素质教育实践及特点

欧美高校图书馆从 20 世纪 90 年代起开展嵌入教学过程的信息素质教育。早在 1990 年美国加州大学就进行了这方面的探索，他们在基础技能课程中嵌入讲授利用图书馆的方法和技能，在数理、人文和社会科学课程中讲授相关学科的主要信息源及利用技能。马里兰大学图书馆的学科馆员与建筑学院教师在 2001 年合作开设"世博会：社会与建筑的历史"课程，在学科教学的同

---

① Stevens C R, Campbell P J. Collaboration to connect global citizenship, information literacy, and lifelong learning in the global studies classroom [J]. Reference Services Review, 2006, (4): 536-556.

② 欧阳峥峥，吴鸣，刘艳丽，等. 嵌入中科院研究生学位论文研究过程的信息素养现状调查研究 [J]. 图书情报工作, 2011, 55 (13): 10-15.

③ 宋秀芳，吴鸣，刘艳丽，等. 研究生开题之信息技能导航研究——以生命科学研究生开题为例 [J]. 图书情报工作, 2011, 55 (13): 20-23, 50.

④ 张玲，初景利. 嵌入学位论文撰写过程的信息素质教育研究 [J]. 图书情报工作, 2011, 55 (13): 16-19, 79.

时嵌入信息素质教育①。英国曼彻斯特都会大学（MMU）图书馆 2005 年成立信息技能小组，致力于将信息素质教育融入专业课教学。经过几十年的发展，国外高校图书馆开展的嵌入教学过程的信息素质教育更为普及和成熟，嵌入学科适用面广，包括英语、音乐、医学、心理学等。很多国外高校图书馆都利用了网络平台协助教学，还有部分利用了虚拟学习环境 Blackboard 辅助教学，各高校多采用全程式参与，图书馆员和教师合作的程度比较深入，且十分重视教学效果的评估。具体特点如下：

（1）教学形式

多数国外高校图书馆在采用当面授课形式的同时，也利用网络教学平台辅助教学，如纽约城市大学图书馆（City University of New York）与史泰登岛学院（College of Staten Island）

护理专业的教师合作将信息素质组件及其与课程相关的图书馆资源嵌入到网络教学平台 Blackboard 的《NRS110：医疗与外科护理学》课程中，并利用 Blackboard 对学生进行实时答疑和作业批阅以辅助信息素质教学②；宾州印第安那大学（Indiana University of Pennsylvania，IUP）的图书馆员利用网络教学平台 WebCT 与教育学院的学生进行交流和沟通③。

（2）教学内容

嵌入教学过程的信息素质教育的教学内容主要围绕信息素质教育的目标开展，重点培养学生获取和利用学科信息的技能，具体包括学科专业数据库的检索与利用、参考文献的利用、论文写作等知识，如丹尼尔韦伯斯特学院（Daniel Webster College，DWC）的图书馆员为英语学院的学生提供 8 次信息素质教学课，包括图书馆资源、文献查找等内容④。波尔州立大学（Ball State University，BSU）图书馆与护理学院合作开展嵌入式信息素质教育，针对不同学生对象开设不同层次的课程，包括入门课、研究生课和指标性课程，主

---

① 王朴. 一个独具创意的信息素质教学案例—美国马里兰大学世博会荣誉课程探析 [J]. 图书情报知识，2005，(5)：65-67.

② Xiao J. Integrating information literacy into blackboard: Librarian faculty collaboration for successful student learning [J]. Library Management, 2010, 31 (8-9): 654-668.

③ Hooks J D, Corbett F. Information literacy for off-campus graduate cohorts: Collaboration between a university librarian and a Master's of education faculty [J]. Library Review, 2005, 54 (4): 245-256.

④ Hearn M R. Embedding a librarian in the classroom: An intensive information literacy model [J]. Reference Services Review, 2005, 33 (2): 219-227.

要教授医学相关资源的查找与利用①。范德比尔特大学将音乐图书馆员嵌入到《MUSL141》课程,讲授的信息素养主要包括音乐图书馆的概况、图书馆目录ACORN、音乐信息资源、文献引用格式、版权和知识产权等②。

(3) 教学模式

国外高校图书馆开展的嵌入教学过程的信息素质教育多体现为全程式参与,如丹尼尔韦伯斯特学院的图书馆员适时地嵌入到专业课程中,在整个学期中提供了8次单独的信息素质教育课程,并全程参与到教师为学生布置的每一个研究课题中;宾州印第安那大学教育学院的教师经常与图书馆员讨论教学内容,并鼓励图书馆员参与每节专业课程,部分教师每周会安排半个小时与图书馆员讨论研究课题。华盛顿州立大学(Washington State University,WSU)图书馆还制定了专门的"教师合作行动计划",为教师提供专业培训,以引导并协助教师将信息素养的理念融入到课程教学中。

(4) 教学效果

国外高校图书馆实施嵌入教学过程的信息素质教育十分重视教学效果的评估,主要体现在对学生进行课前、课后测试和收集合作教师的反馈意见,如佛罗里达海岸大学(Florida Gulf Coast University,FGCU)图书馆分别调查了学生在开课前和开课后对信息素质的认识及对自己利用图书馆水平的评估③。亚利桑那大学(University of Arizona,UA)的图书馆员与6名教师进行了3次焦点小组讨论以调查教师对嵌入教学过程的信息素质教育的意见。

2. 国内嵌入教学过程的信息素质教育实践及特点

根据文献调研,目前我国也有部分高校图书馆随着学科化服务的开展开始尝试与院系合作,融入到院系专业课程中开展嵌入教学过程的信息素质教育。较早进行尝试的是北京大学医学部图书馆。北京大学医学部从2004-2005年底,对十余门课程进行了基于问题学习(PBL)的教学改革,医学部图书馆将信息素质教育内容整合到PBL各类课程教学中,馆员还参与PBL教学平

---

① Dorner J L, Taylor S E, Carlton K H. Faculty-librarian collaboration for nursing information literacy: A tiered approach [J]. Reference Services Review, 2001, (2): 132-140.

② Manus S J B. Librarian in the classroom: An embedded approach to music information literacy for first-year undergraduates [J]. Notes, 2009, 66 (2): 249-261.

③ Malenfant C, Demers N E. Collaboration for point-of-need library instruction [J]. Reference Services Review, 2004, (3): 264-273.

台的建设及 PBL 教学的评估①。上海交通大学图书馆自 2008 年推出 IC^2 创新学科服务模式后开始主动将信息素质教育嵌入专业课程和通识课程的教学中，并形成了多种嵌入方式，包括局部嵌入式教学（如人文传媒学科的"英文报刊导读"）、跟踪进阶式教学（如理学学科的"致远学院本科生全程培训"）、全面融入式教学（机械动力学科的新生研讨课"可再生能源的高效转换与利用"），成为目前国内高校中开展嵌入教学过程的信息素质教育较好的机构之一②。2009 年，华南理工大学图书馆与土木交通学院合作将信息素质教育嵌入到"船舶结构设计导论"课程中，图书馆员在 3 次单独的课程中以模块化的形式进行教学③。中国人民大学图书馆采取一次性嵌入的方式参与经济学院开设的《经济学文献检索途径与方法》课程，其中图书馆员承担 2 个课时的授课内容，不参与作业批改④。此外，北京工商大学、汕头大学、宜春学院、重庆工学院、九江学院等高校都开展了一系列有益的实践探索。

总体来看，我国开展的嵌入教学过程的信息素质教育还处于探索和起步阶段，实施的高校比较少，以学科馆员嵌入到院系专业课程开展信息素质教育较为常见，而且主要采用的是图书馆员部分参与式，馆员和教师的合作程度还有待加强。因此，国内高校图书馆采取嵌入教学过程的信息素质教育应注意以下几个方面：

（1）选择合适嵌入的院系与合作教师

并不是所有的课程都适合嵌入信息素质教育。采取适当的合作战略是开展嵌入课程的信息素质教育必要的前提和因素。在院系选择上，图书馆应关注学校教学改革或创新政策，选择学校重点学科的核心课程或者名师课堂或对图书馆的学科服务较为认可的院系，同时选择与学科馆员沟通比较多且其承担的课程适合嵌入信息素质教育的教师。尽量不选择与信息素质知识结合不多的专业基础课，选择对学生综合素质要求较高的专业选修课程进行嵌入。

---

① 李春英，谢志耘，高琴，等. Problem-Based Learning 教学中的信息素养教育 [J]. 图书情报工作, 2007, 51（1）: 126-128.

② 高协，宋海艳，郭晶，等. 面向创新的信息素养教育规划与实践——以上海交通大学图书馆为例 [J]. 图书情报工作, 2013, 57（2）: 10-14.

③ 唐艳春. 基于信息素质教育与专业课程整合模式的应用研究 [J]. 图书馆论坛, 2010, 30（4）: 133-135.

④ 胡芳，彭艳. 学科馆员与教师合作开展信息素质教育实践方案研究 [J]. 图书馆工作与研究, 2013,（3）: 95-98.

（2）从点到面、从局部嵌入式到跟踪进阶式发展至全面融入

国内高校图书馆和院系之间相对独立，图书馆很难找到有意愿合作的院系或教师。因此，在实施初期采取全程式参与并不现实。国内高校图书馆可采取抓典型的方法，首先开展与一个院系某门课程的合作，取得初步成效后，逐步在其他学科和院系推广和实践。在具体实施过程中，可先采用局部嵌入模式，然后采取跟踪进阶模式，即跟踪某一学科本科生 4 年的学习课程，策划与定制进阶式的培训内容，按大一至大四的不同学习阶段，由浅入深地渐进地开展培训与咨询服务，最后与授课教师紧密合作，参与教学目标制定、课程规划、作业设计、成绩评定等自始至终的全过程，逐步形成从局部嵌入式到跟踪进阶式发展至全面融入的实施方式。上海交通大学图书馆自 2008 年开始至今的新生研讨课"可再生能源的高效转换与利用"即是逐步从局部嵌入课程发展至全面融入课程策划、教学和考核各个环节。

（3）新的嵌入思路——将学科内容嵌入到信息素质教育

国内院系大多不会主动与图书馆合作，教师有时也感觉图书馆信息素质教育的嵌入会干扰专业课程的教学。为此，对于大部分高校信息素质教育而言，可以考虑另一种思路，即保留信息检索课（或文献检索课）独立授课的模式，将不同专业或学科的内容嵌入到信息素质的教学中，在信息检索课内创设一种问题导向式的专业学习情境，以此实现信息素质与学科课程的整合。这种新的嵌入模式避免了对专业课教学计划的干扰，还可为未来条件成熟时嵌入教学过程的信息素质教育模式提供必要的教学积累。不过这种形式对馆员学科专业背景与知识要求较高。

总而言之，合作信息素质教育及嵌入式信息素质教育两种模式仍将是未来图书馆开展信息素质教育的重要方式。这两种模式从某种程度上说具有一致性，嵌入式信息素质教育即是建立在合作的基础上，两种模式相互渗透与融汇。未来，与专业课程教师紧密合作、丰富区域性大型图书馆之间合作开展信息素质教育的内容与形式、加强与非图书馆机构之间的协作将是图书馆开展合作信息素质教育需要进一步努力的方向。全程嵌入教学过程的信息素质教育将成为图书馆未来的目标，图书馆可从局部嵌入式开始，实施跟踪进阶式教学方式，最后实现全面融入教学过程。此外，图书馆还需不断探索信息素质教育嵌入的情境，探索信息素质教育嵌入科学研究、论文写作过程、职业发展、生活技能等用户所在的各种情境中的方式和途径，不断创新信息素质教育的模式。

三、信息素质教育发展趋势

信息素质本身是一个发展变化相对较快的实用技能。随着信息环境及用户需求的变化，信息素质教育体系（包括内容和模式）不断演进与更新（见图 6.5）。随着信息（媒介）类型逐步数字化、网络化，信息素质教育的内容开始注重数字化信息的检索与利用，在以传统纸质、视觉、声音等信息媒介为内容的素质教育基础上，数字媒介素养开始登上信息素质教育的舞台；随着用户利用数字媒介获取和传播信息的需求不断上升，社交网络媒介素质教育、移动媒介素质教育等成为拓展信息素质教育的新内容；随着数据密集型科学研究的兴起，数据信息素质教育成为图书馆信息素质教育领域的新研究课题。数字媒介素质教育、数据信息素质教育是信息从传统介质向数字、数据不断发展及用户需求不断变化的产物，它们的出现不断完善与充实信息素质教育的内容，并有逐步走向融合的趋势。图书馆在实践中也不断转变与探索信息素质教育的模式。随着信息网络技术的发展，信息素质教育经历了从传统的面对面授课到以在线教育、网络教育平台为主要形式；随着图书馆服务形式的转变，信息素质教育从原来以图书馆为主导的文献检索课转变至图

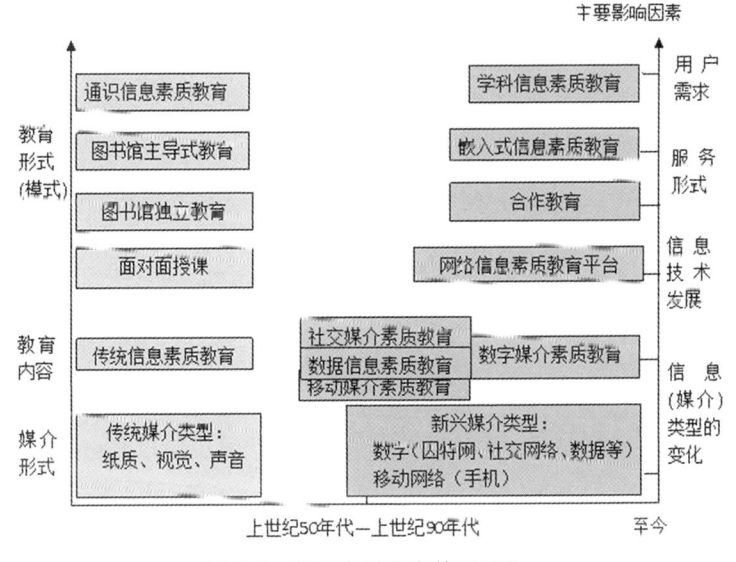

图 6.5 信息素质教育体系演化

（说明：横轴代表信息素质从产生至今的发展时间，左纵轴代表信息素质教育内容和模式，右纵轴代表影响信息素质教育体系演化的主要因素）

书馆与教师合作并开展嵌入式信息素质教育；随着用户需求的变化，信息素质教育从原来以通识信息技能为主要内容转变为以"专业信息资源的整合与介绍、专业信息搜索获取及鉴别评价技巧"为内容的学科信息素质教育。

未来的信息素质教育的内容和模式还将不断地变化与拓展，新的内容和模式将不断孕育成长并得以充实，有的将逐渐萎缩甚至退出历史舞台，有的将重新归类。不断深入了解用户的信息需求与利用的实践过程，探索信息素质教育的新内容与新模式将成为图书馆网络信息服务的新常态。

第七章　网络参考咨询服务

参考咨询服务是图书馆的一项传统服务，但在网络环境下，这一服务被赋予了新的生机和活力，从传统的参考咨询服务走向网络参考咨询服务。网络参考咨询服务充分利用网络的特点和技术优势，将参考咨询服务从面对面迁移到网上，体现了更快捷、更方便、更直接的服务特点，已经成为网络信息服务的重要内容。

第一节　从传统参考咨询到网络参考咨询

参考咨询服务（Reference Service）是传统图书馆的核心服务能力，在图书馆的用户服务体系中占有十分重要的地位。国内外学者对于图书馆参考咨询服务的概念曾有多种定义。1993 年《中国大百科全书·图书馆学 情报学 档案学》中对参考咨询服务的定义是：图书馆员对读者在利用文献和寻求知识、情报时提供帮助的活动。它以协助检索、解答咨询和专题文献报道等方式向读者提供事实、数据和文献线索[1]。2012 年大英百科全书网络版（Encyclopedia Britannica Online）对参考咨询服务的定义是：参考咨询服务是图书馆员为使读者最充分地利用信息资源并满足其信息需求而提供的个性化帮助[2]。国内学者初景利认为，参考咨询的本质在于参考咨询馆员与用户的交互，寻求对用户在利用图书馆过程中所产生问题的交流[3]。综上所述，参考咨询服务的核心职能是图书馆员与用户之间进行沟通交流，解答用户提出的各种问题，帮助用户找到最优化的信息利用解决方案。

---

[1] 参考咨询 [M]//中国大百科全书总编辑委员会. 中国大百科全书. 图书馆学情报学档案学. 北京：中国大百科全书出版社. 1993：23.

[2] Britannica Encyclopedia Inc. Reference librarianship [M/OL]. Encyclopedia Britannica. Encyclopedia Britannica Online Academic Edition, 2012.[2013-8-5]. http://www.britannica.com/EBchecked/topic/495127/reference-librarianship.

[3] 初景利. 图书馆数字参考咨询的理论与实践研究 [D]. 北京：中国科学院研究生院，2003.

网络参考咨询服务兴起于 20 世纪 90 年代中后期，是指在图书馆传统参考咨询服务的基础上，运用网络和计算机技术，用户通过网络提问，图书馆咨询专家通过网络给予回答的一种知识服务机制。美国图书馆协会（American Library Association，简称 ALA）的参考与用户服务分会（Reference & User Services Association，简称 RUSA）发布的《虚拟参考服务实施与维护指南》（Guidelines for Implementing and Maintaining Virtual Reference Services）[①]对虚拟/网络参考咨询的定义是：通过电子化的方式实施的参考咨询服务，用户无需到场而是使用计算机或其他设备与参考咨询馆员进行交流，交流渠道包括实时问答、网络视频、音频、协同浏览、电子邮件、即时通讯等方式。

网络参考咨询服务的名称表现多样化，例如：数字参考咨询服务（Digital Reference Services，简称 DRS）、虚拟参考咨询服务（Virtual Reference Services，简称 VRS）、网上参考咨询服务（Online Reference Services）、电子参考咨询服务（Electronic Reference Services）、远程参考咨询服务（Remote Reference）、网上参考咨询服务（Network-based Reference）等，都经常被用来描述通过计算机和网络技术来实施的参考咨询服务。

网络参考咨询是传统参考咨询服务在网络环境下的继承、延伸和发展，它利用网络提供的技术优势，为用户提供方便、及时、高效的咨询服务，极大地拓展了参考咨询服务的时空范围和服务效率。随着图书馆用户对网络沟通交流手段的依赖，网络参考咨询服务已经成为数字图书馆的重要服务手段，成为衡量和评价数字图书馆服务能力的重要指标。

第二节　参考咨询服务的技术变革

参考咨询服务的发展与人类信息交流技术的发展密不可分。回溯参考咨询服务的发展历史，可以清楚地看到，随着信息技术的发展及新型信息交流技术的陆续推出和应用，参考咨询的服务模式也处于不断丰富和发展的过程之中。

伴随信息技术的跨越发展，参考咨询服务大致可以划分四个发展阶段（见表 7.1），包括人工时代和语音时代的传统参考咨询，Web 时代的数字

[①] F. O. Weise, M. Borgendale. EARS: Electronic Access to Reference Service [J]. Bulletin of the Medical Library Association, 1986, (4): 300-304.

参考咨询，Web2.0 时代的嵌入式网络参考咨询及云计算时代的新型网络参考咨询等。其中，传统参考咨询包括现场咨询和电话咨询等模式；数字参考咨询包括电子邮件咨询、表单咨询、实时咨询、FAQ 及咨询知识库等模式；嵌入式网络参考咨询包括以 QQ/MSN 为代表的即时通讯咨询、短信 SMS 咨询、论坛 BBS 咨询、博客咨询、微博咨询、微信咨询等模式；云计算时代的新型参考咨询包括用户流程驱动咨询、智能咨询、云计算咨询等模式。除了现场咨询和电话咨询这两种传统参考咨询模式外，其他各种参考咨询服务都依托于网络环境开展，都属于网络参考咨询服务，只是技术方法和表现方式有所不同。

从国内外图书馆参考咨询服务实践来看，当前各种参考咨询服务模式处于多样化并存状态。新兴的参考咨询模式并没有完全取代传统的参考咨询模式，它们各自仍然具有自身独特的优势，面向不同层面的用户需求发挥着各自独特的作用，共同构成了多元互补、立体化、全方位的参考咨询服务格局。参考咨询服务模式的丰富性和多样性，技术平台的易用性和普及性，为图书馆探索、开展嵌入式参考咨询服务提供了多元化的手段、奠定了良好的用户基础。例如，中国科学院国家科学图书馆等国内外大型图书馆向用户提供的参考咨询服务既包括传统的现场咨询、电话咨询，也包括 Web 时代的电子邮件咨询、表单咨询、实时咨询、FAQ 或咨询知识库服务，并充分利用 Web2.0 时代的社交媒体，尝试开展即时通讯咨询、短信 SMS 咨询、论坛 BBS 咨询、博客咨询、微博咨询、微信咨询等咨询手段，将参考咨询服务有机嵌入到用户信息环境，形成了各种咨询模式组成的完整的参考咨询服务体系，赢得广大科研用户的普遍欢迎和良好评价。

表 7.1 参考咨询服务的发展阶段

信息技术发展阶段	参考咨询发展阶段	参考咨询服务模式
人工时代	传统参考咨询	现场咨询
语音时代		电话咨询
Web 时代	图书馆数字参考咨询	电子邮件咨询
		表单咨询
		实时咨询
		FAQ 及咨询知识库

续表

信息技术发展阶段	参考咨询发展阶段	参考咨询服务模式
Web2.0时代	嵌入式网络参考咨询	即时通讯咨询（QQ、MSN等）
		短信咨询（SMS）
		论坛咨询（BBS）
		博客咨询
		微博咨询
		微信咨询
云计算时代	新型网络参考咨询	用户流程驱动咨询
		智能咨询
		云计算咨询

一、人工和语音时代的传统参考咨询

1876年，美国伍斯特公共图书馆馆长塞缪尔·格林在世界上最早倡议图书馆开展参考咨询服务。1883年，美国波士顿公共图书馆在世界上最先设置了专职参考咨询馆员和参考阅览室，为读者提供面对面、零距离的现场咨询服务，这标志着参考咨询作为图书馆核心业务的开始[1]。此后，参考馆员与读者面对面的咨询交流就一直是图书馆开展参考咨询的重要指导模式，直到今天也仍然是与网络参考咨询服务相互补充的一种重要咨询服务模式。20世纪以来随着电话的逐渐应用和普及，图书馆又开始借助电话、传真等方式开展参考咨询服务，远程解答读者提出的问题，电话咨询在一定程度上打破了参考咨询服务的空间限制，拓展了参考咨询的空间范围。

二、Web时代的图书馆数字参考咨询

随着计算机和网络技术的迅速发展，1984年美国马里兰大学健康图书馆率先开展电子邮件参考咨询服务[2]，他们推出了"参考服务的电子化访问（the Electronic Access to Reference Service，EARS）"的服务项目，使得用户

---

[1] 参考咨询[M]//中国大百科全书总编辑委员会.中国大百科全书.图书馆学情报学档案学.北京：中国大百科全书出版社.1993：23.

[2] F. O. Weise, M. Borgendale. EARS: Electronic Access to Reference Service [J]. Bulletin of the Medical Library Association, 1986, (4): 300-304.

在家里或办公室等有网络环境的场所，通过电子邮件即可得到图书馆员的远程帮助，将参考咨询工作带入了一个全新的境界，标志着网络参考咨询服务的开始。20世纪90年代，网络参考咨询开始从简单的电子邮件发展到利用网络表单技术、网络聊天技术、知识库技术开发新型咨询模式，以表单咨询、实时咨询、常见问题FAQ及咨询知识库为主要内容的图书馆数字参考咨询系统，成为迅速崛起的新型参考咨询方式，使得图书馆参考咨询服务进一步超越时空限制，呈现出蓬勃发展的态势。21世纪初，网络参考咨询被认为是网络环境下图书馆参考咨询服务的主流发展方向和未来图书馆的核心工作之一，《美国图书馆》（American Libraries）杂志还把网络参考咨询评为2002年美国图书馆界的十件大事之一。[1][2]

三、Web2.0时代的嵌入式网络参考咨询

自2004年3月Web2.0的概念被明确提出[3]，其范畴内的许多思想和技术已经得到了广泛传播和应用，极大地影响和改变了人们的信息交流活动。Web2.0是相对Web1.0（2003年以前的互联网模式）的新型互联网应用的统称，是一次从核心内容到外部应用的革命。由Web1.0单纯通过网络浏览器浏览html网页模式向内容更丰富、联系性更强、工具性更强的Web2.0互联网模式的发展已经成为互联网新的发展趋势。Web2.0时代，以QQ、MSN等即时通讯咨询、手机短信SMS咨询、论坛BBS咨询、博客咨询、微博咨询、微信咨询等为代表的新型参考咨询模式不断涌现，极大丰富了图书馆参考咨询服务的模式和手段，给参考咨询服务带来了革命性的变革。这些新型参考咨询模式，拥有传统参考咨询模式无可比拟的嵌入式服务优势，发挥了重要的用户服务功能。

四、云计算时代的新型网络参考咨询

展望参考咨询服务的发展前景，Web2.0、云计算和移动互联的发展已经改变人们的沟通和生活习惯，更将驱动参考咨询服务的深刻变革和持续创新。随着嵌入式咨询服务需求发展，面对多元化的用户群体，应对多元化的咨询模式，图书馆有限的咨询队伍必将难以支撑长时间、高强度的咨询服务。展

---

[1] 初景利. 图书馆数字参考咨询的理论与实践研究 [D]. 北京：中国科学院研究生院，2003.
[2] The Top 10 Stories [J]. American Libraries, 2001, (11): 35-40.
[3] 王伟军，孙晶. Web2.0的研究与应用综述 [J]. 情报科学，2007, (12): 1907-1913.

望未来，伴随着信息交流技术的飞速发展及嵌入式参考咨询服务的进一步要求，新型参考咨询模式还会不断涌现并投入应用，用户流程驱动咨询、智能咨询将得到成熟应用，而云计算环境下的参考咨询模式也将得到更多的关注、开展更多的研发和应用。

第三节　网络参考咨询的服务模式

从国内外图书馆网络参考咨询实践来看，当前各种参考咨询的服务模式（见表7.1）处于多样化并存状态。新兴的参考咨询模式并没有完全取代已经存在的参考咨询模式，它们各自仍然具有自身独特的优势，面向不同层面的用户需求发挥着各自独特的作用，共同构成了多元互补、立体化、全方位的参考咨询服务格局。以下将对网络环境下各种参考咨询服务模式及国内外典型案例进行介绍。

一、电子邮件咨询

电子邮件（Email）咨询是网络参考咨询服务最早采用的一种服务方式，图书馆通常在网页上向用户提供公共电子邮箱或学科馆员的个人电子邮箱，回答用户提出的各种咨询问题。第一种方式是图书馆向用户提供参考咨询台的公共电子邮箱，由参加咨询值班的咨询馆员负责解答用户的问题，这是国内外各类图书馆普遍采用的电子邮件咨询方式。第二种方式是图书馆向用户提供对口学科馆员个人电子邮箱，用户通过Email向对口学科馆员发出咨询问题，学科馆员通过个人电子邮箱把答案发送给用户。随着图书馆学科化服务的开展，为了方便地让用户在信息利用过程中"知道、想到、找到、用到"学科馆员，随时随地地与学科馆员建立联系，国内外很多图书馆都建立了学科馆员与用户之间畅通的沟通渠道。将学科馆员Email地址等联系方式公布在图书馆、责任服务单元的网页上，印刷在学科馆员名片、宣传资料中，通过各种方式、各种途径将学科馆员的Email地址等联系信息有效传播到用户的科研环境和信息利用场所之中，成为用户随手可得的信息。以中国科学院国家科学图书馆为例，学科馆员的联系方式嵌入到图书馆及责任服务单元的网页上、学科馆员名片及各种宣传资料之中，用户在自己熟悉的环境里、常用的途径中就可以随时很方便地查到对口学科馆员的Email地址，通过发电子邮件向学科馆员寻求问题的解决方案。

二、表单咨询

表单咨询是电子邮件咨询的升级，是通过"Web"网页实现的。用户填写"Web"表单时一般包括三部分内容：一是用户个人信息，如个人电子邮件地址，这是答案回复时必要的信息；二是提问内容及其描述信息；三是隐私保护选项，决定答案的公开或共享程度。读者只需在填写完表单后按下提交按钮即可，咨询馆员就会对所提的问题给予及时答复，在规定的服务时限内以电子邮件的方式发送给用户。

表单咨询通常设置在图书馆网络参考咨询台的页面，成为参考咨询台不可或缺的组成部分。同时也可以灵活嵌入/链接到用户经常登录的平台或网页中，成为用户信息环境中有机组成部分，形成用户随手可以利用的便捷咨询入口。有些图书馆表单咨询系统为了增强用户与咨询馆员的双向交流能力，还增加了用户与咨询馆员的交互功能，通过咨询馆员与用户的双向交流，提高用户提问的清晰性及咨询馆员咨询解答的针对性。以国家科技图书文献中心（NSTL）表单咨询系统[1]为例，该系统把原来表单咨询系统中"咨询馆员只能发送一次答案"的单向咨询过程，改变为"咨询馆员可以补充答案、用户可以补充提问"的双向交互嵌入咨询过程，大大增强了用户与咨询馆员之间的交流效果，提高了咨询解答的准确性和针对性。

三、实时咨询

将电子邮件和网络表单用于参考咨询的最大问题是"时滞"，即图书馆员与用户之间无法建立起迅捷、及时的联系。实时咨询即同步咨询，主要指借助网络与通讯技术手段实现参考咨询馆员与用户之间的实时文字、语音、视频等单一方式或多种方式相结合的咨询过程，其最大特点是问题及回答过程可以立即传递。

国内外图书馆所使用的实时咨询系统各不相同，国外最流行的实时咨询系统是"Question Point"系统[2]。国内各大图书馆系统各自开发了自己的实时咨询系统，例如，中国科学院网络参考咨询系统[3]、国家科技图书文献中心

---

[1] 国家科技图书文献中心参考咨询台 [EB/OL]. [2013-09-01]. http://www.nstl.gov.cn/anyask/ask.html?action=listWorker&key=nstl.

[2] Question Point [EB/OL]. [2013-07-10]. http://www.questionpoint.org/.

[3] 中国科学院网络参考咨询系统 [EB/OL]. [2013-07-20]. http://dref.csdl.ac.cn/digiref/.

(NSTL)虚拟参考咨询系统①和中国高等教育保障系统（CALIS）虚拟参考咨询系统②等。利用这些实时咨询系统，参考馆员和用户都能在第一时间内获取对方的信息，咨询时效性大大增强。

经过多年实践，国内外图书馆所采用的实时参考咨询系统所采用的技术也在不断发展和提升。中国科学院实时咨询系统经过三期改造，其特点是强调智能识别技术（如情景敏感技术和页面共览）的运用，使得咨询馆员与用户能够通过系统自动识别对方所处位置，了解对方的操作过程，从而形成咨询馆员和用户相互嵌入、紧密互动的咨询过程。以中国科学院网络参考咨询系统为例，2008年对实时系统进行技术改进，增加了用户和咨询馆员相互嵌入的功能。一方面，增加了"情景敏感技术"，系统能够根据IP自动识别用户单位，咨询馆员可以很方便地了解用户所在单位的信息，并据此有针对性地回答用户提问；另一方面，增加了"页面推送"功能，咨询馆员在线解答提问时可与用户共同浏览所关心的资源与服务系统，为用户同步演示检索过程，推送查询页面，使用户对咨询馆员的检索过程一目了然，大大地增加了咨询的直观性③。

四、常见问题FAQ

常见问题解答（FAQ）是图书馆网上参考咨询台上最直接和便捷的咨询方式，在图书馆中已被普遍使用。其通常做法是图书馆对参考咨询服务中常见问题汇总整理后放在网上，供读者自行浏览从而获得问题的答案。FAQ在我国图书馆使用已经非常普遍，2010年黄如绒等对国内18所著名大学进行调查④，其中15所图书馆在其网上参考咨询台中设置了FAQ，18所高校图书馆中有66%的馆提供浏览和检索两种方式，用户可根据需求按问题类型浏览解答，也可以输入检索词寻求答案；在剩余3所图书馆中并不是没有FAQ这项服务，只是设在了网上参考咨询台以外的其他位置，如帮助信息、新生服

---

① 国家科技图书文献中心（NSTL）实时咨询系统[EB/OL].[2013-07-25]. http://www.nstl.gov.cn/anyask/ask.html?key=nstl.

② 中国高等教育保障系统（CALIS）虚拟参考咨询系统[EB/OL].[2013-07-01]. http://project.calis.edu.cn/calisnew/calis_index.asp?fid=3&class=7.

③ 周宁丽，张智雄，初景利. 用户需求嵌接、流程驱动、情景敏感型9-9网络参考咨询服务——中国科学院国家科学图书馆网络参考咨询服务新进展[J]. 图书情报工作，2007，(10): 100-103.

④ 黄如绒，李淑芬. 国内高校图书馆网上参考咨询台调查分析[J]. 情报探索，2011，(2): 118-120.

务等。

清华大学图书馆的"图书馆利用100问"① 将FAQ进行详细的分类,包括参考咨询相关问题、一般性问题、查找资料、电子资源使用、学术资源信息门户、馆藏目录查询、图书馆规则、馆际互借、读者服务、网络服务相关问题、来自校外读者的问题、学位论文格式及电子版验收、常用名词术语、文科馆相关问题、FAQ for foreigners 和其他等18个类别,用户可按问题类型浏览FAQ寻找解答,也可以输入检索词寻找答案。

上海交通大学图书馆常见问题②将FAQ分为5个大类和21个小类,其中入馆指南包含开放时间、布局及资源分布、入馆须知、设施使用方法、问题求助等5个小类;资源求助包含检索工具介绍、图书、期刊/会议录、标准/专利、学位论文、其他资源等6个小类;借阅服务包括流通服务、阅览服务和文献传递/馆际互借等3个小类;查新服务包括科技查新和论文查证查引2个小类;其他服务包括培训讲座、复印及视听服务、个性化定制、网络服务和离校/硕、博士论文提交等5个小类,用户可以根据需求按问题类型浏览答案。

五、咨询知识库

咨询知识库(Reference knowledge base)是一个供用户查询知识并获取参考的服务平台,采用多维分类法,提供多维检索途径,系统表述知识内容,整合推荐精彩知识,更新相关知识链接,推送预见性靶向知识服务,鼓励用户共同参与,融会用户补充反馈的优化措施,实现向以用户为中心的、满足用户知识需求的服务模式转变③。

中国科学院文献情报中心自2006年开展学科服务以来,咨询人员充分利用实时咨询、表单咨询、到所咨询、电话、Email、MSN、QQ、BBS、博客等多种咨询服务手段,构建了立体化、全方位的参考咨询服务体系,积累了大量的咨询经验和丰富的咨询案例。2011年,国家科学图书馆开始了参考咨询

---

① 清华大学图书馆FAQ浏览 [EB/OL].[2013-07-20]. http://vrs.lib.tsinghua.edu.cn/pub/index.htm.
② 上海交通大学图书馆常见问题 [EB/OL].[2013-09-01]. http://www.lib.sjtu.edu.cn/view.do? id=2318.
③ 王毅,罗军.中美图书馆咨询知识库比较研究 [J].图书情报工作,2010,(17):40-44.

案例知识库的建设①，把分散在每位馆员和各种途径的咨询案例进行挖掘和整合，形成可供全院咨询馆员、科研用户和国内同行进行学习、交流的共享案例。该知识库常见问题与典型案例中，精选了参考咨询知识库中常见问题及典型案例共计400余题。按照问题类型分为11个大类，分别为借阅规则、服务系统、查找资料、研究生院、NSTL、图书馆学、资源荐购、用户意见反馈、资源建设、名词术语和其他。每个大类中，又进一步分为若干个小类，每个案例按照问题的标题、答案、标签、服务范围、撰写者、审核者等著录项目进行编排，有的还说明了注意事项或答题思路，揭示了咨询过程中思考过程，突出了其中蕴藏的知识点和技巧。该咨询知识库在嵌入用户环境和用户过程的特色主要体现在以下两个方面：①定制功能：用户可以对咨询案例进行定制，及时获取最新更新的咨询案例；②互动功能：用户可以对咨询案例进行点评，让咨询馆员及时了解用户意见和反馈。在下一步设计中，拟实现面向中国科学院不同研究所图书馆的重组复用功能，即这些研究所图书馆可以根据自己的需要选择咨询案例，并同步到本所的咨询知识库中。

哈佛大学教育学研究生院图书馆咨询知识库②增加了与用户的互动功能，知识库与用户提问过程结合在一起，当用户在提问过程中输入字符串时，系统自动在知识库词条中进行全文检索，除了检索完全相符的词条以外，还自动检索含有输入的字符串的其他词条，用户可以根据提示快速找到相关答案；如没有相关答案，用户可以继续完成提问过程，转入表单或实时咨询系统。另外，该系统的知识库问题还可以按照主题（Topic）、点击率（Most Popular Answers）、更新时间（Most Recent Answers）等进行排序，向用户推荐使用。用户还可以对每一条知识库问题进行点评。

六、即时通讯咨询

即时通讯（Instant Messaging，简称IM）是网络上建立聊天室的实时通讯系统，允许两人或多人使用网络即时地传递文字信息、文档、语音与视频信息进行沟通交流。国外图书馆应用较多的系统包括 MSN Messenger（简称MSN）、AOL Instant Messenger（简称AIM）、Yahoo! Messenger、ICQ、Meebo

---

① 李玲, 姚大鹏, 魏韧等. 国家科学图书馆咨询知识库的研究与实践 [J]. 图书情报工作, 2012, (21): 57-61.

② Harvard Graduate School of Educaiton. LibAnswers [EB/OL]. [2013-07-10]. http://asklib.gse.harvard.edu/.

等。国内图书馆使用较多的即时通讯系统主要为腾讯 QQ 和微软 MSN 等。

即时通讯是一种能够很方便地嵌入用户环境的咨询系统。以 QQ 服务为例，一种方式是图书馆主动开设咨询服务 QQ 群，建立由图书馆管理的 QQ 用户社区，图书馆只需要申请一个供参考咨询使用的 IM 账号并发布在相关网页上，用户使用相对应的 IM 系统中自己的账号，添加为好友即可开展问题咨询。另一种方式是图书馆员申请加入用户创建的 QQ 社区，成为其中的活跃分子。北京大学图书馆网络咨询台在实时问答咨询服务中增加了 MSN 和 QQ 咨询模式①，用户可以在 MSN、QQ、CALIS 虚拟参考咨询系统中任选一种方式，即时向图书馆员咨询馆藏服务利用和资源检索方面的问题。中国科学院半导体所图书馆开设 QQ 咨询服务，将 QQ 账号发布在图书馆网页上②，用户添加为好友即可提问咨询，形成了本所范围内的咨询服务社区。另外，中国科学院国家科学图书馆学科馆员个人主动申请加入到责任研究所用户开设的 QQ 群（如研究生 QQ 群、实验室 QQ 群、课题组 QQ 群）中，成为用户社区的活跃分子，以此为阵地对口开展 QQ 咨询服务。

七、手机短信咨询

随着移动通讯的迅猛发展，手机用户不断扩充，移动环境下的图书馆网络咨询将会得到充分应用。手机短信咨询（Short Message Service，简称 SMS）是指用户通过手机或其他电信终端直接发送或接收的文字或数字信息的咨询模式，用户每次能接收和发送不超过 160 个英文或数字字符，或者 70 个中文字符。通过这种方式，图书馆将咨询服务嵌入了用户随时携带的手机或移动终端中，使参考咨询成为用户随身携带的服务。

美国大学图书馆利用短信开展咨询服务已经相当普及，采用 Springshare 公司开发的图书馆网络参考咨询系统 LibAnswer③ 开展短信咨询服务的图书馆已经超过 200 家。LibAnswer 短信咨询服务的主要特点是：①短信咨询系统与表单咨询系统融为一体，所有的短信咨询问题和答案回复都能在表单咨询系统的知识库中存储和查询；②咨询馆员可以看到正在提问用户以往提出的所有问题，增强对该用户的了解，提供咨询解答的针对性；③咨询馆员与用户

---

① 北京大学图书馆实时问答咨询服务 [EB/OL].[2013-07-10]. http://lib.pku.edu.cn/portal/zxt/shishiwenda.
② 中国科学院半导体所图书信息中心 [EB/OL]. http://library.semi.ac.cn/wcb/guest/home.
③ LibAnswer [EB/OL]. http://www.springshare.com/libanswers/.

可以进行交互问答，用户可以通过短信补充提问，咨询馆员可以通过短信补充答案。

八、电子论坛咨询

电子论坛咨询（Bulletin Board Service，简称 BBS）是一种交互性强、内容丰富的网络电子信息服务系统。很多大学和科研机构为用户设置了 BBS 论坛，用户在 BBS 论坛上可以获得各种信息服务、发布信息、进行讨论和聊天等等，形成了自己日常工作和学习中经常登录的社区。因而，在用户社区的 BBS 上建立图书馆咨询板块，也已经成为有效嵌入用户环境的咨询模式之一。国内图书馆应用较好的 BBS 咨询实践案例包括：北京大学的未名站①图书馆板块、清华大学的水木清华站②图书馆板块及中国科学院研究生院的科苑星空站③的 E 图淘宝版块等，图书馆利用学生经常登录的 BBS 空间发布服务信息，主动解答用户提出的问题，形成了图书馆员与用户良好的交流互动园地。

九、博客咨询

博客（Blog）是一种新型网络交流工具，通常由个人管理、不定期张贴新的文章的网站。利用博客开展嵌入式咨询服务，可以结合文字、图像、其他网站的链接及其他与主题相关的媒体，并让读者以互动的方式留下意见，馆员与读者间可以就某些问题进行更为深入的交流和探讨。国内一些学科馆员已经开展了博客咨询服务，国家科学图书馆还建立了学科馆员博客聚合平台④，将散布在不同网站上的学科馆员博客内容聚合在一起，为用户提供信息的定制服务，将内容及时推送到邮件或网络用户空间中。

十、微博咨询

微博（Twitter）是基于用户关系的信息分享、传播及获取的平台，40 字左右的文字更新信息实现即时分享。以新浪微博为例，其主要特点包括：①随时随地发布和接收信息：可以通过互联网、MSN、客户端发布，更可以通过手机发布，实现了全息发布方式，真正实现了随时随地发布和接收信息；

---

① 北京大学未名站 BBS [EB/OL]. [2013-06-01]. http://bbs.pku.edu.cn/.
② 清华大学水木清华站 BBS [EB/OL]. http://bbs.tsinghua.edu.cn/.
③ 中国科学院研究生院科苑星空站 BBS [EB/OL]. [2013-07-20]. http://kyxk.net.
④ 中国科学院国家科学图书馆学科馆员博客聚合系统 [EB/OL]. http://il.las.ac.cn/blog/.

②传播方式呈裂变：通过"粉丝路径"和"转发路径"，实现了信息的极速传播；③信息交互简便快捷："评论功能"、"回复功能"、"私信功能"为博主与用户之间、及用户与用户之间的信息交互提供了保证①。

国内外图书馆应用微博/Twitter 开展嵌入式咨询服务已经较为普及。最常见的一种嵌入式咨询服务方式是：图书馆建立官方微博或馆员个人微博，通过吸引用户成为粉丝嵌入其中，及时回答来自用户提出的各种问题。例如，在美国已有很多公共图书馆、大学图书馆和专业图书馆都建立了图书馆 Twitter 开展咨询服务②，英国也有40多家图书馆和图书馆服务机构都在利用 Twitter 平台与公众的互动和交流③。耶鲁大学科学图书馆 Twitter 用于发布图书馆培训及研究会信息、介绍图书馆资源与服务，并解答用户提出的各种问题。

据相关研究，截止到2011年10月24日，我国高校图书馆开通新浪微博用户为212个④。以清华大学图书馆官方微博⑤为例，设置专人对微博进行管理和内容发布，充分利用微博的各项功能，加强与用户之间的交流互动，解答用户提出的各种问题，截止到2012年7月16日，已发布微博3 998条，粉丝数达18 498个，与校内外用户形成了良好的互动氛围，起到了嵌入式咨询服务的效果。中国科学院心理研究所图书馆微博⑥，截止到2012年8月6日，已发布微博565条，粉丝数达2 675个，其中很多粉丝都是本研究所的研究人员和学生。

十一、微信咨询

微信是一款手机通信软件，支持通过手机网络发送语音短信、视频、图片和文字，可以单聊及群聊，还能根据地理位置找到附近的人，全新的移动沟通体验正渗透进社会生活的方方面面，微信公众平台带来了沟通方式的变

---

① 新浪微博. 百度百科［EB/OL］.［2013 - 06 - 10］. http：//baike. baidu. com/view/2762127. htm.
② Milstein Sarah. Twitter for Libraries（and Librarians）［J］. Computers in Libraries，2009，29（5）：17.
③ 王扬. Twitter 在英国图书馆渐成流行［J］. 出版参考，2009，（19）：42.
④ 刘静. 我国高校图书馆认证用户微博调查分析—以新浪微博为平台［J］. 图书馆学研究，2012，（1）：90-95.
⑤ 清华大学图书馆官方微博［EB/OL］.［2013-07-16］. http：//www. weibo. com/thulib.
⑥ 中国科学院心理研究所图书馆官方微博［EB/OL］.［2012-08-06］. http：//t. 88310942. net/index. php? m=ta&id=2115791630.

革，方便快捷的信息传递方式越来越为广大用户所接受，截至 2013 年 01 月注册用户量已经突破 3 亿。2013 年 6 月清华大学图书馆正式启用微信公众平台①，通过"清华图书馆"微信公共账号，定期发布新闻消息和图书馆资源动态，通过文字、图片、语音与用户全方位沟通和互动，扩大信息交流和文化宣传服务。微信用户通过扫描二维码或者搜索微信公众账号"清华图书馆"、"Thu-lib"，添加朋友并选择关注即可使用。微信咨询将图书馆服务嵌入了用户的个人手机，扩展了与用户的沟通渠道，极大提升了随时随地与图书馆员沟通交流的用户体验。

十二、智能咨询

智能问答机器人是一种人工智能虚拟咨询服务，用机器人以自然语音与读者在线交流，通过知识库来自动解答提问的一种新型参考咨询模式。美国加州 ASK Jeeves② 支持自然语言提问，它使用数据和语言分析技术与用户的查询问题做精确匹配。其数据库中储存了超过 1 000 万个问题的答案，当使用者输入一个英文提问式时，它首先会给出其数据库中可能存在的问题答案供使用者选择。Ask Jeeves 的这种检索方法符合人们日常查找信息的思维方式，用户无需学习布尔检索式和掌握 and、or、not 的用法，抛开了有关关键词和词组的种种限制，也不需要牢记繁琐的检索规则，只要像平时提问一样，把所要询问的问题输入检索框中就可以得到答案。

国内，清华大学研制了在线咨询机器人"小图"③，在设计风格方面，界面以 MSN、QQ 等聊天风格为首选；在知识结构方面，清华大学图书馆 FAQ 知识库为"小图"的核心语料库提供了基础；在用户认证方面，不需要用户注册单独账号；在功能配备方面，让用户意识不到他在与机器人聊天，而是感觉有馆员在线值班；在服务场所方面，可以同时现身在数量众多的社交网络上分别提供咨询服务等④。智能咨询模式将有望大大降低咨询馆员的人工投入成本，结合知识库服务加强图书馆在线咨询能力，并通过与在线人工咨询

---

① 清华图书馆微信公众平台正式启用 [EB/OL]. [2013-07-29]. http://lib.tsinghua.edu.cn/dra/news/annoucement/5074.

② Ask Jeeves [EB/OL]. [2013-09-01]. http://uk.ask.com/.

③ 清华大学图书馆：机器人小图在线服务中 [EB/OL]. [2013-07-10]. http://166.111.120.164:8081/programd/.

④ 姚飞，纪磊，张成昱等. 实时虚拟参考咨询服务新尝试——清华大学图书馆智能聊天机器人 [J]. 现代图书情报技术，2011，(4)：77-81.

系统无缝链接，提高网络咨询服务的效率，提供全天候、全方位嵌入用户环境的咨询服务。可以预见，咨询机器人的推广应用将给嵌入式参考咨询带来新的飞跃。

十三、用户流程驱动咨询

用户流程驱动咨询服务把嵌入用户科研信息查询和利用过程的理念进一步深化。中国科学院文献情报中心已经开展了这种尝试，网络咨询系统与用户的信息查询过程紧密结合，采用嵌入技术将咨询服务接入用户信息查询的全部步骤和流程中[1]。在文献情报中心网站上查文献、找馆藏、检索数据库、搜索网络资源或查找特色文献过程的每一步骤以及检索的每一个过程中都嵌入了咨询提问入口，同时，在文献借阅、全文传递申请、读者信息查询、图书馆馆藏分布等读者关注的服务项目中都嵌接了咨询窗口。用户在文献查询、数据库检索、读者服务过程中或结果后随时可以激活"问咨询馆员"，系统即刻将咨询问题自动转入咨询服务系统，由咨询馆员在线即刻解答或转入表单咨询，在最短的时间内作出解答。另外，国家科学图书馆网络咨询系统还采用情景敏感技术，在各个信息检索和服务查询环节中接入到对应该科研院所、院系服务的咨询服务机构或咨询人员，通过提问用户身份的识别和IP判断，系统会自动弹出对应的咨询服务机构或咨询人员"数字名片"，"数字名片"将进一步引导读者进入实时提问或延时表单咨询或电子邮件咨询，乃至直接向对口的学科馆员咨询提问。

十四、云计算参考咨询

云计算是一种基于因特网的超级计算模式。在远程的数据中心，几万甚至几千万台电脑和服务器连接成一片。用户通过电脑、笔记本、手机等方式接入数据中心，按各自的需求进行存储和运算。图书馆界已经开始探索云计算环境下的参考咨询模式研究，云计算将会把各种模式的参考咨询服务以及社交媒体整合在一起（见图7.1），以更有效率的机制嵌入到用户环境和用户信息利用过程中去[2]。

---

[1] 周宁丽，张智雄，初景利. 用户需求嵌接、流程驱动、情景敏感型9-9网络参考咨询服务——中国科学院国家科学图书馆网络参考咨询服务新进展 [J]. 图书情报工作，2007，(10)：100-103.

[2] 袁红军. 云计算环境下数字参考咨询服务模式创新 [J]. 图书馆理论与实践，2010，(1)：89-91.

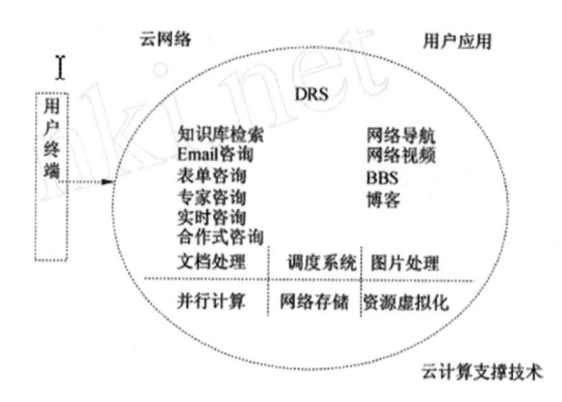

图 7.1　云计算环境下的参考咨询模式
资料来源：袁红军．云计算环境下数字参考咨询服务模式创新［J］．
图书馆理论与实践，2010（1）：89-91.

十五、下一代参考咨询的基本特征

随着各种新型参考咨询模式和技术的不断应用，参考咨询服务已经迈入了一个前所未有的大发展时期。面对多元化的用户群体，应对多样化的嵌入式参考咨询服务需求，从传统的面对面现场咨询、电话手机咨询、电子邮件咨询、表单咨询、实时咨询、常见问题 FAQ 及咨询知识库，特别是新型的即时通讯咨询、BBS 咨询、短信 SMS 咨询、博客咨询、微博咨询等手段的应用，各自面向不同层面的用户群体和用户需求，发挥了巨大的服务作用。然而，每一种参考咨询模式的背后，都需要有学科馆员团队或来个人值守和管理。随着服务对象和范围的不断扩大，服务模式和服务渠道的不断拓宽，有限的人力资源，必将难以支撑长时间、高强度的咨询服务要求。

展望未来，在技术层面来看，参考咨询服务期待着新的智能技术和整合平台的推出，并且可以将图书馆与用户在微博、微信和在线社区等社交媒体上的咨询活动纳入到图书馆整体的参考咨询服务体系中。从业务管理层面来看，也面临着各种服务模式整合的问题，要求图书馆最合理、最有效地重新配置人力资源，将各种咨询服务模式有机地融入咨询服务的整个管理体系之中，让咨询馆员在社交环境中也能规范、及时地回应提问和评论。

第四节 网络参考咨询服务的质量控制与评价

质量控制与评价是图书馆网络参考咨询服务能否可持续发展的命脉和关键因素。如果没有一套控制参考咨询质量的标准或规范，缺少用户对参考咨询服务的评价机制，就容易出现各种各样的问题而失去广大用户的认可和广泛使用。国内外对网络参考咨询质量控制的研究主要集中在制定网络参考咨询服务规范、建立网络参考咨询质量控制与评价指标体系、提升网络参考咨询日常管理和质量控制手段等方面。

一、制定网络参考咨询服务规范

1. 网络参考咨询服务规范的研究情况

参考咨询人员的行为与咨询质量直接相关。国外参考咨询界非常重视对咨询馆员的行为规范，各类网络咨询服务系统都积极参与了咨询服务规范的制定。1999年VRD项目组制定《K-12数字参考服务信息咨询专家指南》（Guidelines for Information Specialist of K-12 Digital Reference Service）。2002年6月美国国会图书馆和OCLC共同发布《QuestionPoint成员指南》（QuestionPoint Member Guidelines）。2003年11月国际图书馆联盟（The International Federation of Library Associations and Institutions，简称IFLA）参考与信息服务专业组发布《IFLA网络参考咨询指南》（IFLA Digital Reference Guidelines）。2004年3月，NISO发布《问题与答案交易协议》（Question/Answer Transaction Protocol，简称QATP）。2004年6月美国图书馆协会参考咨询与用户服务协会（The Reference and User Services Association）正式发布《虚拟参考咨询服务实施与维护指南》（Guidelines for Implementing and Maintaining Virtual Reference Services）。2004年6月美国图书馆协会参考咨询与用户服务协会修订并正式发布《参考与信息咨询人员行为指南》（Guidelines for Behavioral Performance of Reference and Information Service Providers）。

国内实施网络参考咨询的大型图书馆也都建立了自己的网络参考咨询服务规范，中国科学院文献情报中心制定了《网络参考咨询服务规范》和《网络参考咨询馆员工作手册》；国家科技图书文献中心（NSTL）制定了《NSTL网络参考咨询服务工作规范》和《NSTL咨询馆员工作手册》；中国高等教育文献保障系统（CALIS）制定了《CALIS虚拟参考咨询服务规范》；国家图书馆制定了《国家图书馆虚拟咨询台服务公约》;上海图书馆联合咨询导航站建立了《上海图书馆联合咨询服务公约》等。

2. IFLA 数字参考咨询指南

下面将以《IFLA 数字参考咨询指南》(IFLA Digital Reference Guidelines)①② 为例,介绍网络参考咨询规范一般所应该具备的结构和内容,以便为各类图书馆制定本馆的参考咨询规范提供参考和帮助。

《IFLA 数字参考咨询指南》涉及的对象包括从事参考咨询服务实际工作的管理人员和咨询人员两类人员,内容也分别针对网络参考咨询服务管理和网络参考咨询工作开展两部分制定了相应的规范要求。第一部分"参考咨询服务管理规范"是针对管理人员制定的参考咨询服务管理规范,主要对参考咨询的服务规则、工作计划、人员组织、业务培训、界面设计、法律问题、宣传推广、服务评估和合作咨询等方面进行了规范,其内容要点见表7.2。第二部分"参考咨询服务工作规范"是针对咨询馆员而写的,阐述了通用指南、内容指南、实时参考咨询指南和实时问答指南等,对网络参考咨询馆员的咨询通用原则和内容、实时参考咨询问答等方面进行了规范,其具体内容见表7.3 所示。

表7.2 网络参考咨询服务管理规范要点

章节	内容要点
1.1 服务规则	阐述参考咨询服务的目的
	声明尊重版权以及其他相关的法律规定
	明确用户范围
	明确图书馆能够回答或不能够回答的问题
	制订针对用户不当行为的规则
1.2 工作计划	根据用户需求和图书馆服务目标、经费投入等要素制定切实可行的参考咨询服务工作计划

---

① Fullerton Vera. IFLA Digital Reference Standards Project [EB/OL]. [2013-08-01]. http://archive.ifla.org/VII/s36/pubs/drsp.htm.

② IFLA 数字参考咨询指南 [EB/OL]. [2013-08-01]. http://zsdh.library.sh.cn:8080/vrdguide.htm.

第七章 网络参考咨询服务

续表

章节	内容要点
1.3 人员组织	明确咨询馆员团队的人员组成、具体责任和值班安排
	明确技术支持人员的组成、具体责任
	明确技术支持人员的组成、具体责任
1.4 业务培训	确定咨询馆员培训、交流和进修计划
1.5 界面设计	采用用户友好界面和便利导航
	提供连接馆内馆外资源的链接（定期评估更新）
	提供有关图书馆参考咨询规则和服务指南的链接
	提供参考咨询的各种服务模式和联系方式：实时咨询、表单咨询、电子邮件、电话等
	考虑用户的硬件和技术能力的限制，尽量减少硬件要求
	遵守法律法规，保证所有用户包括残疾人士都能够使用服务
	清楚地说明由谁来回答问题，说明这项服务不能够做的事情
	隐私权声明和免责声明等
	确定咨询记录存档及使用范围，确定是否要保证用户匿名和消除所有个人信息
	提供读者信息反馈的方式，例如问卷或邮件等
1.6 法律问题	明确参考咨询服务所涉及的相关法规、知识产权、隐私和保密问题、许可协议、合作关系等内容
1.7 宣传推广	参考咨询服务的宣传推广方法
1.8 服务评估	对用户和咨询馆员进行用户调查；编制服务统计报表；根据统计分析以及咨询馆员和用户的反馈意见调整服务
1.9 合作服务	制定馆际合作开展参考咨询服务的目标和程序指南

表 7.3 网络参考咨询服务工作规范

章节	内容
2.1 通用指南	网络参考咨询服务必须达到传统参考咨询服务的标准： • 保证提供最有效的帮助。 • 回答问题时显示职业礼貌和尊重。 • 坚持知识自由的原则。 • 告诉用户已收到问题，并尽快回答问题。 • 明确回答问题的时间，并遵守时间。 • 遵守电子和印刷资源版权许可协议、其他特殊使用规定以及版权法规。 • 使用优化的检索策略。 • 回答所有分配给自己的问题，哪怕有时只是说"对不起，我不知道。但是您可以试试……"。
2.2 内容指南	• 网络参考咨询服务必须提供信息，并告诉用户您的查找方法，借此培养用户的信息素养。 • 保持客观的态度，不要在回答问题时就题目或问题的性质发表判断性意见； • 采用中性的询问技巧来判断"真正要问的问题"。一旦问题确定，为用户提供准确的回答，根据需要决定答案的长度、深度以及完整性。如果要将问题同时转发给咨询台的其他同事，也请向用户说明； • 对于需要深度研究的问题，可以根据情况提供帮助。花费在检索上的时间应限制在上级规定的时间之内。 • 规范的书面回答应该有开头敬语、中间部分和结尾签名等。 √ 开头：向用户问好，包括一般性的谢语，感谢读者使用这项服务，直接提到用户问题的内容；例如："有关__ 的信息可以在__ 找到。""需要有关__ 更多的信息，我们建议__ 。" √ 中间部分：按照统一的格式提供完全的参考资料引文。如果随信或另外附上其他文件，仔细描述所有的文件。解释是如何找到这些相关信息的，如果资料出处不明显的话，说明出处所在。 √ 签名：签名应该是结尾的一部分。图书馆员签名应该包括馆员姓名或姓名缩写、职位、所在图书馆和按规定提供的联系方式，例如："我们希望提供的信息对您的研究有用"；"我希望您觉得这个信息有用"；"我们希望回答了您的问题。如果还有其他问题，请再与我们联系，我们会很高兴提供更多的帮助"。 • 避免使用行话、缩略词或网上缩略用语（例如：BTW，IMHO）。 • 回答问题应该书面表达清楚，并尽量与问题的水平保持一致。 • 提供准确的回答，确证事实并了解（评估）出处。 • 只选择和引用权威性资料： √ 纸质资料的评估标准是：作者、出版年份、版本或修订版本、出版者、题名、对象、覆盖面、写作风格等。 √ 书评的评估标准是：准确性、权威性、现实性、客观性。 √ 网上资源的评估标准是：作者、内容、域名、最后修订时间、客观性、权威性和准确性。 √ 总是提供完全的信息来源，不管是网页、参考工具书、数据库还是其他资料。尽可能在本馆内使用统一的引文样式。 • 咨询馆员应该通过提供分析、描述、关键词、检索路径或者解说的方式来增加信息的价值。 • 咨询馆员应该尽量为每一个问题查找和推荐至少一个资料来源。

续表

章节	内容
2.3 实时参考咨询指南	• 理想的情况是，用户一进入聊天咨询程序，即开始聊天问答。 • 对于通过聊天程序提出的问题，应该按提出的先后次序给予回答。 • 咨询馆员应在聊天咨询一开始时就说明自己的身份。 • 注意其他等待的用户。 • 进行检索时，要不时提醒用户他们的聊天问答没有中断。 • 给常用的网址做标签。 • 适当注意拼写、语法和大小写。"聊天"的书写方式比正式写作通常更为随意。 • 编制全馆统一使用的模板，帮助咨询馆员节约时间，在本馆提供统一的服务。管理服务的负责人应批准使用统一的模板。 • 鼓励馆员们根据需要编制个性化样本，以便： √ 应对别人无法处理的、要求相似回答的问题。 √ 处理特殊的专业学科问题要求个性化样本。 √ 提到其他图书馆、机构、资料来源和网址时使用统一的措辞。 √ 创建与本馆或本小组统一模板不同的固定问候或结尾用语。 • 如果在某段时间内不能结束聊天，而同时还有其他用户等待时，可以告知用户将通过电子邮件做出答复，并告知大约需要多少时间，例如"我将继续为您寻找答案，将在"X 小时或分钟内给您发送邮件"；"这个回答是否能替您开个头？""我是否能通过电子邮件给您答复？" • 如果合适的话可以同时与几位用户聊天。在您觉得可以的时候，开始与第二位用户聊天（建议使用另外一个浏览器）。例如，您可以说，"我现在还同时回答另一位用户的问题，我会尽快回来与您对话"。"请您等 5 分钟好吗？"
2.4 实时咨询问答指南	• 先让用户表达清楚信息需求再做出回答。 • 使用留有余地的提问技巧来鼓励用户解释问题，例如："请多谈谈您的问题。"或者"您还能够告诉我更多的信息吗？"或者"您需要多少信息？" • 通过提问来精简检索需求，例如"您目前已经找到了什么信息？"或者"您需要哪种信息（书、文章还是其他）？"或者"您需要最新的还是过去的信息？" • 将很长的回答分成几部分（例如 30 个词左右为一个部分），这可以避免过长的停顿时间，而且当您还在继续完成回答时，用户就可以开始阅读您的回答了。 • 对用户解释您的检索过程，随时描述您找到的信息。请记住用户看不见您，应该让用户知道您正在检索什么，检索到哪里了。 • 如果您要去查找印刷资源，或者需要花一些时间回答问题，最好是告诉用户可以查找的资源，或者请他们通过电子邮件咨询。 • 提供完全的参考资料引文。 • 如果有的问题需要用户请教别的参考馆员，详细地告诉用户应该向谁提问，联系方式以及应该问什么问题等。 • 不当行为：如果用户行为不当（根据本馆指南来判断），发送一个统一格式的警告信件或终止问答。重复骚扰者应上报。 • 像说话一样，以谈话的方式输入文字。 • 称呼用户的姓名，必要时向他们提问。 • 避免"是"或"不"的简单回答。"是"或"不"可能被视做冷淡或不友好。要像面对面咨询那样问答。 • 说明容易混淆的词的意思，避免过分的行话。使用用户能够明白的词汇。

二、建立网络参考咨询服务的评价指标体系

国外比较有代表性的网络咨询评价指标体系是"VRD 网络参考咨询服务质量指标体系"(Virtual Reference Desk(VRD):Facet's of Quality)。该指标体系于 1997 年由 VRD 专家基于参考咨询服务及管理的实际经验而提出,后经多次修改成为美国"AskA 虚拟参考咨询服务协会"(Virtual Reference Desk AskA Consortium)的质量评价标准。2003 年 6 月公布的第 5 版标准①中将评价标准划分为两大部分共 11 项指标(见表 7.4),鉴于不同服务系统在资源、人员素质的现状差异,对每项指标又提出了必备级(Essential)与建议级(Recommendations)。

表 7.4 VRD 网络参考咨询服务质量指标体系

一级指标	二级指标
服务过程标准指标 (User Transaction)	易获取性(Accessibility)
	可获取性(Accessible)
	响应及时性(Prompt turnaround)
	答复政策的明确性(Clear Response Policy)
	交互性(Interactive)
	指导性(Instruc2tivc)
服务管理标准与规范 (Service Development management)	权威性(Authoritative)
	专家队伍的训练有素性(Trained Expert)
	保密性(Private vate)
	定期评估总结(Reviewed)
	提供相关信息访问(Provides Access to Related Information)
	宣传推广(Publicized)

中国科学院文献情报中心是国内图书馆较早开展参考咨询服务评价指标体系研究的单位,2002 年启动"国家科学数字图书馆分布式参考咨询服务系统"建设项目,2004 年杨志萍等提出了一套分布式数字参考咨询系统服务评

---

① Project Virtual Reference Desk. Facets of Quality for Digital Reference Services, Version 5 [EB/OL]. [2013-07-01]. http://www.vrd.org/facets-06-03.shtml.

估指标体系①，为国内图书馆进行网络参考咨询服务评价奠定了理论基础。以中国科学院文献情报中心提出的分布式数字参考咨询服务质量评价指标体系（见表 7.5）为例，该指标体系在一级类目下分为 4 个二级指标、8 个三级指标和 30 多个四级指标。整个系统的服务评价采用百分制，即一级指标的总分为 100 分。每项二级指标需根据具体情况在总和中占有不同的权重比。计算公式为：A * (ax+B) * (bx+C) * (cx+D) * dx = 100。其中 ax、bx、cx、dx 为相应指标的权重系数。本研究中将服务水平指标 B 作为系统服务的主要考核指标，其指标权重系数设置得要高一些，其次为用户满意指标 D 和系统使用指标 A，最后为咨询队伍指标 C。整个指标体系的评价标准采取定量和定性后量化评分方式，即对 A 和 B 采取定量方式，A、B 中的每个四级指标都设置了量化的评价标准和具体的分值，对 C 和 D 采用定性后量化方式，即对每个 C、D 指标下的四级指标都设置了定性的标准，并将之量化赋予相应的分值336。

需要特别注意的是，网络参考咨询服务受多方面因素制约，在制定网络参考咨询服务评价指标体系的各项指标和确定分值时，应该根据本图书馆的服务用户范围、服务宗旨目标、所使用的参考咨询服务系统的技术特征、参考咨询服务情况等进行全面考虑，从而制定符合本图书馆的合理的服务指标评价体系，促进网络参考咨询工作的健康运行和可持续发展。

三、提升网络参考咨询日常管理和质量控制手段

质量控制是网络参考咨询服务生存和发展的基础工作。网络参考咨询服务的日常管理和质量控制通常借助两种方式：一种方式是通过在网络参考咨询服务系统中建立咨询问答管理模块来控制；另外一种方式是采用多种前端控制措施来保证服务质量。

1. 建立咨询问答管理模块

国内外网络咨询服务系统通常在系统内部采用问答简单处理功能模块以及邮件通知方法，实现参考咨询的质量控制。有些大型的网络咨询系统则采用更完善的问答管理系统机制，在咨询系统中建立了转发问题、开放问题、回收问题、退回问题等管理模块，并建立问题解答时限报警机制，保证用户

---

① 杨志萍，周宁丽. 分布式数字参考咨询系统服务评价指标体系研究 [J]. 图书情报工作，2004，(08)：58-60.

提出的咨询问题得到及时、快速、高质量的解答。中国科学院国家科学图书馆网络参考咨询系统的质量控制机制如表 7.6 所示。

表 7.5　分布式数字参考咨询服务质量评价指标体系

一级指标	二级指标	三级指标
A 系统使用指标	A1 用户量度	A11 注册用户数
		A12 登录次数
		A13 用户忠诚度 *
	A2 问题/回答量度	A21 接受问题百分度
		A22 回答用户百分度
		A23 问题征解百分度
B 服务水平指标	B1 问题响应时间	B11 系统管理员问题响应时间
		B12 系统管理员问题分配专家时间
		B13 咨询馆员（专家）问题响应时间
		B14 系统管理员问题再次转发时间
		B15 咨询馆员（专家）答复时间
		B16 系统管理员转发专家回复时间
	B2 问题响应质量	B21 系统管理员正确转发/分发
		B22 咨询馆员（专家）正确回答度
		B23 无答案量度
		B24 咨询馆员问题响应度
		B25 咨询馆员（专家）回答量度
		B26 答案规范度
C 咨询队伍指标	C1 人员培训	C11 用户培训情况
		C12 系统管理员接受培训情况
		C13 咨询馆员（专家）接受培训情况
	C2 咨询队伍	C21 系统管理员的构成情况
		C22 咨询馆员（专家）的构成情况

续表

一级指标	二级指标	三级指标
D 用户满意指标	D1 回答质量	D11 回答的正确性
		D12 回答的时效性
		D13 回答的深度
		D14 回答的可理解性
		D15 对回答速度的满意程度
		D16 无答案的情况
	D2 服务情况	D21 咨询服务目前状况
		D22 咨询专家的服务水平
		D23 对专家咨询的满意程度
		D24 回答问题的时间性
		D25 问题的响应性
		D26 服务的综合性
		D27 服务的经济性

表 7.6 国家科学图书馆网络参考咨询系统的质量控制机制

质量控制机制	实现方法
邮件提醒机制	用户向咨询系统提交的新问题一经分配给指定咨询人员，则同时通过邮件通知本人及时登录网上咨询台解答。
退回/转发问题模块	咨询馆员自己不能回答的问题可以退回至管理员处，由管理员再转发给其他咨询人员。
问题报警模块	建立了问题解答时限报警机制，根据问题所属级别，普通问题报警时间为满 48 小时，紧急问题的报警时间为满 24 小时，达到报警时间后，排序获得最高优先级，并以鲜艳颜色提醒咨询馆员处理。
开放问题模块	过了报警时间无人回答的问题，进入开放状态，可以被所有咨询馆员抢答。
回收问题模块	咨询人员逾期未回答的问题，系统将自动回收，并由系统管理员进行解答处理。

2. 采取多种前端质量控制措施

（1）对用户提问加以限定

为了保证咨询馆员能够提供用户满意的咨询解答，国内外很多图书馆对用户提出的问题加以限定。根据美国研究图书馆协会（ACRL）调查，41%的图书馆只接收基本的、事实性的问题，大学图书馆一般只接受普通公众提出的有关本馆资源方面的问题，可以对学生的作业给予有限制的帮助，但拒绝替学生或教师做翻译工作。一些专门性的问题，如法律或求医医药的问题，通常被排除在咨询服务范围之外[1]。

（2）对咨询专家的从业要求和素质规范

国外图书馆十分重视参考咨询队伍的建设，对参考咨询人员的从业资格有严格要求。在专业参考咨询馆员聘用方面，美国的图书馆在聘用专业馆员时的基本要求是，具有某一学科的本科学历，同时还要求具备图书馆学、情报学硕士学位或其他专业的硕士及其以上学历。此外，参考馆员还要具备图书馆学、某个服务专业的学科知识、一定的外语水平、熟悉本馆馆藏和网络信息分布、具备熟练的计算机操作和数据库检索技能，同时还要有较强的独立工作能力和团队合作精神、良好的写作、口头表达及人际沟通能力等。《CALIS 虚拟参考咨询服务规范》从六个基本能力要求方面对网络参考咨询员提出了素质要求，包括计算机应用能力、咨询业务能力、专业知识能力、交流技巧、处理多任务能力和对工作认真负责的工作态度[2]。

（3）制定参考源的选择标准

制定参考源的选择标准，《CALIS 虚拟参考咨询服务规范》规定在咨询解答时必须选择和引用权威性资料，尽量使用商用信息资源和工具书，认为搜索引擎只能是辅助性参考工具，不能作为主要的信息源；推荐的常用参考信息源包括：图书馆目录、文摘索引、字辞典、百科全书、年鉴、手册、名录、期刊、会议文献、学位论文、统计资料等；也推荐了包括纸质资料、书评和网上资源在内的主要参考信息源的评估标准[3]。

---

[1] 初景利. 图书馆数字参考咨询的理论与实践研究 [D]. 北京：中国科学院研究生院，2003.

[2] 张春红，肖珑，梁南燕. 虚拟参考咨询服务规范研究及其应用 [J]. 大学图书馆学报，2006，(02)：57-62.

[3] 张春红，肖珑，梁南燕. 虚拟参考咨询服务规范研究及其应用 [J]. 大学图书馆学报，2006，(02)：57-62.

(4) 制定合理的开放时间与答复时限

网络参考咨询的开放时间的长度和时段应科学论证。从经济学角度上讲，开放时间并不是越长越好。开放时间取决于图书馆的人力、财力，也取决于用户的习惯。关于答复时限，在15~20分钟之内为用户实时咨询的最大承受时长。应多利用专家系统的自动回复，结合人工尽量满足用户对实时咨询效率的要求。

(5) 制定规范解答模板

《CALIS虚拟参考咨询服务规范》明确了咨询答案的格式内容及其要求，规定答案格式应包括开头（包括问候语、重复或澄清用户问题等）、中间部分（包括答案和参考源、检索策略）和结尾（包括结束语和致谢以及签名等）：答案回复时应书面表达清楚、语言清晰、使用正确的语法和拼写，并应对检索结果进行初步整理，避免用户因太多格式而看不明白内容[①]。

(6) 监测和评估咨询记录

监测和评估咨询记录，指定资深咨询专家测评或咨询馆员之间互评已有咨询记录并进行交流。

第五节 网络参考咨询服务的业务组织

比起传统参考服务模式，网络参考咨询服务更有可能不受工作场所和时间的限制，利用一切可能的机会解答用户的提问，因此网络参考咨询馆员团队可以是由跨系统、跨地域、跨图书馆和跨部门的咨询馆员共同组成的分布式参考咨询服务团队。以下以国家科技图书文献中心（NSTL）和中国科学院网络参考咨询系统为例展开介绍。

一、NSTL网络参考咨询的业务组织

国家科技图书文献中心（NSTL）是根据国务院领导的批示于2000年组建的一个虚拟的科技文献信息服务机构，成员单位包括中国科学院文献情报中心、工程技术图书馆（中国科学技术信息研究所、机械工业信息研究院、冶金工业信息标准研究院、中国化工信息中心）、中国农业科学院图书馆、中国医学科学院图书馆，网上共建单位包括中国标准化研究院和中国计量科学

---

① 张春红，肖珑，梁南燕. 虚拟参考咨询服务规范研究及其应用[J]. 大学图书馆学报，2006，(02)：57-62.

研究院。作为一个虚拟数字图书馆，NSTL网络参考咨询服务完全是基于分布式通过网络提供咨询服务的，参考咨询专家近30名分别来自上述九个成员单位，形成了跨系统、跨图书馆的协同工作机制。咨询专家按照各自所在单位的专业领域及业务特长分工负责表单咨询，并轮流值守实时参考咨询台，通过团队协作及时有效地解决了NSTL用户在查询利用科技文献过程中遇到的问题。

二、中国科学院文献情报中心网络参考咨询的业务组织

中国科学院文献情报中心网络参考咨询系统的服务团队由90多名咨询专家组成，分别来自中国科学院系统的多个图书馆。其中，包括中国科学院文献情报中心（包括北京中心、兰州中心、成都中心、武汉中心）的学科馆员、文献服务人员，上海生命科学研究院信息中心学科馆员，中国科学技术大学图书馆学科馆员及部分研究所图书馆服务人员，形成了系统内多个图书馆、多个部门的协同工作机制。在对每位咨询馆员责任服务单元、专业特长充分了解的基础上，根据用户的来源、咨询问题的学科属性等，以系统自动分配和系统管理员手工分配两种方式，将问题提交给馆内最适宜的咨询馆员来回答，保障了所有咨询问题高质量、高效率地得到解答。由于拥有了这样的咨询专家团队和业务组织机制，自2006年10月起，国家科学图书馆在国内率先创新性地开展了9-9网络实时咨询服务，每天为用户提供12小时的在线即问即答服务。

另外，需要特别注意的是，参考咨询不仅仅是一个独立的服务，对任何一个提供网络参考咨询服务的图书馆而言，应有效地把网络参考咨询服务融入整个图书馆的信息服务系统中，与信息资源采购、资源导航、文献借阅、馆际互借、原文传递、文献复制、情报研究等密切地结合，形成有效的契合和关联，构成整个图书馆资源建设、文献服务、情报研究等链条中不可缺少的一环。而且用户无论从哪一个环节进入，都能获得咨询与最终问题解决相连贯的整体服务，形成各种服务密不可分的配合关系，形成对用户的一种快速反应。用户不会更多地顾及图书馆服务的项目和分类，他只要他的问题能及时有效地得到解决。因此，图书馆的各种服务应在内部打通障碍和壁垒，形成高效的团队，在有服务需要时，能"一呼百应"，保持对用户需求高度的敏感度①。

---

① 初景利. 图书馆数字参考咨询的理论与实践研究 [D]. 北京：中国科学院研究生院，2003.

第八章 面向科研群体的网络化服务

在网络信息技术的快速推动下,科研环境呈现数字化、网络化、虚拟化趋势,科研人员的信息需求呈现出个性化、专深化、泛在化趋势。图书馆为适应科研环境和用户需求的变化,以及支撑科研创新的需要,就必须努力寻求服务转型与变革。其中,需要解决三个方面的重点问题:构建面向科研用户的网络平台、面向科研过程的网络化服务和面向虚拟用户的信息服务。

第一节 面向科研群组的网络平台建设

科研群组作为学术研究的主要力量,其需求既具有集合性、稳定性、专题性,又具有分散性、层次性和阶段性,是研究型图书馆知识服务的重要对象[1]。为更好地满足科研群组的需求变化,图书馆帮助不同科研群组搭建起属于科研用户自己的信息环境和网络平台,这既是当前图书馆实现图书馆服务从传统服务向知识服务、嵌入式服务转型的重要途径和手段,也是新兴科研环境下图书馆工作谋求生存和发展的必然选择。中国科学院文献情报中心(简称"中心")"十一五"、"十二五"期间在科研群组网络平台建设方面做了大量的工作。本节主要结合中心的实践活动,对科研群组网络平台建设的背景、功能、技术及保障机制等进行重点介绍。

一、建设背景与功能定位

1. 建设背景

(1) 网络信息技术的深刻变革与影响

网络信息技术对图书馆的内外环境、知识传播与利用形式、科研用户的信息需求和行为等方面产生深刻影响。随着数字出版逐步成为出版业的主流模式,图书馆信息资源的载体数字化趋势明显;知识传播和利用形式不断变

---

[1] 宋海艳,郭晶,潘卫. 面向科研团队的嵌入式学科服务实践探索 [J]. 图书情报工作,2012,56 (1): 27-30, 148.

化，各种新技术机制在创造、组织、传播和应用信息中扮演愈加重要的角色，各类社交网络和博客、微博、RSS 等在信息交流上发挥着越来越大的作用；科研用户对传统图书馆的信息需求和依赖不断减弱。而图书馆经过数字图书馆建设多年的积累，已对传统图书馆的工作模式产生变革性影响，同时也面临许多新技术和新环境的挑战。

（2）科研创新和科研范式演变的驱动

当前，科技创新正走向自主创新、交叉融汇创新、转移转换型创新和战略性创新，科研人员的信息需求不再是对某个简单问题的查找和跟踪，开始重视对多个问题和学科领域态势的综合把握。随着科学研究第四范式的形成，所有科技对象都被信息化数字化表征，海量科学数据（各种形态的数字化科技内容）被迅速和大量创造，并通过网络快速传播。数据驱动的科研发现和基于研究数据的知识管理，成为许多领域的重要基石。因此，加强科研群组个性化知识平台的快速化架构定制、智能化内容摄取、灵巧化模块管理和协同化运营维护机制，逐步实现基于使用情景和知识组织体系的用户数字知识环境定制①，成为新型科研环境下科研创新的必然要求。

（3）图书馆个性化知识服务发展的要求

科技创新模式、知识形态、科技创新中的知识交流与知识处理机制发生着深刻变化，导致了知识创造方式的深刻变化，以及科研工作流的关键知识瓶颈发生重大变化，新型知识服务机制的出现。努力建立融入科研一线，院所协同、融入研究团队及其研究过程的知识服务能力，从个人到机构不同用户层级的个性化综合知识资源体系的规划、建设和评价的方法与能力；完善和迅速普及开放覆盖、连接、集成多元知识与知识关系的群组综合知识平台及其协同服务工具与能力，支持在网络规模上对信息服务能力的快速和个性化的发现、集成、定制和扩展，支持和推动针对科研团队及其科研活动全谱段的科研知识服务，成为当前图书馆服务发展的重点。

2. 功能定位

（1）概念界定

在面向科研群组的网络信息平台建设方面，国科图的主要做法是，面向课题组和实验室建立嵌入科研过程的知识服务与利用环境，针对研究所重大课题组或研究室需求，建立所级课题群组个性化知识环境，建立可靠高效和

---

① 张晓林. 研究图书馆 2020：嵌入式协作化知识实验室？[J]. 中国图书馆学报，2012，（1）：11-20.

可持续的用户群组知识服务平台,支持学科群组建立个性化的集成信息服务平台,支持学科群组根据科研需要融汇资源、继承服务、组织知识和交流,以提升图书馆个性化知识服务能力。

(2) 目标与功能定位

图书馆通过院所协同的方式,完成系统化的群组知识服务平台建设、实施、维护和服务规范,形成可广泛推广的群组知识服务平台设计、实施与服务机制,推动文献情报机构创新发展①。具体来说,其主要根据不同课题组信息利用需求,结合 IIP、iLibrary、XKE 平台建设特点,自由选择合适的平台,开展个性化课题组集成知识平台建设,以实现以下几个功能②:

A. 对专有科技信息资源进行的可个性化、精深化收集和管理;

B. 支持科研人员动态管理课题组或实验室的知识内容,构建知识交流渠道;

C. 支持课题组对特定科研创新内容进行跟踪和分析;

D. 为课题组建设自己的知识内容和评估自身知识能力提供基础;

E. 为院所文献情报机构嵌入信息服务提供个性化服务。

二、基础信息服务系统平台建设

在"十一五"期间,中心为支持研究所课题组个性化信息资源的构建与组织、管理与共享,组织研发的信息服务平台主要有:信息服务集成融汇系统(iLibrary)、中科院集成信息系统(CASIIP)和专业领域知识环境(SKE)。

1. 信息服务集成融汇系统(iLibrary)

IIibrary 系统是由中心信息系统部开发的基于集成融汇服务的门户构建系统③,支持集成融汇多种不同的资源与服务,方便快捷地构建用户信息环境,对用户的需求快速做出反应,支持图书馆资源与服务向用户所在环境的嵌入。

---

① 科研一线知识服务能力建设专项子项目申报指南 [EB/OL].[2014-03-16] http://www.las.ac.cn/.

② 陈启梅. 科研群组知识环境——以中科院为例 [EB/OL].[2014-03-16]. www.csla.org.cn/testshow.jsp? attach_ id=161&file_ type=pdf.

③ 土科,纪姗姗,刘芳,et al. iLibrary:表示层集成融汇服务及系统实现 [I]. 现代图书情报技术,2010,(11):30-6.

(1) 目标与定位

ILibrary 系统支持多类型小工具的灵活创建、提供 iMashup 支持个性化小工具的可视化创建、支持小工具的关联融汇；它支持构建个人图书馆系统（startpage），支持构建各类社区、门户系统的构建，支持融汇服务创建、保存、管理、开放调用。该系统主要用于支持没有计算机技术背景的人员，利用现成小工具（Widget），迅速构建新的服务系统；支持用户依据特色资源构建个性化小工具，进而创建满足个性需求的服务系统。

(2) 功能特色

A. 学术宣传：即门户功能，所见即所得编辑方式，图文并茂，更新维护操作简单，对网站管理人员的技术要求低；

B. 知识发现：集成第三方检索服务，如数据库检索、搜索引擎等，嵌入科研人员信息知识环境，方便科研人员快速查找信息，不需额外开发，支持平台其他成员共享；

C. 知识组织：将多种来源，多种类型数据（图片、论文、数据等）进行融汇，满足个性化需求；

D. 学术交流：系统自带的论坛、日历、博客等工具组件，支撑研究所科研信息环境的学术交流版块的搭建；

E. 服务嵌入：集成图书馆现有服务，如咨询、培训等，嵌入科研人员信息知识环境，方便科研人员利用图书馆服务，支持平台其他成员共享。

2. 集成信息服务系统（IIP）

中科院集成信息平台（IIP）是以特定主题的信息资源为对象，以计算机网络技术为支撑、面向科学研究的基础单元（如学科组、课题组、项目组、研究室以及科学家个人等）建立的信息集成与交流平台，是学科信息门户与课题组平台相结合的产物。

(1) 系统特点

A. 简单、灵活、实用，可拖拽页面布置，方便地进行资源揭示与导航；

B. 与专业数据库紧密集成，方便地进行知识内容的采集、加工、组织与发布服务；

C. 支持构建多个实验室、课题组的科研社区主页，发布科研社区信息；定制常用资源和服务，构建个性化的团队公开信息服务空间；

D. 通过控制面板来管理用户，创建社区页面，添加信息，管理系统。

第八章　面向科研群体的网络化服务　　173

（2）功能及作用

A. 资源共享：为学科组及相关领域专家提供共享信息资源；

B. 信息发布：有效宣传展示学科组科研活动及其科研成果；

C. 信息存载：集中保存与学科组科研相关的各类信息资源；

D. 同行交流：学科组内部、学科组与同行之间进行交流；

E. 集成服务：有效继承和嵌入图书馆提供的资源和服务。

3. 专业领域知识环境（SKE）[①]

专业领域知识环境（Subject Knowledge Environment，SKE）[②] 是综合科技信息一站式集成和管理平台，支持综合科技信息的发布、组织、共享、交流和发现。SKE 平台支持按科研项目、研究领域、课题组、实验室、研究所等建立个性化学术社区，成为用户的门户和信息共享交流平台。学科组或重大项目组建设的 SKE，可以根据自己的研究方向，命名为不同的知识环境（XKE）。

（1）定位与目标

A. 定位

a）用户科研过程中自主的信息管理、组织、发布的平台；

b）研究所图书馆为特定目标用户、重大科研项目提供信息服务的平台；

c）学科馆员为特定目标用户、重大科研项目提供信息服务的平台。

B. 应用目标

a）面向专业领域；

b）面向科研团队：课题组、科研项目、实验室、研究所；

c）集成科研人员、科研机构、科研项目、科技成果、科学数据、网络资源等一切可用元数据描述的资源。

（2）平台特色：

A. 多门户架构；

B. 完善的信息安全机制；

C. 组织任何种类的信息；

D. 基于本体的信息组织体系；

---

① 宋文，黄金霞，刘毅，等. 面向知识发现的 SKE 关键技术与服务 [J]. 现代图书情报技术，2012，(07/08)：13-18.

② 杨志萍. 群组集成知识平台可持续发展能力建设应用实践 [J]. 现代图书情报技术，2012，(07-08)：1-5.

E. 各应用平台自己构建本体;

F. 在 SKE 核心本体的基础上,可以进行基于本体的推理、可视化和知识发现。

三、群组集成知识平台建设

在"十二五"期间,中心组织设立了"研究所群组集成知识平台可持续服务能力建设"项目①。该项目主要以 iLibrary、IIP、SKE 三个系统平台为架构,针对研究所重大课题组或实验室需求,开展研究所课题组个性化的知识环境建设,建立课题组个性化的集成信息服务平台,形成融汇各类信息资源、信息服务、内容组织工具、信息交流工具的群组集成知识平台。科研用户可以借此实现个性化、精深化对专业科技信息资源的收集和管理,可以动态管理课题组或实验室的知识内容和知识交流渠道,可以对特定科研创新内容进行跟踪和分析。

1. 总体思路

中国科学院群组集成知识平台建设主要从发展维度、协同维度和可持续维度三个方面展开的。具体来讲:在发展维度方面,构建中国科学院研究所群组个性化知识内容体系,形成多方位嵌入科研过程、支持多学科领域科技创新发展的多维知识云服务环境。在协同维度方面,建立院所协同组织管理和服务机制,形成院所协同的课题组集成知识平台建设支撑服务体系。在可持续维度方面,建立中国科学院研究所群组集成知识平台建设保障体系,建立可移植可定制的课题组集成知识平台建设指南,形成规范化的服务保障机制。

2. 平台构架

群组集成知识平台总体架构将根据研究所课题组个性化需求形成 iLibrary、IIP、SKE 为主要建设对象的知识环境。在个性化服务环境中,通过数字网络技术,建立嵌入课题组或实验室科研活动过程的科技信息的知识组织、知识发现和知识获取环境,实现文献与其他数字化资源的多元关联,形成科研用户知识服务的物联网,支持科研过程的知识服务、知识创造、信息传播和共享交流,最终形成学科性强、具有互动交流的个性化数字知识服务环境。

---

① 杨志萍. 群组集成知识平台可持续发展能力建设应用实践 [J]. 现代图书情报技术, 2012, (07/08): 1-5.

3. 主要功能

（1）个性化地集成所需要的科技文献资源、开放科技信息资源、相关联的技术产业信息资源等，以及利用这些资源的各种服务系统，使得课题组成员能方便地查找利用所需要的信息内容。

（2）个性化集成组织课题研究所产生的信息内容，包括课题的研究报告、工作文件、正式论著、科学数据等，并在合理保护著作权的前提下集成组织与课题密切相关的合法获得的研究资料，以及引入课题讨论交流平台并组织课题交流内容。

（3）根据课题所在领域的知识体系和课题组的需要，将所涉及的主题、机构、项目、人员、成果等有机组织成为知识内容体系，支持基于知识关系的知识组织和关联查询。

（4）通过开放接口方式，将集成知识服务平台的知识内容与所从事科研领域内的其他主流信息服务系统有机链接，与国家、中国科学院以及主要第三方的文献检索服务系统有机链接，支持关联检索和对检索内容的本地化组织。

4. 实施路径

首先，根据课题组信息利用需求情况，前期遴选小范围有条件的研究所课题组，针对三个维度建设指标，经过一定时间，在每个试点研究所建立一定数量的课题组或实验室集成知识服务平台，同时形成可推广的所级用户群组知识服务平台设计、实施服务机制与能力。在此基础上，开展较大规模的培训和经验交流，将前期积累的经验扩展至更多研究所的课题组或前期参与建设的研究所其他课题组，逐步形成全院研究所群组集成知识环境。在此过程中，培育 支院所协同嵌入科研过程的服务团队并建立相应的服务机制，形成研究所个性化集成信息服务可持续发展的能力，形成多元协同的嵌入科研创新过程的新型文献情报服务模式。

已有的实践案例如，中国科学院对地观测与数字地球科学中心（CEODE-CAS）所属课题组或科技机构，在利用多来源小工具资源，实现个人与社区门户整合呈现，并分享服务与资源等方面进行了尝试，以简单快捷形式集成探索建立了以 5 个课题组或科技机构为服务对象的知识平台[1]

---

[1] 黄铭瑞、王化、张清、等. CEODE-CAS 群组集成知识平台应用实践［J］. 现代图书情报技术，2012，（10）：72-76.

5. 保障机制

为实现集成知识平台的可持续建设，国科图建立了以群组集成知识平台建设能力为核心的服务体系、保障体系和支撑体系，以培育新型服务可持续发展能力。

(1) 群组集成知识平台可持续服务团队建设①

构建以研究所为主体，国科图配置学科馆员、技术支撑人员或网络中心配置信息技术人员组成的项目建设团队。在研究所层面，建立所级文献情报人员、课题组科研人员、学术秘书等的群组集成知识平台推广建设的服务团队，建立与学科馆员的互动服务支持机制，建立与学科馆员、技术人员的技术支撑机制，建立服务团队的培训机制，建立与课题组畅通交流的渠道，全力提升所级群组集成知识平台能力建设。

(2) 研究所群组集成知识平台管理机制建设

国科图结合研究所实际情况，提出并逐步完善研究所的群组集成知识平台的持续建设、管理、维护和服务机制。根据建设经验，建立可推广、可移植、可定制、可互操作的群组集成知识平台持续建设与服务指南。

(3) 研究所群组集成知识平台规范建设和技术支持

针对项目推荐的 IIP、SKE、iLibrary 系统平台特点，由技术方面的团队建立通用建设与服务指南，提出通用的开放互操作规范，提出个性化工具开发通用规范，提出利用各系统建设课题组集成知识平台的路线图、内容组织规范、内容管理与利用政策、内容维护流程、人员队伍建议机制等，形成规范性的建设流程，提出可广泛推广的课题组用户群组知识服务平台设计、实施与服务的机制模板。另外，为各平台的搭建建设全面的技术支撑保障服务体系。

四、需要解决的问题

在平台建设和可持续发展过程中，需要注意解决以下几个关键问题：

(1) 建设可持续服务发展能力

培育可靠和可持续的课题组集成知识平台建设发展的服务能力，并使其成为研究所文献情报机构知识化能力的有机组成部分，支持研究所内众多和不断变化的课题组有机组织自己的个性化集成信息基础设施。这种服务能力

---

① 科研一线知识服务能力建设专项子项目申报指南 [EB/OL]. [2014-03-16] http://www.las.ac.cn/.

的建设，需要密切结合研究所需求、管理体制和所级文献情报机构特点，试验并逐步完善适合不同研究所的建设组织模式、服务团队结构、管理评价机制以及相应的最佳实践，提升研究所文献情报服务能力评价体系。

（2）定制优化群组集成知识平台

在平台建设过程中，如何根据课题组实际需要来快速、方便和经济地搭建课题组集成知识平台，如何可靠、方便和经济地提供长期维护与支持服务，最终形成更为丰富、更具个性化、更易维护的服务平台，是建设中的一个关键挑战。平台建设采取"竞争选择"、"实地改进"和"多样化优化"方式，促进三个应用系统按照科研用户实际需求不断完善和改进，并在功能丰富度、互操作性和平台易建性、易维护性之间取得最佳平衡。

（3）建立院所协同建设和服务机制

研究所文献情报机构和课题组普遍尚不具备稳定、快速、便捷支持课题组建设集成知识平台的能力，而中心相关团队虽然具有一般经验但对具体课题组需求不熟悉。从可持续和高效率的角度，需要形成中心与研究所、平台建设与服务方和相关信息技术团队的协同服务机制，使得三个系统和大量已经积累的平台建设与服务经验能够被高效应用到研究所实际群组平台建设之中，又能通过研究所个性化应用不断优化三个系统和相应的平台建设与服务，支持普惠化的群组集成知识平台的建设服务。同时，还需要建立以中心、相关技术团队和试点所为主的支撑能力云，包括基础开源平台、定制建设方法、可集成嵌入的工具集、可开放集成的标准规范和接口、互操作通用规范、可借鉴参考的著作权政策与服务管理政策、数据加工与知识组织规范等。

总之，群组集成知识平台建设项目的成功建设，需要在建设初期从顶层设计层面统筹考虑，因受技术、管理、机制和队伍等多方面因素综合影响，示范试点是一种带动性能力建设，在可持续能力发展建设中起核心作用。同时，需要把可持续发展的理念和行动充分贯彻到能力建设中，规范性、能力提升和协同性建设在可持续能力发展建设中起保障性作用。另外，建设中需要考虑知识平台中"信息展示"、"知识发现"在可持续能力建设中起的关键性作用，加强对定制的个性化内容的知识化组织、关联化检索和可视化利用的开发利用，逐步实现基于使用情景和知识组织体系的群组用户数字知识环境定制，实现科研用户群知识环境的跨越式发展。

第二节 面向科研过程的网络化服务

一、发展背景及概念诠释

随着研究高度协作和资源高度共享的大数据时代的到来,科学研究范式和学术交流行为发生很大变化,对图书馆信息服务提出了更高的要求。一方面,数字化网络化地获取科技信息已经逐步成为科研人员的基本要求和行为习惯,并且他们希望这种获取服务直接"到桌面、进现场",能有机融入科研过程。另一方面,科研过程和科研任务本身的复杂性,不但要求科研人员之间要实现跨国家、跨地区、跨学科、跨领域界限的交流合作,而且希望科技信息服务者能从提供一般性文献服务转变为提供学科化知识服务,以帮助解决科研活动过程中遇到的实际问题。

因此,在数字科研环境下,大学及研究型图书馆为支持知识创造、交流、分析、组织和保存的整个知识生产过程,满足科研人员更加专深的、个性化的信息需求,充分利用数字化学术信息,融入数字化科研过程,开展学术信息交流服务,甚至再现数字化科研场景和科学研究过程,构建开放、即时、高效、协作的知识服务体系,是图书馆构建面向科研过程的网络信息服务的发展方向[1]。

二、科研过程的信息需求分析

科研知识环境、科研知识过程的变化带来了科研一线用户知识服务需求的变化,不同领域、不同层次、不同维度的用户需求交织成立体化、动态化的知识服务诉求网络。只有对每个阶段、每个层面、每个不同角色的具体需求进行深入了解和分析,才能深刻理解科研一线用户的想法,才能更好地帮助图书馆更好地开展网络化服务和知识服务。

1. 数字信息环境下科研用户信息需求

在数字信息环境下,科学研究活动呈现出一些新的特点。"e-Science"就是数字信息时代科学研究环境和科学研究活动的典型描述。在"e-Science"环境下,科学研究所依赖的各种学术资源类型呈现完全数字化趋势;科学研

---

[1] 刘细文,贾苹,王保成. 中国科学院国家科学图书馆阵地服务的转型探索[J]. 图书情报工作,2013,57(18):6-10.

究的组织和运作机制也逐步网络化，以虚拟实验、网络协作、网格等为代表的技术，由辅助科研过程转化为科研过程的重要组成部分，丰富多样的数字化数据采集与处理工作、数字化科研管理系统等，为科研人员组织科研工作全流程提供数字化形式的有力支撑；计算机仿真和模拟分析等新技术成为科研人员创造知识的新模式，在大气、物理、医学等许多领域发展迅速，对主要依赖实验、推断等传统的科学研究方法形成严重冲击；数据在科学研究中所承担的角色越来越重要，数据密集型科研环境以及跨领域、跨地域的资源共享与科研协作环境正在逐步形成。所有这些新的变化都是对传统的科研模式的重大冲击，势必会影响到用户的信息需求和行为[①]。

在"e-Science"环境下，科研用户的信息需求呈现出以下一些新的特点。首先，由于学术信息资源载体、类别、获取渠道的多元化，科研用户对资源的综合集成、统一发现和获取的要求进一步加强；其二，随着科学研究的专深化和差异化需求，普通的文献提供层面的信息服务已完全不能满足用户需求，用户希望图书馆员可以针对具体科研过程中的具体问题提供解决方案，甚至可以为其科研方向提供预测，用户希望图书馆员融入具体的科研过程，为其提供差异化的、定制化的知识服务方案；其三，随着大数据时代的到来，海量数据的剧增以及科学研究的颗粒越来越细小，研究过程数据、非正式研究成果等对科研用户的价值越来越高。深入挖掘用户信息需求的新变化，是有效提高图书馆服务水平的重要前提。

2. 科研过程不同阶段用户信息需求

图书馆开展面向科研过程的网络信息服务，必须明确科研过程不同阶段的特点，以及不同阶段的用户需求特征，进而才能制定适合科研过程中不同阶段用户需求的针对性服务策略。

选题阶段：科研人员普遍需要全面了解相关选题的国内外研究现状、发展趋势，借助检索工具进一步确定领域关键词、代表专家、代表机构等，查阅与课题相关的文献、综述，确定研究领域，发现对当前研究有价值的思路。

科研阶段：科研人员希望能够跟踪领域内权威专家、机构，掌握领域发展动向，密切关注课题的研究趋向，占有代表学科高水平和发展方向的高质量文献资料，获取学科前沿最新进展与动态。

成果阶段：科研人员需要判断在哪些期刊、会议上发表相关学术成果，

---

① 张红丽，吴新年. e-Science 环境下面向用户科研过程的知识服务研究[J]. 情报资料工作，2009，(03)：80-84.

以及成果发表后需要查看其被收录、引用的情况①。

3. 科研过程不同角色用户信息需求

在科研过程中，每个具体的科研人员所扮演的角色也是不一样的，角色差异致使同一个科研阶段不同科研人员的信息需求也产生很大差异。图书馆开展面向科研过程的网络信息服务，有必要对科研过程中不同角色用户及其信息需求进行深入分析

科研用户主要分为三类：第一类是研究所领导及科研管理部门，他们是决策者和管理者，主要承担着研究所总体发展规划、科研部署、业务与行政管理等任务；第二类是学科组长及科研人员，他们是科研活动的主体，主要任务是根据不同研究方向，通过争取国家、地方以及其他基金项目支持开展科学研究；第三类以在读研究生为主体，包括博士、硕士研究生与交流人员，他们是科研助手，直接参与到科研活动中，主要承担着对信息资源搜集、分析与提炼，实验数据的获取等工作，是科研活动中的重要支撑力量。这三类科研人员之间相互交叉，研究所领导大多是学科组长和科研人员，他们不仅承担着管理工作，同时也承担着研究项目和培养研究生的任务②。

由于在科研过程中所承担的角色差异，科研人员对文献信息的需求可能很大不同，比如研究所领导及科研管理部门可能更关注机构的整体科研实力、机构知识资源的管理，学科组长可能比较关注学科发展的前沿态势，而研究生会比较关注博硕士学位论文的获取、科研信息素养的提升等方面的内容。因此，如何针对科研过程不同角色用户提供针对性的网络信息服务，也是图书馆服务必须考虑的问题。

三、嵌入科研过程的网络化服务的主要内容

面向科研过程的嵌入式服务主要包括两种形式：一是学科馆员针对科研流程中不同阶段提供服务，如立题与查新、研究过程中学术追踪、成果展示等；二是学科馆员融入科研用户的科研过程或科研团队，对课题策划、内容分析、论文发表、成果评价等方面提供全过程的服务。国内外大学及研究型图书馆在对数字信息环境下科研用户信息需求的分析、对科研过程不同阶段

---

① 刘雅静，周津慧，王衍喜，等. 嵌入科研过程的文献数据库功能重组方法与服务实践 [J]. 图书情报工作，2012，(05)：67-72.

② 吴跃伟，张吉，李印结，等. 基于科研用户需求的学科化服务模式与保障机制 [J]. 图书情报工作，2012，56 (01)：23-6.

不同角色用户信息需求分析的基础上，通过人员嵌入、技术嵌入、过程嵌入等方式，在构建面向用户科研过程的网络化服务模式方面形成了诸多探索。

1. 服务方式

（1）人员嵌入方面：就是要求负责学科服务的馆员，深入到学院、深入到服务的科研团队中并融入到科研过程中，与科研人员保持及时、顺畅的沟通，了解课题的情况以及他们的信息需求，有针对性地为他们提供所需信息服务。

（2）技术嵌入方面：主要是针对学科馆员而言，一方面，要利用自己情报方面的专业和技术特长直接为用户提供高质量的情报服务产品，如调研报告、查新报告等；另一方面，为用户开发更方便、快捷、集成度高的知识服务支撑平台，如集成化的检索工具、知识库、学科服务平台等。

（3）过程嵌入方面：是指在整个科研过程中，从项目的立项到项目实施和结题，提供全程的跟踪式服务。在科研过程的每个阶段根据用户需要为其提供全方位的信息支撑，将信息服务嵌入到知识创造的具体过程中[1]。

2. 服务内容

（1）用户信息素质教育[2]

以中心为例，利用学科馆员具有专业背景的优势，探索研究生信息素质课程和到所系列专业培训两种信息素质教育模式。

模式一：系统设计和组织研究生院信息素质教育课程体系，探索了"授之以渔"的中科院研究生信息素质教育模式，通过在研究生院开设春秋季学期信息素质公选课、LC（学习共享空间）小课堂公修课、学院课程硕士必修课以及夏季学期学科领域专题信息素质教育课程，有效推进了研究生科技创新信息素养的提升。组织建设"开放信息素质教育服务平台"，集合各类教育素材，提供开放学习、交流共享服务空间，为提升研究生信息素养能力提供了最佳实践案例。

模式二：通过学科馆员到研究所现场开展学科领域信息素质系列专业培训，解答研究生在"选题和开题"、"实验阶段"、"学术论文写作"、"毕业论文撰写及答辩"等学位论文阶段遇到的实际问题，有机地将科技信息素养能

---

[1] 董月玲，王晓丽，王寻. 嵌入科研过程的学科化知识服务研究 [J]. 高校图书馆工作，2012，(02)：76-8.

[2] 吴鸣，杨志萍，张冬荣. 中国科学院国家科学图书馆学科服务的创新实践 [J]. 图书情报工作，2013，57（02）：28-31.

力培养与技能指导嵌入研究生学位论文科学研究之中，激发研究生们学习专业信息实用技巧的积极性，帮助他们提升科技信息素养能力，为科研奠定扎实的信息素质基础①。

（2）嵌入科研一线的学科咨询服务

融入科研用户，发现用户需求，建立长效的用户联络机制是开展学科化服务的基础。国科图通过各种有效方式，让科研用户随时随地方便地找到学科馆员。服务实践：①经常到科研一线、科研人员办公室、实验室和研究生工作间提供现场服务；②利用网络建立学科化服务空间或通过各种有效方式与科研用户建立密切联系，如加入到科研用户 QQ 群、Email、MSN、Blog、手机等针对咨询问题提供及时解答；③利用图书馆网络咨询平台，通过实时咨询和离线表单方式解答用户所咨询问题。用户咨询问题主要包括文献检索技巧和全文获取类、信息分析类、信息管理类、学科情报类和学科组平台建设类等。

（3）跟踪科研动态开展定题服务

根据用户所承担的项目与研究课题，对重要的网站、数据库、专家博客等网络信息源进行定期扫描，经过分析加工整理成专题信息，及时推送给用户。服务内容与方式包括：①编辑快报，例如为承担国家重大专项任务的学科组提供《艾滋病研究领域快报》，为承担中国科学院创新先导项目的课题组提供《干细胞领域研究快报》等；②单篇快递，在了解用户研究重点的前提下，对于重大消息或成果以单篇形式及时推送给相关科研人员；③通过帮助用户建设的学科组平台发布动态信息，并形成领域动态信息的集成；④将国科图情报部门编辑的《科学研究动态监测快报》定期发送给科研人员（选择相关分册），有效地支持用户对科研领域的动态监测与跟踪。

（4）围绕重点用户提供学科情报服务

为重点学科和重要专家提供学科情报是深化学科服务的必然发展。学科情报能总结过去（如学科发展脉络）、把握现在（如学科发展态势）和展望未来（如学科发展趋势预测、前瞻等）。所提供的学科情报产品类型主要有学科领域态势分析、机构竞争力分析、科研成果分析、产业技术分析等，为用户的科研决策提供参考。对于学科馆员提供的情报产品，科研用户给予了高度的认可，科研用户主动给予经费支持，希望这项服务能够可持续发展。

---

① 吴鸣，杨志萍，张冬荣. 中国科学院国家科学图书馆学科服务的创新实践［J］. 图书情报工作，2013，57（02）：28-31.

3. 服务平台

（1）学科信息门户

学科馆员针对用户的学科或主题领域，按照一定的资源选择和评价标准、规范的资源描述和组织体系，对具有学术价值的网络资源进行搜集、选择、描述和组织，并为用户提供浏览、检索、导航等增值服务。

（2）学科知识库

知识库中的知识包括学科馆员在为用户服务过程中获取的信息和知识，也包括学科馆员在服务过程中形成的针对特定问题的知识产品或成果。将这些知识或成果录入知识库，并经过加工、整理、评价、排序等程序构成知识库的主体，以便在合适的时机提供给新的用户或者进行进一步加工形成新的、更高层次的知识产品。

（3）集成式的知识环境

针对科研管理部门、研究室、课题组、项目组、科学家个人及研究生会等不同类型用户的需求，学科馆员充分发挥所级平台技术、iLibrary 平台技术和 SKE 平台技术的优势，为多个研究所图书馆、研究所单元以及重点科研人员搭建了所级信息服务门户、信息搜集分析平台以及学科组平台等示范知识环境，将用户的资源、服务、工具等灵活组合并嵌入了科研过程中，为研究所群组的科研创新交流和成果展示提供了可靠的技术支撑，建立了面向研究所群组提供构建知识环境服务的范式。

（4）科研群组个性化信息平台

学科馆员为学科组搭建个性化知识服务平台是将信息服务嵌入科研用户的一种尝试。过去图书馆搭建的信息资源导航，服务针对性不强难以持续发展；而学科组搭建的平台仅用于发布学科组科研活动信息，没有发挥集成网络资源的作用；学科馆员利用了解科研用户和熟悉资源的优势，将学科组的科研活动与特定领域的信息资源进行关联与集成，建立个性化知识服务平台。平台既包括学科组研究领域、科研团队、科研成果、学术交流等与用户科研活动相关的栏目，同时嵌入常用期刊、重要数据库等图书馆资源；另外包括领域动态、学术会议以及试验方法、软件工具、科学数据等网络资源。

四、嵌入科研过程的网络化服务保障机制

中国科学院文献情报中心于 2006 年成立了学科咨询服务部，组建了具有专业学科背景的专职学科馆员团队，通过"融入科研一线、嵌入科研过程"

的学科服务实践，经过多年的发展，学科服务在服务手段、服务方式、服务内容和服务深度上都有了比较大的突破。为了确保面向科研机构的学科化服务任务的落实，需要建立必要的服务保障机制①。这里主要参考中心的相关经验，从以下四个方面进行保障机制建设。

1. 资源保障

建立在数字化和网络基础上并且以协同共享方式提供的信息资源保障体系是图书馆服务的前提和基础。而在面向科研一线和科研过程的网络化服务过程中，必须实现不同载体、不同类型数据、异质信息资源、本地资源和远程资源等各种资源的有效组织与整合。而基于元数据的资源组织和揭示模式是实现这一目标的有效途径。

2. 技术保障

在建设用户信息环境过程中，需要大量基于计算机技术、网络技术和数字技术，服务平台的开发、用户指导和面向科研一线的网络化服务需要网络技术和相关的技术平台作支持。例如，国科图专门为科研用户开发了建设机构知识库的 IR 技术平台，支持快速搭建学科组平台的 IIP 系统、集成融汇 ilibrary 系统、领域知识环境 SKE 系统，同时还专门开发了"e 划通"等相关信息服务工具提供给科研用户使用。

3. 组织保障

面向科研一线的网络化服务工作，既涉及不同类型的服务内容也涉及相关的系统平台建设，因此必须有强有力的组织体系，用于制定相应的实施步骤，协调图书馆学科服务部门、技术部门、总馆和分馆之间的有效协作和分工，保证网络化服务工作的顺利开展。

4. 人员保障

人才是做好图书馆服务的关键因素。深入科研一线和科研过程，充分利用网络平台开展图书馆服务，这项工作对图书馆员的素质要求比较高，既要具有图书馆学的专业背景，也要有一定的学科背景，同时还要熟练掌握各种信息工具和服务技能。同时由于不同科研领域知识更新很快，这又要求图书馆员通过定期培训、交流等形式形成图书馆员能力持续提升机制。

总之，面向科研一线的网络化服务，意味着图书馆开始逐步摆脱传统的

---

① 吴跃伟. 面向科研机构的学科化服务流程设计与实现——以中国科学院国家科学图书馆学科化服务为例 [J]. 图书情报工作网刊，2012，(08)：1-6.

基础服务的概念，开始与科研人员建立协作伙伴关系，向嵌入式学科服务和知识服务迈进。这项工作作为图书馆服务的纵向延伸，将会伴随科研人员信息需求的不断深化、图书馆员专业服务能力的提升，积累经验，吸取教训，不断向前推进。

第三节 面向虚拟用户的信息服务

伴随 Web3.0 技术、VR（Virtual Reality）技术、移动技术、云计算等技术的发展和引入，图书馆的馆藏结构、学术交流模式、用户群体都在逐渐发生变化，图书馆的信息服务模式和服务策略也相应进行了调整。虚拟用户是相对于传统图书馆用户的概念而言的，随着虚拟图书馆和数字图书馆的发展，目前它发展成为图书馆的主要用户群体。本节通过分析图书馆虚拟用户的产生背景、特点，在此基础上总结归纳出当前图书馆面向虚拟用户的信息服务模式及相关保障机制。

一、概念与产生背景

虚拟用户是在数字图书馆、虚拟图书馆的体系下派生出来的，是相对于传统图书馆用户而言的，它指突破时间和空间局限，可以在任何时间、任何地点，主要以网络远程形式享受到图书馆各项服务的用户群体。图书馆虚拟用户首先是在现代信息技术和网络技术环境下产生的，同时也是多方面因素共同作用的结果。

(1) 图书馆馆藏结构的变化

随着数字出版、按需出版和开放获取出版的迅速发展，图书馆资源结构发生重大调整，电子资源逐渐超越纸本资源，成为图书馆的主流资源形态。图书馆馆藏结构的电子化、数字化趋势为虚拟用户通过网络远程获取图书馆的资源提供了基本条件。

(2) 学术交流方式的变化

在传统的信息环境下，知识传播与学术交流模式是线性循环的，而网络化信息环境中，线性流程被打破，一个信息对象一旦被创建就可即时被共享、发现和汇聚，其知识传播与学术交流的效率得到极大提高。预印本、开放获取、学术交流网站、各种学术论坛等以更高的效率直接或间接地取代了图书馆的作用与位置。新型学术交流方式的变化迫使图书馆服务必须突破物理围墙的概念，开拓多种用户群体和服务范围。

(3) 学术环境的全面变革
- 泛在知识环境

2003年6月，美国国家科学基金会（National Science Foundation，NSF）在《知识在信息中迷失》（Knowledge Lost in Information）的研究报告中提出"泛在知识环境"的概念①。泛在知识环境是知识无处不在、任何时间地点都能无任何约束地获取任何知识的知识社会化模式。它的产生使得信息的获取、存储和共享进一步突破了时空的限制，使泛在图书馆服务得以发展。

- 虚拟研究环境

以网格、云计算、语义网、本体与关联数据为代表的信息技术开启了人类"e-Science"、"e-Learning"等教学科研环境以及用于知识交流的各种社交网络，促使虚拟研究环境（Virtual Research Environment，VRE）逐步形成②。其主要目标是为分布在世界各地的科研人员构建一个开放共享、分布协同和安全可控的网络化、数字化科研平台，帮助个体研究人员完成研究工作中日益复杂的研究任务，有助于跨学科、跨国界的研究组织之间的合作③。

- 移动研究环境

3G技术能够在全球范围内更好地实现无线漫游，并处理图像、音乐、视频流等多种媒体形式，提供包括网页浏览、电话会议、电子商务等多种信息服务。越来越多的图书馆开始向移动设备提供服务与内容传递。EBSCOhost拥有适用于iPhone、iPod touch、Android系统的应用程序以及移动界面，JSTOR、Elsevier等在内的一些供应商也拥有移动界面或应用程序。目前移动研究环境也正在逐步形成。

二、虚拟用户的信息需求分析

与传统图书馆用户相比，虚拟用户在使用方式、使用范围等方面都存在很大差异，因此在信息需求方面的差异也比较大，具有以下特点：

---

① Chatham M. Knowledge lost in information: Pproceedings of the Report of the NSF Workshop on Research Directions for Digital Libraries, F, 2003 [C].

② Corrall S, Keates J. The subject librarian and the virtual learning environment [J]. Program: Electronic Library & Information Systems, 2011, 45（1）: 29-49.

③ 宋海艳, 郭晶, 潘卫. 面向科研团队的嵌入式学科服务实践探索 [J]. 图书情报工作, 2012, 56（1）: 27-30, 148.

(1) 网络化和虚拟化

虚拟用户主要依赖网络远程利用图书馆,在使用方式上突破了时间和空间的限制,用户覆盖范围比较广泛,类型多样。

(2) 差异化和复杂化

图书馆虚拟用户上网搜集信息的目的是多元的。如:进行科学研究、收集经济信息、了解国内外新闻动态、参加专题学术讨论、下载各类软件、学习课程、了解知识、查询特定事实数据等。同时,由于用户个体知识结构差异及查找目的的不同,其利用网络信息的类型也各不相同,呈差异化和复杂化特点[①]。

(3) 开放性与互动性

随着 Web3.0 时代的到来,人人网、微博、Facebook 等国内外社交网络兴起,这些互动平台和交流方式以各自的个性设计和提供的服务,满足着用户对网络交流方式更高的期待和要求。虚拟用户在使用图书馆服务时体现出更多的开放性和交互性。

三、面向虚拟用户的信息服务模式

在对虚拟用户信息需求特点进行分析的基础上,图书馆因地制宜,开拓出了一系列的信息服务模式,以满足虚拟用户多样化的信息需求。

1. 综合集成服务模式

数字资源的不断增多以及虚拟用户需求的复杂化,对图书馆信息资源的有效整合和集成服务提出了更高的要求,集成化成为图书馆虚拟用户服务的发展趋势之一。

统一资源管理系统(Universal Resource Management,URM)本质上是将电子资源管理系统(Electronic Resource Management,ERM)和图书馆管理系统(Library Management System,LMS)进行整合,不再以纸本馆藏为中心进行资源管理,而是管理所有类型的资源,包括电子资源、网络开放的免费学术资源,通过同一个系统进行著录和管理,最终实现学术资源的统一管理,系统要求可以兼容当前以及未来出现的各种类型和格式的资源。根据 2012 年《图书馆杂志》(Library Journal)发布的市场调查报告显示,全球采用各类资源发现系统的图书馆及其他信息机构的数量已超过 4 000 家。国内从 2011 年

[①] 沈光亮. 图书馆虚拟用户研究[J]. 沈阳工业高等专科学校学报,2004,(1):89-90.

开始已陆续有十多家图书馆考察、测试和应用相关技术与产品。国科图、中国社会科学院图书馆、北京大学图书馆、清华大学图书馆等国内主要图书馆在电子资源深入发展的基础上自主研发或引进 Summon、Primo 等资源统一发现和获取系统。

同时，有效集成图书馆的各类服务，构建图书馆内部的、图书馆联盟之间的综合集成的信息服务协作平台，实现图书馆各项服务的统一出口和统一服务，也是图书馆集成化服务的重点工作。中科院文献情报中心开发的信息服务平台，如信息服务集成融汇系统（iLibrary）、中科院集成信息系统（CASIIP）和专业领域知识环境（SKE）等都具有集成服务的功能。

2. 个性化服务模式

与综合集成服务模式相辅相成，个性化服务模式也是网络信息时代图书馆虚拟用户信息需求多元化和差异化的必然要求。

（1）RSS 信息定制服务模式。RSS 是一种实现同步网站内容的技术，使用户不必逐个浏览网页寻找信息，只要将需要的内容订阅在一个 RSS 阅读器中，一旦相关内容有了更新，RSS 会自动通知用户。数字图书馆以用户为中心的个性化定制服务是指数字图书馆根据不同用户特定的信息需求提供具有个性化特点的信息的一种信息服务方式。

（2）My Library 个性化服务。在传统图书馆，定题服务一直是提高读者利用专业文献效率的重要手段。限于图书馆员的精力，其用户范围只能局限于少量的重点读者。在数字图书馆运用 MyLibrary 系统，可对大量的各类用户提供定制的个性化服务。My Library 个性化服务系统，是近年来新推出的数字图书馆服务方式，也是今后虚拟用户服务的重要方向。

（3）3D 虚拟图书馆个性化服务。利用 3D 技术构建的虚拟图书馆，可以仿真虚拟社区，如豆瓣网、微博等的许多功能，在个性化空间构建和个性化服务上有绝对的优势。能够弥补高校现实图书馆的不足，进而提高用户对资源的利用效率，也能提高读者对图书馆的依赖度和喜好[1]。

3. 虚拟参考咨询服务模式

虚拟参考咨询服务模式是图书馆服务的重要模式。泛在知识环境和 Web2.0 技术背景下，虚拟参考咨询的理念和方法也在进一步深化，

LC "寻求同步性：虚拟参考咨询的启示和建议"的报告的内容包括对虚

---

[1] 李凌. 高校 3D 虚拟图书馆建设思路 [J]. 图书馆学研究, 2013, (05): 52-6+8.

拟参考咨询馆员、用户和非用户进行的焦点小组访谈、调查、谈话内容的分析、电话采访,研究结果是为了帮助实践者发展并维持 VR 服务和系统。Gale 公司发布了 Librare(http://www.librareo.com),一个免费网络社区,通过向参与图书馆与信息(LIS)项目的学生免费提供他们学习所需的专业资源,支持图书馆与图书馆事业未来的发展。图书馆虚拟参考咨询还强调与其他部门的合作。Guelph 大学和 Humber 大学之间进行合作,将图书馆参考咨询与写作中心支持服务整合,为在校学生撰写学术论文时提供行为指导,并促使学术带头人和服务提供者深化合作为学生服务[1]。

4. 虚拟社区服务模式

目前,越来越多的图书馆引入了虚拟社区服务模式。图书馆应用虚拟社区的方式主要有加入成熟的虚拟社区门户、利用开源软件研发图书馆特有的虚拟社区平台两种方式。

为了营造用户乐于参与的环境,世界各地的许多图书馆纷纷将其信息服务与虚拟社区站点相结合,其结合方式主要有两种:①开发应用软件,连接虚拟社区网站,用户安装该软件可以连接到相关图书馆服务;②图书馆直接在虚拟社区网站建立群组,通过好友互动拓展宣传。目前国外很多知名图书馆将其服务应用于 Facebook、Myspace、Second life 等社交网站,而国内图书馆则较多地应用于豆瓣网、人人网、新浪微博等。图书馆将自身的服务融合到虚拟社区网站中,能够实现多种形式的宣传交流。如通过网页建立自己的图书馆社区,对图书馆作简要介绍、在线展览、提供图书馆馆藏 OPAC 查询链接、建立读书会等讨论组、发布图片和日志等宣传信息、提供各种主题在线课程和讲座、在线咨询等,该种形式是宣传图书馆服务、提升图书馆影响力的重要手段。然而,该方式抹杀了图书馆本身具有的实体社区的优势,容易造成用户分散和流失,可持续发展性不强。

因而很多图书馆选择利用开源软件,构建图书馆学术社区平台。目前国内外很多图书馆都已经成功搭建了特有的图书馆社区平台,方便用户建立自己的知识地图,寻找志同道合的好友、交流分享资源、个性展示等。比如重庆大学图书馆的虚拟社区平台中设有个人主页、小组主页和公共主页,可以实现个人的资源聚合、文献互助、协同写作、人际交流等功能,同时可以按照专业、兴趣、社团等多重方式建立小组主页,方便用户的互动讨论,找到

---

[1] 孔青青.2011 年国外图书馆服务研究进展[J].图书馆建设,2012,(11):53-7.

同道中人①。图书馆特有的社区平台，既利用了虚拟社区的开放、互动、协作等优势，又充分利用了图书馆具有的用户集中、资源丰富、用户目标定位一致等优势，可以说是虚拟社区与图书馆服务融合的理想方式。目前还处于起步阶段，这将成为今后发展的重点②。

5. 信息素质教育与培训

随着信息技术的不断发展，以及用户需求的越来越多样化、个性化，对用户信息素质水平提出更高的要求，因此图书馆有必要针对虚拟用户开展各种形式的、长期有序的信息素质教育。培训内容包括：计算机、网络的基础知识及其操作，文件的下载和安装，常用搜索引擎的特点及使用，信息检索的基础知识，常用数据库的检索方法等。当然对虚拟用户的信息素质培训可采取网络在线培训或设立"网络培训教室"的方式，图书馆可将培训内容做成课件挂接在图书馆主页上，供用户进行自我培训，另外在数据库检索界面上链接其使用方法以供用户在使用这些数据库时得到在线帮助，总之，网络培训对虚拟用户提供了时间和空间上的灵活性，提高了培训效率③。

四、面向虚拟用户的信息服务保障机制

虚拟用户是伴随网络信息技术、泛在知识环境、泛在图书馆和泛在图书馆服务的发展而产生和发展的。它更多地强调的是图书馆信息服务的广泛性、虚拟性和交互性。从这个层面上来看，面向虚拟用户的网络信息服务保障机制建设同样离不开资源保障、技术保障、组织保障、人员保障。

1. 资源保障

在虚拟环境下，图书馆用户无所不在，图书馆服务无所不在，而这一切的基础是在全国和全球范围内有效配置、共建共享的资源保障机制建设。2005年11月3日，Google网络公司开始推出了世界上第一家真正意义的虚拟图书馆，这对于图书馆建设来说具有划时代的历史意义。我国高校图书馆的资源共建共享活动主要以中国高等教育文献保障系统（CALIS）和中国高校人文社会科学文献中心（CASHL）为两大支撑。这些项目都是资源共建共享

---

① 宋文，黄金霞，刘毅，等. 面向知识发现的 SKE 关键技术与服务 [J]. 现代图书情报技术，2012，(07/08)：13-8.
② 彭丽君. 基于虚拟社区的图书馆服务模式研究 [J]. 图书馆学刊，2013，(8)：63-4, 7.
③ 王小亮，常奕，陈楚玉. 医院图书馆虚拟用户服务工作的探讨 [J]. 2007，(5)：55-7.

的典范,为虚拟图书馆和虚拟用户服务提供了资源基础①。

2. 技术保障

首先,网络是图书馆实现远程信息服务的桥梁,如果没有网络,也就没有虚拟用户,更谈不上信息服务,因此图书馆的基础网络建设和平台建设很重要。在此基础上,图书馆充分利用 Web3.0 技术、VR(Virtual Reality)技术、移动技术、云计算技术等,构建应用良好的用户信息交流平台、虚拟社区平台等,也是至关重要的。

3. 组织保障

虚拟用户突破了传统图书馆的物理概念,是一个大用户的概念,对虚拟用户的信息服务是未来图书馆服务的重要方向之一。对虚拟用户的信息服务必须有图书馆相关领导带队,成立专门的工作协调小组,制定科学合理的计划,有步骤地、有重点地开展相关服务,做到有理、有节。

4. 人员保障

人才是做好图书馆信息服务的关键因素。泛在知识环境和泛在化服务把图书馆员置于更广泛的工作空间,图书馆员要想做好信息服务,不仅要具备专业领域的基本知识,更要熟练掌握各种新的信息工具,必须具有与用户不断交互和面对新问题解决新问题的能力。

总之,面向虚拟用户的信息服务,意味着传统物理图书馆的概念已被打破,图书馆服务将逐步适应泛在知识环境下用户的多元化需求,逐步建立起泛在化服务体系。这项工作作为图书馆服务的横向延伸,将在虚拟用户信息需求的不断变化,以及相关信息技术的不断推动下,取得新突破。

---

① 李亚波. 基于云计算的区域虚拟图书馆联盟资源共建共享策略研究 [J]. 图书馆学研究,2012,(23):98-101.

第九章 学术资源的搜索发现服务

大数据时代,网络资源的增长速度与数量规模都是前所未有的。学术资源不仅包括传统学术交流途径的期刊、论文、图书等,还包括开放获取 OA 资源与其他网络资源。图书馆资源服务需要从被动式静态馆藏向情景响应式的动态供给转变,在这个过程中需要有效的资源聚合手段为支撑,面向分布异构式资源库的有效集成与数据聚合,提供资源覆盖面更加广泛、简便而强大的搜索发现手段。

第一节 图书馆 OPAC 检索服务转型

一、图书馆 OPAC 存在的问题

2010 年 OCLC 图书馆的认知度研究报告指出[1],数字化网络环境中搜索引擎占据了信息消费者的检索起点,没有人使用图书馆网站开始他们的信息检索。造成这一现象的背后,OPAC 作为图书馆检索服务的窗口,无法从资源有效集成性、搜索效率与用户体验上满足网络用户多元化的知识需求。同年,面向美国大学图书馆馆长的一项调查中发现[2],近 90% 的馆长认为图书馆应该作为用户发现学术信息的首选之地。而图书馆 OPAC 系统的技术现状与用户使用情况,与这一期望相差较远。资源发现系统正是面向这一问题而出现的一类解决方案。

首先是"资源孤岛"问题。馆藏资源是图书馆的根基,随着数字图书馆的长期建设,图书馆自身数字化集成,已经积累一定规模的数字资源,并通过外部集成方式构建了资源服务网络。驱动 OPAC 的馆藏结构一部分来自图

---

[1] Perception of Libraries, 2010: context and community [2014-1-31]. http://oclc.org/reports/2010perceptions.en.html.

[2] US Library Survey 2010 Insights From U. S. Academic Library Directors [2014-1-31]. http://www.sr.ithaka.org/sites/default/files/reports/insights-from-us-academic-library-directors.pdf.

书馆自有资源与自建专题数据库,其中包含了大量纸质文献的电子替代物(Surrogate)和全文(Full Text),如书目数据和学位论文,在流通环节,通过检索OPAC定位馆藏。另一部分来自采购的各类学术数据库,通过购买授权,本地化运行或IP区域控制等方式,图书馆对外部集成的数字资源不拥有所有权,只有阶段使用权。然而,当前资源只是浅层的库与库之间的到达连接,通俗讲,一个个资源岛已然建成,但缺乏联系。图书馆门户充当的是资源库的汇集地和中转站,只有入口链接的提供。用户进行资源搜索,仍然进入的是一个个独立的资源库。宏观上看,图书馆资源与网络资源相比,内容质量和描述规范性远超网络资源,但资源内部没有进行有效集成,缺乏整体归一的资源形象。图书馆往往在惯性思维下比拼资源绝对数量,尽可能详细罗列自己所有的资源库。但从用户使用角度谈,用户来图书馆门户关心的是这里有没有他需要的信息,并不在意有多少资源。从资源使用的经验行为上分析,除了本地馆藏书目的需求以外,多数资源使用行为直接通过图书馆门户跳转到了数据库服务商的网站。这样的跳转处理,对图书馆而言是一种减负,但深究起来,严格讲是一种不积极的业务"不作为"。

图书馆消亡论的言论从未离开过人们的视野,而对资源外包与网络资源的夹攻,图书馆作为资源的空壳已有迹象。图书馆处在数据库商与用户之间,每年花费大量资金购买资源的使用,但在用户使用感受上,图书馆作为一道"多余"的中间环节,"花钱出力不讨好",这无疑令人感到无奈与凄凉,未来从信息服务链条中被挤掉,也不足为奇。图书馆正逐渐丧失资源方面的优势,如果不守住资源阵地有所作为,那未来有可能岌岌可危了。当然,用户使用资源数据库时强制让其了解到这是通过图书馆提供的,这是治标不治本的方法。资源的服务卡位是图书馆在资源丰裕下解决孤岛问题的切入点。总之,立足于资源,如何做好资源的深度集成,图书馆真正意义上承担起资源集成者的角色与作用,这就与资源系统密切有关了。

其次是资源系统的分布异构性问题。消除资源库之间的障碍,提供图书馆搜索发现服务的整体观必须依靠技术系统的互通互联。应该说,资源集成是内核,系统集成是手段,两者是表里一致的。现实情况是,各个资源库的系统构成与运行方式各有差异,所采用的技术实现与网络环境情况差异较大,自成体系,系统层面缺乏互通的对话机制,资源之间仍然是相对孤立的。即使是同一个图书馆的自建特色库可能也存在异构问题。如何打开资源系统之间的对话,是资源系统的"互操作"(Interoperability)问题,一直以来是资源共享目标下的持续热点。通过元数据采集与仓储,使得学术资源发现拥有一个中枢通道，类似汇聚与导流的作用。从资源服务目标看，分布在网络各处的不同技术架构的资源系统具备有效的对话机制是资源流动起来的保障，资源能够被采集与聚合是开展搜索发现服务的基础。早期 OPAC 的 Z39.50、跨库搜索、统一认证、OPENURL 链接解析以及面向网络资源的 OAI 在一定程度上改善了这种状况，再到新近开放 API 的基于 HTTP 的 RESTFUL Web Services 是尊重资源系统内部异构，对外开放接口标准化的一种主流设计模式。

Z39.50 标准以及后续发展是图书馆针对书目检索与共享的行业标准，对传统 OPAC 具有较好的支持，但对网络资源的支持还不够灵活完善。现有的集成图书馆系统 ILS 基本都还支持这一检索协议。OAI 是针对开放获取的学术论文预印本共享的元数据采集与收割协议。OAI 协议已经开始具备面向网络资源的适应能力，基于 HTTP 请求方式，主要还是数字图书馆领域应用。随着语义网与关联数据的渐进式发展，数字资源内容的语义化、描述的标准化程度越来越高，图书馆资源与网络资源之间的界限也开始变得模糊，遵循 RESTful 风格的 Web Service 以资源数据为核心、采用 HTTP、XML、JSON 等网络技术标准，大大增强了资源共享的覆盖面，也是当前资源系统集成的主要手段。总之，资源系统的分布异构性问题依赖于技术标准的有效采纳与遵循。打破图书馆既有的行业壁垒，拥抱更广泛的网络标准是打开资源集成的技术之路。

再次，资源搜索发现的功能问题。Web2.0 环境的富交互性普及，让用户对搜索的需求提出更高要求，传统 OPAC 的搜索界面与交互手段也面临着革新的要求。搜索界面方面，仿 Google 的单一搜索框和参数字段列举式的专家检索界面都存在一定程度上的使用问题。简洁的单一搜索框是网络搜索引擎一贯保持的优点，但对图书馆 OPAC 来说，过于线性的搜索黑箱操作只适合于已知找寻目标的搜寻行为，无法满足需求模糊前提下的主题检索与探索式求知。专家检索界面虽然能够提供强大的检索功能，但对检索技能要求较高，构造精确表达复杂主题的查询表达式并不是一件容易的事情。用户只要关注他们搜索问题的解决，不应该被搜索工具所干扰。另外，搜索界面的美观与易用性也会直接用户的使用体验。

搜索结果方面，传统 OPAC 除了提供馆藏书目信息的查找之外，信息内容的关联性与扩展性较弱，追其根源是资源孤岛问题所造成的。对 OPAC 主要的书目资源而言，用户不再满足找到图书文献的基本检索要求，希望得到一步到位的精准结果的同时也需要更丰富的关联服务。搜索结果缺乏可操作性，这也是缺乏交互性的体现。用户无法根据关注侧重点进一步限定和筛选结果。搜索发现过程中用户与内容的互动分享也是一个重要方面。具体体现为，用户可以对搜索的内容发表评论、贴标签以及根据搜索结果建立个人专藏等。这些都是服务功能上的拓展要求。

以上从资源孤岛、技术系统与搜索服务三个方面分析了图书馆 OPAC 存在的问题及延伸的解决思路。综合起来，资源搜索发现服务的设计应体现融入用户求知过程中的"资源集成、系统开放、高度交互"三大特征。

二、资源发现系统架构

资源发现系统（Discovery System）正是着力于解决传统 OPAC 以上问题而出现的技术服务升级。资源发现系统这一名词同云计算、大数据一样，是图书馆领域时髦的技术营销词汇，朴素地描述，发现系统是对传统 OPAC 进行升级改造的产物。技术服务商正着力推广这项服务，目标是将图书馆资源与网络资源结合，纸本资源与电子资源有效融合，并提供强大的搜索发现服务，促进满意的服务体验。

资源发现系统在国内外图书馆界与技术服务提供商那里已有实践经验，但尚未有明确的理论定义，国内有学者根据发现系统的功能将其概括为："资源发现系统致力于从出版商、大学、公开的网站收集学术文献信息，形成中心知识库，通过预索引的方式，为用户提供快速简单易用有效的资源发现与传递服务[1]"。

资源发现系统的本质是信息检索系统，因此遵循基本的信息检索系统架构，如图 9.1 展示了典型的资源发现系统架构，大体分为三个部分：分布异构资源管网、后端系统与前端界面。

分布异构资源管网不单单指分布在网络上的异构资源集合，其核心是对资源库的有效集成。所谓管控是指打通资源库之间的数据通道，让资源数据像公共资源（水、天然气）一样在管道中流动，随需取用。资源管道的打通依赖于 Web 技术标准，即开放 API 的 Web Service 是当前的主流。在数据所有者利益与共享利用的权衡下，分层分阶段的数据开放获取协议让更多各类型的数据在网络上获取到。除了图书馆本地馆藏、学术资源数据以外，还有各类专藏数据、社交数据、公共数据等。这些资源来源广泛、技术系统之间各有差异，数据格式多样，数据管道的对接和管网搭建是这一层的核心任务，

---

[1] 裴天芳，姜爱蓉. 资源发现系统功能分析及应用前景 [J]. 图书情报工作，2012，(07)：38-43.

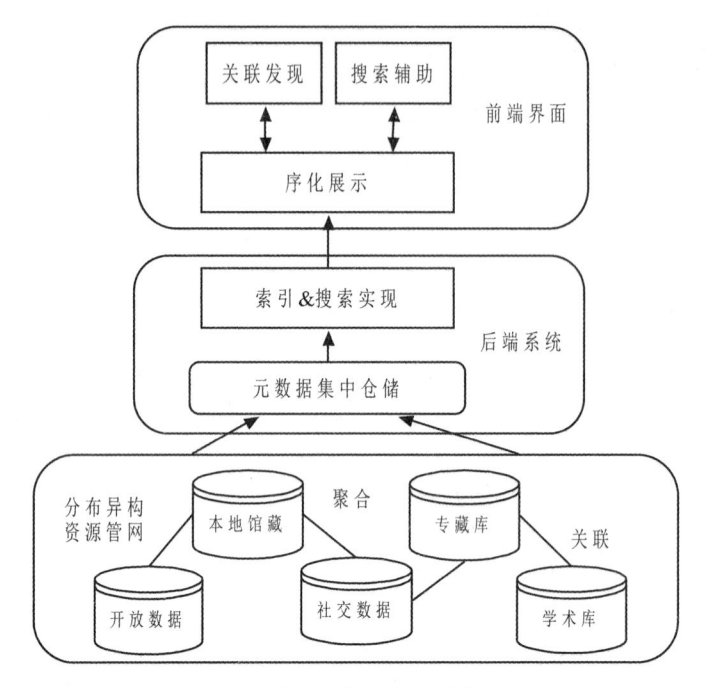

图 9.1 典型的资源发现系统架构

具体而言就是数据接口调用的标准化问题。

后端系统主要涉及元数据集中仓储与索引搜索两块。资源发现系统与典型信息检索系统的不同之处在于元数据的深度处理，从分布异构式资源管网中得到的数据具有明显的多源化，需要通过元数据方法进行规范化处理，包括去重、提炼、合并等。元数据质量与丰富化程度是资源发现系统的一个核心指标。在元数据集中仓储基础上，建立索引并根据相关度排序因素提供相应的搜索实现，这是一个信息检索系统必备的核心构成。开源搜索引擎技术如 Lucene/Solr 都是资源发现系统在索引与搜索功能实现上常用的解决方案。

前端界面以序化展示为主体，搜索辅助与关联发现在其之上并列存在。序化展示负责用户搜索过程中的结果呈现以及与搜索活动相关的所有界面展示问题。搜索辅助与关联发现是搜索过程支撑，引导和辅助用户灵活实时的丰富交互手段。用户输入关键词得到搜索结果只是所有资源发现系统的基本框架，除此之外，查询扩展与限定、自动建议、拼写纠错、分面导航、关联启发搜索等都是搜索辅助手段。关联发现是目前探索式搜寻的主要类型，符合人类认知规律，与搜索辅助并列的本意是关联发现并不是一种具体的功能手段，而是基于各种搜索手段需要达到的找寻目标。当前的资源发现界面采用了 AJAX 这类实时响应的数据异步传输技术，使得用户与内容之间的互动实时且有效，基于动态图表的可视化结果展示更具吸引力和内容理解力。

第二节　资源发现系统的服务功能

基于以上分析，资源发现系统可视为以检索系统为核心的资源服务集大成者，是一站式服务的主体平台，具备丰富的服务功能。

一、简化统一检索入口

这是在跨库检索（也称联邦检索）基础上的进一步深入。用户无需进入具体的资源库，直接在首页的检索框发起搜索。统一检索入口整合了各种资源类型，覆盖面广，有效节省了用户的查询时间成本，简单的搜索框并不意味着搜索功能的单一，搜索框背后有着丰富的联想与探索空间，不必搜索一开始就展现复杂的搜索功能，而是在用户搜索过程中需要的时候匹配相应的服务手段，这是动态服务意识的体现，打破了原有僵化的搜索套路。

由于资源系统的异构性问题，资源集成整合的难度很大。跨库检索一直以来致力于从技术层面解决"元搜索引擎"问题，但由于各种现实局限，跨库检索的效果并不尽如人意。随着资源形态的进化与 Web Service 相关技术标准的成熟普及，资源发现系统的检索入口功能也越来越强大，跨库检索的入口作用已完全纳入到资源发现系统中。其中，检索速度的提升也是一个重要方面。早期的跨库检索由于分布式数据管理的技术局限，其相应速度与效率较低。当前大数据技术的迅猛发展，分布与并发的处理能力有了质的飞跃（如 MapReduce 为代表的计算思路），资源发现系统在跨库检索基础上的响应速度与处理效率大大增强。

另外，值得一提的是，国内外图书馆纷纷上马部署发现系统的同时，依然有许多用户仍习惯于从各个数据库链接进入。这是搜寻偏好与行为惯性问题。再好的技术功能没有服务的推广润滑，其价值无法充分体现。

二、分面导航机制

搜索界面的交互友好性一直是信息检索系统用户体验研究的重要方面。搜索需求与行为研究经验告诉我们，大多数情况下搜索启动时，用户无法准确描述自己到底要找什么。不能强求或强迫用户提交专家级的查询表达式。客观现实的搜索一般是从一个模糊的相关查询开始，在使用检索系统的过程中调整搜索策略，一步步向真正需要的结果靠近。不要试图取代用户做搜索，而是要随时在旁引导与辅助。这是资源发现系统应该瞄准的定位。

分面导航正是实践动态搜索观点的有力功能，在关键词搜索基础上增加了结果限定与扩展机制。发现系统以元数据为核心要件，对资源文档的外在形式特征与内在内容特征进行了丰富揭示，为搜索搜求调整（清晰化与明确化）提供了选择依据。分面导航一般位于搜索结果的周围，给用户提供对搜索结果的进一步解释，用户可以据此缩小查询范围，精炼搜索结果。目前，分面导航已成为搜索界面的标配。

三、情景敏感访问服务

用户使用搜索系统，不满足于只找到相关的书目和文摘信息，对全文获取的需求量也较大。然而，图书馆资源发现系统面对不同的用户使用情景，"智能化"地为符合访问权限的用户提供获取全文的链接通道，为不符合访问权限的用户提供可获取全文的途径，如付费原文传递、馆际互借、问学科馆员等。情景敏感访问是搜索服务人性化、灵活化的体现，不同类型用户看到的系统响应有所差别。在搜索过程链条上集成图书馆其他资源服务，智慧判断与多元化响应是情景敏感访问服务的关键要素。现有的资源发现系统都支持由图书馆本地馆藏检索触发的外部关联。

另外，情景敏感的另一个纬度是嵌入用户使用环境，通过桌面 Widget、浏览器插件等小工具，将资源发现系统的服务渗透到用户日常使用行为中。随着移动互联的快速发展，手机移动端的发现服务设计是在现有系统基础上的情景服务拓展，是当前必备的功能模块之一。如何面向桌面 PC 端与手机移动端的响应式服务触发是情景敏感访问的研究热点，具体思路是以同源内容驱动，服务手段适配不同情景。例如，手机移动端的随时随身随地特性，发现系统的服务可借助地理位置（基于位置的服务，LBS）输出当下相关的资讯内容，扮演类似个人助手角色。

四、知识链接服务

资源发现系统通过分布异构式资源管网、元数据集中仓储、索引搜索三部分构建了坚实的资源数据化管理架构。知识是普遍联系的，得益于多元化的资源来源，特别是学术资源之间存在各种逻辑相关关系，引用关系就是最普遍的一种。从显性的资源聚合方式与隐含其中的潜在知识关联，深度学科化知识服务是资源发现系统的高级服务模式。前面提到过，资源发现系统是以搜索发现为主线的集成化服务平台，通过元数据与关联语义描述方法，资源的数据化特征明显，这对文献单元深入到知识单元提供了有力的手段支撑。基于海量的资源数据集合，多学科交叉、时间轴跨度，可以通过计量与数据挖掘等分析手段，了解学科发展态势，科学热点追踪，基于知识链接的科学图谱绘制等。知识链接服务主要面向领域专家，是满足了普通图书馆用户检索资源的基本需求之上的服务深化，也呼应和支撑学科馆员服务。

国内学者这样描述知识链接的增值服务理念：[1]"如果把文献看成是一个知识点，用户能看到的不仅是这个点，还有该点所在的线和该线所在的面。这样的知识网络既是一个知识资源的组织框架，又是一个知识信息的浏览和检索的具体知识数据实体。"这一表述充分体现了资源发现系统服务的纵向深度（从文献到知识数据实体）与横向广度（关联发散程度）。

五、云托管服务

计算机技术出现以来，图书馆就是计算机最早应用领域之一。然而，就实际现状而言，大多数图书馆本身并不具备雄厚的技术家底与技术持续发展能力，大部分需要依靠技术服务提供商。前面反复强调过，图书馆的核心竞争力应该是资源与服务，技术是必不可少的支撑。许多图书馆技术系统的陈旧落后与自身没有相应的技术资源配备有直接关系。借着云计算的大潮，技术服务商更懂得如何应对图书馆的实际需求与技术情况，资源发现系统大多采用流行的云端服务模式 SaaS，即软件即服务（SoftwareasaService，SaaS）。图书馆无需购置硬件资源，无需进行安装配置，也不需要雇佣技术人员进行维护，所有的系统接口配置工作都由方案解决商负责完成。这也就意味着，图书馆的技术压力大大减轻，只需进行本地化需求定制后，通过网络接入即可提供搜索发现服务。云托管服务也可借由资源发现平台为图书馆连接尚未覆盖到的网络资源。最终，技术先进性带来强大服务功能与优势的同时，图书馆会为系统捆绑资源的增值服务销售模式付出高额的价钱。这需要辩证看待。

由于云托管方式造成图书馆对资源和服务的控制能力减弱，另一种方式

---

[1] 曾建勋，赵捷，吴雯娜，等.基于引文的知识链接服务体系研究[J].情报理论与实践，2009，(05)：1-4，8.

是混合云服务，即本地资源部署与技术云端支持相结合。具体而言，将图书馆自身的优势资源本地化部署，公共与商业授权资源可放入云端，减轻自身系统的资源管理压力。服务形式的技术系统云端部署，并支持本地化、个性化服务的定制。技术系统与资源库之间是一种松耦合关系，搜索发现功能的升级扩展并不会直接影响到资源库中的数据，保持两者的相对独立性对图书馆卡位资源服务角色有着重要发展意义。云端数据与本地数据通过接口配置可以互通，对外呈现图书馆的资源整体，云端也提供数据热备份与容灾处理能力。

对于图书馆部署资源发现系统，混合云服务是较为合适的部署策略。图书馆自身必须拥有一定的资源自主权，与资源发现系统服务商之间是一种技术合作关系。从图书馆可持续发展战略层面看，资源发现系统的完全云托管是在学术资源出版商抢占资源之后，技术服务商的又一次领地掠夺。虽然资源发现系统描绘了美好的服务愿景，但图书馆在实施时应结合以上分析谨慎思考部署策略。

第三节 资源发现系统案例分析

从2010年至今，全球范围出现了多种资源发现系统，以新一代的学术资源发现工具为噱头，引起了图书馆界的领导者、服务人员与技术人员的广泛关注。目前，有代表性的资源发现系统有 Ex Libris 公司的 Primo、Serials Solution 公司的 Summon、EBSCO 公司的 EDS、OCLC 的 WorldCat Local 等。

比较有趣的是，从这四家公司性质可以看出资源发现系统的一些发迹渊源。Ex Libris 是全球著名的图书馆集成系统提供商，其核心产品为 Aleph 系列。国内外大型的知名大学图书馆、公共图书馆以及学术型图书馆是他们的客户。这是一家以 OPAC\ILS 为发展轨迹的资源发现升级系统服务，本节第二部分会介绍与 Aleph 无缝集成的 Primo。SerialSolutions 是一家由图书馆员2000年创建的技术服务公司，隶属于学术资源数据库商 ProQuest 公司，主要业务是资源发现系统，主打产品是 Summon。内容中立是 Summon 系统的特色，以搜索发现技术系统为核心，资源与系统不是硬性捆绑，本节第三部分会详细介绍服务功能。EBSCO 是全球著名的文献服务提供商，拥有丰富的全文期刊数据库、电子书以及文摘索引数据库等。主要服务对象是大学、科研院所、教育机构以及公共部门等。EBSCO Discovery Service（以下简称 EDS）是由 EBSCO 自身庞大的学术资源库（即 EBSCOhost）所驱动的，带有明显的资源带动服务增值模式。选择了 EDS，即间接拥有了潜在的 EBSCO 资源支持。OCLC 是图书馆行业的盈利服务机构，拥有全球广泛的机构合作关系。WorldCat 是全球最大的在线联机编目数据库，WorldCat Local 建立在 WorldCat 之上，提供资源的本地化整合与网络化集成，统一的搜索界面进行服务。这是一种典型的资源捆绑技术系统的服务模式。OCLC 官方曾报道，通过联合出版商签订内容协议，为用户提供九亿六千九百多万条资料的集成访问服务①。

通过以上分析，现有的资源发现系统来源大致可归为两类：技术服务提供商与资源服务提供商。Primo 与 Summon 属于前者，Ex Liris 拥有技术优势，以及与图书馆长期业务合作的技术经验，虽然 Summon 的母公司 ProQuest 性质是数据库商，但因其以技术服务为主，资源内容的中立性，将其归入前者。EDS 和 WorldCat Local 属于后者，两者都是其资源产品线上开发的搜索功能增强服务；简而言之，资源与技术是发现系统的两大支柱。

以下小节从搜索服务与用户体验角度，对 Primo、Summon 与 EDS 三类发现系统进行介绍。由于 WorldCat Local 是以 WorldCat 为基础的功能扩展，不是相对独立意义的资源发现系统，这里不展开介绍。在此之前，首先以 Google Scholar 作为发现系统应用实践的引子。回到搜索发现服务的导言部分，用户查找信息首先想到的是 Google 这类搜索引擎，而不是图书馆网站。Google Scholar 看似与上面提到的资源发现系统并无直接关系，但资源发现系统的许多搜索功能和交互界面设计都与网络搜索引擎使用有关。在学术信息搜索领域，Google Scholar 与图书馆是竞争合作关系，但在用户搜索入口上却很大程度上是一种取代关系。搜索理念与发现手段是相通的，不同的是专业领域与用户群体的信息素养程度。

图书馆的检索系统受到 Google 等网络搜索引擎发展的巨大冲击与影响，Google 凭借对学术信息资源的广度收揽与深度挖掘，强大的搜索技术在用户层面不断挤压图书馆的服务空间。相比之下，图书馆门户的检索功能显得黯淡无光。在这样的情形下，资源发现系统以 Google Scholar 作为应用研究切入点，有助于扩展图书馆的搜索发现服务研究视野，触及更活跃的技术服务思路。

---

① OCLC 宣布与全球各地的出版商的新协议，为 WorldCat Local 添加了高质量的内容 [EB/OL]. [2014-1-31]. http://www.oclc.org/zhcn-asiapacific/news/releases/2012/201241.html.

一、Google Scholar 学术搜索

Google Scholar 不是业界严格意义上的资源发现系统，但其影响力大，使用面广，凭借 Google 强大的搜索技术，Google Scholar 已成为科研工作者最常用的学术搜索引擎之一。首先，Google Scholar 提供了类似网页搜索的搜索框，对用户使用而言，简单易用是其一大特色。其次，Google 自身并不拥有任何学术资源的所有权，通过网络爬虫采集与索引已经在网络上发布的开放学术资源，主要包括来自学术著作出版商、专业性社团、预印本、各大学及其他学术组织的经同行评议的文章、论文、图书、摘要和文章[①]。其中，开放获取 OA 数据库为 Google Scholar 提供了丰富的来源。学术资源的来源多样性是 Google Scholar 的第二大特色。Google 积极争取与出版商、图书馆的合作。为各个学科的科研著作编制索引，并使其可被搜索到。与图书馆的合作体现在充当搜索入口，在搜索结果中加入图书馆链接访问选项，通过链接解析器，引导用户访问和利用相关图书馆的资源，提高图书馆资源的曝光率。

Google 学术搜索结果仍然以相关性作为排序基础，还会考虑作者、引用频次，以及出版物级别等诸多因素。在整合多方资源数据基础上，开发了引文服务和个性化收藏服务，衍生出各种增值服务。例如，查看引用次数，以图表形式查看各个时段的引用情况、引用指标分析、热门期刊排名和参考文献管理等丰富的发现功能。如图 9.2 搜索美国著名图书馆学家谢拉（J. H. Shera）的发现界面。

界面的中部是搜索结果，按照综合多因素的相关度进行排序，一个直观的排序因素是谢拉发表成果的被引频次，第一条结果被引次数是 140，后面结果的被引次数依次递减。搜索结果的内容包括可链接的论文题目、作者、期刊名、出版时间与数据库来源、自动摘要等。有直接原文下载的会标明文档格式，点击后可直接下载。每条搜索结果的最后一行体现了搜索发现若干功能的增强。以图 9.2 中第四条搜索结果《情报学的社会学关系》一文为例，其最后一行的功能扩展最多，逐一介绍。该文被引用 30 次，点击后可查看引用该文的 30 篇文献。相关文章（Related articles）点击后显示与该文主题相关的若干文献，可用于主题扩展。2 个版本表示该论文在不同数据库来源的存在情况，增加了找到该文的更多可能机会。导入到 EndNote，支持篇目元数据导

---

① 关于 Google 学术搜索 [EB/OL].[2014-01-31]. http://scholar.google.com.hk/intl/zh-CN/scholar/about.html.

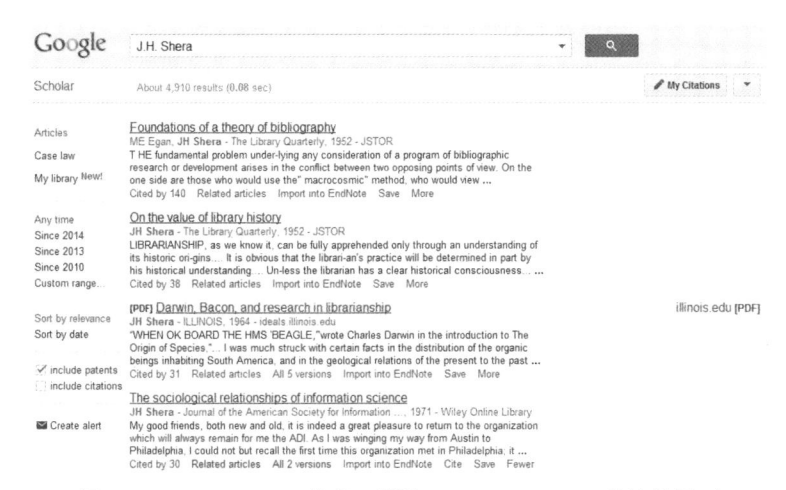

图 9.2 Google Scholar 搜索"谢拉（J. H. Shera）"的结果界面

入到文献管理工具，除了 EndNote 格式之外，还有 BibTex、RefMan、RefWords 等文献管理格式。引用（Cite）提供自动生成 MLA、APA 与 Chicago 三种参考文献格式，有助于文献规范化易用。保存（Save）功能将该文放入个人图书馆，方便以后查阅。点击隐藏（Fewer）会减少一些功能显示，同时该选项也会变为更多（More）。

Google Scholar 搜索界面左侧是分面导航的查询限定，当前版本主要支持论文类型，搜索结果可选是否包含专利与引用数据、时间维度的限定、相关度与时间两个排序规则。另外，左下角的创建快讯（Create alert），提供某一查询表达式的邮件新到文章推送服务。这是针对性的用户搜索需求捕获，每到有与此查询表达式相关的论文会自动发送邮件给用户。

另外，Google Scholar Metrics 提供了语种角度与主题领域的近期学术期刊影响力，以期刊 h 指数和 h 中位数作为评价指标[①]，指标计算由计算机算法自动生成，无人工干预。以中文热门期刊排名（前 100 名）为例，覆盖全部学科，其中第 1 名是《经济研究》（h5 指数为 54，h5 中位数为 85），第 100 名是《中国金融》（h5 指数为 21，h5 中位数为 37）。前 100 期刊中的图书情报类期刊共有 7 本，具体数据情况如下。

---

① Google Scholar Metrics [EB/OL]. [2014-1-31]. http://scholar.google.com/intl/en/scholar/metrics.html.

表 9.1　图书情报类期刊具体数据

排名	期刊名	h5 指数	h5 中位数
23	《大学图书馆学报》	28	40
32	《中国图书馆学报》	27	41
48	《图书情报工作》	25	34
72	《图书馆工作研究》	23	29
88	《图书馆研究》	22	28
89	《图书馆建设》	22	28
96	《图书馆杂志》	22	26

数据来源：http://scholar.google.com/citations?view_op=top_venues&hl=en&vq=zh
采集时间：2014 年 2 月 14 号

每一本期刊的 h5 指数可以点击，进入该刊物的论文引用频次，帮助用户发现最热门（引用次数最多）的论文。以《大学图书馆学报为例》，胡小菁与范并思的《云计算给图书馆管理带来挑战》（2009 年 27 卷 4 期）一文被引次数为 183 次，点击 183，即可看到哪些论文引用了这篇文章。这是一个典型的基于引文关系的关联发现实例。Google Scholar 有效整合了资源，并建立了知识点之间的网络。其收录的每一篇论文都有全文指向，包括公开资源的直接下载、期刊收录数据库论文页面的跳转以及期刊网站本身。上面这篇论文点击后链接到万方数据库页面。

根据不同主题领域也有期刊排名，图书情报学（Library & Information-Science）位于社会科学之下，共有 20 本专业期刊，排名第 1 名的期刊是《Journal of the American Society for Information Science and Technology》（h5 指数为 53，h5 中位数为 74）、第 20 名的期刊是《Portal：Libraries and the Academy》（h5 指数为 16，h5 中位数为 21）。

Google Scholar Metrics 与 ISI JCR 相比，无人工干预自动数据支持的评价指标分析有一定客观严谨性，可作为网络环境下的专业期刊影响力认证参考。从发现服务角度分析，立足资源聚合的搜索基础功能，扩展多元化分析、科研辅助与个性化手段值得学习。

二、Primo

Ex Libris 的 Primo[①] 是典型的以集成化图书馆系统 ILS 驱动的资源发现系统发展模式，具有较强的技术系统粘性。Primo 主要作用是取代 ILS 系统中的 OPAC 子系统，即前端搜索系统。Primo 的灵活性体现在，可建立与后端各类资源管理系统挂接，当前与自家的 Aleph 系统完美搭配。这样做的意义在于，给予图书馆选择权，可以将 Primo 集成在已有 ILS 中，或更换整体系统方案。

Primo 在统一资源发现功能上，可覆盖图书馆的物理馆藏与数字资源，实现资源集中化的访问管理。图书馆订购与使用权限的远程资源访问处理上，Primo 采用三种方式：1）通过 Primo Central 实现元数据集中管理；2）纳入 MetaLib 的跨库检索；3）第三方开放 API 接口对接网络资源。

Primo 的宣传理念是构建一站式发现服务——"找到并得到"（Find It and Get It），搜索支持多达 60 个检索点的任意选定字段的全文检索，支持中分分词，除了元数据分面之外，还提供用户指定的分面设定。Primo 允许用户控制搜索的相关度算法，根据需要调整结果优先级显示顺序。辅助的检索功能包括基于用户标签的检索与搜索历史记录等。

在统一资源获取方面，完全取代传统 OPAC 的物理馆藏流通功能，提供读者借阅相关服务。对数字资源提供链接到达或 SFX 直连服务，保证用户找到需要的相关论文的同时，尽可能获取到全文。

Primo 的交互功能融入了 Web2.0 诸多元素，如输入搜索关键词时的实时建议（含拼写纠错）、资源标签、读者评论以及 Mashup 外部网站的相关内容，如维基百科，豆瓣评分等。

Primo 支持开放接口的主流 Web Services 模式的同时，全面支持图书馆相关检索协议标准，如 OAI-PMH、OpenURL、RSS、SRU/SRW 和 Z39.50 等，这是对图书馆已有资源数据的可用性表现。Primo 的管理与维护相对容易，采用图形化界面的 Web 管理模式。系统配置、运行监控与统计分析报表一目了然，技术门槛较低。Primo 在国内高校图书馆、学术图书馆与公共图书馆有着较为广泛的应用推广，包括上海交通大学、清华大学、复旦大学、四川大学、湖南大学、北京邮电大学、北京师范大学等国内知名大学图书馆采用了 Primo 方案，其中有一些高校图书馆本身也是 Aleph 系统的用户。在这些图书馆的部

[①] Primo 资源发现与获取总体介绍 [EB/OL].［2014-1-31］. http://www.exlibrisgroup.com/cn/category/PrimoOverview.

署实践中可以看到，多数采用前面提到的混合模式。针对特定图书馆资源与技术环境的定制化与集成化往往并不是一件容易的事情，需要技术开发商与图书馆通力配合推进。

上海交通大学图书馆是最早采用 Primo 的国内图书馆之一，推出了"思源探索"的资源发现品牌化搜索。目前"思源探索"以推出全新的 2.0 版本[①]。思源探索主打简洁便利的高校搜索服务，在搜索过程中增强了资源与用户之间的互动性。思源探索的首页界面提供了"书/刊"、"文章"、"学位论文"、"多媒体"与"整合资源"四个主要的资源类型搜索入口。以"整合资源"为例，检索"知识服务"，得到的搜索结果界面如图 9.3 页面中上部的集成化搜索框保留，默认检索所有类型、执行模糊匹配与匹配的位置。搜索结果按照相关度作为默认排序，还支持标题、日期—倒序、作者与流行程度四种排序。搜索结果按照纸本资源与数字资源做了基本划分，每条搜索结果除了包含基本元数据信息之外，与 Google Scholar 结果类似，在最后一行添加了可点击的搜索辅助功能，如预约请求、馆藏信息、详细信息、评论/标签、其他信息（与 EX Libris SFX 系统挂接），以及手机二维码（通过手机扫描访问）。点击这些功能，无需跳转页面，实时呈现，交互性能较好。互动功能需要登录才可以使用，一般信息无需登录。界面左侧主要是分面导航，提供了按主题、作者/编者、分馆/数据库、创建/出版时间、资源类型、语言等，帮助用户对搜索结果进一步处理。另外，左侧有一项"保存整页结果到电子书架"，与 Google Scholar 的个人图书馆功能类似，通过查询表达式与搜索结果提供基于邮件和 RSS 的个性化推送服务。

除了可以查询本馆 OPAC，还支持链接到 Amazon.cn、WorldCat 与 Google 图书中查看该书信息。

从用户搜索体验角度看，思源探索隐藏了用户一开始需要对各类数据库进行选择的麻烦，无需选库，引导用户用一个集中搜索入口进入，之后在搜索过程中根据自己的需要导向不同的资源库。简单分析 URL 的跳转，上交图书馆的 Primo 方案采用本地部署策略，除了访问原文跳转之外，整个搜索过程仍然是在上交图书馆网站系统之下进行。

可视化是 Primo 系统的一大功能亮点，根据检索关键词得到的搜索结果，对其进行深入分析，得到一系列知识可视化图表，这对科研人员把握热点主题、发展趋势等具有重要参考价值。图 9.3 结果上方显示了相关论著发文量

---

① OurExplore 思源探索［EB/OL］.［2014-1-31］. http://primofe.lib.sjtu.edu.cn/

图 9.3 上海交通大学的 Primo 发现系统

趋势图，从中可以把握知识服务这一研究的发展趋势。更多可视化一项中提供了相关知识点、相关重要期刊、相关作者、相关机构等中心节点图显示对节点使用颜色区分相关度程度，粉红、黄色、灰色相关度依次减弱。图 9.4 相关知识点图，中图是相关作者图，右侧是相关机构图，具有一定的参考了解价值。另外，还有核心期刊统计分析、期刊学术发展趋势曲线、刊种统计等，详情可访问网站查看。

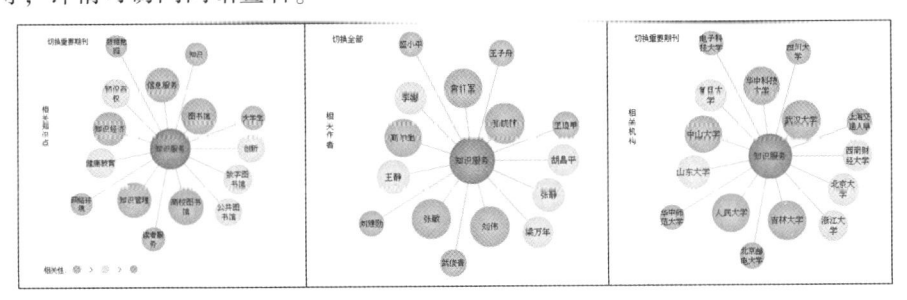

图 9.4 Primo 可视化结果分析

三、Summon 资源发现系统

Serials Solutions 于 2009 年 7 月推出 Summon 资源发现系统，目前已拥有

全球500多家用户。2013年3月推出2.0版本，主打主题探索（Topic Explorer）、学者侧写（Scholar Profiles）与自动查询扩展（Automated Query Expansion）。其中，Summon Suggestion模块将本地推荐、学科指南和实时参考咨询帮助无缝整合。Summon在搜索过程中将用户与学科馆员适时建立联系，当发现系统无法满足用户的搜索需求时，会转接到人工服务。

Summon的国内用户包括北京大学、西安交通大学、浙江大学、哈尔滨工业大学、东南大学等。北京大学图书馆是国内第一批采用Summon系统的用户之一，提出将检索框置于图书馆主页的显著位置从而确保了研究人员可以轻松查找并使用该校图书馆所购买的丰富馆藏资源①。Summon对北京大学图书馆的本地馆藏（超过700万条书目）、450多个数据库，以及机构特藏库（如古籍）等资源进行了集成，还增加了Serials Solutions 360 Link链接服务实现统一资源获取的转接，360 Counter资源评估服务对资源利用情况进行定量分析与决策辅助。

未名学术搜索界框设计得简洁美观，嵌入在北大图书馆网站的首页中心位置，是默认载入的集成化搜索发现入口，对绝大多数用户而言已经足够了。其他三个选项卡（馆藏目录、数据库、电子期刊）是分资源类型的入口，如有特定需要可点击进入。在搜索框中，以灰色文字提示了该搜索框的功能意图，"图书、期刊、论文……一搜即可"，体现了搜索引导的细节关怀。以搜索"复合图书馆"为例，搜索结果页面如图9.5。搜索结果默认按照相关度排序，除此之外，还有时间的升序与降序两个维度。与Primo相比，可选择排序因素较少。搜索结果的信息量参差不齐，这与元数据质量与丰富性有直接关系。书籍类型显示的内容属性较少，只显示了主题关键词。期刊论文类型显示了摘要。在搜索结果的功能丰富性上较Primo系统少，可触发的交互行为少，预约、评论等方便性实用功能并没有直接体现在搜索结果上。

界面左侧的分面搜索更加丰富直观。在资源可访问性（Accessibility）方面，限定显示范围给出了五种圈定：只显示在线全文的、只显示期刊文章、不显示新闻报纸中的文章、只显示北大馆馆藏纸本资源以及显示北大馆之外的更多结果。这基本涵盖了图书馆用户对资源选择的主要情况。内容类型分面列举了搜索结果的各种资源类型，如期刊论文、报纸文章、书籍/电子书、学习参考、学位论文等。主题分面给出了与复合图书馆相关的主题词，方便

---

① 北京大学图书馆选择了Serials Solutions [EB/OL].[2014-1-31]. http://www.serialssolutions.com/cn/words/detail/serials-solutions-cn.

图 9.5 北京大学 Summon 发现系统

用户进行相关搜索。创建/出版时间分面采用可视化柱形图，形象地展示了不同年份的出版情况。时间线两个可拖动的滑块与其下的范围输入框，最大程度满足用户对时间段的特定选择。馆址分面是对存在多个分馆的收藏情况揭示，便于用户快速定位馆藏位置。语言分面揭示搜索结果的语种元数据。还有其他增强功能，如搜索结果打印保存、结果收藏以及 RSS 2.0 格式的输出订阅等。图 9.5 个性化搜索是 Summon 的一个特色服务功能。这里的个性化搜索是指将 Summon 搜索服务通过一系列定制步骤，嵌入到你自己的网页中。具体表现为两种形式：搜索插件（Widget）和搜索框构造器。搜索插件类似于 Windows 7 的桌面小插件，占用网页的一块区域，搜索结果被限制显示在该区域里。定制可以保留或去掉分面导航和更改一些文字说明与颜色大小。最终生成一段 JavaScript 代码，将代码放入网页的指定位置上，你就拥有一个由北大图书馆 Summon 驱动的搜索服务。代码举例如下：

表 9.2　代码举例

搜索插件	搜索构造器
\<script type=" text/javascript" id=" s231401e077700131f95f00215acf8190" src=" http：//pku.s-ummon.serialssolutions.com/widgets/search.js" data-ajax-url=" http：//pku.summon.serialssolutions.com/widgets/search" \>\</script\>\<script type=" text/javascript" \> new SummonSearchWidget（｛" id"：" #s231401e077700131f95f00215acf8190"," logo"：" http：//assets.summon.serialssolutions.com/4eb23e4ae8c1955a52000135"," params"：｛" q"：" "," keep_ r"：true｝," style"：｛" width"：" fixed"｝," title"：" Summon 定制搜索"," searchbutton_ text"：" 搜索"｝）\</script\>	\< script type = " text/javascript " id = "s4b621ad0777401311a3e00237dd8743a" src=" ht-tp：//pku.summon.serialssolutions.com/widgets/box.js" \>\</script\>\<script type=" text/javascript" \> new SummonCustomSearchBox（｛" id"：" #s4b621ad0777401311a3e00237dd8743a"," params"：｛" keep_ r"：true｝," colors"：｛｝," tagline_ text"：" 帮您发现图书馆资源之美"," searchbutton_ text"：" 搜索"," advanced_ text"：" 更多搜索选项"," advanced"：" true"," suggest "：" true "," tagline "：" true "," popup"：" true" ｝）\</script\>

北大图书馆的 Logo 会出现在搜索框之上，表明搜索服务提供者，区域底部有 PoweredbySummon，表明技术提供者。搜索插件的技术门槛较低，一般用户即可轻松操作。搜索框构造器与搜索插件的功能类似，可以对搜索框大小、搜索框内提示、自动建议、高级搜索等功能进行定制，无北大图书馆 LOGO。触发搜索后，新开一个页面导入到 Summon 结果页面。如图 9.6 两种搜索入口定制截图对比：个性化定制搜索理念与 Google Custom Search 一脉相通，其作用在于图书馆搜索服务的推广，允许用户在自己的使用环境中嵌入搜索入口，无需到图书馆网站，这体现出服务的灵活性。

从 URL 访问变化进行简单分析，北大图书馆的 Summon 采用云端托管模式。Summon 搜索入口嵌入在北大图书馆网站首页上，发起搜索后进入 http：//pku.summon.serialssolutions.com/这个三级域名，这说明整个搜索发现的系统执行都是在 Serials Solutions 公司 Summon 系统的服务器上。此时，用户的搜索支持已由 Serials Solutions 托管。当用户点击具体资源条目后，Summon 系统又引导回到北大图书馆馆藏系统或链接到对应的学术资源库。

四、EDS 资源发现系统

EDS 资源发现系统是依靠 EBSCO 强大的学术资源库支撑，采纳 EDS 技术

第九章 学术资源的搜索发现服务　　　　　　　　　　　　　　　　211

　　　　搜索插件　　　　　　　　　　　　　　搜索构造器

图 9.6　Summon 个性化搜索两种定制形式

会直接或间接得到资源益处。EBSCO 公司介绍称①，EDS 的数据来源均通过与出版社签约授权，强调元数据的合法性与高质量，包括 1 千多个外文数据库资源，6 万多种期刊杂志，近 4 万篇会议录、6 百万册外文书目记录（含封面），82 万多种多媒体书目数据。另外，还支持 Ei、INSPEC 等二次文献数据库的融合。元数据规模与质量是发现系统检索效果的关键因素之一。EDS 在这一点上优于其他资源发现系统。

　　EDS 的国内用户有南京大学、中山大学、武汉理工大学、中南财经政法大学等的图书馆。值得一体的是，南京大学图书馆数图实验室作为 EBS 的国内本地化合作伙伴，推出了 EDS/FIND+本地增强品牌。南京大学图书馆的 EDS/FIND+搜索发现功能分为外文资源发现、中文资源发现、馆藏资源、全文导航等四大功能模块，还扩展了期刊导航、学科导航、数据库导航等功能。

　　图 9.7 南京大学资源发现系统的搜索界面，除了相关度排序之外，还有按时间维度与核心刊两种排序方式。检索 "知识服务" 得到搜索结果前几个都是会议论文，提供链接到万方会议论文库，详细信息与摘要显示，手机二维码显示。比较有特色的是分享功能，可分享到 QQ 空间、新浪微博、人人网、豆瓣网。左侧的分面导航提供年份、资源类型、核心刊收录、学科（按中图法）、作者、关键词、期刊与作者机构等 8 个分面。其中，核心刊收录是比较有特色的查询限定，包括 SCI、CSSCI、CSCD、EI、SCI 等，这有助用户

---

① 资源发现 EDS/Find [2014-1-31]. http://www.smartlib.cn/do/list28.html.

图 9.7 南京大学资源发现系统

根据期刊重要程度判断论文重要性。页面左上角是用户身份控制，登录后可实现统一认证服务，"我的文件夹"支持类似收藏功能，"检索历史"支持查询记录的实时查看等。EDS 在搜索界面与交互功能上与前面的发现系统大体相同，其宣称的资源实力需要本地化深度整合后才能凸显。

本章对图书馆网络信息服务中检索系统的升级服务形态——资源发现系统进行了全面分析，并通过对主流资源发现系统的案例分析，以资源为基础、技术系统搭平台、搜索发现服务集成图书馆相关服务的思路为图书馆服务整合与扩展提供了思路与参考。

图书馆搜索服务升级是大势所趋，国内图书馆要因势利导，与资源发现系统服务商积极合作，做好资源卡位，不要被技术牵着鼻子走，做好都有各自资源发现服务的品牌化，如北京大学的"未名搜索"、四川大学的"明远搜索"等，这是一个很好的服务升级营销策略。

可以预见，未来有更多图书馆升级为具有特色学术资源发现引擎，实现"让用户想得起，用得顺手，一站式的优质搜索发现体验"的服务目标。

第十章 学科知识服务

学科知识服务（简称学科服务）是面向用户一线、嵌入用户过程的一种深度的图书馆服务，是当前图书馆服务的主流模式和主流形态。在数字化网络化环境下，用户会越来越不到物理的图书馆，那图书馆就必须将服务推至用户一线。也正是这种新型的图书馆，造就了图书馆服务的机会，也提升了图书馆为用户提供服务的能力。图书馆能否提供学科知识服务，不仅是对自身能力的一种挑战，更是图书馆能否实现转型的关键。

第一节 学科知识服务概述

一、知识服务、学科服务的概念

1. 国外学科（知识）服务的概念及提出

学科馆员制度最早出现于19世纪初期[1]，在20世纪初由R. W. Chambers引入伦敦大学（1901~1922年），而后在20世纪30年代被利兹大学采用并扩散到其他学校[2]。学科服务作为学科馆员制度产生后逐渐形成的伴生产物，在此阶段形成了以参考服务为主的早期雏形。1951年，学科馆员服务模式由美国的内布拉斯加大学图书馆首次提出[3]，1979年，Dennis W. Dickinson 在他的论文中阐述了"学科馆员"的工作职责主要为专业参考帮助（Specialist Reference Assistance）和"学科联络"（Faculty Liaison）两大方面[4]。随后美国卡内基-梅隆大学图书馆和俄亥俄大学图书馆也分别提出"跟踪服务"（Track

---

[1] J. Periam DANTON. Selection and Collections: A Comparison of German and American University Libraries [M]. 1963.
[2] Matt Holland Marian Matthews PENNY DALE. Subject Librarians: Engaging with the Learning And Teaching Environment [M]. 2006.
[3] 张铁. 维和培训部开展学科服务的探讨 [J]. 中国电力教育, 2013, (26): 38-39.
[4] 吴翠兰. "学科馆员"制度建设及其发展探析 [J]. 图书馆学研究, 2003, (4): 71-73+76.

Service）和"网络馆员免费导读"服务（Network Librarian and Free Guide），学科化服务理念由此真正产生。

随着学科馆员制度的不断推广，学科馆员不断的了解学科用户的信息需求，逐渐建立起了图书馆与对口学科用户之间的学科联络，进而为用户提供更加详细的、系统的、及时的、专业的对口服务。1992年美国爱荷华大学（University of Lowa）图书馆宣布成立"信息拱廊服务"（Information Arcade，简称IA），英文"Information Commons"的简称，即学科馆员与科研人员间形成无缝通道的快捷服务。而后伴随着学科馆员素质和能力的快速提升和用户需求的多样性，学者普遍认为学科服务是一项开拓性的主动参与式的创新服务，肩负学科资源建设、学科咨询与教育、学科联络三大任务。它要求学科馆员深入到用户的科研或教学活动中，帮助他们发现和提供更多的专业信息资源和信息导航，为用户的研究和工作提供针对性很强的信息服务，是图书馆创新精神和个性化服务特征的具体体现。

2. 国内学科知识服务的概念及提出

1998年学科馆员以及学科服务这一理念被清华大学首次引入国内，其对学科服务的定位为"为教学科研提供全程配套服务"①。2006年中国科学院文献情报中心开创了"融入一线、嵌入过程"的新型学科服务②——以学科馆员服务为核心，依托国家文献平台和科学院公共平台，面向科技创新基地、研究所、研究室、课题组和个人，开展院所协同的、面向一线的学科化服务工作。上海交通大学结合其高校服务特点和 IC^2 学科服务模式，认为学科服务是大学图书馆围绕不同学科用户的个性化信息需求，以学科馆员服务团队为纽带组织各类信息资源，开展的一种主动的延伸式服务。

随着学科馆员制度的不断成熟，1999年任俊为先生在《图书情报知识》中发表题为《知识经济与图书馆的知识服务》的论文③，首次将知识服务概念引入图书情报界，2000年张晓琳教授在《走向知识服务：寻找新世纪图书情报工作的生长点》一文中对知识服务进行了更为深入的分析与阐述④，该

---

① 邵敏. 清华大学图书馆学科服务架构与学科馆员队伍建设 [J]. 图书情报工作, 2008, (2): 11-14.
② 初景利. 我国图书馆学科服务的难点与突破 [J]. 中华医学图书情报杂志, 2012, (4): 1-4.
③ 任俊为. 知识经济与图书馆的知识服务 [J]. 图书情报知识, 1999, (1): 28-30.
④ 张晓林. 走向知识服务：寻找新世纪图书情报工作的生长点 [J]. 中国图书馆学报, 2000, (5): 30-35.

文引起国内图书情报界的广泛关注，进一步促进了学科知识服务的形成。学科服务越来越强调学科知识的创造、传递和共享，即数字化知识密集型服务，因此逐渐升级为学科知识服务。实践证明学科知识服务是学科馆员嵌入到科研过程中，进行知识信息的搜索、组织、传递、分析、共享的创新型服务。

二、学科知识服务主要特点

1. 网络化

在互联网高速发展的背景下，用户的信息环境发生了巨大变化，越来越多的电子资源可供享用，知识出版商也已经不仅仅是将纸质资源数字化与网络化，而是开始提供数字全文传递服务，开发数字化服务平台，提供知识挖掘、知识推送等全面的服务。学科服务作为学科馆员为用户提供服务的主要服务方式也随着网络技术和应用的不断发展呈现出了网络化的特点。在网络化的学科服务过程中用户不但可以通过互联网与学科馆员及时进行沟通（例如实时在线参考咨询等），还可以利用图书馆搭建的学科知识服务平台更有效地获取所需要的信息。学科馆员通过对分散学科资源的整理和汇总，从而避免了用户迷失在某一学科领域的信息海洋中。目前，国内已拥有许多已经成型的网络平台系统，如2002年国家科学数字图书馆（Chinese National Science Digital Library，CSDL）项目开始实施，建成了5个学科信息门户以及10个特色门户；上海交通大学图书馆2009年引进了"内容管理和知识共享系统——LibGuides"，通过该学科服务平台实现学科资源和服务的组织、揭示与发布。

网络化学科服务最大的优势在于：一方面，全面提升了学科信息资源的有效整合，使用户随时随地都可以利用互联网高效获取所需的学科信息资源，且学科馆员会根据用户需求利用互联网定期推送其所需的相关资料；另一方面增强了学科馆员与用户之间的交流，使参考咨询服务真正嵌入科研一线，使用户提出的个性化需求可在最短时间得到回馈。

2. 个性化

不同的用户拥有各自不同的科研风格和特点，这对学科服务形成了新的挑战，学科馆员即使面对研究内容相似的课题组或研究者，依据其研究侧重点和特别关注的竞争对手机构所需要提供的服务也大不相同。因此学科馆员要针对不同的用户进行个性化的定制服务。

个性化学科服务是能够满足用户的个体学科信息需求的一种服务。至少应包括三个层次的内容：首先能根据用户的知识结构、信息需求有针对性地向用户提供符合其要求的服务。其次，学科馆员通过对用户个性、使用习惯的分析和跟踪，不断学习、挖掘用户潜在的兴趣特征，主动向用户推荐其可能感兴趣的信息，满足其潜在的信息需求。最后，需要根据用户的知识结构、心理倾向、信息需求和行为方式等来启发和激励用户需求、促进用户对学科信息的有效利用并在此基础上进行知识创新。

英国牛津大学图书馆在个性化学科服务方面具有鲜明的代表性，它除了为用户提供了综合的教育程序、文献提供、复制服务等一系列支持科研、教学和学习需求的服务和设施外，还致力于个人图书馆服务（My library）的开发和推广，为用户提供 RefWorks 个人书目管理，帮助研究人员便捷地搜集、管理、储存和共享各种类型的信息资源，从而提供个性化学科服务。在我国以武汉大学图书馆为代表的许多图书馆的学科馆员也都建立了对口院系重点学科教师的档案，及时为其开展个性化信息服务，包括科技查新、定题服务与课题跟踪等。

3. 知识化

学科馆员信息服务的知识化，是服务内容的知识化，也是在学科服务中进行馆员与读者的互动知识交流，通过知识交流，实现知识含量的不断增长，从知识上优化信息服务活动①。因此要求学科馆员对所服务领域有着较专业化的知识储备和技能，能够深入科研一线为用户提供及时专业的服务。

首先，服务内容具有知识化特点，由于学科服务面对的用户往往为该领域内科研人员，因此学科馆员所提供的服务不但要保证知识的准确性，还要强调知识的深度和广度，而不是简单的将知识堆砌后传递给用户，也就是服务的知识有效性要高。其次学科服务的方式也需要知识化，学科馆员要真正了解用户使用某些信息的意图和最终希望得到的结果，从而将大量资源进行过滤、翻译、节选、整合并将增值后的内容快速反馈给用户，保证前沿知识的时效性。第三，学科服务团队也具有知识化的特点，现在的学科服务团队往往是由具有专业学科背景和相关图书情报知识的人员组成，他们可以与用户形成统一的"知识团队"，通过与用户的互动，及时把握用户需求的变化，提供动态的信息和知识产品，而不仅仅是服务与被服务的关系。

4. 智能化

随着网络化和人工智能技术的不断发展，学科化服务也越来越多的借助

---

① 张体林. 学科馆员信息服务知识化 [J]. 鞍山科技大学学报，2007，(3)：326-329+333.

智能化服务平台。学科化智能服务平台可以向用户提供集成的、全面的、高效、实时的学科化信息服务。同时学科馆员也可利用智能化平台全面介入学科信息资源建设、用户培训、信息服务平台维护和参考咨询等图书馆全部工作流程中,将特色学科资源和服务进行有机的整合[1]。

智能化已成为了学科服务的一个亮点,学科馆员对于学科需求分析、学科化知识化信息选择与集成、个性化服务设计与管理等方面的工作全都要依赖智能化平台的使用。

5. 嵌入式

嵌入式学科服务是指图书馆的学科馆员利用和协同多层次、多方位的资源和力量,将学科服务融入用户的教学、科研过程中,在用户的物理和虚拟空间构建一个满足用户个性化信息需求的信息保障环境。在今天的数字网络化环境下,虽然用户获取所需的信息资源十分便捷,但学科服务嵌入科研过程,学科馆员融入一线,与用户结成稳定而可靠的合作伙伴关系仍是学科服务中极为重要的一个特点。中科院国家科学图书馆的初景利教授提出嵌入式学科服务包括"目标嵌入、功能嵌入、流程嵌入、系统嵌入、时空嵌入、能力嵌入、情感嵌入和协同嵌入"等八个方面[2]。

嵌入式学科服务非常符合泛在知识环境下学科服务的要求,真正做到了"以用户为中心",通过不同途径和方式,融入用户的工作学习生活的物理空间和虚拟空间,嵌入用户学习和科学研究的整个过程,提供随时随地的,贴近身边的图书馆服务,使用户真正的感受到"图书馆服务无处不在、无时不有"。目前我国大部分专业图书馆和高校图书馆的学科馆员都在积极转型成为嵌入式学科馆员。嵌入式学科服务将使图书馆的服务走出图书馆建筑,进入用户的日常学习、工作和生活环境,打破时间和空间的限制,成为用户手边即时可用的服务[3]。开展嵌入式学科服务将增强学科馆员在用户中的相关性、显示度和影响力,使其成为教学科研中不可或缺的一部分,同时改进和增强与用户之间的互动,将中介角色逐渐转变成伙伴。

---

[1] 米海燕,张翠霞. 基于信息分析的高校图书馆学科化知识服务 [J]. 亦峰学院学报(自然科学版),2010,(11):123-125.
[2] 初景利. 嵌入式图书馆服务:战略转型 [R].
[3] 刘颖,黄传惠. 嵌入用户环境:图书馆学科服务新方向 [J]. 图书情报知识,2010,(1):52-59.

6. 泛在性

泛在知识环境是指由网络设施、硬件、软件、信息资源、人等有机组成的新一代科技知识基础结构，是未来知识型社会的一种综合的全面的数字化信息基础设施。它通过计算、存储和通信方面的最大便利，使人、数据、信息、工具、设备等资源能够更为完全彻底地发挥作用而构建的一种普遍的、综合性的知识环境①。在泛在知识环境下，学科服务更加强调以用户为中心，学科馆员将充分关注和深入了解用户的习惯、信息需求，并在此基础上进行有针对性的学科服务，使学科服务具有了泛在性的重要特点。

学科馆员将根据用户的需求打破学科服务固有的局限，使服务不断深入用户的科研过程（包括定期随访，网络参考咨询，个性化信息推送等诸多方式），令科研人员得到实体空间和虚拟空间两方面的全面学科服务，从而帮助研究者更好地把握学科发展脉络，了解学科前沿动态以及竞争单位研究现状等。以国家科学图书馆为例，其在"十二五"规划中一方面改善"硬设施"，以空间延伸时间（完善可视化多媒体工具、情报研究分析工具等）；另一方面改善"软服务"，以时间延展空间（增强"随意通""e划通"的开发和使用等）的方式实现了学科服务的泛在性②。

第二节 学科知识服务的发展

一、国外（美国）学科知识服务发展阶段

1. 初始期

时间：上世纪五十年代至八十年代后期。

主要线索：学科馆员定义的演变，是该阶段人们对于学科馆员服务认识的开始。1978 年 Dickinson 提出了学科馆员经典定义③，他将学科馆员的主要职责归结为两个方面，即专业参考帮助（Specialist Reference Assistance）及院

---

① 李桂贞. 泛在知识环境下高校图书馆嵌入式学科服务模式探究 [J]. 图书馆工作与研究, 2013, (3): 30-32.

② 杨雨霖. 国家科学图书馆学科化知识服务的特点 [J]. 新世纪图书馆, 2012, (8): 43-45.

③ Dickinson Dennis W. Subject specialists in academic libraries: the once and future dinosaurs [C]. New Horizons for Academic Libraries National Conference of the Ass-ociation of College and Research Libraries: Boston, 1978. Edited by Robert D Stueart. Munich and London: Saur, 1979: 438-444.

系联络（Faculty Liaison）。所谓专业参考帮助是指向用户提供专业资源利用指导以及专业参考咨询等服务。院系联络则指建立与用户交流和沟通的机制、主动了解用户需求，改进图书馆的工作。

到了 1989 年，Stebelman 等人[1]对学科馆员做出新的定义：图书馆"指派馆员与教师一起工作，建立一种系统的、组织严密的交流渠道，保证图书馆能及时了解教师的需求，教师能及时了解图书馆的资源、服务与政策"。

主要特点：该阶段学科馆员定义的演变，一定程度上反映了国外学科馆员服务发展初期图书馆对于学科馆员服务模式的认识还处于不断认识和探索中。学科馆员主要职责是了解用户需求，指导馆藏建设，以提高图书馆自身的服务能力。那时学科馆员制度尚未完全建立，服务内容和模式没有明确要求，服务中最为重视的就是学科文献目录建设；到上世纪八十年代后期，学科馆员的服务重心发生变化，学科馆藏建设与联络工作固然还是服务重点，但是，开展学科馆员服务的各图书馆开始逐步探索建立学科馆员管理机制，同时他们也意识到，通过学科馆员服务工作，让用户及时了解图书馆的资源与服务，成为当时学科联络的重要内容，通过学科馆员的服务还能提升图书馆各方面的形象。

2. 变革与发展期

时间：上世纪九十年代初期至九十年代后期。

主要线索：随着外部因素的不断增多，如进入 90 年代后书刊涨价与图书经费的不断削减，受到全面质量管理理论、项目管理等思想的影响，国外图书馆对学科馆员的定义进行了更新和补充，同时出现了新的服务模式。

1995 年 Cynthia C. Ryans[2] 等人对学科馆员进行了新的定义：学科馆员制度作为一种服务，目的是建立图书馆与科研机构之间的交流、沟通机制，改善图书馆形象。

康涅狄格（Connecticut）大学[3]于上世纪末对学科馆员进行了比较具体的描述：学科馆员是馆员队伍中的一分子，他们是图书馆指派于校内研究单位

---

[1] S. STEBELMAN. The role of subject specialists in reference collection development [J]. RQ, 1989, 29 (22).

[2] Cynthia C RYANS, Raghini S SURESH, Wei-Ping ZHANG. Assessing an academic library liaison programme [J]. library Review, 1995, 44 (1): 14-23.

[3] University of Connecticut Libraries Academic Liaison Program, http://www.lib.uconn.edu/using/services/liaison/prog00.htm [EB]. 2007-6-20.

(如学院、系、中心、项目组)的主要学术联络人,目的是方便教师、学生与馆员沟通以获得学科信息指导与帮助。康涅狄格大学在学科馆员服务项目中提出了建设四个目标[①]:建立图书馆与学科机构之间的对话机制;建立学科馆员与教师之间有效的协作关系;加强对图书馆资源与服务的宣传;提升图书馆的服务能力与服务水平。

主要特点:该阶段受环境因素等影响,学科馆员服务进入了大发展但又需要面临挑战的阶段。该时期内各大学图书馆纷纷开始设立学科馆员,学科馆员服务模式和学科馆员制度不断完善,将学科馆员从传统岗位中剥离出来,设置或成立专门的部门或组织机构,由专业指导委员会或管理委员会进行业务和管理上的指导,对学科馆员服务内容进行设置,对学科馆员服务效果进行评价。随着图书馆自身结构的调整和用户需求的变化,服务方式中出现了类似于哈佛医学院[②]这样新的与院系紧密合作的服务方式,学科馆员除了完成学科联络、馆藏建设这两个基本任务外,专业参考咨询(包括个人 e-mail、参加视频会议、实时咨询服务)让学科馆员从传统的参考工作中分离出来,面向学科用户提供专业性帮助。学科馆员对教学的帮助作用则体现在参与制定课程计划、软件支持和计算机设备的维护,甚至是直接与课程教师团队进行合作开设信息检索课程等内容。而电子资源使用以及信息技术培训也同样成为学科馆员服务的重要内容。

3. 成熟与创新期

时间:上世纪九十年代末至本世纪初(2006 年)。

主要线索:随着数字图书馆技术的普及,以及来自 e-science、e-learning、e-print 等新理念的影响,国外图书馆纷纷重视学科馆员服务的创新问题,以期实现深层次、贴近学科需求的信息组织与服务,期间出现了以"嵌入式学科服务"为代表的创新服务实践项目。

2000 年左右开始,美国许多著名大学图书馆(如哈佛大学、约翰霍普金斯大学医学院、加州理工大学、杜克大学等)的学科馆员开始利用电子资源、网络技术手段尝试嵌入网络在线课程的教学,帮助学生和老师解决信息查找、课程作业辅导等指导性工作,并尝试将工作场地从以图书馆为中心转变为以

---

① Martin A. KESSELMAN, Sarah Barbara WATSTEIN. Creating oppurtunities: embedded librarians [J]. Journal of library administration, 2009, 49: 383-400.

② Cindy A. SCHATZ, Susan E. WHITEHEAD. Librarian for hire: contracting a librarian's services to external departments [J]. Bull Med Libr Assoc, 1995, 83 (4): 469-472.

用户为中心。也有专业型图书馆如美国国立卫生研究院（NIH）的学科馆员将工作场地转移至医生的实验室或病房，并尝试通过更专业的综合分析等服务让用户满意。

主要特点：该阶段的环境因素使图书馆不得不重新思考学科馆员服务模式的定位问题。这段时期是美国学科馆员服务相对成熟的时期，学科馆员服务已经普及到几乎所有的图书馆，但同时对于图书馆而言又是急需寻求变革的时期。在数字图书馆时代，学科馆员的信息技术能力得到很大的提升。很显然，这个时期的学科馆员服务由于用户行为与需求的变化而发生了新的改变，如出现了新的角色职责[1]，服务模式更加多样化、需求驱动、个性化，嵌入式服务成为这个时期学科馆员的服务目标。学科馆员与科研用户、领域专家间的关系开始从合作（Cooperation）、协同（Collaboration）走向伙伴式关系（Partnership），即从相对独立、面向特定业务或项目的协作与合作关系，转变为彼此相互渗透、相互依赖、更加亲密的战略伙伴关系。

4. 转型发展期

时间：从 2007 年至今。

主要线索：随着大规模嵌入式学科创新服务项目实践的不断出现，开始了从理论层面上对嵌入式学科服务模式的总结和研究。其中以 David Shumaker 和 Laura Ann Tyler[2] 于 2007 年 6 月发表的"有关嵌入式学科服务发展、管理以及实践最初调查"的论文为重要标志，拉开了图书馆界对学科服务嵌入式转型发展模式的深入探讨和实践。

随后，David Shumaker 与 Mary Talley 受 SLA 资助，对嵌入式学科服务模式进行能够了广泛调研，并在《嵌入式图书馆员模式》（Models of Embedded Librarianship）报告中对嵌入式学科服务的有效模式进行了阐述，为嵌入式学科服务转型发展提供了理论依据。

主要特点：该阶段的学科服务已经明确将"参与"、"合作""融入"作为嵌入式学科服务的核心要素，也体现了"嵌入"的主要特征。同时各机构类型图书馆也根据实际服务内容、服务方式以及管理体制等多方面进行创新和转型发展。如在图书馆学科服务人员与项目雇佣关系、学科服务人员获得

---

[1] Stephen PINFIELD. The changing role of subject librarians in academic libraries [J]. Journal of Librarianship and Information Science, 2001, 33 (1): 32-38.

[2] David Shumaker and Laura Ann Tyler, Embedded Library Services: An Intitial Inquiry into Pratices for Their Development, Management, and Delivery. [C] //Special Libraries Association Annual Conference.

项目资助等方面进行了有益的实践，是图书馆适应未来可持续发展进行的转型探索。

二、国内学科知识服务发展阶段

1. 初始期

时间：1998年—2005年。

主要线索：1998年清华大学在国内首次引入学科馆员概念，建立学科馆员服务制度，标志着国内学科馆员服务的开始。随后的7—8年中，国内高校图书馆兴起学科馆员制度建设热潮，不少高校图书馆均纷纷设立并开展学科馆员服务，其数量多达几十家。中国科学院文献情报中心于2004年开始探索建立兼职的学科馆员服务。

主要特点：以高校图书馆开展学科馆员服务为代表，在学习和借鉴国外图书馆学科馆员服务模式的基础上探索建立国内学科馆员制度，服务内容以馆藏建设和学科联络为主要内容，同时也进行用户指导培训，参与院系教学活动等。但在服务组织模式上与当时国外学科馆员发展有差别，服务的内容与深度都比较有限。

2. 发展变革期

时间：2006年—2011年。

主要线索：2006年，随着中国科学院国家科学图书馆的组建，在全馆（总分馆）建立全职的学科馆员岗位，并建立了独立的业务部门——学科咨询服务部，从馆内外、院内外公开选拔具有较高素质的专业人员竞聘上岗，至此开始了学科馆员创新发展的探索[①]。经过多年的实践发展及经验积累，在全国高校及研究型图书馆中奠定了学科服务创新者的地位，并有力地推动了全国学科服务的深入有效开展。

主要特点：以中国科学院国家科学图书馆学科馆员服务为代表，对学科馆员的服务方式和内容进行了深化，提出以建设学科化、个性化、知识化服务为目标，倡导深入科研，与科研过程紧密结合，与科研用户、领域专家间成为亲密伙伴关系的建设理念，确立第二代学科馆员的基本模式与机制。各高校图书馆也在不断的实践中，发展和形成了自己的特色，国内的学科服务

---

① 王春，方曙，杨志萍. 中国科学院国家科学图书馆"学科馆员"的学科化服务 [J]. 图书情报工作，2007，51（2）：107-109+148.

得到前所未有的关注和重视。

3. 创新转型期

时间：从 2008 年至今。

主要线索：2008 年，中国科学院国家科学图书馆开始思考和实践从面向所有用户的普遍服务，延伸到为重点课题、重点人员和重点任务提供深度的情报分析与知识服务，通过自主设立预研项目和广泛设立院所结合的学科服务专项，探索嵌入科研过程的深度知识服务，并吸引了部分研究所课题组主动将学科馆员纳入项目组，成为项目组成员，对项目过程提供全程式的信息服务与信息支撑，实现了嵌入式的学科服务。国内其他高校和专业图书馆也开始了嵌入式学科服务的大胆探索。全国高校（CALIS）连续举办 5 期学科馆员培训班，培养了一大批学科馆员业务骨干。

主要特点：学科馆员的服务场所从图书馆转到用户的过程和场景，在用户的办公室、实验室、野外台站和虚拟空间提供个性化、知识化、泛在化的学科服务，实现了图书馆服务的"融入一线，嵌入过程"的战略目标，有效地拉近了图书馆与用户之间的距离，解决了"最后一公里"的问题。图书馆和图书馆员也在服务的过程中，赢得了用户的信赖和肯定，树立了图书馆和图书馆员的新品牌和新形象。

综上，国内外学科服务发展演进图如下图所示。

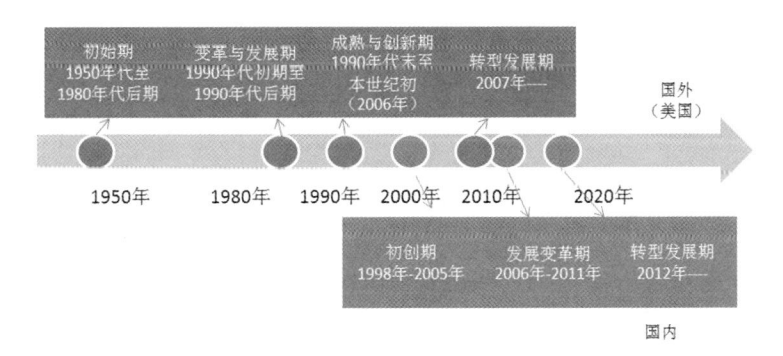

图 10.1　国内外学科服务发展演进图

第三节　国内外学科知识服务案例分析

一、耶鲁大学医学图书馆：个人图书馆员项目

耶鲁大学图书馆的学科馆员服务分为个人图书馆员（Personal Librarian，简称 PL）和学科专家（Subject Specialists）两类。其个人图书馆员项目（又称私人馆员）是 1996 年提出的设想[①]，指派专门学科馆员负责学生在学期间所有信息咨询和服务。

从耶鲁大学医学图书馆主页[②]出发，依次点击 Curriculum & Research Support—Personal Librarians（私人馆员）。页面给出了不同学科的 13 名学科馆员的姓名、地址、电话、E-mail、简历、博客、即时聊天工具的联系方式等，便于师生联系学科馆员。一般是每个 PL 每年负责 10-20 个新生，在 4 年的学习过程中，每个 PL 要负责 80-100 个左右的学生，他们会对学生涉及耶鲁大学医学图书馆服务以及馆藏方面的研究给予帮助，并与他们在耶鲁的整个学习生涯中的保持联系。PL 提供如同单一联络点的图书馆服务，是一切与图书馆事物相关的"中间人"，甚至可以提供不是图书馆特定的事务的服务。如果 PL 不知道答案，他们会尽力找出谁可以解决用户的问题[③]。PL 全年将多次与用户联系，让用户了解新的和令人激动的资源，或在图书馆为用户服务。

个人图书馆员提供的服务内容具体包括[④][⑤]：定期 Email 发送最新权威相关资源、如放假提醒、欢迎返校、研究帮助信息等；回答有关图书馆政策、程序和服务的问题；通过帮助学生阐明研究问题来鉴定最好的资源及制定用户研究策略，帮助学生清晰地表达一个研究或临床问题，寻找最佳资源、搜索策略，利用参考文献管理软件创建个人图书馆，以及协助其找到完成研究任务所需的信息；帮助借阅非耶鲁大学的期刊论文和图书；给予远程访问帮

[①] 李金芳. 美国高校图书馆嵌入式学科服务的典型案例研究 [J]. 图书馆杂志., 2012, 31 (11)：73-77.

[②] 耶鲁大学医学图书馆主页 http：//library. medicine. yale. edu/ [Z].

[③] 宗萍. 耶鲁大学图书馆信息服务最新进展及启示 [J]. 科技情报开发与经济., 2013, 23 (3)：34-35.

[④] 郑旭升. 国外 PL 简介及对中国高校图书馆的启示 [J]. 农业图书情报学刊., 2013, 25 (5)：78-80.

[⑤] 初景利, 许平, 钟永恒等. 在变革的环境中寻求图书馆的创新变革——美国七大图书情报机构考察调研报告 [J]. 图书情报工作, 2011, 55 (1)：10-16+69.

助,为不在校园的学生提供服务;当学生在科研过程中不知哪里开始或想不出下一步做什么的时候提供帮助。

PL 的工作模式主要涉及以下几方面:

(1) 建个人网页、博客、平台

通过建立个人网站、开个人博客、BBS 论坛、利用 IM(网络即时通讯)等各种方式,来提高个人图书馆员的知名度。采用 LibGuides 工具,维护网站学科资源的组织和揭示及学科导航和信息推介。

(2) 提倡读者有选择权

新生可主动选择自己的个人图书馆员。一方面,读者对自己选择的个人图书馆员,会充满信任感,有利于服务工作的开展;另一方面,读者在选择时,可根据个人图书馆员的口碑选择,这种方式有利于规范个人图书馆员的服务行为,促进个人图书馆员的工作改善。

(3) 面对面服务

对不方便在 E-mail、工作电话以及 QQ 号沟通的问题,个人图书馆员可应读者要求,与读者进行面对面的沟通。譬如,有关毕业选题,毕业论文的架构资料搜索等问题。

(4) 明确服务范围

个人图书馆员能为读者提供什么服务、如何为读者服务,都有明确规定。主要包括新资源、新项目、通知、注意事项的定期 E-mail 信息;回答读者有关图书馆政策、程序和服务的问题;同时为读者的科研、论文信息资源的搜索做出适当安排。

(5) 推荐解决方案或人选

个人图书馆员个人的能力毕竟有限,当遇到不能直接回答的问题时,绝不能以不会为推诿理由,应推荐解决方案或人选给读者,会大大缩短读者解决问题的时间。

二、约翰霍普金斯大学 Welch 医学图书馆:嵌入式信息专员计划

约翰霍普金斯大学 Welch 医学图书馆的学科信息服务起始于 2000 年,起初称作"联系馆员计划"(liaison program),现在称为"嵌入式信息专员服务"(Embedded Informationist Services,简称 EI)[①],约翰霍普金斯大学图书馆

---

① 李金芳. 美国高校图书馆嵌入式学科服务的典型案例研究 [J]. 图书馆杂志., 2012, 31 (11): 73-77.

中的威尔士医学图书馆的 EI 计划是现今医学嵌入式学科服务的一个典型案例，涵盖了涉及研究、教学和临床的各方面，内容包括文献、资金、数据等的多角度全方位信息服务。

信息专员的定位是将馆员嵌入用户工作流程[①]，提供"现场指导、咨询、检索"，快速高效地满足信息需求。项目初期，主要由 10 个信息专员来完成。这 10 位信息专员分别隶属于两个不同的部门，其中 5 位隶属于公共健康与基础科学信息专员服务部（Public Health and Basic Science Informationist Services，PHBSIS），另外 5 位隶属于临床医学信息专员服务部（Clinical Informationist Services，CIS）。他们的学科化服务共同面对的是来自医学院以及医院的约 20 000 个服务对象，每个信息专员对指定的系或科室的研究组以及教研系列（教授、研究生和博士后）和医疗系列（住院医生、住院实习医生以及护士）提供个人服务，并为系里或者医院的管理层提供一些服务。EI 还建议研究者或者课题组在网络空间中增设"办公时间（office time）"，以便共同评估信息需求。

同时，EI 参加公开的活动如研讨会、部门会议等并在会议中简述服务；进一步参加学术俱乐部、案例会议等，深入参与到课题组的系统评价（systematic review）工作；创建数字门户站点，开发 Web2.0 工具等。

Welch 医学图书馆的嵌入式信息专员服务模式由一系列个性化信息服务组成：在用户所在的科研、教学和临床医疗的地点提供服务，随时随地与用户合作，将图书馆员嵌入用户工作流程，更快地回答用户的问题，更有效地满足用户的信息需求，努力成为用户在科研上和医疗团队中的信息专家。

该服务模式基于传统服务，提供针对教学、科研和临床需求的信息服务。图书馆作为科研基础，向用户呈现新的维度，将图书馆员作为信息资源融入到临床、研究和教学队伍中。

服务内容主要包括信息需求评估、协助和参与各种服务、与教职工在临床及研究和教育的深度项目上进行协同和服务等三大方面[②]。

[①] 王保成. Welch 医学图书馆的嵌入式服务及启示［J］. 图书情报工作网刊，2010，10：33-36.
[②] 司莉，邢文明. 我国高校图书馆嵌入式服务的策略选择［J］. 图书情报知识，2012，（4）：46-52+63.

EI 项目具体为研究者提供以下一些帮助①②:
1. 从制订计划、构建检索、管理引文等方面系统性的评估合作。
2. 从文献综述与提出研究问题着手指导开展专业研究。
3. 查找统计数据、数据集、灰色文献等。
4. 提供信息分析、个性化咨询、检索技能与引文管理方面的帮助。
5. 发现适合发表科研成果的最佳期刊,提供最佳关键词。
6. 帮助寻找政府和私人资助的基金项目。

三、中科院文献情报中心学科知识服务创新实践

为了适应信息环境和用户需求的变化,2006 年 6 月,中国科学院文献情报中心(时称国家科学图书馆,简称"国科图")筹建并在武汉、兰州、成都设立分馆,设置了专职学科馆员。目前有 60 多位学科馆员承担着面向中国科学院 140 多个研究机构的学科化服务工作。

中国科学院文献情报中心创立了以"融入一线、嵌入过程"为标志的第二代学科馆员服务模式。它是以学科馆员为纽带,通过电话、网络、到研究所、课题组、现场、虚拟社区等服务方式,将图书馆的服务延伸到用户群中,融入用户科研过程的一种服务。

中国科学院文献情报中心在近 10 年的学科服务探索与实践中,形成了"融入式"普遍服务,以及"嵌入式"知识服务的模式③。

"融入式"普遍服务内容主要包括:

1. 建制化的需求调研。形成规范、持续跟踪用户信息需求的调研模式。
2. 品牌化的宣传推广。探索了在研究所开展服务宣传日、专题培训周和主题沙龙研讨等多种形式的学科服务宣传活动。
3. 全方位的信息咨询。充分利用博客、微课件、邮件、电话、MSN、QQ 及院所联合 9-9 新型网络参考咨询,为科研用户提供全方位、专业化的信息咨询服务。
4. 开放式的素质教育。具体包括两种不同的模式,模式一:系统设计和

---

① 李书宁. 美国高校图书馆嵌入式学科服务的典型案例研究 [J]. 图书馆杂志, 2012, 31 (11): 73-77.
② 初景利, 许平, 钟永恒等. 在变革的环境中寻求图书馆的创新变革——美国七大图书情报机构考察调研报告 [J]. 图书情报工作, 2011, 55 (1): 10-16+69.
③ 吴鸣, 杨志萍, 张冬荣. 中国科学院国家科学图书馆学科服务的创新实践 [J]. 图书情报工作, 2013, (2): 28-31.

组织研究生院信息素质教育课程体系，探索了"授之以渔"的中科院研究生信息素质教育模式；模式二：通过学科馆员到研究所现场开展学科领域信息素质系列专业培训，解答研究生在"选题和开题"、"实验阶段"、"学术论文写作"、"毕业论文撰写及答辩"等学位论文阶段遇到的实际问题。

"嵌入式"知识服务内容主要包括：

1. 循证化的资源保障分析。形成所级科技文献资源保障能力与效益的常规化、规范化分析机制。

2. 可持续的情报分析服务。为研究所科技政策与学科布局、项目申报、关键技术研发、人才引进等提供有价值的情报支撑，形成了支撑研究所学科情报分析的服务模式。

3. 集成式的知识环境构建。搭建所级信息服务门户、信息搜集分析平台以及学科组平台等示范知识环境，将用户的资源、服务、工具等灵活组合嵌入了科研过程中，建立了面向研究所群组提供构建知识环境服务的范式。

4. 全面推广 IR 建设。通过对全院 90 余个研究所 IR 建设工作的推进和推广，全面促进了研究所文献情报机构拓展机构知识资产管理服务，深化机构集成知识资源的检索与利用服务。

国家科学图书馆学科化服务正努力实现学科服务的目标嵌入、功能嵌入、流程嵌入、系统嵌入、时空嵌入、能力嵌入、情感嵌入和协同嵌入。通过推进所级能力提升，带动创新服务项目，宣传所级创新服务成效等推动院所"协同式"转型发展。

四、上海交通大学的学科知识服务

上海交通大学图书馆为配合学校"培养创新型人才，创建创新型大学"的发展战略，对图书馆界先进的服务理念和服务模式进行了调研，并于 2008 年 9 月，创造性地推出了"IC^2 创新学科服务模式"，是由"信息共享空间（Information Commons）"和"创新社区（Innovation Community）"融合而成，其重要实践载体是"IC^2 创新支持计划"和"IC^2 人文拓展计划"。

该馆建立了 10 个学科服务团队[①]，下设多个项目服务小组，并在院系建立了 30 多个学科服务基地，在每个阅览室设置有学科馆员办公室（阅览室馆员也融入学科服务团队中），在各院系发展了由研究生、年轻教师组成的人数

---

① 陈颖. 泛在信息环境下高校图书馆学科化服务模式调查与研究［J］. 科教文汇（下旬刊），2013，(5)：192-193.

众多的信息专员队伍。针对不同类型的院系师生需求,上海交通大学图书馆还创意出"5+X"服务内容板块,分别是核心板块、精品板块、特色板块、探索板块、创意板块和 X 板块。核心板块是指根据科研创新群体实际需要定制信息素养培训课程、走进院系、深入课题组、嵌入课程开展多种形式信息素养教育等。

IC^2 整个服务框架体系可以分为 8 个组成部分①,分别是:

1. 开放式学习空间:支持自由和开放式学习。

2. 休闲交流区域:设有分散于各处的休闲和交流区域,满足人际交流需要。

3. 协同工作平台:设置若干规格不一、布局灵活的协同工作站,用于支持协同学习和跨学科研究。

4. 展览导读区域:设置多种类型的展览和导读服务,如临时展览、特色展览、专题展览、各种专题导读服务等,通过主题丰富、不同形式的展览和导读,促进信息交流和优秀文化知识的导航、展示和传播。

5. 主题学研社区:依据不同主题或学科服务发展需要,设计"主题学习社区"、"主题研究社区"、"主题创新社区"等,配备相应的信息资源、用户、研讨环境、咨询馆员服务点以及必要的支持设施,提供针对不同学科领域、不同类型需求的主题服务。

6. 创新实验社区:建立创新实验室,提供最新信息产品、创新能力训练软件的演示、测试和操练;支持学生的各类创新实践活动;提供各种类型的工作站,满足科学计算、协同共享及多媒体制作等需要。

7. 个性订制社区:提供各类灵活的按需预约订制服务,包括支持个人或小组的研讨式学习空间,支持重点项目并协助搜集重要资源的专题研究室,支持学生社团的各类活动等。

8. 情景学习社区:以先进的"immersive(沉浸式)"教育理念,提供场所、设施并设定所需的情景环境,满足学生语言学习、辩论及口才演练、教师备课、人文素养、信息素养教育及论文写作指导等综合素质培养和多方面需要。

IC^2 服务模式的基本内涵可以概括为②:以主动适应并不断开发用户的需

---

① 黄良燕. 高校图书馆学习共享空间的构建研究 [D]. 2010.
② 郭晶,陈进. IC~2:一种全新的大学图书馆服务模式 [J]. 图书情报工作, 2008, (8): 115-118.

求为目标,营建个性化、人性化和开放式的学习环境;构建主题鲜明、各具特色、鼓励用户参与和互助的学术交流环境和创新主题社区;汇集相应的资源、咨询馆员、用户、配套的服务与活动等组成要素,通过各要素的高密度接触与交流,使"人—信息资源—服务—环境"充分发挥各自的功效;使具有不同需求的用户可以通过学习空间或特定的主题社区,实现各自的目标;使图书馆成为具有主动生长特征和自主创新能力的智能化设施和用户信赖与首选的知识存取环境。

IC^2 的服务模式不局限在实体图书馆中,还包含了所涉及到的数字图书馆和网络化环境,即可以利用网络社区和网络社会化工具、创建虚拟电子社区来拓展图书馆的服务空间。IC^2 具有信息共享空间和创新社区两种服务模式的双重属性,具有灵活性、社会性、融合性、主动生长性的特征。因此,上海交通大学图书馆的嵌入式学科服务活动以泛学科化服务体系为指导,围绕"资料随手可得,信息共享空间;咨询无处不在,馆员走进学科;技术支撑服务,科研推进发展"的 36 字服务理念,以对口院系、科研团队和个人用户的具体需求为驱动,主动开展个性化、特色化、多样化的嵌入式学科服务,无所不在地融入院系教学和师生的学习研究过程,探索建立了三大阵地+两层推进+一个平台的全覆盖服务模式:

1. 为使学科服务切实发挥作用,确保文献信息资源充分满足院系师生的需求,图书馆以"用我们的优质服务,节省您的宝贵时间"为指导,设置了三大服务阵地,分别是:学科阅览室、院系基地、虚拟社区。

2. 另一方面,综合考虑到读者类型和服务人力制约等问题,目前采取了两个层次推进学科服务的策略,即,对于一般信息需求的读者来说,以普遍推广型服务为主,如开展通识性信息素养教育。而对于有特定需求的重点读者来说,则采取按需定制的重点支撑型服务,比如为部分创新科研团队提供深层次服务等。

3. 同时,上海交通大学图书馆引进了 LibGuides 学科导航平台。构建了以学科博客、学科信息导报、学科信息素养教育三大板块,并引入 Blog、Tag、RSS、Mashup、Ajax、IM、手机短信、EMAIL 定制等众多 Web2.0 技术。

五、沈阳师范大学的学科知识服务案例

沈阳师范大学图书馆尝试开展学科服务工作始于 2003 年[①]，起初没有马上定位为学科馆员，而是称为"信息联络员"。从 2006 年开始，学科服务进入了快速发展阶段，学科馆员的服务对象从一线教师惠及到研究生、本科生，服务重点也由一般服务向学校的教、学、研服务转变，工作重心三年迈出三大步。2009 年至今是沈师大图书馆学科服务工作开拓创新的阶段，开展了一系列学科服务创新实践：

一是针对本科生读者，图书馆举办大学生读书文化节；先后与 5 个学院合作设立了"创新服务示范基地"；学科馆员利用小学期，为学生开展"打开奇妙的资源宝库"主题讲座，量身定做信息检索培训、检索竞赛等多种活动，并担任各学院《科技文献检索》课外教师，为学生讲解信息检索知识。

二是针对研究生读者，图书馆与研究生处合作打造研究生信息素养培养工程，为各年级研究生设计不同内容的培训课程。

三是针对教师读者，学科馆员开展了微讲座和学科馆员日活动。"微讲座"即每次培训尽量控制在 10 分钟之内，以介绍一个资源或推荐一个数据库为主。"学科馆员日"就是学科馆员每月最后一周的周三来到院系现场解答教师的各种咨询。

第四节 网络学科知识服务机制保障

与传统的图书馆服务不同，学科化知识服务是以用户为中心的服务，是面向科研任务和过程的服务，是解决用户具体问题的服务，具有融入用户科研环境、个性化服务用户的特点。因此，图书馆迫切需要创新保障机制，协调各方面的资源和利益，强化学科馆员制度建设，明确学科馆员的岗位职责和义务，支撑学科化知识服务的持续健康发展。

一、需求驱动

学科化服务并不是凭空产生的，而是受用户需求变化的驱动产生的。传统的图书馆员主要是在物理的图书馆中提供服务，从宣传推广图书馆的

---

① 王宇. 学科服务的践行与创新——沈阳师范大学图书馆学科服务发展历程 [J]. 图书情报工作，2013，(2)：24-27.

信息资源和服务出发，是一种以图书馆馆藏为中心的服务。在服务内容和服务深度上，传统图书馆员基本上提供的是文献服务或信息服务，解决的是关于文献获取的简单信息需求问题，而没有深入到用户需求的内容之中。伴随着目前信息环境的不断变化，数字信息正在成为主流的信息资源，数字信息及其相关的检索技术极大地提高了信息的可获得性和检索的便利性，使得越来越多的信息用户自己就可以方便和低成本地发布、获取和存储信息，从而导致用户的信息需求和与之相匹配的学科馆员的服务方向发生了根本性的变化。

用户信息需求的变化首先表现在信息需求内容上表现出的个性化、学科化的倾向，而不是一般的文献检索和文献提供，需要提供基于学科内容的专业化垂直服务。其次，在用户进行科研活动的整个过程中，都会产生不同的信息需求，从科研课题的选择、立项，到整个研究领域的系统信息的构建、发展态势的掌控，到研究中产生的问题以及项目的结题，用户的信息需求贯穿于整个科研过程的各个环节，需要提供融入用户解决问题的过程中，以解决问题为目标的多层次的知识性服务工作[1]。而且，这种知识服务具有相当的高度和难度，面对海量的文献信息，很多用户还需要对获得的文献数据的进行深度挖掘，利用最新的信息技术和手段分析、提炼知识内容，需要图书馆提供基于新型信息平台的综合知识服务[2]。

在用户需求的驱动下，清华大学图书馆、武汉大学图书馆、上海交通大学图书馆等许多高校图书馆都在努力进行学科信息服务改革；中科院国家科学图书馆则建立了学科咨询服务部，招聘组建了学科馆员队伍，并提出了"融入一线、组织一线、服务一线"的服务理念，面向研究所的科研人员开展了广泛而深入的学科化服务。如何进一步深化学科馆员服务，在新信息环境下建立真正符合用户需求的学科化服务机制，已经成为很多研究型图书馆的努力方向[3]。

二、业务流程

从学科化信息服务的内涵和实践情况来看，学科嵌入服务是一种由学科

---

[1] 何丹青. 学科化知识服务的动因分析与机制研究 [J]. 情报理论与实践, 2009, (4): 26-28.
[2] 耿笑颖, 卢振举. 科研院所图书馆学科馆员服务机制研究——以中国科学院大连化学物理研究所为例 [J]. 图书情报工作, 2012, (S2): 154-156.
[3] 刘颖, 黄传惠. 嵌入用户环境：图书馆学科服务新方向 [J]. 图书情报知识, 2010, (1): 52-59.

馆员负责实施的协作互动式服务，它重新构建了学科馆员与用户之间的关系，强调这二者之间需建立起良好的战略合作伙伴关系。因此，需要在这种战略合作关系的基础上建立起新型的学科馆员工作机制，理顺内部和外部的管理关系，才能适应环境的变化，提高工作的效率。

在学科馆员与用户互动的外部工作机制方面，学科馆员必须在对用户进行需求调研的基础上，确定相应的服务策略、服务方式和服务内容，并需要不断动态地调整服务与之匹配，从而实现供需双方的协作与互动。通过对相关学科专业知识的搜集、加工、分析和整理，提炼出知识含量高的信息产品，为学科知识用户提供学术研究层面上的服务。

同时，学科服务也要求图书馆对自身的内部业务流程进行重组，来适应用户的信息需求。传统的图书馆以书刊处理为中心的部门划分及分块管理的工作机制，使用户的文献信息需求被人为割裂，学科化信息需求有可能要经过几个部门的流转才能得到满足，从而给用户的信息利用造成诸多不便，已经无法适应当今信息时代学科化服务的要求。图书馆需要面向动态的课题任务和用户的学科化信息需求，打破部门之间的条块分割的局面，整合内部各部门的资源和人员，建立以学科馆员为核心的、多部门参与的、动态的知识服务团队，以最新的信息技术为手段、利用数据挖掘和知识发现的方法，及时发现、获取和提供最新的学科化知识与信息，并且，还要根据任务中心的转移和更替及时地进行学科化服务团队成员的实时重组和调配[1]。

三、技术牵引

随着信息技术的飞速发展，从最基础的信息检索和存储，到甚于海量数字信息内容的主动探索型的个性化的情报分析和知识发现服务，再到支持科研项目的虚拟科研环境，新的信息技术正在不断地为学科化知识服务提供着惊喜和无尽的可能。

例如：数据挖掘技术能从海量的信息资源中，根据用户各自不同的目的和特点，抽取有关数据并且从中发现数据中隐含的规则和知识。知识仓库能整合人类的显性知识和隐性知识，以计算机数据库技术及网络技术有序组织、存储、并尽可能地提供即时的及多样化的服务。推送技术则是一种主动信息

---

[1] 党跃武，张晓林，李柱华. 开发支持知识服务的现代图书情报机构组织管理机制［J］. 中国图书馆学报，2001，(1)：21-24.

服务技术，能够根据用户的需要，在指定的时间内把用户选定的数据自动推送给用户的计算机。在线分析处理技术能够通过一系列交互的查询过程，在查询过程中将数据在不同层次、不同阶段上进行分析处理，从而获得支持决策分析的高度归纳的信息。Web2.0技术成功实现了用户的信息分享与参与，已经在很多场景中得到了广泛的应用。虚拟科研环境可以支持教育、科研、学习过程中的协作和参与新模式，提供基于网络、基于用户工作流的全新的工作方式，使用户能够通过终端应用程序使用各种不同的并不断增长的在线工具①。

在信息技术发展的推动下，学科化服务的模式与内容也发生着根本性的变化，呼唤建立与之相适应的全新的保障机制。

四、激励策略

在开展学科化服务的过程中，学科馆员发挥着关键的作用，因此，如何激励学科馆员的内在潜力和工作积极性是图书馆管理部门必须考虑的问题。

首先，管理层应该通过设定工作目标来对学科馆员进行目标激励，根据学科化服务的用户需求制定具体的岗位工作目标和任务，对学科馆员的工作成效实行定期的目标考核和评价。同时，在此目标激励的过程中，图书馆要根据学科馆员的需求特点和职业发展意愿帮助他们进行职业生涯规划，将其职业生涯规划与目标激励融合起来，制定短期的、中期的和长期的目标，分阶段地逐步实施。管理层对学科馆员的学科专业背景、个人特长和兴趣进行充分调研和掌握，进而结合学科馆员岗位的发展需求，提供合适的职业选择及潜在的学科馆员职业道路，帮助和引导学科馆员确定未来的发展目标，让他们看到个人职业生涯的良好发展前景，从而调动其工作的积极性和创造性，并制定实施计划，设计不同阶段的目标，使学科馆员在进行学科服务的同时也实现自己的人生价值和职业目标。为了配合学科馆员职业生涯的规划，图书馆还应创造条件和机会，将学科馆员的职业进修与职业培训贯穿于其整个职业生涯中，使他们能够在工作中不断更新知识结构，以满足其成长发展的需要②。

---

① 黄金霞，鲁宁，孙坦. 2007年以来虚拟科研环境的研究和实践进展 [J]. 图书馆建设，2009，(7)：116-119.

② 卫格格. 以需求为导向的高校图书馆学科馆员激励机制的构建 [J]. 图书情报研究，2013，(3)：50-53.

适当的物质激励和精神激励是激励支持策略的重要组成部分。根据学科馆员的业绩考核表现,给予一定的物质奖励,从而激励工作较突出的学科馆员继续积极工作,同时鞭策工作进展较慢的学科馆员找出不足,进一步完善自己,发扬爱岗敬业精神,促使其不断提高工作质量和工作效率。在学科化服务的实践中,榜样的力量是无穷的,图书馆可以通过评选先进学科服务工作者和岗位标兵等多种形式,树立学科馆员的模范形象,大力宣传优秀学科馆员的先进事迹,给予学科馆员精神激励和鼓舞。这样才能充分激发每个学科馆员的主观能动性,使得组织目标变为个人目标,从而最大程度地发挥主观能动性[1]。

五、制度建设

为了使学科化服务健康、持续地发展,图书馆需要提供相应的人力、物力、财力作为基础,支撑其正常运行,应通过制度建设来进行保障,从组织结构、部门设置、服务组织进行相应的变革,其核心是建立学科馆员制度。学科馆员制度涉及到图书馆的多个不同层面,首先,图书馆应在设立学科馆员岗位的同时,建立明确的岗位职责和义务,以具体的工作内容作为学科馆员努力的方向和考核的依据。图书馆可以根据自身的具体情况,决定设立专门的学科馆员部门或者不设部门而仅设学科馆员岗位。其次,为适应学科化服务的特点,在管理机制上应尽量减少管理层级,使组织机构扁平化、职能专门化,更加注重对于服务团队和项目的管理,从而更有利于学科馆员高效率地开展工作。此外,还要在信息资源建设、技术服务能力等方面为学科化服务提供支持。

六、能力保障

建立学科馆员制度需要一支合格的学科馆员队伍,学科馆员的能力建设是学科馆员制度建设成功与否的关键环节。因此,需要一个严规范、高起点的行业准入制度保证从业人员的能力与素质。图书馆应创造条件建立完善的学科馆员从业资格认证体系,从根本上解决学科化服务的能力保障问题。完善的从业资格认证体系对学科馆员的相关专业、知识水平、计算机水平、外语水平、表达沟通水平等方面有明确准入标准,只有达到这个标准才有资格

---

[1] 伊丽春,罗衍松. 高校图书馆学科馆员管理评价机制的构建 [J]. 图书馆学研究,2008,(5):23-26.

从事学科馆员工作。只有建立一个严格的资格认证体系才能保证学科馆员应有的知识水平和高水平的服务质量，从而有利于提高学科馆员的社会地位，吸引更多的人才从事图书服务行业①。

在建立从业资格认证体系的过程中，需要重点建设以下几方面的能力素质：

1. 首先学科馆员必须热爱所从事的学科化服务，具备良好的职业道德，能始终坚持读者第一、服务至上的工作宗旨，能积极主动地为用户服务。

2. 学科馆员要有精深的专业知识背景。学科馆员的服务对象都是专业的科研人员，因此，掌握基本的专业知识，才能很好地理解、分析读者信息需求，进而制定有针对性的解决方案，从大量的专业信息资源中筛选出符合科研用户要求的文献，对信息资源进行整理和加工，为用户提供领域研究动态、科研立项、课题跟踪服务，协助并参与用户课题的全过程。学科馆员的专业知识越精深，其判断就会越准确，信息服务能力也就越强。

3. 学科馆员要具备图书馆学、情报学基础知识和图书馆业务工作技能。为了能够提供用户优质的学科信息咨询服务，丰富的图书馆学知识和工作经验是必不可少的，这就要求学科馆员学习图书馆学、情报学的基础知识，或者接受这方面的教育，并全面了解图书馆的信息资源情况，掌握各种检索工具的使用方法。

4. 学科馆员还要具备良好的表达沟通能力，以及较强的计算机操作能力和较高的外语水平。学科馆员是图书馆与学科用户保持联系和交往的纽带，服务过程中与用户面对面地接触，是图书馆开展学科化信息服务工作的一个重要窗口，需要有一定的表达沟通技巧。计算机、外语以及一些通用工具软件的熟练掌握也是开展学科化服务的必要条件。

七、考核制度

对学科化服务的工作成效进行客观、科学的考核和评价是保证学科馆员制度有效运行的必要举措，也是检验学科馆员工作绩效情况的一项重要手段。因此，图书馆需要建立专门针对学科馆员的考核评价制度。考核的评价标准应该遵循以下几个基本原则：有利于学科化服务的持续发展；有利于学科化服务水平的提升；有利于图书馆管理的完善；有利于学科馆员的自身发展；有利于学科馆员工作积极性的激励。考核评价机制必须与学科馆员的岗位职

---

① 曾咏梅. 关于建立"学科馆员"保障体系的建议案 [J]. 图书与情报，2008，(4)：41-42.

责紧密结合起来，以岗位职责的要求为客观依据，制定详细的考核指标与评价体系，从学科化服务的质与量两个方面来考核学科馆员的工作绩效，注重考查学科化服务的实际效果和发展潜力，并将考核评价结果与学科馆员的待遇相匹配，最终实现提升学科化服务水平和层次的目标。

第十一章 移动、泛在、智能与智慧服务

信息技术的飞速发展也为图书馆的网络信息服务提供了更强大的支持。当前的图书馆越来越多地关注解决服务的效率和效益问题，其移动的、泛在的、智能的和智慧的服务越来越离不开信息技术的支撑。从某种意义上讲，图书馆服务能力的提升就是信息技术不断应用的结果，就是技术驱动下图书馆服务质量与服务效果不断提升的结果。图书馆要善于利用各种新的技术，拓展图书馆服务空间，提升图书馆服务能力，为用户提供更加满意的图书馆服务。

第一节 移动图书馆服务

自从2006年新媒体联盟（New Media Consortium）与 EDUCAUSE Learning Initiative 撰写的年度报告《Horizon Report》中首次提出2到3年内手机会成为人们获取信息的理想工具，之后每年的《Horizon Report》中，移动手机、移动计算技术就一直成为人们关注的焦点和热点问题。伴随着移动技术以及移动设备的不断创新，近年来，"移动技术+图书馆服务"备受国内外图书馆界的高度关注。移动图书馆服务作为一种新型的图书馆服务模式，给图书馆事业的发展带来了前所未有的契机。

移动图书馆（mobile library）原指"汽车图书馆"，利用汽车等交通工具来发挥图书馆职能，内部有大量书架，上面摆放很多图书，当移动图书馆停下来的时候，读者可以便捷地阅读图书。移动互联环境下，移动图书馆的内涵有了更新的诠释。现在所谓的移动图书馆是指所有通过智能手机、平板电脑、电子书阅读器等移动终端设备访问图书馆资源，进行阅读和业务查询的一种服务方式[1]，从时空上延伸和拓展了传统的图书馆服务。

---

[1] 高春玲. 解读美国移动图书馆发展的昨天、今天和明天[J]. 数字图书馆论坛, 2010, (11): 25-32.

一、国内外主要图书馆移动服务的发展

国外移动图书馆应用可以追溯到 2000 年左右，日本和欧美等国家的移动通信技术比较先进，发展比较迅速。日本的富山大学和东京大学于 2000 年和 2001 年先后开通了 i-mode 手机书目查询系统，芬兰赫尔辛基技术大学于 2001 年秋季开始提供手机短信服务，韩国西江大学 2001 年 7 月推出用手机可以查阅图书馆资料的移动图书馆[1]。英国、美国等西方发达国家的图书馆都陆续推出了移动图书馆服务。而美国图书馆目前主要提供手机图书馆网站、移动馆藏与手机版书目检索系统、手机图书馆参考咨询服务、手机图书馆参观指引服务等服务。数据库和资源提供商也开发了手机版搜索界面，如 EBSCO、IEEE、JSTOR 等[2]。

从 2003 年开始，北京理工大学率先在国内推出短信息服务，2004 年香港大学图书馆、南京森林警察学院图书馆也推出了短信息服务，从 2005 年开始，推出移动服务的图书馆明显增多。2007 年，湖南理工学院图书馆率先开通 WAP 网站服务[3]。随后，2009 年上海图书馆、国家图书馆率先开始尝试与运作移动图书馆服务的客户端应用[4][5]。目前，移动图书馆应用服务，主要包括短信提醒（图书到期/预约到馆）、短信查询（图书馆基本信息、书目信息）、书目 WAP 查询等。清华大学 2008 年启动的无线移动数字图书馆，实现了基于短信和 WAP 的手机图书馆服务系统，提供 OPAC 和电子资源的手机服务，开发了后台管理系统。北京大学 2010 年启动的移动图书馆，主要包括 ILS 系统相关功能，如馆藏资源检索（OPAC 书目）、借阅状态、借阅历史、预约、续借；图书馆信息发布包括最新消息和讲座信息等[6]。

---

[1] 孙淑宁. 国内外图书馆手机服务的比较研究 [J]. 科技情报开发与经济, 2009, (21): 63-65.

[2] 高春玲. 解读美国移动图书馆发展的昨天、今天和明天 [J]. 数字图书馆论坛, 2010, (11): 25-32.

[3] 茆意宏. 我国图书馆移动信息服务的现状与发展对策 [J]. 大学图书馆学报, 2012, (2): 35-41.

[4] 宋恩梅, 袁琳. 移动的书海: 国内移动图书馆现状及发展趋势 [J]. 中国图书馆学报, 2010, (5): 34-48.

[5] 高春玲. 中美移动图书馆服务 PK [J]. 图书情报工作, 2011, 55 (9): 63-66, 44.

[6] 肖永红等. 国内外图书馆开展移动信息服务情况调研报告 [EB/OL]. [2013-09-26]. http://ir.las.ac.cn/handle/12502/3851.

二、移动图书馆服务模式

随着移动终端从普通手机到智能手机、电子书阅读器、平板电脑等的推陈出新,移动技术的不断升级换代,图书馆移动模式也逐渐发展与完善。到目前为止,移动图书馆服务主要包括四种服务模式:短信服务、WAP 网站、客户端应用(移动 Apps)以及二维码等。

1. 短信服务

短信是目前手机网民普遍利用的手机信息传播方式,短消息的长度被限定在 140 字节之内,方便、快捷、实用。短信服务是图书馆界最早利用移动技术为读者提供基础服务的方式。目前图书馆短信服务主要将图书续借、图书催还、预约到达通知等多项适合短信方式的业务移植到手机上。图书馆和读者都可以作为短信服务的接收方和发送方,进一步拓展了图书馆与读者沟通的渠道。

2. WAP 网站服务

WAP (Wireless Application Protocol),即无线应用协议,是一项全球性的网络通信协议,使移动 Internet 有了一个通行的标准,可以将 Internet 的丰富信息及先进的业务引入到移动电话等无线终端之中。目前有 WAP1.X 和 WAP2.0 两个版本。图书馆 WAP 网站服务作为图书馆移动服务的统一出口和门户,通过手机向读者展示图书馆丰富的移动馆藏资源、图书馆信息发布、书目检索、数据库查询、读者账户信息管理、移动阅读等服务内容,是图书馆与读者之间的新纽带。

宾尼法尼亚大学医学图书馆 WAP 网站服务还提供预约学习室(Reserve a Study Room)服务,图书馆用户可以通过此服务功能,了解图书馆学习室的具体位置、容纳人数、可预约时间、配备的硬件以及软件设施等[①]。

3. Apps 服务

客户端软件是指安装在移动终端设备上的软件,移动用户(Mobile Users)可以通过这些操作简便、界面友好的软件访问网络、聊天、收看视频

---

① 宾尼法尼亚大学医学图书馆 [EB/OL].[2013-09-26].http://libcal.library.upenn.edu/mobile.php?action=8&tid=505.

等[1]，基本上通过浏览器方式能够实现的服务都可以通过客户端应用来实现，其优势是可以带来很好的用户体验，实现 WAP 等方式不能实现的功能。图书馆通过客户端应用程序提供服务主要通过两种方式开展，一是图书馆通过自有渠道（如自身 WAP 网站）提供客户端程序下载；二是基于 IOS 和 Android 系统的应用程序商店提供客户端程序下载。美国国家医学图书馆[2]在其移动图书馆主页上不仅提供客户端程序的下载安装服务，同时在苹果的应用程序商店中提供 10 多种客户端应用的下载服务，移动 Apps 种类之多、内容之丰富堪称图书馆界开展移动图书馆服务的典范。

4. 二维码服务

二维码（Two-dimensional Bar Code）是利用某种特定几何图形，按一定规律在平面（二维方向）上分布的黑白相间图形来记录数据符号信息；并在代码编制上巧妙利用计算机内部逻辑基础"0"、"1"比特流概念，运用若干与二进制相对应的几何形体来表示文字数值信息，并通过图像输入设备或光电扫描设备自动识读来实现信息自动处理[3]。此外，用户的手机中必须要有一个摄像头和一个"阅读器"应用程序，如 NeoReader、i-nigma、BeeTagg 等，这些可以免费下载。二维码表示方法很多，常见的编码格式有：Data Matrix、QR Code 等。

弗吉尼亚大学克劳德摩尔医学图书馆可通过扫描二维码，直接访问图书馆移动网站主页，而无需登录图书馆的 WAP 网站或在 Apple 或者 Android 客户端应用商店下载相应的 Apps 应用；此外，还可以通过扫描二维码，将图书馆的联系电话、E-mail 联系方式、网址以及具体地理位置信息保存到用户手机上[4]。

三、移动图书馆服务内容

移动互联时代背景下，移动技术和互联网已经成为信息技术发展的主要

---

[1] 以手机用户为中心的客户端软件具发展前景 [EB/OL]. [2013-02-26]. http://www.cctime.com/html/2008-1-3/2008131519090011.htm.

[2] 美国国家医学图书馆 [EB/OL]. [2013-09-26]. http://www.nlm.nih.gov/mobile/index.html.

[3] 朱雯晶，夏翠娟. 二维码在图书馆移动服务中的应用—以上海图书馆为例 [J]. 现代图书情报技术，2012，(7)：115-120.

[4] 弗吉尼亚大学克劳德摩尔医学图书馆 [EB/OL]. [2013-09-26] http://www.hcl.virginia.edu/services/computing/pda/whatisthis.cfm.

图 11.1　弗吉尼亚大学克劳德摩尔医学图书馆二维码服务

驱动力,移动通信和移动计算技术的不断融合正在给人们的社会生活带来巨大的变革,移动技术的使用也为图书馆服务拓展和延伸了广阔的移动交互空间,并日渐成为普及与流行的图书馆服务模式。借助于移动技术,图书馆可以将传统的基础服务延伸到移动终端上,提供移动图书馆服务,并拓展其服务内容,如图书馆信息通报、参考咨询服务、移动馆藏服务、书目和数据库资源查询服务、社交网络服务等,具体内容如图 11.2。

图 11.2　移动图书馆服务内容

随着移动终端逐渐普及,用户阅读时间、空间无限延伸,随时随地的移动阅读现象已成趋势,用户通过手机、平板电脑、电子书阅读器等移动终端设备,在移动通信与互联网络相结合的无线网络环境下就可以对电子资源进行随时随地的阅读。图书馆在推广阅读活动、培养阅读习惯、提升阅读素养方面肩负着重要使命,移动阅读服务也成为移动图书馆服务内容中不可或缺的一部分。

1. 移动馆藏

目前，开展移动图书馆服务的绝大多数图书馆基本都提供电子资源的移动客户端应用和移动网站导航服务，人性化地将一些最新的资源信息通过移动网站或者客户端应用程序聚合在一起，并允许用户使用不同的移动终端设备进行访问。方便读者浏览与下载阅读。总的来说，移动馆藏资源主要包括电子书、移动版数据库资源以及图书馆机构库资源等。

（1）电子书

Digital Book World 认为电子书就是传统纸本图书相应的数字媒介①。这些数字资源可以通过个人台式机进行数字阅读，也可以通过一些诸如电子书阅读器或者平板电脑等的移动终端设备进行移动阅读。如华盛顿大学圣路易斯分校医学图书馆②的馆藏新增 19 600 册电子书馆藏，支持移动终端设备下载和直接借阅，使用户通过移动终端就可以随时随地移动阅读。

（2）移动数据库

移动数据库就是一些数据库出版商提供的一些移动资源，如 PubMed Mobile、MedlinePlus Mobile、MobileMicroMedex 等，方便研究人员随时随地查阅、下载或者在线阅读。加州大学圣地亚哥分校生物医学图书馆对移动资源进行区分，如临床资源、药物资源、电子书资源、数据库资源、健康医学方面兼容工具、用户在线学习、培训的实用工具（如 Evernote、Endnote 移动应用软件）等，数据库内容全面且条目划分清晰。

（3）图书馆培训资源

宾夕法尼亚大学医学图书馆在其移动图书馆主页上将图书馆视频网站（Youtube.com）上的视频教学与培训教程③以及相关数据库的培训视频资料以及文档资料整理在一起，形成图书馆特有的开放获取机构库资源，便于移动用户获取，并可进行移动在线学习。

2. 移动参考咨询

图书馆参考咨询服务，除了通过电话、邮件（E-mail）、即时通信工具

---

① Digital Book World [EB/OL].[2013-09-26]. http://www.digitalbookworld.com/.
② 华盛顿大学圣路易斯分校医学图书馆 [EB/OL].[2013-09-26]. https://becker.wustl.edu/about/news/e-books-becker-library-update.
③ 宾夕法尼亚大学医学图书馆 [EB/OL].[2013-09-26]. http://www.library.upenn.edu/m/healthsci/.

(IM)等方式,通过短信开展移动参考咨询服务成为图书馆参考咨询服务的一大特色和亮点。几乎提供短信服务的图书馆都开通了短信参考咨询平台,移动参考咨询服务一方面可以让图书馆用户随时随地通过手机等移动终端咨询问题(Ask a Librarian),另一方面可以让图书馆馆员更简易、快捷地为用户提供解答(Response to Patrons)。如图 11.3。

图 11.3 短信参考咨询服务

此外,范德堡大学生物医学图书馆还另辟蹊径,将参考咨询服务做成移动网站版①,这样用户通过移动终端可以直接访问移动版 LibAnswers,查看图书馆参考咨询服务中常见问题(FAQ)等内容。

3. 移动社交网络

社交网络就是让个人、社群、机构组织彼此之间更广泛地参与、互动、交流的网络平台,为用户信息交流与分享提供了新的途径。图 11.4 是 2012 年 12 月 Alexa 数据最新发布的社交网络在全球的应用地图②,137 个国家中,Facebook 在 92.7%个国家中当之无愧成为所有社交网络媒体中的领军者,目前已有 10 亿名活跃用户,并且亚洲有 2.78 亿活跃用户,已经超过欧洲成为

---

① 范德堡大学生物医学图书馆[EB/OL].[2013-02-26]. http://libanswers.library.vanderbilt.edu/mobile.php.

② world-map-of-social-networks[EB/OL].[2013-09-26]. http://vincos.it/world-map-of-social-networks/.

Facebook 用户数量最多的大洲。

图 11.4 社交网络世界地图

不难看出,"社交化"作为一种功能元素,正在全面融合到各类互联网应用中。在社交网络大环境下,图书馆界也没有置身事外。2013年更多图书馆利用 Twitter、Facebook、Linkedin、Foursquare、Pinterest、Google+等社交媒体工具发布图书馆讲座与培训信息、求职信息,并与图书馆用户进行互动,提供参考咨询服务等。宾夕法尼亚大学医学图书馆不仅在主页上建立与社交网络网站 Facebook 的链接,而且还在移动图书馆主页上提供人性化的"Follow us on Facebook"链接服务[1],图书馆用户只要登录生物医学图书馆的移动图书馆主页,就可以直接登录到 Facebook 上的图书馆主页,随时了解图书馆的讲座、培训与在线展览等相关信息内容。

4. 基于位置的服务

目前移动用户正在使用基于位置服务不断丰富自己的社交生活,很多人使用地理位置定位功能寻找周围的朋友、饭店、娱乐休闲场所,预订出租车或者查看公共交通设施时间表等。如同在其他本地企业中的应用一样,Google 的定位服务对图书馆服务也越来越实用。

伊利诺伊大学芝加哥分校医学院图书馆[2]移动服务内容中,充分发挥了

---

[1] 宾夕法尼亚大学医学图书馆 [EB/OL]. [2013-02-26]. http://www.library.upenn.edu/biomed/biomedMobile.html.

[2] 伊利诺伊大学芝加哥分校医学院图书馆 [EB/OL].[2013-09-26]. http://m.lib.uic.edu/.

Location Based Service 的作用，将 Google Maps 理念整合在图书馆移动服务中，如图 11.5 所示，一是提供到达图书馆的人性化地图导引服务；二是提供大学校园本地（Local）的停车动态信息，及时满足移动终端用户获取地理位置相关信息的需求。另外，宾夕法尼亚大学生物医学图书馆也在其移动图书馆主页上提供 Google Map Location 服务。

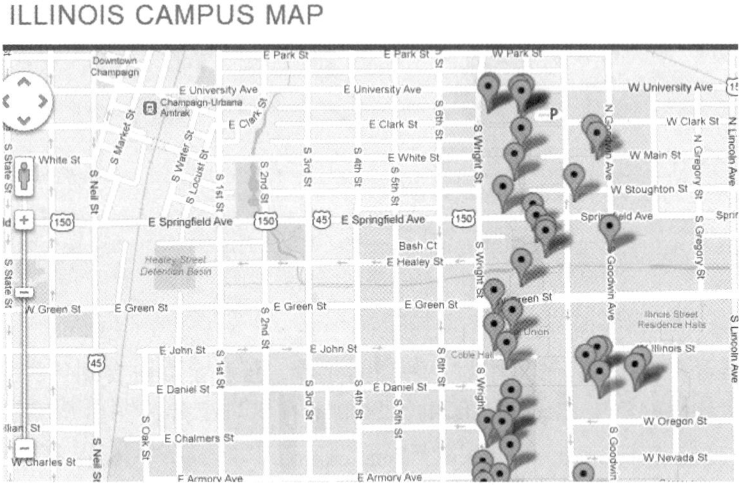

图 11.5　伊利诺伊大学芝加哥分校医学院图书馆 LBS 应用

四、移动图书馆服务的发展前景

移动图书馆服务从 2000 年开始，到现在已经经历了 10 多年时间。10 多年以来，移动技术不断日新月异，移动终端逐渐更新换代，移动带宽也不断改善，手机网民数量持续递增，所有这些变革都保证了移动图书馆服务的大环境不断完善。移动互联网的飞速发展时刻向图书馆人传达一种信号，即，移动技术+社交网络服务+增强现实+联盟与合作，是下一代图书馆的未来发展趋势。

1. SoLoMo 理念的完全嵌入

2011 年 2 月，美国 KPCB 风投公司合伙人约翰．杜尔（John Doerr）将社交网络（SNS）、基于位置的服务（LBS）与移动媒介（Mobile）整合在一起，提出 SoLoMo（Social、Local 和 Mobile 的缩写）概念①，从此，SoLoMo 被一致认为是互联网在当下乃至未来的发展趋势，如图 11.6 所示。基于社交+地理位置服务+移动终端的应用迅速在各个行业蔓延开来。作为互联网最新特征的应用理念和模式，SoLoMo 对图书馆服务理念和服务模式也将产生不可估量的深远影响，图书馆界正积极将 SoLoMo 理念运用到图书馆服务中。

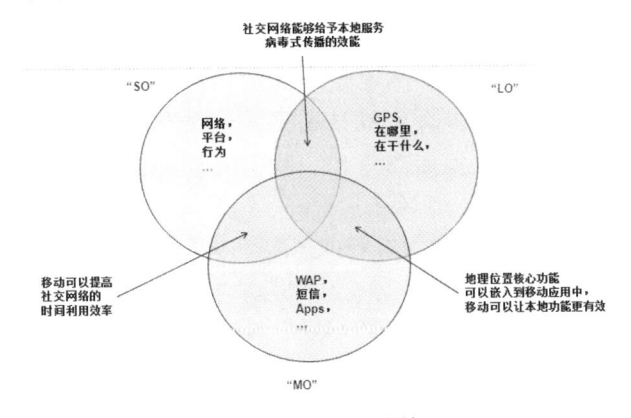

图 11.6 SoLoMo 图解

2. 推广与普及移动 Apps 在图书馆移动服务中的应用

《Horizon Report》2012 年和 2013 年连续认为移动 Apps 是近年内软件开发领域一个符合时代潮流的、革命性的变化，并逐渐渗透到休闲娱乐、数字出版以及零售等行业。移动 Apps 因其容量小、简单易用、低成本（免费或者仅仅售价 99 美分）而越来越多地安装到三星、苹果等智能手机中，受到很多智能手机用户的青睐。

《2013 Social Networking in Libraries Trends》报告中，除了预测社交网络应用在图书馆服务中会越来越普及，也预测 2013 年以后会有更多的图书馆创建移动网站、关注移动应用。数据库提供商也一样会继续关注移动应用，因此图书馆拥有移动 Apps，并不断推广移动图书馆服务会是图书馆服务的一大趋势，越来越多的图书馆都会将焦点和重心转移到开发 Apps 应用②或者和数据库提供商合作，购买其移动数据库资源。我们有理由相信移动 Apps 在图书馆

---

① SoLoMo 百科 [EB/OL]. [2013-02-26]. http://solomo.baike.com/.
② 2013 Social Networking in Libraries Trends [EB/OL]. [2013-09-26]. http://socialnetworklibrarian.com/2013/01/02/2013-social-networking-in-libraries-trends/.

移动服务中的应用会逐渐普及。

3. 通过图书馆联盟与合作完善图书馆移动服务生态链

目前移动图书馆服务大部分来说都是对传统图书馆服务的延伸和拓展，通过资源建设，组建图书馆的移动馆藏，最终为读者提供服务。而大部分移动图书馆服务仅限于单一图书馆的开发、建设与推广。鉴于各个不同图书馆的规模、经费、资源、技术、人员的具体情况，区域合作、馆际联盟的需求会持续增加，图书馆和图书馆之间的横向联合，以及图书馆与数据库商、出版界等业界和跨界合作都是未来图书馆移动服务的发展趋势。图书馆也可以与一些专业数据库商合作，购买其移动数据库，并设置于不同的移动终端上。

移动图书馆平台建设以及内容管理还需要支持 Cloud 云计算和 Global 全球化战略，通过不断加强图书馆业界合作以及跨行业合作，探索图书馆移动服务的运营模式，将单一移动图书馆服务模式推广至其他图书馆，不断推进和完善图书馆移动服务生态链（Mobilogy）的形成。

4. 基于游戏的图书馆移动服务

在提供传统基础服务的基础上，越来越多的图书馆开始尝试使用新技术拓展图书馆服务已经成为不争的事实。移动游戏在锻炼思维、提升信息素养、促进交流和沟通等方面的积极作用越来越被人们重视。寓教于乐，通过增强现实应用（Augmented Reality）以及 3D 等技术，并配合相应游戏、多媒体平台，让用户通过手持终端就可以充分利用图书馆的服务也不断成为越来越多的图书馆高瞻远瞩的规划。

游戏在信息素养培养、逻辑思维判断、团队合作能力锻炼等方面都有着不能比拟的优势。通过创建移动游戏平台或移动游戏 Apps，通过游戏、竞赛等形式鼓励用户对内容的贡献和分享，并增强用户的使用体验，也相应延伸和拓展了图书馆的教育与培训职能。我们深信，SoLoMo 时代下，随着一系列标准规范（平台建设、资源建设、读者服务）的完善，移动图书馆开放、合作的空间不断拓展，越来越多的图书馆运用移动 Apps，移动图书馆服务的前景会越来越广阔。

第二节 泛在图书馆服务

一、泛在图书馆定义

泛在图书馆（Ubiquitous Library）这一概念，自 Michael Keller 于 1999 年提出①，发展到现在已经 10 多年了。2004 年，Neal K. Kaske 明确定义"泛在图书馆就是任何时间、任何地点可以访问的图书馆"②。Lowry 认为现代图书馆更加依赖计算机和网络资源，但物理图书馆也会依然存在，"泛在图书馆"则包含了物理图书馆和数字图书馆两种模式③。LiLi Li 认为，泛在图书馆就是随时随地都可以访问的图书馆。随着互联网和万维网的发展，泛在图书馆已经成为现实④。

泛在图书馆的重要意义在于强调了图书馆无处不在，无时不在的服务功能。它突破了现有物理图书馆和数字图书馆的藩篱，打破了人们对图书馆的传统认识，真正从用户及其需求出发，遵循用户新的需求，适应用户的行为变化，将图书馆的服务融入用户科研和学习的一线，嵌入用户的科研和学习过程之中，用户在哪里，服务就在哪里，创造了图书馆服务与用户空间和过程有机融合的一种新的平衡状态，为用户提供一种到身边、到桌面、随时随地的服务⑤。

二、泛在图书馆的特征

1. Lowry 观点：

Lowry 2005 年在其文章《让我们称其为"泛在图书馆"，而不是…》中指

---

① Tia O'Brien. You Thought Librarians Were Dull [EB/OL]. [2013-09-26]. http：//alumni. stanford. edu/get/page/magazine/article/? article_ id=40840.

② Neal K. Kaske. The Ubiquitous Library is Here [J]. Libraries and the Academy, 2004, 4 (2)：291-297.

③ Librarians from University of Maryland Invited to the NDL. National Diet Library Newsletter [EB/OL]. [2013-09-25]. http：//www. ndl. go. jp/en/publication/ndl_ newsletter/157/572. html.

④ LiLi Li. Building the Ubiquitous Library in the 21th Century [J]. [2013-09-24]. http：//archive. ifla. org/IV/ifla72/papers/140-Li-en. pdf.

⑤ 初景利, 吴冬曼. 论图书馆服务的泛在化——以用户为中心重构图书馆服务模式 [J]. 图书馆建设, 2008, (4)：62-65.

出泛在图书馆具备以下特点①：

（1）通过网络在线访问全文本学术资源越来越有优势。

（2）图书馆 IT 应用会提供授权的各种资源和网络免费资源给用户，这样用户就可以从互联网上很方便地访问这些整合的、有序化后的资源。

（3）通过网络咨询服务可以随时（24 小时/每周 7 天）咨询学科馆员。

（4）随着图书馆员更多直接参与教学和教师科研合作，特别是培养信息素养和构建同步或异步学习能力，馆员的角色将继续改变。

（5）图书馆作为场所的职能也继续发挥作用，并不断发生变化。泛在图书馆提供的更好访问能力使用户对图书馆服务设施产生强烈需求。

（6）重点关注图书馆旧有设施，使其能跟上新需求。一些设施需要被替换或者挪为他用。

（7）研究型图书馆需要大量回溯型纸本文献。但是目前图书馆进入到资源共享时代，图书馆联盟会消除低利用率的副本量，通过地区或全国纸本机构库协议推行"单本"访问政策。

（8）图书馆与本地和地区其他图书馆、公共事业机构以及网络公司需要加强协作，进行资源共享。

（9）数字图书馆现处于起步阶段，但是它将会是特色库的重要提供方式，让校园内广大的用户都能访问到，对 K-12 教育群体也会产生重要的、积极的影响。

（10）图书馆通过项目、数字仓储和数字存档有效推动大学教师学术成果的产出，这些项目意味着图书馆将成为大学创建新知识的出版者。

2. LiLi Li 观点：

LiLi Li 在 2006 年召开的国际图联大会上发表了"建设 21 世纪的泛在图书馆"的演讲，指出泛在图书馆的意义不再局限于物理形式，而是要成为知识和信息社会的动力引擎，泛在图书馆的使命是通过互联网和万维网帮助全球用户访问、定位、传递和传播多种格式、多种语言的信息资源，它具备以下六大特点：

（1）泛在图书馆以网络为基础，通过互联网和万维网传递各种信息资源和服务。

---

① Lowry C B. Let's Call it the " Ubiquitous Library" Instead [J]. Libraries and the Academy, 2005, 5 (3): 293-296.

(2) 泛在图书馆突破时空界限，提供 24 * 7 随时随地服务。

(3) 开放获取成为 21 世纪泛在图书馆的主要特征之一。

(4) 泛在图书馆应该动态、无缝地提供和传递异质信息资源给用户。

(5) 泛在图书馆应该致力于为不同文化背景的用户提供图书馆多语种的帮助，便于用户访问资源。

(6) 21 世纪的泛在图书馆将会成为世界知识与信息的门户，服务全球化。

通过 Lowry 和 LiLi Li 的观点可以看出，泛在图书馆不再局限于物理图书馆，依托网络技术，突破时空界限，24 * 7 服务制、随时随地为用户提供多格式、多语种信息资源。

结合 Lowry 和 LiLi Li 的观点不难看出，泛在图书馆是面向用户的服务。泛在图书馆具有两个最主要的特征：一是基于网络的 24 * 7 的服务；二是泛在图书馆更加体现图书馆的本质和功能[1]。图书馆服务的泛在化是一个动态、无缝的交互过程，能够把图书馆信息服务随时渗透到用户的生活、学习和工作中。

三、泛在图书馆的服务模式

泛在图书馆是全新的图书馆理念，代表图书馆新的发展方向。图书馆服务的泛在化模式主要体现在服务范围和服务对象的泛在化、服务内容和服务功能的泛在化、服务场所和服务空间的泛在化以及服务手段和服务机制的泛在化。在传统的图书馆服务以外，图书馆的服务具有广泛的需求和无限的发展空间[2]。

1. 服务范围与服务对象的泛在化

泛在图书馆能最大限度地扩展服务的范围，将服务延伸到更多的用户中，特别是网络用户。对图书馆合法用户和非本校的到馆读者，都应给予其最大限度的资源和服务的利用权利。Nico van Eijk, Joost Poort[3] 指出，2011 年 5 月颁布的修改版欧洲通讯业框架目标是为用户提供普遍服务，也使残障人士平

---

[1] 范广兵，初景利. 泛在图书馆与学科化服务 [J]. 图书情报工作, 2008, 52 (1): 105-108.

[2] Neal K. Kaske. The Ubiquitous Library is Here [J]. Libraries and the Academy, 2004, 4 (2): 291-297.

[3] Nico vanEijk, JoostPoort. Universal service and disabled people [J]. Telecommunications Policy, 2012, (36): 85-95.

等获取通信服务，其目的是消除数字鸿沟。这一框架对图书馆开展普适用户服务、消除数字鸿沟都提供了许多便利条件。泛在图书馆通过网络以及信息通讯技术（ICT）可以将物理空间与虚拟空间连接起来，弥合图书馆物理和数字世界的鸿沟，使一般社群、弱势群体、边缘化社群跨越时空界限，随时随地使用图书馆资源与服务，确保了知识的自由获取。

2. 服务内容与服务功能的泛在化

图书馆成百上千年来积累的文献资源，是其他任何机构所不能取代的。文献是图书馆的基础，也是用户利用图书馆的重要原因。泛在图书馆需要融入到用户环境中，拓展资源范围，延伸服务内容，增强服务功能，适应变化着的用户需求，并确立图书馆的核心能力。泛在图书馆可以依托移动技术和手持设备，嵌入用户泛在学习环境①，通过泛在知识环境和用户知识社区，为用户泛在学习创造条件。如目前备受关注的 MOOC（大规模开放在线课程）则是泛在图书馆嵌入用户学习环境的最好证明。随着 MOOCs 日益成为有效的、有价值的资源，图书馆在从研发到许可支持的过程中提供资源，在推行 MOOCs 中将发挥着非常重要的作用。

3. 服务场所与服务空间的泛在化

图书馆空间包括馆内空间，馆外空间和虚拟空间。用户在哪里，图书馆的服务就在哪里。泛在图书馆环境下，图书馆的服务能融入到用户的场景和社区，图书馆员应运用自己的知识、技能和智慧，到用户那里去开辟新的服务阵地和服务空间，图书馆的服务与用户的需求形成一种紧密耦合、良好互动的关系。美国大学和研究图书馆协会指出②，不管图书馆用户是到馆使用还是利用图书馆的在线网站和资源都会产生用户体验。图书馆中好的设计能够带来丰富的用户体验，包括房间布局、图书馆的网络效果、建筑空间设计、家具的选择和营销创意等。

4. 服务手段与服务机制的泛在化

泛在图书馆服务，一是需要改进服务手段，提高服务的效率和效益；二是完善服务机制。以服务为核心配置人员队伍和力量，以服务为核心重组业务流程和业务布局，最终为服务效果负责，为服务能力的提升负责。

---

① Andr Wagner, et al.. A Model for Profile Management Applied to Ubiquitous Learning Environments [J]. Expert Systems with Applications, 2013, (8): 2-31.

② Design in Libraries [EB/OL]. [2013-08-23]. http://acrl.ala.org/techconnect/? p=358.

尖端技术和新兴技术的进一步发展为泛在图书馆传递信息资源、服务和教育指导提供了新的创新方式，如宽带网络、数字通信、人工智能、互联网（IPv6）、机器翻译、超频无线网络、语音识别、XML（可扩展超文本标记语言）、全球定位系统（GPS）、无线射频技术（RFID）、云计算、3G技术、社交网络应用等。图书馆可以与主要的技术厂商如 Adobe，Google，Microsoft 和 Yahoo 等合作，开发和应用新技术，设计和开发最先进的泛在数字图书馆项目。如 Google 全球数字图书馆项目和欧洲数字图书馆项目等。

四、泛在图书馆的服务类型

泛在图书馆强调服务范围和服务对象的泛在化、服务内容和服务功能的泛在化、服务场所和服务空间的泛在化以及服务手段和服务机制的泛在化。通过调研国内高校和公共图书馆的泛在服务模式，主要列举以下几种泛在图书馆服务类型。

1. 电视图书馆

电视图书馆作为一种泛在服务模式，正在悄然兴起。电视图书馆是指通过第三类媒体（即电视媒体）把图书馆的资源和服务主动提供给用户，用户按需索取的图书馆。它借助电视网络把图书馆搬到千家万户，用户可以通过电视机进行 OPAC（Online Public Access Catalogue，联机公共目录查询系统）查询、图书预约续借、看展览、听讲座、接受远程教育、进行参考咨询与互动等，从而实现图书馆的功能拓展和服务延伸[1]。

2. 信息共享空间和知识共享空间

信息共享空间（Information Commons，IC）是一种综合性服务设施和协作学习环境，既是一种专门的网络在线环境，又是一种新型的物理实体空间[2]。知识共享空间（Knowledge Commons，KC）是基于知识整合，以知识为共享对象，以人为中心，以泛在知识服务为特征，以知识管理为目的交互式网络虚拟空间。KC 为泛在图书馆搭建了泛在知识服务的平台，是泛在知识环境下知识转化的载体[3]。信息共享空间和知识共享空间实现了泛在图书馆的知识管理和创新。

---

[1] 钱宇. 泛在服务模式下的电视图书馆研究 [J]. 图书馆建设，2011，(12)：73-74，78.

[2] Donald Beagle. Conceptualizing an Information Commons [J]. Journal of Academic Librarianship, 1999, 25 (2), 82-89.

[3] 吴云珊. 泛在图书馆知识共享空间（KC）研究 [J]. 图书情报知识，2013，(1)：114-121.

3. 基于"云计算"的图书馆服务

基于"云计算"的图书馆信息服务，能使用户真正做到"按需而用、即需即用、快速聚合"，既可利用云计算的虚拟平台完成自己的工作，也可共享自己的数据[①]。

4. 学科化服务

学科化服务是图书馆为适应新的信息环境、以用户的需求为中心而推出的一种贴近用户一线的新的服务模式。学科化服务模式的创新之处在于泛在图书馆理念的渗入，打破了图书馆服务的物理馆舍的限制，提供了一种随时随地、无所不在的图书馆服务，为图书馆的生存和发展赋予了新的契机与活力。

除此之外，24 小时自助图书馆系统（24 * 7）和图书馆服务联盟、社区图书馆以及农家书屋等都从不同角度地诠释了泛在图书馆的跨越时空界限、协同共建的延伸服务理念。

五、泛在图书馆服务的三种发展范式

1. 移动图书馆

移动通信技术和移动计算技术的不断融合给人们的学习、工作和生活带来巨大的变革，也为图书馆服务的发展带来了前所未有的契机，移动图书馆服务日渐成为普及与流行的图书馆服务模式。借助于移动技术，图书馆可以将传统的基本业务延伸和拓展到移动终端上去，还可以借助二维码技术、地图定位功能拓展图书馆的资源、服务和空间。

2. 智能图书馆

知识经济时代需要图书馆服务不断提升服务层次。在竞争的环境下，智能图书馆融合了现代信息技术，增强了图书馆与用户之间的互动性和智能性。智能图书馆的不断变化反映了科学技术发展给图书馆带来的影响。信息技术使得图书馆可为用户提供越来越多的智能工具。图书馆必须加大新技术的应用程度，将信息技术及其工具转化为图书馆的实际服务能力。

3. 智慧图书馆

智慧图书馆是以数字化、网络化、智能化的信息技术为基础，以互联、

[①] 刘小景. 泛在图书馆理念下的图书馆移动信息服务研究 [J]. 图书与情报，2011，(4)：72-74.

高效、便利为主要特征，以绿色发展和数字惠民为本质追求。作为未来图书馆的新模式，智慧图书馆已经成为图书馆创新发展、转型发展和可持续发展的新理念和新实践①，智慧图书馆实现了书与书、书与人、人与人的关联，以及随时随地随心提供服务，实现三网联合、跨界融合、新旧融合、多样融合②。Philip 讨论了情景敏感结合的增强现实图书馆和 QR 快速响应的二维码应用③，展望了营销与近场支付等多种相关服务的设计。此外，在智慧图书馆创建过程中，不能忽视 SoLoMo 理念对图书馆服务的作用与设计。

James J. O'Donnell 在"UbiLib：When the Library is Everywhere"报告中指出，现在人们很少去图书馆，但这个"图书馆"又随时随地存在人们身边。报告还呼吁图书馆应停止对价格的关注，把注意力转移到价值层面（stop worrying about price tags and focus instead on value），让用户和资助者感受到通过图书馆所创造的独特价值。James J. O'Donnell 主要从馆藏、服务、利用以及政策等角度诠释 UbiLib 的职能与价值，认为图书馆一直肩负着信息资源的收集、保存和传播的服务职能，在泛在环境下，对于特色纸本文献的数字化工作图书馆同样肩负着义不容辞的使命；馆员需要将图书馆服务延伸出去，对图书馆服务进行营销（marketing），馆员需要嵌入到用户学习、工作和生活中④。相信通过移动图书馆、智能图书馆以及智慧图书馆，嵌入到用户知识环境中的泛在化图书馆服务会良性、健康发展。

第三节　智能图书馆服务

一、智能图书馆的提出与应用

高科技的发展给图书馆智能化提供了技术支柱，同时图书馆智能化也将必然为高科技的研究、创造开辟更为有效的工具，智能图书馆将以崭新的智

---

① 王世伟. 论智慧图书馆的三大特点 [J]. 中国图书馆学报, 2012, (202): 22-28.
② 王世伟. 再论智慧图书馆 [J]. 图书馆杂志, 2012, (11): 2-7.
③ Philip Calvert, (2012) " Location-Aware Services and QR Codes for Libraries", Electronic Library, The, Vol. 30 Iss: 6, pp. 873-874.
④ James J. O'Donnell. UbiLib：When the library is everywhere [EB/OL]. [2013-09-25]. http://conference.ifla.org/past/2011/122-odonnell-en.pdf.

能服务发挥其得天独厚的作用①。1987年,东北大学图书馆的陈星和王德安在《图书馆未来发展预测——计算机技术对图书馆的冲击》一文中指出:计算机技术对图书馆的第一次冲击波是业务手段上的,第二次是职能上的,第三次则是对生存的。这三次冲击波彼此并不相互独立,而是相互重迭出现。计算机第二次冲击图书馆时,图书馆表现的第一个重要特征即"智能图书馆",它的核心是智能化的计算机系统,涉及学科有运筹学、管理科学、知识库、人工智能、系统工程及优化分析等。预计到二十一世纪初,将会出现智能图书馆的雏形②。

上世纪90年代初,智能布线系统在美国问世。1996年,深圳南山图书馆成为国内首家智能布线的图书馆,即在图书馆大楼内安装结构化综合布线系统,形成高度集成化的计算机监控管理网络,极大地提高了图书馆的服务能力。1998年,该馆馆长程亚男提出"运用智能化技术,建设智能图书馆是社会信息化、信息网络化发展的必然和需要,也是网络化对图书馆建筑的基本要求。智能图书馆是把高新技术(计算机、多媒体、现代通讯、智能保安、环境监控等)与建筑艺术有机结合在一起的现代化建筑。它为图书馆提供灵活、扩展力强、高速度的信息通道,使各种信息可以高速度的及时地传递到馆内的每个信息端口;透过广域网与外界紧密联络,进行联机建设,提供资料服务"③。

物联网是通过信息传感设备,按照约定的协议,把任何物品与互联网连接起来,进行信息交换和通信,以实现智能化识别、定位、跟踪、监控和管理的一种网络。1999年,在美国召开的移动计算和网络国际会议提出了依托于无线射频识别技术(RFID)的物联网概念雏形。RFID是物联网应用的最主要部分。2010年,"物联网"正式写入我国《政府工作报告》④,正式提升到国家战略层面。2002年,新加坡国际图书馆管理局(NLB)发布了世界上首个全面部署RFID的图书馆系统。RFID在图书馆的应用大大改变了图书馆的传统服务模式。WAVEX公司于2003年获得"新加坡国家图书馆RFID图书

---

① 顾兆麟. 信息化与智能化:21世纪图书馆的发展方向 [J]. 图书馆理论与实践, 1996, (01):3-4.

② 陈星, 王德安. 图书馆未来发展预测——计算机技术对图书馆的冲击 [J]. 图书馆学研究, 1987, (06):21-25.

③ 程亚男. 网络化趋势与图书馆发展观 [J]. 中国图书馆学报, 1998, (04):38-42+37.

④ 2010年政府工作报告 [EB/OL]. [2013-09-28]. http://www.gov.cn/2010lh/content_1555767.htm.

馆智能化项目",其智能图书馆解决方案 LIBRATM RFID 主要功能包括 RFID 门禁、自助借阅站、自助还书机、图书分拣系统、标签转换站、馆员工作站、馆藏数据管理和智能书架①。2006 年开始,RFID 技术正式在我国图书馆应用。物联网环境下智能图书馆可以方便地获取和修改读者信息,快捷地管理和整理,精确地查找和定位图书,实时地检索和阅读,基于位置发布信息,提供 24 小时自助借还服务等②。在智能图书馆的智能空间中,计算与信息融入人们的生活空间,从根本上改变了人们对图书馆的认识,在任何时间、任何场所,人们都能像呼吸一样自如地访问信息并得到计算服务③。

二、智能化图书馆建筑

上世纪 90 年代,各国与各大城市图书馆纷纷建立新馆,它们在建筑外观和内部构造上都堪称经典。1997 年 8 月,国际图联在荷兰海牙召开了以"智能化图书馆建筑"为主题的第 10 届图书馆建筑与设备研讨会,成为世界图书馆建筑理论史上的一个里程碑。智能化图书馆建筑以存储信息、交换信息和其他信息服务为目的而建造,其中包括现代化图书馆、Internet 信息服务中心、科研机构的信息服务中心等智能建筑。在智能图书馆建筑中,最重要的内容是计算机网络系统、信息管理系统和多媒体通信系统。因此在设计、建造时将更多地考虑办公自动化系统、综合通信系统和计算机网络系统等因素④。2000 年,张洁等提出"21 世纪图书馆建成的智能大厦主要由楼宇管理系统(BMS)、办公自动化系统(OAS)、通讯与网络系统(CNS)和综合布线系统(PDS)构成"⑤。图书馆智能化是从图书馆建筑的整体出发,既考虑图书馆内部各业务功能的专业化、计算机化,又考虑图书馆建筑物本身管理的自动化与网络化,形成一种高度集成的计算机网络系统,是建筑技术与信息技术在图书馆业务中的有机结合⑥。

---

① 上海希华通讯科技有限公司. 图书馆智能化解决方案 [EB/OL]. [2013-09-26]. http://lb-system.lib.cityu.edu.hk/alliance/doc/RFID5/presentation/A7_ HKC.pdf.
② 杨辉,郑军. 物联网环境下智能图书馆的服务创新 [J]. 四川图书馆学报,2012,(03):2-4
③ 许强. 基于普适计算的智能图书馆智能空间初探 [J]. 图书情报备目,2006,(06):58-60+70.
④ 张长领,邵晋蓉. 智能化图书馆建筑 [J]. 图书馆理论与实践,2001,(05):53-55.
⑤ 张沽,李瑾. 智能图书馆 [J]. 图书馆理论与实践,2000,(06):12-13,31.
⑥ 陈鸿鹄. 智能图书馆设计思想及结构初探 [J]. 现代情报,2006,(01):116-118.

三、智能图书馆的系统设计

目前，RFID 智能图书馆系统在国内外已经普遍应用，但只是基于物联网智能图书馆的初步建设成果，距离真正意义上的智能图书馆还有一定差距。智能图书馆应能够对大量文献数据进行存贮、管理和检索，提供高度共享的信息资源；能够有效的处理好文献资源的收藏保护和开发利用，使二者都达到最佳状态；能够确保提高工作效率和学习效率，提供舒适的工作学习环境；能够节约管理费用，达到短期投资长期受益的目标。智能图书馆要实现便捷、舒适、安全的服务功能[①]。

在 RFID 技术应用于图书馆之前，我国学者就开始探索智能图书馆系统的发展。1991 年，大庆石油学院设计开发了实验型智能图书馆系统（CXQ），以探讨数据库技术与人工智能技术相结合的应用。XQ 系统由咨询模块、智能界面、学习模块和知识库管理 4 大模块组成，用于图书馆管理，功能包括简单自然语言理解功能、咨询功能和学习功能[②]。1995 年，田立提出智能布线系统是智能图书馆的基础，在图书馆大楼内安装结构化综合布线系统，形成高度集成化的计算机监控管理网络[③]。1999 年，冉文格提出"图书馆智能化的设计，通常必须遵从安全性、开放性、标准化、实用性、经济性、实时性、完整性、可扩展性和易维护性；而建设及其功能设置必须遵循实用可靠、技术先进、经济合理、维护管理方便的原则[④]"。图书馆还必须加强对智能布线系统工程质量的检测与验收，应贯穿于工程的所有环节，包括设计图的验收、施工材料和设备的验收、施工质量的验收、施工结束的验收等[⑤]。2001 年，林希森结合东北林业大学图书馆建设，提出智能化图书馆主要由智能化楼宇系统、智能化信息网络系统、智能化图书馆集成系统和结构化综合布线系统组成。信息网络系统又包括图书馆自动化系统、馆藏数字化系统、数字化图书馆系统或信息发布系统、远程教育系统、会议系统和视频点播系统[⑥]。

---

① 陈鸿鹄. 智能图书馆设计思想及结构初探 [J]. 现代情报, 2006, (01): 116-118.
② 吴继周, 陶毅, 刘全. 一个智能图书馆系统（CXQ）[J]. 大庆石油学院学报, 1992, (02): 73-76.
③ 田力. "智能布线"与图书馆自动化 [J]. 图书馆, 1995, (05): 62.
④ 冉文格. 智能化图书馆建设需求要点 [J]. 图书馆论坛, 1999, (04): 48-52.
⑤ 石军. 图书馆综合布线工程的验收 [J]. 现代图书情报技术, 2005, (01): 29-31, 91.
⑥ 林希森. 东北林业大学智能图书馆系统模型构建与技术实施方案 [J]. 图书馆建设, 2002, (03): 33-34.

物联网技术在图书馆中的应用，将会使图书馆馆舍智能化、图书馆管理自动化，图书馆与读者互动服务人性化，为读者与馆员带来更多的便捷。随着 RFID 技术在图书馆的应用，我国学者开始基于实践深入研究智能图书馆系统。2005 年，许强基于普适计算技术，提出了建设图书馆智能空间的必要条件：面向智能空间的软件平台是实现智能图书馆的核心；支持松散耦合，支持异构平台和多种语言，支持移动设备，具有可扩展性和标准；无线连接与全球网络系统的实现使智能图书馆成为可能；自然高效的人机交互是智能图书馆实现的关健：支持多通道交互、支持上下文交互[1]。2011 年，沈彦君从物联网的概念出发提出基于物联网的智能图书馆架构模型，整个架构分为感知层——采用 RFID 技术组成传感器网络跟踪与探测，接入层——通过 3G 网络、WIFI 和局域网进行信息焦糊，智能信息处理层——负责基于物联网的云图书馆系统的管理、维护、操作等，应用层——提供图书馆业务的管理、维护、操作等 Web 接口，实现自助图书借还、图书编目、图书采访、图书归架、在线咨询等功能[2]。2012 年，李艳国在总结 Android 平台构架与特点和分析智能图书馆的服务理念及功能与特点的基础上，提出了基于 Android 平台构架智能图书馆的思路和方法。基于智能终端模式的图书馆建构模式，将构建智能图书馆的"胖服务端"与"胖客户端"两种构建方式结合起来，利用 Android 平台的移动终端减小整个构架对计算机的依赖程度，有效解决采用专用设备构建图书馆导致的部署困难的问题。Android 移动终端易于架设的特点可以使图书馆管理者更方便地进行管理维护工作，高效简洁的人机接口及应用程序的可扩展性还能给用户带来更好的体验。[3]

四、智能图书馆系统的实施

2002 年图书馆正式采用 RFID 技术之前，图书馆自动化技术的研究最早探讨的是布线系统在图书馆的应用。结构化综合布线系统是根据智能化建筑未来发展所需要的各项业务功能和其他方面的要求，采用标准的传输媒介，将智能化建筑的语音系统、数据和图像传输系统、监控系统等各方面所需的线路统一组合在一整套标准的布线系统中，该系统具有极强的适应性和可扩

---

[1] 杨辉，郑军. 物联网环境下智能图书馆的服务创新 [J]. 四川图书馆学报，2012，(03)：2-4.

[2] 沈彦君. 物联网技术在智能图书馆中的应用 [J]. 国家图书馆学刊，2012，(02)：51-54.

[3] 李艳国. 基于 Android 的移动终端在智能图书馆中的应用 [J]. 科技情报开发与经济，2012，(15)：23-25.

充性。自 1996 年实施智能布线系统以来，深圳南山图书馆目前已形成 500 多个高度现代化、集成化的计算机管理网络系统，并与 INTENET 联网。

目前 RFID 在图书馆领域的应用中，美国居于世界领先地位，英国与日本并列第二。荷兰、澳大利亚、新西兰、墨西哥、新加坡、印度、马来西亚、泰国、台湾等国家和地区的图书馆也相继实施了 RFID。在亚洲地区，日本、韩国、新加坡等国家都拥有了很多图书馆应用的成功案例，如日本的九州大学图书馆筑紫分馆、奈良尖端技术大学、东京都广告博物馆图书馆；韩国的汉城大学以及新加坡国立图书馆等。

1998 年，新加坡国家图书馆开始立项进行 RFID 在图书馆应用的测试，1999 年正式开始全面实施，2002 年成为世界上第一个采用 RFID 技术的图书馆系统。目前国家图书馆和全岛所有的公共图书馆已经实现了全面应用，院校图书馆也在积极采用[①]。2006 年，新加坡推出了一个为期十年的资讯通信产业发展蓝图"智慧国 2015（iN2015）"规划，致力于将新加坡建设成一个以资讯通信驱动的智能化国度和全球化都市。其中一大战略重点就是使用资讯通信来改造关键经济领域如教育、金融服务等，新加坡图书馆就是先进的资讯通信技术与应用的最早使用者之一[②]。

1998 年，RFID 在北美图书馆被提议作为读者自助借还的一种方式。1999 年洛克菲勒大学图书馆最先安装了 RFID 系统。密歇根州的法明顿社区图书馆成为首家使用 RFID 的公共图书馆。2004 年底，美国已有 300 多家图书馆安装或开始准备实施 RFID 系统。

2006 年 2 月，集美大学诚毅学院图书馆正式对外开放，配套建设的 RFID 智能馆藏管理系统也宣告建成并投入试运行，成为国内第一家建成具有完善功能模块并进入实用阶段的 RFID 智能馆藏管理系统。同年 6 月，由科技部、国家发展和改革委员会、商务部、信息产业部等 15 个部委共同编制的《中国射频识别（RFID）技术政策白皮书》正式发表。7 月，深圳图书馆新馆正式开馆，采用法国 T AGSYS 公司的技术实施了 RFID 系统。它是当时中国最大的 RFID 项目，通过 RFID 标签实现读者自助借还图书、定位图书书架位置、图书自动分拣、自动整序排架、自助清点馆藏、智能图书车和射频防盗报警

---

① 孙伯虹，李晨光. 赴新加坡国家图书馆交换学习报告 [EB/OL]. [2013-09-26]. http：//www. nlc. gov. cn/newgygt/gnwjl/jltx/mllb/jltx031/cfgl_ 2590/201012/t20101206_ 27364. htm.

② 国际前沿：新加坡以资讯通信驱动国度智能化 [EB/OL]. [2013-09-26]. http：//www. four -faith. com/News/Industry_ News/230. html.

等一系列自动化管理功能。武汉图书馆是全国第三家采用全套 RFID 系统设备的图书馆,同时也是全国首家采用国产设备的 RFID 图书馆。[①] 无锡新区图书馆于 2011 年建成依托网络融合技术,基于 RFID+Web2.0 的智能图书馆,既可以通过物联网技术借阅传统物理文献,又可以通过互联网查询文献数据库数字资源。

五、智能图书馆的转变

进行图书馆智能化建设时,除了积极引进先进的技术外,还需要图书馆审时度势,改进图书馆以往的文献服务模式,突破图书馆工作的瓶颈与困境,以全新的理念实现图书馆管理和工作的创新,逐步实现图书馆工作的改进和智能图书馆的发展,使图书馆的服务水平上升一个新台阶,更好地服务于大众,服务于科研群体[②]。基于物联网的智能图书馆,从服务的角度来说,可以通过物联网技术全面、实时地获取图书、人员、设备等信息,图书馆服务场所不再局限于图书馆建筑之内,服务方式也由面对面变为可通过网络或其他通讯工具进行,用户接受图书馆服务的设备则会拓展到各类智能移动设备、数字电视等其他智能设备,服务过程由读者、图书、图书馆管理系统之间的单向服务变为三者之间的网状服务过程,服务原则也由强调按时服务变为强调及时服务[③]。现代科学技术、信息数字化、网络化的高速发展必将推动图书馆这一有限的实体向无限的虚拟空间延伸。推进智能化图书馆的建设,能够给用户提供多样化、智能化的服务。

第四节 智慧图书馆服务

一、智慧图书馆的出现与兴起

2008 年之前,有关智慧图书馆的研究文献屈指可数,实践项目中所谓的"智慧图书馆"的概念等同于"智能图书馆",主要是指一站式服务、移动服务、应用 RFID 技术的自助服务等。"智慧图书馆"的理念和实践率先出现在

---

① 王颖. 对 RFID 在图书馆应用的思考 [J]. 图书馆工作与研究,2009,(02):46-48.
② 邱均平,李星星. 关于高校图书馆智能化建设的若干思考 [J]. 现代情报,2012,(04):31-33,120.
③ 李峰. 基于物联网技术的智能图书馆发展研究 [J]. 图书情报工作,2013,(03):66-70.

欧美的大学图书馆、公共图书馆和博物馆中。早在 2001 年，加拿大首都渥太华地区的 12 家公共图书馆、大学图书馆、专业图书馆和博物馆建立了名为"Sm@rtLibrary"的联盟，为读者提供一站式服务，利用一个搜索界面便可检索查看所有成员馆的资源①。同年 10 月，澳大利亚昆士兰州立图书馆确立了通过智慧图书馆建设智慧社区的未来发展政策，建立"智慧图书馆网络"，集成物理和虚拟社区空间②。2003 年前后，芬兰奥卢大学图书馆启动一项名为"Smart Library"的新服务③，还发表了题为《智慧图书馆：基于位置感知的移动图书馆服务》的会议论文，认为"Smart Library"是一个不受空间限制的、可被感知的移动图书馆服务，可以帮助用户找到所需图书和相关资料④。2004 年，米勒等学者在题为《智慧图书馆：强调科学计算的图书馆 SQE 最佳实践》的国际会议研究报告中，提出智慧图书馆是指运用大量软件质量工程的实践，力图让用户和开发人员避免犯各类错误，包括使用、配置、安装中的错误及因应用程序变化而导致绩效下降等方面的错误⑤。2005 年起，美国图书馆协会（ALA）TechSource 专门设立了 Smart Libraries Newsletter 记录"下一代目录"的发展与应用、发现界面和网络范围的发现服务。

2008 年 11 月，IBM 总裁彭明盛在《智慧地球：下一代的领导议程》的演讲中首次提出"智慧地球"的概念。2009 年，奥巴马签署多个经济刺激计划，在全美范围内全面推进包括电网、医疗、宽带网络在内的智慧型基础设施，将新能源和物联网列为振兴经济的两大重点⑥。2010 年，美国图书馆协会出版的《Smart Libraries Newsletter》杂志开辟了"Smarter Libraries Through Technology"专栏，由 Marshall Breeding 讲述影响智慧图书馆的信息技术发展趋势⑦。国外从技术、服务、实践等多方面对"智慧图书馆"开展了研究，

---

① Capital Sm@rtLibrary [EB/OL]. [2013-09-23]. http：// smartlib-bibliogen. ca/intro-en.

② Raunik A, Browning R. Smart Libraries Build Smart Communities in Queensland [EB/OL]. [2013-09-23]. http：//conferences. alia. org. au/online2003/papers/raunik. html.

③ Dynamic location of books and collections：Second Version of SmartLbirary is being tested [EB/OL]. [2013-09-23]. http：//virtuaalikampus. oulu. fi/ English/smartlibrary. html.

④ Aittola M, Ryha nen T, Ojala T. Smart Library-Location-Aware Mobile Library Service [EB/OL]. [2013-09-23]. http：//www. mediateam. oulu. fi/publications/pdf/442. pdf.

⑤ M. C. Miller, J. F. Reus, R. P. Matzke, etc. Smart Library：Best SQE Practices for Libraries with Emphasis on Scientific Computing [EB /OL]. [2013-09-27]. https：//wci. llnl. gov/codes/smartlibs/UCRL-JRNL-208636. pdf.

⑥ 李丽宾. 物联网催生智慧图书馆 [J]. 四川图书馆学报, 2012, (06)：2-5.

⑦ Breeding M. Smarter Libraries Through Technology [EB/OL]. [2013-09-27]. http：//www. librarytechnology. org/ltgdisplaytext. pl？RC = 14599.

特别是在技术与理念上，一直保持着领先水平。

2010年开始，我国图书馆界也开始了"智慧图书馆"的研究和实践。严栋是我国较早提出智慧图书馆的学者之一，认为"智慧图书馆以一种更智慧的方法，通过利用新一代信息技术来改变用户和图书馆系统信息资源相互交互的方式，以便提高交互的明确性、灵活性和响应速度，从而实现智慧化服务和管理的图书馆模式"①。上海社科院信息研究所所长王世伟提出"智慧图书馆作为未来图书馆的新模式，是以数字化、网络化、智能化的信息技术为基础，以互联、高效、便利为主要特征，以绿色发展和数字惠民为本质追求，是现代图书馆科学发展，图书馆创新发展、转型发展和可持续发展的新理念和新实践。数字化是技术前提，网络化是信息基础，集群化是管理特征"②③。

我国工业和信息化部副总工程师王建平表示，智慧城市集成了互联网、云计算、移动互联网等多项技术，融合应用了经济社会、城市管理等各种新技术、新知识、新理念，智慧城市是物联网、云计算融合应用的重要载体、重要领域，为这两大产业的发展提供了巨大的市场需求④。2013年8月，我国国务院发布了《国务院关于促进信息消费，扩大内需的若干意见》，提出"在有条件的城市开展智慧城市试点示范建设。支持公用设备设施的智能化改造升级，加快实施智能电网、智能交通、智能水务、智慧国土、智慧物流等工程"⑤。同年8月，住建部公布了2013年国家智慧城市试点名单，共83个市和区、20个县与镇和9大2012年试点扩大范围⑥。从全球智慧城市建设的实践进行分析概括，智慧城市可以定义为："以数字化、网络化和智能化的信息技术设施为基础，以社会、环境、管理为核心要素，以泛在、绿色、惠民为主要特征的现代城市可持续发展韬略"⑦。智慧图书馆以信息技术为基础和

---

① 严栋. 基于物联网的智慧图书馆 [J]. 图书馆学刊，2010，(07)：8-10.
② 王世伟. 论智慧图书馆的三大特点 [J]. 中国图书馆学报，2012，(202)：22-28.
③ 王世伟. 未来图书馆的新模式——智慧图书馆 [J]. 图书馆建设，2011，(12)：1-5.
④ 建设智慧城市物联网成重要载体 [EB/OL]. [2013-09-26]. http://www.four-faith.com/News/Industry_News/224.html.
⑤ 国务院关于促进信息消费，扩大内需的若干意见 [EB/OL]. [2013-08-20]. http://www.gov.cn/zwgk/2013-08/14/content_2466856.htm.
⑥ 住建部公布2013年度国家智慧城市试点名单 [EB/OL]. [2013-08-20]. http://news.xinhuanet.com/politics/2013-08/05/c_116820000.htm.
⑦ 上海社会科学院信息研究所. 智慧城市论丛 [M]. 上海：上海社会科学院出版社，2011：1-5.

前提，但它超越了技术的层面，更多地从服务管理、人力资源、智能惠民、环境友好着眼，是图书馆实现科学发展、转型发展和可持续发展的新理念和新实践。如果说智慧城市可以带来更高的生活质量、更具竞争力的商务环境和更大的投资吸引力①，那么，智慧图书馆则可以带来更高的服务管理质量、更具魅力的公共文化环境和更大的信息共享空间。它将为图书馆界注入新的活力，带来新的愿景和希冀，也将为读者带来新的体验和收获，并有助于构建体现公益性、基本性、均等性和便利性的公共文化服务体系②。智慧城市是我国战略重点之一，智慧图书馆的研究与实践也必将成为图书馆事业的发展重点。

二、智慧图书馆模式的研究与实践

2009年底，北京邮电大学网络技术研究院和图书馆开始合作"感知智慧图书馆示范系统（BUPT-Smart Library Demonstration System，BUPT-SLDS）"的项目研发工作。旨在研发一个感知的智慧图书馆原型系统，探索和研究利用物联网技术实现智慧图书馆的具有适应性和可扩展性的部署框架和模式，为图书馆的工作人员和读者提供一个真实的基于物联网的智慧图书馆的体验环境，为今后智慧图书馆的建设提供可行的参考模型。BUPT-SLDS以智能手机作为读者服务的主要载体，利用Wifi、ZigBee等无线通信技术感知和定位读者，利用RFID技术实现感知和定位图书，选择实现具有较强示范和体验效果的智慧图书馆的部分功能，与图书馆自动化系统无缝链接。董晓霞等提出"智慧图书馆应该是感知智慧化和数字图书馆服务智慧化的综合"。感知智慧化即通过传感器将图书馆的Internet网络延伸到图书馆的建筑环境、文献资源、设备以及读者证件等图书馆的所有管理对象上，真正达到人与人的对话、人与物的对话以及物与物的对话；数字图书馆服务智慧化即数字图书馆服务不仅提供资源的服务，而且通过人和知识的融合，为用户营造一个和谐的知识生态环境，提供更高层次的知识服务。③

为了提高图书馆员的生产率与客户服务水平，搭建数字图书馆管理系统和图书管理员与赞助人之间的桥梁，马拉西亚大学智能图书馆的应用程序有：

---

① IBM商业价值研究院. 智慧地球 [M]. 上海：东方出版社，2009：15.
② 王世伟. 未来图书馆的新模式——智慧图书馆 [J]. 图书馆建设，2011，(12)：1-5.
③ 董晓霞，龚向阳，张若林等. 智慧图书馆的定义、设计以及实现 [J]. 现代图书情报技术，2011，(02)：76-80.

(1) 用户跟踪：提供跟踪图书馆客户和鼓励赞助图书馆的设施；(2) 图书馆的技能课程：为图书馆读者数字自学提供网络环境，将图书馆员从耗时的离线课程解放出来；(3) 预约系统：组织资源和使用图书馆的一种方式，包括预订、登记和利用 PSZ 设备；(4) 流媒体：结合硬件和软件，通过免费的和收费的图书馆系统提供线视频；(5) 学术论坛：为游客和客户提供讨论图书馆的相关问题，为图书馆员平衡谈判；(6) 计费：在线计费系统，通过 MARC 记录转换，允许用户购买访问数字资源，和馆员管理资源价格并促进与图书馆管理系统的整合；(7) 在线参考服务：促进图书馆客户和虚拟参考咨询台的交互，提供无纸化环境下与职员的数字交互[①]。

智能图书馆是高于数字图书馆的智能共同体。上海交通大学图书馆的智慧图书馆基本概念模型依托专业馆员，通过智能业务系统平台和信息素养培训，高效、广泛地培养高素质读者；在互动配置的环境下，以通信技术、物联网技术、云计算、RFID、智能信息过滤等智能技术与设施驱动，便捷地存取信息和精深地分析数据，实现学习交流无处不在，教学育人交互协同，科研发展融合创新等智慧服务。陈进馆长指出"智慧图书馆的五大要素是：优质、多元、高效的资源，慧能、泛在、感知的服务，精准、便捷、智能的技术，敬业、专业、创新的馆员，和乐用、协同、敏锐的读者"[②]。

2012 年，中国科学院文献情报中心提出"区域服务一线"战略规划，即在原有信息共享空间和学习共享空间的基础上，根据为用户提供知识服务的发展方向，对物理空间进行调整和改造，建成智慧中心。这是为适应新的用户信息环境（知识和资源网络化、电子化和数字化）和满足用户新需求而产生的一种新型服务模式。这种服务模式以开放的物理空间和设备为基础，配以虚拟的数字化信息环境，以满足用户的交互协作、个性化学习和知识创新的需求为手段，以知识服务为目的，激发和汇聚人众智慧，支持开放创新，推进科学知识和科学文化的传播[③]。在分析开放智慧服务中心的资源模式、技术模式和服务模式与目标的基础上，李一平等提出了图书馆作为开放智慧服务中心的综合模式：强调用户感官体验；引入 3D 版本图书、阵地空间等新型

[①] Universiti Teknologi Malaysia Libraries. About Smart Library Applications [EB/OL]. [2013-09-28]. http://www.psz.utm.my/sla/.

[②] 陈进. 智慧图书馆憧憬 [EB/OL]. [2013-09-28]. http://www.sal.edu.cn/2012/Rc_check.asp?detail_id=103&id=.

[③] 王保成，孙九胜，莫晓霞等. 支持用户开放、合作和交互的国家科学图书馆智慧中心的服务实践 [J]. 图书情报与工作，2013，(08).

资源；引入专家和志愿者以及合作运营商等第三方提供"多元参与"的服务；应用移动互联等新技术和新工具，优化提升图书借还等传统服务，开展游戏服务、阵地服务等新型服务，激励用户自主学习和协作以最终达到创新的目标①。

智慧服务是智慧图书馆的特征，通过采用 RFID 技术实现了自助办证、自助借还、智能盘点、馆藏架位智能管理、智能安全门禁等服务功能，而且实现书与书、书与人、人与人的关联以及随时随地随心提供服务。最后形成广泛互联的图书馆，实现馆馆相联、网网相联、库库相联、人物相联；形成融合共享的图书馆，实现三网联合、跨界融合、新旧融合、多样融合②。以人为本、方便读者、智能惠民、可持续发展是图书馆的灵魂与精髓。智慧图书馆最重要的理念是以用户为中心，一切以满足用户需求为出发点，是一种新的"以人为本、创新、开放、互动、实用、易用"经营理念和服务于用户的态度。作为一种全新的理念和服务态度，智慧图书馆强调用户参与和协作，能为用户带来真正的个性化、人性化和信息自主权，非常注重用户性和用户体验③。SoLoMo 扩展了智能服务的范围和空间，使智能服务真正名副其实。智慧图书馆不仅使自己的馆藏知识化，将馆藏从文献形态转化为知识形态，标注、挖掘出地点、事件、时间、人和物而加以有机组织，并通过智能化的感知系统主动地参与到读者日常的知识交流过程中去，以一种平台、空间或工具的形式而泛在，通过提供各种搜索、发现、存储、传播、组织以及再创造的服务使自己与人类社会的知识创造体系融为一体。这是现代信息技术使知识独立于载体和传播方式、内容消解于无形的网络空间之后，图书馆必然的存在方式④。

三、智慧图书馆发展的挑战与机遇

2006 年，美国国家基金委员会 NSF 提出了信息物理融合系统（Cyber Physical Systems, CPS）的概念，被列为美国未来八大关键信息技术的首位，并有望成为继计算机、互联网之后世界信息技术的第 3 次浪潮。CPS 是在环境感知的基础上，深度融合计算（Computation）、通信（Communication）和

---

① 李一平，徐迎，邓玉等. 图书馆作为开放智慧服务中心的模式研究. 图书情报工作，2013，(8)：5-11.
② 王世伟. 再论智慧图书馆 [J]. 图书馆杂志，2012，(11)：2-7.
③ 李丽宾. 物联网催生智慧图书馆 [J]. 四川图书馆学报，2012，(06)：2-5.
④ 谢蓉，刘炜. SoLoMo 与智慧图书馆 [J]. 大学图书馆学报，2012，(03)：5-10，79.

控制（Control）能力的可控、可信、可扩展的网络化物理设备系统，它通过计算进程和物理进程相互影响的反馈循环实现深度融合和实时交互来增加或扩展新的功能，以安全、可靠、高效和实时的方式检测或者控制一个物理实体①。人们又将 CPS 称为人—机—物融合系统。何积丰院士认为，CPS 的意义在于将物理设备联网，特别是连接到互联网上，使得物理设备具有计算、通信、精确控制、远程协调和自治五大功能②。最新 CPS 技术将不断应用到图书馆中，推进图书馆向智慧图书馆发展，给用户提供各种智慧服务。除了技术上的引进，应以全新的理念完成图书馆管理和业务工作的创新，逐步实现图书馆工作的改革和发展，使图书馆的服务水平上升到一个新的高度。与物联网相比，CPS 在物与物互联的基础上，还强调对物的实时、动态的信息控制与信息服务③。与物联网、传感网、嵌入式系统相互关联，但范围更宽泛。研究与实施基于 CPS 的智慧图书馆符合国家重大战略需求，是图书馆未来的重点关注点。

信息环境的急剧变化带动了图书馆的深刻变革，重新定义图书馆成为图书馆界"与时俱进"的要求，也是图书馆理论与创新的必然。图书馆要变劣势为优势，化被动为主动，驾驭信息环境的变化，适应用户需求与行为的变化，打破传统，挑战自我，建立一个适变性的新型图书馆④。在国家大力倡导和支持"智慧城市"建设的大背景下，图书馆应抓住机遇，逐步构建并完善智慧图书馆，完成转型。利用智慧图书馆的优势，转变传统图书馆的服务内容和服务方式，拓展更多符合用户需求的高质高效服务，更好地为全民的阅读与终身教育、学生的教育与自主学习、科研人员的研究与创新服务。

---

① National Science Foundation of the United States. Cyber-physical systems (CPS) program solicitation [EB/OL]. [2013-09-26]. http://www.nsf.gov/pubs/2013/nsf13502/nsf13502.htm.
② 何积丰. Cyber-physical Systems [J]. 中国计算机学会通讯, 2010, (1): 25-29.
③ 殷开成, 仲超生. 智能图书馆 CPS 及面临的挑战 [J]. 图书馆学研究, 2011, (15): 56-60.
④ 初景利. 图书馆的未来与范式转变——IFLA2011 年大会侧记 [J]. 图书馆论坛, 2011, (6): 68-72.

第十二章 网络信息服务的趋势与变革

随着信息环境的改变、信息技术的发展和用户需求与行为的变化，图书馆网络信息服务也会不断地改变。网络信息服务总是刻有时代的烙印。因此，我们相信，网络信息服务不会停滞发展的脚步，而只能快速地创新发展。我们不仅要关注网络信息服务的现在，更好地预期其未来，在做好当前服务同时，着眼于今后的发展，前瞻性设计与布局。

第一节 影响网络信息服务未来发展的主要因素

一、未来5~10年的技术发展趋势

21世纪无疑是一个技术为王的时代，更准确的说，是一个以信息技术为王的时代。21世纪的信息技术从根本上改变了现代文明[1]。网络信息服务是以网络化的信息技术为依托，因此，其未来发展首先受信息技术发展的直接影响，信息技术是网络信息服务前进的根本推动力。

在当前环境下，信息技术创新发展的速度是惊人的。当然，并不是每一项新的信息技术都能最终成熟并得到广泛应用，许多新技术可能昙花一现，但却有一些新技术会迅速发展壮大，成为影响和改变人类经济、社会和生活的拐点式技术，直接影响人类的生活、工作和学习方式，成为对产业、信息环境变革的直接推动力量[2][3][4]。

---

[1] 邢陆宾. 重新定义21世纪信息技术及其影响[N]. 解放日报, 2010-9-5(8).

[2] Manyika J, Dobbs R, Chui M, et al. Disruptive technologies: Advances that will transform life, business, and the global economy [EB/OL]. [2014-1-12]. http://www.mckinsey.com/insights/business_technology/disruptive_technologies.

[3] CNNIC. 2012年中国手机网民上网行为研究报告[EB/OL]. [2013-12-8]. http://www.cnnic.net/hlwfzyj/hlwxzbg/ydhlwbg/201211/P020121116518463145828.pdf.

[4] 腾讯科技, 慧聪邓白氏研究. 平板电脑用户使用习惯调查报告[EB/OL]. [2013-11-9]. http://tech.qq.com/a/20110822/000254.htm.

世界著名的 Gartner 公司每年会发布一个新兴技术的热度曲线报告，采用热度曲线的视角，从萌芽期、过热期、低谷期、复苏期和成熟期 5 个阶段评估新兴技术，展示技术的发展趋势。2013 年的热度曲线评估了 102 个领域的 2 000 多项技术的发展趋势，下表是 Gartner 公司 2011—2014 年 "十大战略技术趋势"①②。

表 12.1　Gartner 公司 2011—2014 年 "十大战略技术趋势"

2011	2012	2013	2014
云计算	多媒体平板	移动设备战	移动设备的多样性及管理
移动应用和媒体平板	移动设备为中心的 App	移动应用和 HTML5	移动 App 和应用程序
社交网络	内容敏感和社交网络	个人云	万物互联
视频	物联网	物联网	混合云和混合 IT 作为服务代理
下一代分析技术	App 商店	杂糅 IT 与云计算	云端/客户端的架构
社交分析	下一代分析	战略大数据	个人云时代
上下文感知计算	大数据	可行性分析	软件定义一切
存储类内存	内存中计算	主流内存计算	Web-Scale IT
普适计算	极低能源的服务器	整合的生态系统	智能机器的兴起
基于结构的基础设施	云计算	企业应用商店	3D 打印技术

下面我们选取对网络信息服务影响最大的一些技术，从这些技术的发展趋势分析可能对网络信息服务带来的影响。

1. 移动技术发展趋势

曾几何时，台式机是 IT 行业中最重要的产品。如今，智能手机、平板电脑和轻量级笔记本电脑已经取而代之，成为备受消费者宠爱的产品。目前，个人计算设备市场呈现多样化发展态势，随着移动技术的发展，智能手机、平板电脑已经迅速 "飞入寻常百姓家"。

先看一些数据。2013 年 11 月 15 日，行业研究机构 Gartner 称，2013 年第二季度全球智能手机销量达到 2.25 亿部，相比去年同期增长 46.5%，首次超

---

① Avram A. 2012 Gartner 软件热度曲线 [EB/OL]. [2013-8-12]. http://www.infoq.com/cn/news/2012/08/Gartner-Hype-Cycle-2012.

② Gartner. The 2013 Gartner Hype Cycle Special Report [EB/OL]. [2013-12-29]. http://www.gartner.com/technology/research/hype-cycles/.

过功能手机销量①。2013年11月26日，市场研究公司Canalys发布的最新报告显示，2014年平板电脑的出货量将超过全球所有计算机出货量的50%。平板电脑与PC的销量之比即将迎来拐点，而平板电脑将成为事实上的"个人电脑"②。2013年5月，Apple公司③宣布，具有革命性的App Store应用程序下载量已经突破500亿次。2013年7月17日，中国互联网络信息中心（CNNIC）报告④显示，截至2013年6月底，手机已成为主流上网设备，使用率高达78.5%，高于台式电脑（69.5%）和笔记本电脑（46.9%）上网的网民比例。从2010年到2013年里，我国手机网民数量以平均每年超过6000万人的增量扶摇直上，截至2013年6月底，我国手机网民数量已超过4.6亿。

移动设备、移动网络和移动应用（App）是促进移动互联网发展的三个重要方面。智能手机和平板电脑等移动设备的迅速普及证实了移动互联网技术不仅仅提供了另外一种上网和浏览的方式还具备上网功能的移动计算设备配备移动应用程序几乎可以完成任何任务，让人们迅速改变了原来的生活方式，以一种新的方式来与这个世界交互。正如中国移动互联网产业联盟秘书长李易所说，"移动互联网改变的绝不仅仅只是生活，而是深刻改变人们的24小时。就拿现在来说，我想很多人早上是被手机闹铃叫醒的，而晚上睡前的最后一件事大概就是给手机充电顺便再看一眼微博了。"⑤

随着移动技术的发展，移动计算设备和应用仍在不断进化。在过去的5年里，智能手机的处理能力每年增长25%，最新的处理器能够熟练地处理多个资源密集型的应用，并产生更为生动的图形。移动设备的外形也更加多样化，有屏幕更大的智能手机，也有屏幕更小的平板电脑。Windows8系统以及触屏功能模糊了平板电脑与PC机的界限⑥，基于苹果OS、Google安卓系统的手机

---

① 搜狐IT. Gartner最新数据：智能手机销量首超功能机[EB/OL]. [2013-11-20]. http://it.sohu.com/20130814/n384182969.shtml.
② 新浪科技. Canalys：2014年平板电脑将超计算机出货量50%[EB/OL]. [2013-12-26]. http://tech.sina.com.cn/it/2013-11-26/20128950543.shtml.
③ Apple. App Store创下里程碑式成绩[EB/OL]. [2013-12-21]. https://www.apple.com/cn/newsroom/2013/05/16Apples-App-Store-Marks-Historic-50-Billionth-Download/.
④ CNNIC. 中国互联网络发展状况统计报告（2013年7月）[EB/OL]. [2013-11-29]. http://www.cnnic.cn/hlwfzyj/hlwxzbg/hlwtjbg/201307/P020130717505343100851.pdf.
⑤ 央视网. 未来：移动互联网将深刻改变人们的24小时[EB/OL]. [2013-8-27]. http://jingji.cntv.cn/2012/10/14/ARTI1350203757390556.shtml.
⑥ Jones N. Mobile Trends and Issues from 2013 to 2016[EB/OL]. [2013-12-31]. http://www.mediclick.com/sites/default/files/PDF for Implant Tracking.pdf.

都支持语音识别、手势识别。2012 年，Google 眼镜的诞生引起人们对可穿戴技术的关注，可穿戴技术使日常使用电脑变得与穿衣服一样简单，而且这些智能设备能够"看情况"和用户产生互动①。可穿戴技术的"移动性"是与生俱来的，可穿戴技术的设备也将很快进入应用领域②。

除了设备上的技术进步，移动联通能力也将不断发展。今天的移动设备大多是基于蜂窝网络（3G 和 4G/LTE 网络），或者 WiFi 网络接入互联网。未来 10 年，5G 蜂窝网络、卫星服务以及更远距离 WiFi 的发展，将极大地扩大移动设备的联通能力③。

移动互联网成功使用的最关键要素是移动应用（Apps），通过它们才能将创新的能力和服务传递到设备上。这些移动应用使移动设备的功能远远超过传统电话和计算机，从在线购物、查询实时路况、定制自己喜爱的歌曲和视频，到与朋友、同事随时保持在线沟通等，几乎无所不能。未来移动互联网潜力的发挥仍是软件应用，它们可能颠覆已有的商业模式。麦肯锡预测④，到 2025 年，许多 Apps 在每一个设备上都留下脚印，但他们也会将许多处理和存储的任务交给云，支持 HTML5 浏览器将成为主流应用环境，这使得 Apps 可以不用下载到移动设备上就能使用⑤。

2. 大数据技术发展趋势

我们早已生活在数据的时代。随着新一代信息技术的融合发展，物联网、移动互联网、数字家庭、社会化网络等应用使得数据规模快速扩大。2011 年 6 月，麦肯锡全球研究院（MGI）发布了题为《大数据：下一个创新、竞争和生产力的前沿》⑥ 的研究报告，最早提出了"大数据时代已经到来"。

---

① 朱慧涛. 可穿戴计算技术的新发展-谷歌眼镜[EB/OL]. [2013-8-28]. http://www.embeddedlinux.org.cn/html/xingyexinwen/201211/10-2377.html.

② Manyika J, Dobbs R, Chui M, et al. Disruptive technologies：Advances that will transform life, business, and the global economy [EB/OL]. [2014-1-12].

③ 欧洲正式展开 5G 网络计划 [EB/OL]. [2013-12-31]. http://network.51cto.com/art/201312/425367.htm.

④ Manyika J, Dobbs R, Chui M, et al. Disruptive technologies：Advances that will transform life, business, and the global economy [EB/OL]. [2014-1-12].

⑤ Gartner. Gartner Identifies the Top 10 Strategic Technology Trends for 2013 [EB/OL]. [2013-8-27]. http://www.gartner.com/newsroom/id/2209615.

⑥ Manyika J, Chui M, Brown B, et al. Big data：The next frontier for innovation, competition, and productivity [EB/OL]. [2013-12-9]. http://www.mckinsey.com/insights/business_technology/big_data_the_next_frontier_for_innovation.

据 IDC 最新研究报告《大数据，更大的数字身影，最大增长在远东》[①]显示：随着全球范围内个人电脑、智能手机等设备的普及，和新兴市场内不断增长的互联网访问量，以及监控摄像机或智能电表等设备产生的数据爆增，数字宇宙的规模在近两年内翻了一番，达到惊人的 2.8 ZB。IDC 预测，到 2020 年，数字宇宙规模将超出预期，达到 40 ZB。

当前大数据规模以及其存储容量迅速增长，已经渗透到各个行业和业务职能领域，成为可以与物质资产和人力资本相提并论的重要生产要素。在 2012 年瑞士达沃斯召开的世界经济论坛上，将大数据看作一种新的经济资产类别，就像货币或黄金一样[②]。

大数据在业内并没有统一的定义。不同厂商、不同用户，站的角度不同，对大数据的理解也不一样。麦肯锡报告[③]中对大数据的基本定义是：大数据是指其大小超出了典型数据库软件的采集、储存、管理和分析等能力的数据集合。赛迪智库认为，"大数据"并不仅仅是大规模数据集合本身，而应当是数据对象、技术与应用三者的统一：从对象角度看，大数据是大小超出典型数据库软件采集、储存、管理和分析等能力的数据集合；从技术角度看，大数据技术是从各种各样类型的大数据中，快速获得有价值信息的技术及其集成；从应用角度看，大数据是对特定的大数据集合、集成应用大数据技术、获得有价值信息的行为。

大数据的特征已达成共识，通常用 4 个 V 来概括，即：体量（Volume）大、类型（Variety）多、增长速度（Velocity）快以及价值（Value）密度低。因此，对于大数据的管理和使用都面临巨大挑战。正如《大数据》一书的作者涂子沛专家所说：大数据之"大"，并不仅仅在于"容量之大"，更大的意义在于：通过对海量数据的交换、整合和分析，发现新的知识，创造新的价值，带来"大知识"、"大科技"、"大利润"和"大发展"。

[①] Gantz J, Reinsel D. THE DIGITAL UNIVERSE IN 2020：Big Data, Bigger Digital Shadows, and Biggest Growth in the Far East [EB/OL]. [2013-10-23]. http：//estonia. emc. com/collateral/analyst-reports/idc-the-digital-universe-in-2020. pdf.

[②] The World Economic Forum. Big Data, Big Impact：New Possibilities for International Development [EB/OL]. [2013-12-23]. http：//www3. weforum. org/docs/WEF_ TC_ MFS_ BigDataBigImpact_ Briefing_ 2012. pdf.

[③] Manyika J, Chui M, Brown B, et al. Big data：The next frontier for innovation, competition, and productivity [EB/OL]. [2013-12-9]. http：//www. mckinsey. com/insights/business_ technology/big_ data_ the_ next_ frontier_ for_ innovation.

第十二章 网络信息服务的趋势与变革 273

大数据隐含着巨大的社会、经济、科研价值,已引起了各行各业的高度重视。2012年3月22日,奥巴马宣布美国政府投资2亿美元启动"大数据研究和发展计划(Big Data Research and Development Initiative)"。这是继1993年美国宣布"信息高速公路"计划后的又一次重大科技发展部署。美国政府认为,大数据是"未来的新石油",并将对大数据的研究上升为国家意志,这对未来的科技与经济发展必将带来深远影响[①]。

作为一种重要的战略资源,大数据已经不同程度地渗透到每个行业和部门,激发各个行业的创新,甚至变革各个产业的商业模式和研究、教学模式。如:基于海量交易数据,对用户购物行为数据的分析,可以进行智能推荐;对交通流量数据的分析,可以预测交通拥堵情况,优化交通疏导。麦肯锡[②]研究表明,在医疗、零售和制造业,大数据可以每年提高劳动生产率0.5-1个百分点。

正是由于大数据来源复杂、数据量增长迅速而结构复杂,对于大数据的管理、使用都面临巨大挑战,要把数据变成信息,把信息变成知识,把知识变为决策,就需要更好的数据处理技术,需要与大数据相关的技术和服务来推进大数据价值的发挥和利用。首先是数据的管理,对各种不同数据,来自不同的地方,还有各种不同的大小,都进行采集和管理。数据管理技术包括关系型和非关系型数据库技术、数据融合和集成技术、数据抽取技术、数据清洗和数据过滤技术。其次,是数据的分析和处理,包括对数据进行挖掘、推荐、转换、清洗、按摩、分享和控制。数据分析和处理技术包括数据挖掘、机器学习等人工智能、商业智能技术,涉及关联规则挖掘、集成学习、遗传算法、神经网络、优化、模式识别、预测模型、回归、统计、时间序列分析、关联规则学习、聚类分析等。第三,是数据的呈现,用好的方式、好的工具把数据很好地呈现出来,以获得对数据更直觉的洞察力[③]。这些技术的发展与进步必将带动大数据的使用和价值发挥。

大数据的使用将成为未来提高竞争力、生产力、创新能力以及创造消费

---

① 李国杰,程学旗. 大数据研究:未来科技及经济社会发展的重大战略领域——大数据的研究现状与科学思考[J]. 中国科学院院刊,2012,27(6):647-657.

② Manyika J, Dobbs R, Chui M, et al. Disruptive technologies: Advances that will transform life, business, and the global economy[EB/OL]. [2014-1-12]. http://www.mckinsey.com/insights/business_technology/disruptive_technologies.

③ 张亚勤. 云计算的新进展[EB/OL]. [2013-7-4]. http://tech.hexun.com/2012-05-24/141739583.html.

者盈余的关键要素，谁引入新的分析技术和新的数据类型，谁就能占领制高点，成为行业的领军者。

3. 云计算

麦肯锡在最新发布的《破坏性技术》[①] 报告中，将"云计算"列为可能改变世界的12项破坏性技术之一。Gartner 发布的"2014年十大战略性技术趋势"[②] 中，其中有5项是跟"云"有关。云技术依然是当前最热门和值得关注的话题。

百度百科对云计算（cloud computing）进行了定义，认为它是一种基于互联网的计算方式，能够将计算任务分布在大量计算机构成的资源池（硬件、平台、软件）上，使各种应用系统能够根据需要获取计算力、存储空间和各种软件服务，通过云计算，网络服务提供者可以在数秒钟之内处理千万计甚至亿计的信息。云计算意味着存储服务和计算能力也可以作为一种商品通过互联网进行流通，就像煤、气、水一样取用方便、无处不在。

云计算可以说是分布计算、并行计算、网格计算的发展，与传统计算的本质差别是，其计算和存储都不是在本地完成的，而是将计算资源集中起来，通过软件实现自动管理，通常由第三方服务商提供计算和存储等资源，并负责运行与维护，用户只需通过某种符合标准的终端工具就可以接入系统，获得所需服务。作为一种新兴的共享基础架构，云计算把巨大的资源系统池连接在一起，为网络中的用户提供个性化的、泛在的信息工具和信息服务。

与云计算相关的另一个概念是云存储，云存储是在云计算（cloud computing）概念的基础上延伸和发展出来的一个新的概念，是指通过集群应用、网格技术或分布式文件系统等功能，将网络中大量各种不同类型的存储设备通过应用软件集合起来协同工作，共同对外提供数据存储和业务访问功能的一个系统。当云计算系统运算和处理的核心是大量数据的存储和管理时，云计算系统中就需要配置大量的存储设备，那么云计算系统就转变成为一个云存储系统，所以云存储是一个以数据存储和管理为核心的云计算系统。简单来

[①] Manyika J, Dobbs R, Chui M, et al. Disruptive technologies: Advances that will transform life, business, and the global economy [EB/OL]. [2014-1-12]. http://www.mckinsey.com/insights/business_ technology/disruptive_ technologies.

[②] High P. Gartner: Top 10 Strategic Technology Trends For 2014 [EB/OL]. [2013-12-20]. http://www.forbes.com/sites/peterhigh/2013/10/14/gartner-top-10-strategic-technology-trends-for-2014/.

说，云存储就是将储存资源放到网络上供人存取的一种新兴方案。

2007年以来，云计算成为IT领域最令人关注的话题之一，也是当前大型企业、互联网的IT建设正在考虑和投入的重要领域。云计算的提出，引发了新的技术变革和新的IT服务模式。2007年7月，亚马逊推出"弹性计算云"服务。11月，IBM宣布"蓝云（Blue Cloud）计划"。此后，Google、微软、惠普、英特尔、雅虎等国际知名IT企业先后推出云服务。

一般认为，云服务是指基于云计算的各项服务。云服务按照服务类型大致分为3种，即将基础设施作为服务的IaaS、将平台作为服务的PaaS和将软件作为服务的SaaS。从云服务的产业链来看，大致可以分为终端用户、供应商和运营商。用户是云服务的最终接受者，供应商是通过云计算服务更深入地进入用户市场，运营商则是提供最基本的云服务。因此，IaaS、PaaS通常由有实力的IT公司提供，为终端用户或供应商提供服务。而SaaS多由供应商构建，为终端用户提供服务。

从云的归属来看，云服务又分为公有云、私有云和混合云。公有云一般由互联网服务提供商构建，面向公众、企业提供公共服务；私有云是指由企业自身构建的，为内部提供云服务；当企业既有私有云，同时又采用公共云计算服务时，这两种云之间便形成一种内外数据相互流动的形态，便是混合云的模式①。

云成为近年来的流行语。基于云计算，大量计算工作能够远程完成并联机传递，大大降低对本地计算机和设备的存储和拥有能力的需求，使用户的IT成本大大降低。因此，无论是公司、企业，还是政府部门、科研和教育机构，都转向实施云计算战略。云计算作为一种新兴的商业计算模式，不仅仅是数据处理和运算技术上的改进提高，同时从根本上改变了未来信息和数据产业的结构和商业模式。通过"云"网络，实现任务处理和运算的广泛性和个性化，能够在一个广域的范围内通过网络资源能力的高效调配实现高效率的需求满足②。

云技术的发展趋势主要表现在以下几个方面：
- 高端云服务领域竞争激烈，微软、Google、IBM都在投入巨资构建云

---

① 房秉毅，张云勇，程莹，等. 云计算国内外发展现状分析 [J]. 电信科学，2010，(8A)：1－6.

② 张嵋喆. 云计算热点与发展趋势 [EB/OL]. [2013-7-8]. http://www.china-cloud.com/yunhudong/yunzhuanlan/zhuanlanrenwu/zhang_ _/2013/0118/17369.html.

服务平台，Amazon 目前仍占据首位①。这将为用户带来更为安全、可靠的云基础设施。

- 云计算已成为许多技术应用的基础，大数据、移动技术、物联网都应与云计算结合提供应用。以大数据为例，云计算为大数据提供信息化的基础设施，获取让资源更有效利用的手段；而智能的大数据云平台，每天可以处理不计其数的数据，并对数据进行科学、快速、智能的检索②。
- 云计算加速了产业优化升级步伐，越来越多的企业通过大规模部署云计算来推动战略性变革，实现更精准的决策和更深入的协作方面获得企业核心竞争优势③。
- 企业或机构构建 IT 架构中，混合云策略将成为主流。混合云就是将部分经过选择的工作负载放置在公有云上，同时将其他部分保留在内部基础设施上运行的一种方式④。这样既能保障私有云的安全性，也能够提供公有云的开放性。
- 个人云将取代 PC，成为人类工作和生活的核心载体。个人云（personal Cloud）是指可以借助智能手机、平板电脑、电视和 PC，通过互联网无缝存储、同步、获取并分享数据的一组在线服务。2014 年，个人云时代将迎来一个从面向设备变成面向服务的转变。设备的性能等参数将变得不再那么重要。用户可以使用多种设备访问他的云数据，个人云技术将会取代传统 PC 所具有的部分功能⑤。

麦肯锡⑥预测，未来 10 年云技术需求将会大幅增长，而促进其增长的最大驱动力就是互联网上快速增长的服务和应用，即用于获取联机服务和资源

---

① 中关村在线. 云计算市场增长迅猛 亚马逊仍一马当先 [EB/OL]. [2013-9-1]. http://cloud.zol.com.cn/395/3957858.html.

② 未来云计算与大数据将形影不离 [EB/OL]. [2013-9-1]. http://cloud.zol.com.cn/395/3957858.html.

③ 比特网. 步入 2014：云计算将成为产业结构调整升级新方向 [EB/OL]. [2014-4-2]. http://info.broadcast.hc360.com/2014/02/100851590833.shtml.

④ 睿商在线. 混合云：2013 年云计算市场的主要发展趋势 [EB/OL]. [2013-11-6]. http://www.spn.com.cn/news/20130105/37394.html.

⑤ 比特网. 步入 2014：云计算将成为产业结构调整升级新方向 [EB/OL]. [2014-4-2]. http://info.broadcast.hc360.com/2014/02/100851590833.shtml.

⑥ Manyika J, Dobbs R, Chui M, et al. Disruptive technologies: Advances that will transform life, business, and the global economy [EB/OL]. [2014-1-12]. http://www.mckinsey.com/insights/business_technology/disruptive_technologies.

的计算机和移动设备。到2025年，大多数IT和web应用和服务都是云传递或应用云技术的，大多数商业使用云设施和服务作为他们的计算资源。

4. 物联网与万物互联

百度百科定义物联网为（The Internet of things）物物相连的互联网。物联网的概念最早是在1991年由美国麻省理工学院（MIT）的Kevin Ash-ton教授首次提出的，即通过二维码识读设备、射频识别（RFID）、红外感应器、全球定位系统、激光扫描器等信息传感设备，按约定的协议，把任何物品与互联网连接起来，进行信息交换和通讯，以实现智能化识别、定位、跟踪、监控和管理的一种网络。物联网的核心和基础仍然是互联网，是在互联网基础上的延伸和扩展的网络；同时，其用户端延伸和扩展到了任何物品与物品之间，进行信息交换和通信，从本质上说，是实现了人与人之间的信息交互。

自2005年突尼斯的信息社会世界峰会（WSIS）后，物联网成为一个国家促进信息消费战略的重要组成部分，各国政府纷纷投入巨资研究物联网，将其作为发展智能化产业和带动经济社会形态、创新形态变革的重要技术之一。物联网是智能化的核心技术，而智能化是信息化与工业化"两化融合"的必然途径。邬贺铨院士[1]指出，物联网是"两化融合"的切入点，可以大大促进信息化的应用。物联网用途广泛，遍及智能交通、环境保护、政府工作、公共安全、平安家居、智能消防、环境监测、照明管控、楼宇管控等多个领域。

目前，物联网的一些主要技术应用包括：

• 射频识别（Radio Frequency Identification，RFID）[2]技术，又称无线射频识别，是一种通信技术，可通过无线电讯号识别特定目标并读写相关数据，而无需识别系统与特定目标之间建立机械或光学接触。RFID技术是一种非接触式的自动识别技术，识别工作无须人工干预，可工作于各种恶劣环境。RFID是最早的物联网应用，目前已广泛应用于多个行业，包括图书馆。

• 二维码（dimensional barcode）[3]，是用特定的几何图形按一定规律在平面（二维方向）上分布的黑白相间的图形，是所有信息数据的一把钥匙。

---

[1] 申江婴，邬贺铨：物联网是两化融合的切入点 [EB/OL]. [2013-12-5]. http://www.cnii.com.cn/index/content/2011-02/23/content_842927_2.htm.

[2] 百度百科. 射频识别技术 [EB/OL]. [2013-12-4]. http://baike.baidu.com/view/531097.htm?fromId=764345.

[3] 百度百科. 二维码 [EB/OL]. [2013-12-4]. http://baike.baidu.com/view/132241.htm.

由于二维码具有高密度编码、信息容量大、编码范围广泛、容错能力强,同时成本低,易制作,因而在现代商业活动中得到广泛应用,如产品防伪/溯源、手机购物、网站链接、数据下载、定位/导航、电子凭证、信息传递、名片交流、wifi 共享等等。

- 无线传感器网络①(Wireless Sensor Network,WSN)是指将传感器技术、自动控制技术、数据网络传输、储存、处理与分析技术集成的现代信息技术。无线传感器网络将大量多种类传感器节点通过静态配置或自组织方式形成网络,它的作用是通过对区域内的对象进行信息采集和协同处理,并将信息传送给观察者。由于传感器网络用来感知客观物理世界,获取物理世界的信息量,因此,无线传感网络是实现智能化的主要技术,被国际上认为是继互联网之后的第二大网络。目前无线传感网络主要应用于视频监测、交通监视、环境监控等方面,未来将在智能家居、智慧城市等方面有更广泛的应用。

虽然物联网的关键技术主要是传感器技术,但物联网的发展和应用与其他技术是紧密相联的,特别是云计算。云计算不仅是实现物联网的核心,也是促进物联网和互联网的智能融合。

IDC 报告,2012 年,已有数十亿的设备连接到互联网,物联网逐步形成。2013 年,大的 IT 厂商,如思科和 Salesforce 开始发行它们的物联网产品,2014 年将会有更多的来自大厂商的产品,甚至是一些初创公司的产品。IDC 预测,到 2020 年,物联网可带来 89 000 亿美元的收入②。物联网产业相关科技和服务营业收入将会从 2012 年的 4.8 万亿美元增长至 2017 年的 7.3 万亿美元③。

2013 年 11 月,Gartner 发布的"2014 年十大战略性技术趋势"④ 中提出

---

① 百度百科. 无线传感器网络 [EB/OL]. [2013-12-4]. http://baike.baidu.com/subview/140209/5119782.htm.

② 计世资讯. IDC:2014 年有九大 IT 技术发展趋势 [EB/OL]. [2014-1-4]. http://www.ccwresearch.com.cn/news_detail.htm?id=491520.

③ 大智慧阿思达克通讯社. IDC:2017 年物联网产业营收将达 7.3 万亿美元 [EB/OL]. [2014-4-5]. http://www.50cnnet.com/content-35-63588-1.html.

④ High P. Gartner:Top 10 Strategic Technology Trends For 2014 [EB/OL]. [2013-12-20]. http://www.forbes.com/sites/peterhigh/2013/10/14/gartner-top-10-strategic-technology-trends-for-2014/.

了"万物互联"的概念。万物互联①（Internet of Everythings，IoE）是将人、流程、数据和事物结合在一起使得网络连接变得更加相关，更有价值。万物互联将信息转化为行动，给企业、个人和国家创造新的功能，并带来更加丰富的体验和前所未有的经济发展机遇。

思科估计，99.4%的物理对象至今尚未连接到互联网。这意味着全球1.5万亿事物中仅有100亿已经连接到互联网。即便如此，我们也已毫无悬念地进入了物联网时代。而未来十年在人员、流程、数据及事物、万物互联的影响下，互联网的下一轮显著增长即将到来②。

就这个概念而言，万物互联的其中一个重要方面是"网络效应"。随着越来越多的事物、人、数据和互联网联系起来，互联网的力量（实质上是网络的网络）正呈指数增长，即"梅特卡夫定律"。科技先驱和"3Com"公司的创始人罗伯特·梅特卡夫认为，网络的价值与联网的用户数的平方呈正比。从本质上讲，网络的力量大于部分之和，使得万物互联，令人难以置信的强大③。

万物互联将成为人类长期追求的一个目标。

2013年5月27日，麦肯锡全球研究所（McKinsey Global Institute）发布研究报告④，公布未来12项可能改变生活、企业与全球经济的破坏性科技（disruptive technologies）。我国的互联网发展研究中心⑤、腾讯科技公司⑥等也发布了一系列信息技术的使用和影响报告，密切关注信息技术对人类经济、生活的影响和发展趋势。从这些报告中，我们可以看到，信息技术已成为人类世界各项活动的基础，技术进步影响人类文明和社会发展的方方面面，同

---

① 百度百科. 万物互联 [EB/OL]. [2013-12-4]. http://baike.baidu.com/view/9723473.htm.
② 何玺. 物联网概念尚在升温 万物互联已经来袭 [EB/OL]. [2014-1-5]. http://news.pconline.com.cn/375/3758132.html.
③ 何玺. 物联网概念尚在升温 万物互联已经来袭 [EB/OL]. [2014-1-5]. http://news.pconline.com.cn/375/3758132.html.
④ Manyika J, Dobbs R, Chui M, et al. Disruptive technologies: Advances that will transform life, business, and the global economy [EB/OL]. [2014-1-12]. http://www.mckinsey.com/insights/business_technology/disruptive_technologies.
⑤ CNNIC. 中国互联网络发展状况统计报告（2013年7月）[EB/OL]. [2013-11-29]. http://www.cnnic.cn/hlwfzyj/hlwxzbg/hlwtjbg/201307/P020130717505343100851.pdf.
⑥ 腾讯科技，慧聪邓白氏研究. 平板电脑用户使用习惯调查报告 [EB/OL]. [2013-11-9]. http://tech.qq.com/a/20110822/000254.htm.

样也是网络信息服务发展的原动力。

那么，信息技术的未来发展趋势是什么？美国新泽西州蒙特克莱尔大学商学院商业信息管理学终身教授邢陆宾在《重新定义21世纪信息技术及其影响》① 报告中对此作出了很好的总结。他认为，在信息技术飞速发展的过程中，信息技术朝着"四化"的方向发展，即移动化、依存化、融合化和虚拟化。移动化即计算机朝小型和移动式的方向发展；依存化是指不同技术相互依存，联合起来才能让全世界来分享巨大的资源；融合化的体现更为深远，传统电视工业与互联网的融合，传统电视与手机的融合，甚至传统工业与互联网的融合等等；最后就是虚拟化，是指计算元件在虚拟的基础上而不是真实的基础上运行，如一台电脑可以同时使用多种操作系统，大大地节省了电脑的使用、资源的使用、能源的使用。

二、科研范式变化

在信息和网络技术迅速发展的推动下，科学研究也在发生着巨大的变化。本节将从自然科学、社会科学和人文科学研究三方面，探讨一下科研模式的变化。

1. 第四范式——科学研究范式的变革

2009年，微软研究院出版了《第四范式：数据密集型科学发现》(The Fourth Paradigm: Data-intensive Scientific Discovery)②，首次全面描述了一种快速兴起的新的科学研究范式——数据密集型科学研究。科学的"数据密集型"研究范式产生于数据爆炸和应运而生的数据处理技术。在信息与网络技术迅速发展的推动下，大量从宏观到微观、从自然到社会的观察、感知、计算、仿真、模拟、传播等设施和活动产生出大量科学数据，形成了被称为"大数据"的新的科学基础设施。数据不再仅仅是科学研究的结果，而是科学研究活动的基础。

因此，在已有的实验科学、理论分析和模拟三个科学范式基础上，由于计算科学和数字信息环境发展的推动，大量的科学数据和相应的技术允许科学家不再仅仅依靠实验、理论分析和模拟仿真开展科学研究，而是在综合运用上述方法的基础上，通过对科研过程中产生的海量科学数据（包括文献）

---

① 邢陆宾. 重新定义21世纪信息技术及其影响 [N]. 解放日报，2010-9-5 (8).
② Hey T, Tansley S, Tolle K. 第四范式：数据密集型科学发现 [M]. 潘教峰，张晓林译. 北京：科学出版社，2012.

进行计算开展科学研究。"① 这就是已故图灵奖得主吉姆·格雷提出的数据密集型科研,也称为"第四范式(the fourth paradigm)"。吉姆·格雷(Jim Gray)指出,每个科学领域都逐步演变成两大分支,一支是负责从实验中收集和分析数据的,另外一支则是模拟该领域系统运转的,即任何一门学科均向学科信息学和计算科学演化。这表明,大数据环境下的科学研究,是以数据为基础,以计算为方法。科学家不仅通过对广泛的数据实时、动态地监测与分析来解决难以解决或不可触及的科学问题,更是把数据作为科学研究的对象和工具,基于数据来思考、设计和实施科学研究。

数据密集型科学主要由三个基本活动组成:数据采集、数据管理和数据分析。在大数据的环境下,数据从各种不同规模和性质的来源涌来,如:大型国际实验室、跨实验室、单一实验室或个人观察实验室等等。因此,就需要创建一系列通用的工具来支持从数据采集、验证到管理、分析和长期保存等整个流程。数据管理覆盖从确立合适的数据结构到将数据映射到各种存储系统之中的多种活动,包括支持跨工具、跨实验项目和跨实验室的长期可用和集成的数据模式及必要的元数据。没有这些明确的模式与元数据,对数据的理解只能是含糊不清的,必须依靠特殊的程序才能分析它。到最后,这种没有得到有效管理的数据肯定会丢失。数据分析也覆盖了整个工作流的所有活动,包括建立数据库(而不仅仅是建立一个可以用数据库系统去读取的文件集)、建模和分析,然后是数据可视化。

2. 计算社会科学——社会科学研究范式的变化

与自然科学相同,在大数据环境下,社会科学研究也日益转向数据密集型研究。根据数据的来源,大数据可以初略地分成两大类:一类来自物理世界,另一类来自人类社会。前者多半是科学实验数据或传感数据,后者与人的活动有关系。随着计算机和网络技术的发展,我们的行为、位置,甚至身体生理数据等每一点变化都成为可被记录和分析的数据。电子邮件、电子银行的支付记录、购物网站的消费记录、个人网页等互联网数据对于研究人类及人类社会具有重要价值。通过对这些数据进行计算和分析,原本不可捉摸的人类行为变得可被解析、描述和量化,甚至能够对其进行预测和控制。

比如,全球零售业的巨头沃尔玛公司在对消费者购物行为进行分析时发

---

① 孙坦. 开放信息环境:学术图书馆信息资源建设的重定义与再造 [J]. 中国图书馆学报, 2013, 39 (3): 9-17.

现，男性顾客在购买婴儿尿片时，常常会顺便搭配几瓶啤酒来犒劳自己，于是推出了将啤酒和尿布捆绑销售的促销手段。这一"啤酒+尿布"的营销策略就是通过对消费者购物行为数据的挖掘分析而取得的①。而通过分析 Google 搜索行为数据来预测流感趋势。研究人员发现，搜索流感相关主题的人数与实际患有流感症状的人数之间存在着密切的关系。通过对查询"流感"一词的梳理统计与传统流感监测系统数据进行对比，可以对世界上不同国家和地区的流感传播情况进行预测和播报②。

互联网的发展，特别是移动互联网等技术的发展与普及，极大地改变了人们的生活方式。网络空间的建立使人们在其中的一切活动都可用数据的形式存储在世界的各个角落，所产生的信息量、可获取的信息量以及流通交换的信息量均呈增长态势。正是这些大规模的社会数据使得计算社会科学应运而生。2009 年 2 月，美国哈佛大学的戴维·莱兹（David Laze）等 15 位学者在《科学》上联合发表题为"计算社会科学"（Computational Social Science）的论文，由此宣告这一学科的诞生③。

计算社会科学有三条研究主线，一是研究人，从点到面，从对个人兴趣的分析到社会关系分析，直至社会网络分析；二是研究信息，从对信息内容的解析到话题发现和话题传播；三是研究人和信息的属性，其中包括倾向性、可信度和影响力。

与自然科学研究的数据处理方式和目标不同，计算社会科学研究不能照搬处理科学实验数据的方法来处理网络数据。科学实验是科技人员设计的，如何采集数据、处理数据事先都已想好了，无论是检索还是模式识别，都有一定的科学规律可循。而网络上的信息（如微博、Facebook）是千千万万的人随机产生的，从事社会科学研究的学者要从这些看似杂乱无章的数据中寻找有价值的蛛丝马迹。

网络大数据有许多不同于自然科学数据的特点，包括多源异构、交互性、时效性、社会性、突发性和高噪声等，不但非结构化数据多，而且数据的实时性强，大量数据都是随机动态产生。科学数据的采集更多的是通过实验设

---

① 张红妹，高少华. 大数据："啤酒+尿布"成经典案例 [EB/OL]. [2013-12-11]. http://ihl. cankaoxiaoxi. com/2013/0705/234781. shtml.

② Ginsberg J, Mohebbi M H, Patel R S, et al. Detecting influenza epidemics using search engine query data [J]. Nature, 2008, 457 (7232): 1012-1014.

③ Lazer D, Pentland A S, Adamic L, et al. Life in the network: the coming age of computational social science [J]. Science (New York, NY), 2009, 323 (5915): 721.

备，这些实验设备一般价格昂贵，因此，数据采集的成本较高，采集数据前要做精心安排。网络数据的采集成本相对较低，但其价值密度却很低，许多数据是重复的或者没有价值，需要对采集的数据进行更多的"清洗"处理。因此，社会科学的大数据分析，特别是根据网络数据做经济形势、安全形势、社会群体事件的预测，比科学实验的数据分析更困难。

对于计算社会科学来说，未来的任务主要不是获取越来越多的数据，而是数据的去冗分类、去粗取精，从数据中挖掘知识。几百年来，科学研究一直在做"从薄到厚"的事情，把"小数据"变成"大数据"，而计算社会科学要做的事情是"从厚到薄"，要把大数据变成小数据，要在不明显增加采集成本的条件下尽可能提高数据的质量①。网络大数据为社会科学研究开辟了许多新的研究领域，如舆情分析、情感分析等。因此，更需要学科专家与计算机专家、信息管理专家的密切合作，共同推进新的研究。

3. 从数字人文到计算密集型研究

早在上世纪60年代，在计算机技术的支持下，人文知识的获取、分析、集成和展示就已发生重大变化。特别是在数字化浪潮的趋势下，各种古籍数字化、文献数据库建设项目层出不穷，海量的图书、报纸、期刊、照片、绘本、乐曲、视频等人文资料被数字化。今天的人文研究，我们面对的也是上亿的音频文件、近20万的试验日志、上百万积累多年的录音和讲话以及成千上万的古代语言的一次和二次文本等，数字人文就是在这种背景下应运而生的。数字人文，也称人文计算（Humanities Computing 或 Computing in the Humanities），是将现代计算机和网络技术深入应用于传统的人文研究与教学的新型跨学科研究领域。

人文计算领域的先驱，意大利著名人文学者Roberto Busa认为，人文计算化的最重要结果并不是加速传统人文研究的速度，而是给传统的人文研究提供新的研究方法和研究范式。这一解释表明数字人文的产生在本质上属于一种方法论和研究范式上的创新，其目标是将现代信息技术融入于传统的人文研究与教学过程中，从而在根本上改变人文知识的获取、标注、比较、取样、阐释与表现方式②。

---

① 李国杰，程学旗. 大数据研究：未来科技及经济社会发展的重大战略领域——大数据的研究现状与科学思考［J］. 中国科学院院刊，2012，27（6）：647-657.

② 王晓光. "数字人文"学科的产生、发展与前沿. ［C］//2009年教育部人文社会科学研究方法创新论坛论文集. 武汉：武汉大学出版社，2010：11.

数字人文研究的核心是通过将研究对象数字化以支撑和保障人文科学研究的内容，运用各类信息技术，对这些人文数字数据进行计算，如文本分析与检索、地图可视化等。因此，数字人文本质上也是计算密集型的研究方式。

近年来，国内外数字人文研究已经取得了许多丰硕的成果。如：弗吉尼亚大学（The University of Virginia）的"视界"（Visual Eyes）项目就利用数字化手段将大量数据转化为地图、图表、图片等，从另一个角度讲述重要的历史事件，并建立庞大的数据库，供用户搜索和了解历史事件的发展。内布拉斯加大学（The University of Nebraska）英语系教授马修·乔卡斯（Matthew Jockers）利用文本数据挖掘技术，对1780—1900年出版的3592部著作进行了词频和主题分析，并在自己的新书《宏观分析：数字化方法和文学史》（Macroanalysis: Digital Methods & Literary History）中表示，数据能窥探出简·奥斯丁等著名作家的写作风格是受何人影响[1]。

数字人文作为人文研究领域的一种新的方法论和研究范式，是一个典型的文理交叉领域，通常需要多学科研究领域的研究者共同参与，研究团队既要包括传统人文领域的研究者，也要有精通计算机技术和多媒体技术的专家。

2012年，美国图书馆与信息资源联合会（CLIR）发表了一个报告——《One Culture: Computationally Intensive Research in the Humanities and Social Sciences》。该报告[2]通过对8个人文和社会科学研究国际项目的跟踪和调查，为我们呈现了一种新的研究范式：一个由数据、算法、元数据、分析和可视化工具和学术表达新形式构成的数字生态。从传统的观点和认知上，自然科学和人文社会科学是两个有着泾渭分明学科界限的研究领域，无论研究内容还是方法论都大相径庭。但在e-Research环境下（这里包含了e-Sciences和数字人文），不仅是对科学和人文世界观的选择，也是两个领域人员和组织的合作与共同努力。

该报告总结了计算密集型的人文和社会科学研究的共同特点：

- 研究对象都是海量数据集合，这些数据不仅包括高度结构化的、一致的数据，也包括完全非结构化的、异质的数据。
- 应用计算机技术进行分析，有些是通用的、高度专业化的工具、应用和算法，有些则是需要计算机专家专门编制的程序和应用。

---

[1] 杨敏. 数字人文：人文学科范式转变新思路 [N]. 中国社会科学报, 2013-6-24.
[2] Williford C, Henry C. One Culture: Computationally Intensive Research in the Humanities and Social Sciences [EB/OL]. [2012-10-19]. [http://www.clir.org/pubs/reports/pub151/pub151.pdf.

- 在研究过程中，需要对工具和数据进行不断的改良，因此需要有不同学科背景和专业技能的研究人员合作和协同完成。
- 人文和社会科学的计算密集型研究需要依靠跨学科的优势，这一方面是因为人文和社科学者很难驾驭大数据的研究，需要依靠计算机专家，而另一方面则是对数据结果的阐释仍需人文社科学者。只有将基于计算机的大型数据集的分析与人类研究者创造力和批判力相结合，才能提升我们对社会和文化更多的理解。

从上述特点可以看到，人文和社会科学领域的计算密集型研究，与自然科学的数据密集型研究有着共同的特点。当然，与自然科学所依据的数据不同，人文和社会科学研究数据面对的通常是大型的、复杂的数据集，因此，不仅研究问题的特殊性，或一个工具的成熟性决定计算密集型研究可能取得的结果，原生数据的质量、数量和效用更是研究结果的决定性因素。

可以认为，无论是自然科学，还是人文和社会科学，在网络环境和数据洪流的冲击下，从研究对象、研究方法到研究手段、研究工具都在发生着深刻的变革。

在"数据密集型"研究范式提出之前，人们已开始关注数字化时代的科学研究，才有 e-Science、e-Social Science、e-Research 等名词的产生，并正在逐步形成 e-Science 这样新的研究环境。e-Science 是一种科研模式和科研组织模式，也是一个基于网格、跨越时空限制的数字科研环境。数据密集型科学或计算密集型研究只是 e-Science 的一个组成部分，试图从研究方法上将理论、实验和计算仿真统一起来，而从科研资源上将设备、数据和人员集成起来，以便开展基于协同、共享和计算的大科学研究①。

对于自然科学而言，"第四范式"基本代表了自然科学研究的一种常态模式，而对于人文和社会科学而言，计算社会科学、数字人文则是新兴发展的学科和方向。但对于人文和社会科学研究来说，依然不可避免地进入数字化网络化信息环境中，需要面对新的信息资源类型，运用信息技术手段来进行信息的发现、获取、管理、发布与传播。

技术创新的推陈出新，为科研人员在整个研究生命周期的学术活动提供了新的选择，软件和硬件方面的进步为信息消费者和提供者以及与信息相关的服务提供了新的机会。然而，一切又都在起步中，面对海量数据，开展科

---

① 孙坦. 开放信息环境：学术图书馆信息资源建设的重定义与再造[J]. 中国图书馆学报，2013，39（3）：9-17.

学研究仍有很多难题有待解决。现代科学研究可以通过多种方式收集和生成数据，对于大量收集到的数据，研究人员急需新的工具和平台对这些数据进行组织、标引、检索、挖掘和分析利用。支持科研数据全生命周期管理的工具亟待完善，以便使采集的数据、研究过程中的数据以及最终研究成果数据得以保存、检索和再使用。信息技术的发展加快了各学科信息化进程，这些都为网络信息服务的发展提供了新的机遇和创新点。

三、教育模式变化

2012年11月2日纽约时报的一篇文章《The Year of the MOOC》[1]，将人们的注意力转向"慕课"这个新兴的在线学习平台上。

所谓"慕课"，即"大规模网上课程"（Massively Open Online Courses，简称MOOCs），是一种基于网络的课程，其特征是免费公开面向世界各国的人，可以让上千学生同时学习。除了传统课堂上人们所惯常使用的录像资料、阅读材料和练习题外，"慕课"还会为网友提供互动的论坛，以期在师生之间搭建一个交流的平台[2]。毫无疑问，"慕课"虽然属于远程教育（distance education）之一，但它属于新生事物，与网络相伴而生。

纽约时报将2012年称之为"慕课元年"，也就是从这一年开始，"慕课"开始兴起，其中，Coursera、edX和Udacity为当前最为著名的"慕课"提供者。"慕课"最吸引人的是能够提供持续的、高端的学习而不需要任何花费，让在校学生、成人学习者和专业人士获取新的技能，提高他们的知识水平和就业能力。"慕课"创造了高等教育有史以来最快速的增长，不仅吸引了世界各国高校的加盟，也吸引了越来越多的创业公司和风投基金的注意力。正如纽约时刊所说，免费的"慕课"向"大众打开了通向常青藤盟校的大门"[3]。

1. "慕课"的发展及其特征

"慕课"的历史可以追溯到2007年David Wiley创建的Proto-MOOC，但直到2008才因George Siemens和Steven Downes在网上开设的一门公开课程而得名。作为联通主义教学法的倡导者，MOOC实际上是对利用诸如社会媒体

---

[1] Pappano L. The Year of the MOOC [N]. The New York Times, 2012-11-2.
[2] Wikipedia. Massive open online course [EB/OL]. [2014-2-13]. http://en.wikipedia.org/wiki/Mooc.
[3] Pappano L. The Year of the MOOC [N]. The New York Times, 2012-11-2.

等工具进行共享式的、对话式的和学生控制式的教学方式的一种探索①。

第一个真正利用 MOOC 平台开展教学是在 2011 年。斯坦福大学教授 Sebastian Thrun 在他的同事 Andrew Ng、Daphne Koller 开发的 MOOC 平台上开设"人工智能导论"课程。该课程大获成功,吸引了来自 190 个国家 16 万的学习者,其中有 23000 人完成了这门课程②。这一尝试的成功吸引了 Daphne Koller 和 Andrew Ng 等多位大学教授开始全力投入 MOOC 的发展中,先后与他人合作或自行组建了 MOOC 平台,开展 MOOC 教学。自此,"慕课"成为一种标签,代表来自机构、个人和商业组织的各种在线课程的名称③。

2012 年 1 月,SebastionThrun 创办了私立教育机构 Udacity,推出免费网络课程,并吸引数十万网络学习者。随后,Andrew Ng 和 Jennifer Widom 创办的 Coursera 项目上线。Coursera 联合密西根大学、宾夕法尼亚大学、普林斯顿大学、斯坦福大学、加州理工学院等世界知名院校,免费提供名校在线课程。同年 3 月,哈佛大学与麻省理工学院宣布结成非营利性合作伙伴关系,共同注资创办 edX 的网络课程系统,由两所名校联手提供免费的网上课程,并搭建一个共同的教育平台。不久,加州大学伯克利分校、得克萨斯大学系统、乔治城大学等校也都纷纷加入进来。

此后,"慕课"在世界各国迅速发展。英国著名的开放大学(Open University)推出的"未来学习"(Futurelearn);德国推出了"我的大学"(Iversity)公司;欧盟推出了一个超越国家和民族的在线教育平台——"开发教育"(OpenupEd);法国政府推出了"法国数字大学"(France Universite Numerique,简称 FUN)。此外还有印度的"卡特教育"(EduKart);日本的"学校"(Schoo),中国的网易,澳洲的"开始学习"(Open2Study)④。"慕课"可谓在世界各国遍地开花。而 Coursera、Udacity 和 edX 三大"慕课"平台发展更为迅速,以 Coursera⑤ 为例,目前已经吸引了世界各国 108 所知名大学加

---

① Creed-Dikeogu G, Clark C. Are You MOOC-ing Yet? A Review for Academic Libraries [J]. Kansas Library Association College and University Libraries, 2013, 3 (1)·9-13

② Waldrop M M. Online learning: Campus 2.0 [J]. Nature, 2013, 495 (7440): 160-163.

③ Yuan L, Powell S, Cetis J, et al. MOOCs and Open Education: Implications for Higher Education [EB/OL]. [2013-6-30]. http://publications.cetis.ac.uk/wp-content/uploads/2013/03/MOOCs-and-Open-Education.pdf.

④ Wikipedia. Massive open online course [EB/OL]. [2014-2-13]. [http://en.wikipedia.org/wiki/Massive_open_online_course.

⑤ Coursera [EB/OL]. [2014-2-13]. https://www.coursera.org/.

入，提供611门网络课程，并拥有超过653万的注册学生。

大规模在线教育（Massive Online Education，MOE）并不是从"慕课"开始的，从开放教育资源运动（open educational resources，OER）的在线教育至今已有十多年的发展历史，其中最为知名的就是2002年美国美国麻省理工学院的网络公开课（OpenCourseWare，OCW）。然而，"慕课"与网络公开课并不相同。

首先，"慕课"是以"微视频"为基本教学单元，其视频长度一般不超过10分钟，有利于学生"碎片化"的学习方式，有效减少在线课程学习过程中学生发生"走神"的现象，有助于帮助学生保持注意力，提高学习效果[1]；其次，"慕课"通过机器自动对测验、作业、考试等进行评分或评级的"交互式练习"，让计算机完成学习成果检验，减轻教师负担，并能促进学生积极参与学习和思考；第三，依托社交媒体等工具，"慕课"提供师生之间、学生之间的互动交流，有效弥补缺失面对面交流机会。因此，"慕课"对于学习者来说，具有更高的吸引力。

2. 开放教育对高等教育模式的影响

"慕课"实际上是远程教育的一种新的发展形式。远程教育的历史可以追溯到18世纪的欧洲，在互联网出现之后逐步转化为在线教育。随着信息技术的迅速发展，特别是从互联网到移动互联网，创造了跨时空的生活、工作和学习方式，使知识获取的方式发生了根本变化。教与学可以不受时间、空间和地点条件的限制，知识获取渠道灵活与多样化。而在信息爆发式增长的趋势下，在线教育越来越凸显出优势。"慕课"正是在这种前提下应运而生的。

"慕课"从美国开始兴起，并迅速发展和扩大到全球，与2008年金融危机后，美国高等教育面临日益紧缩的财政压力有关，而远程教育和开放教育资源成为高等教育机构节省经费、开拓教育市场的一条重要路径。但"慕课"的影响力远不止缓解了美国高等教育面临的金融压力，"慕课"虽然多由高校教师为主导创建，却吸引了除了高等教育界之外的其他行业的参与。

图12.1是HOLDAWAY XARISSA和HAWTIN NIGEL两位学者根据各类报道绘制的"MOOC宇宙的主要玩家"。由图可见，"慕课"的快速发展离不开两大推动力，一是世界著名高校的参与和推动，二是社会资本的投入。"慕课"源起于高校，并得到高校的积极支持，现在世界各国的知名高校已经加

---

[1] 孙茂松. 从技术和研究角度看MOOC [J]. 中国计算机学会通讯，2013，9（10）：51-53.

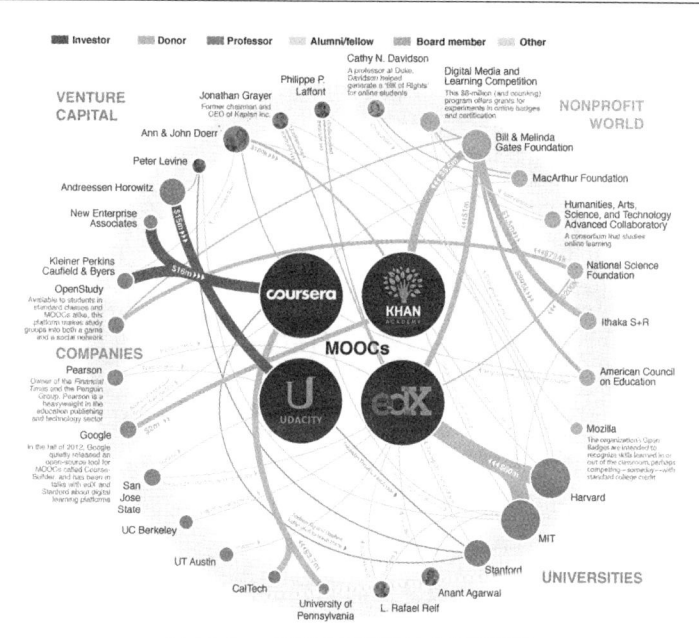

第十二章　网络信息服务的趋势与变革

图 12.1　"MOOC 宇宙的主要玩家"

资料来源：Major Players in the MOOC Universe.[1]

入或计划加入"慕课"。而 Google、比尔盖茨基金会等公司和机构为"慕课"注入了大量资金，不论是出于赢利的目的，还是公益的支持，多方参与使得"慕课"市场异常繁荣。对于进入"慕课"市场的玩家来说，Coursera、Udacity 等新兴公司，采用"慕课"作为破坏性创新，他们关注开发新的商业模式、新的市场和新的方式来满足学习者的不同需求。与之相比，大多数高等教育机构将"慕课"的发展看作是一种维持性创新，通过实验联机学习的新形式来提升他们的性能，并希望借助学习分析技术等来研究教学规律，以便能更好满足学习者个性化学习的需求。虽然现在还不能肯定"慕课"将成为高等教育的破坏性创新，但正如教育部科技发展中心主任李志民所说，"慕课"意味着校园围墙正在被打破，优质教育资源的共享已经成为时代的必然，传统意义上的大学职能将会发生颠覆性变化，教育会超出现有教育范畴，会

---

[1] Holdaway X, Hawtin N. Major Players in the MOOC Universe [EB/OL].[2013-10-19]. http://chronicle.com/article/Major-Players-in-the-MOOC/138817/.

成为国家文化和软实力输出的重要载体①。

  高等教育 2013 年度《地平线报告》②显示，新技术在我们生活中的沟通交流、获取信息、社会交往、日常学习等方面的作用，正对高等教育信息化发展产生重大而深远的影响：开放内容、开放数据、开放资源等概念以及数据和信息的透明性与易获取性的理念，正在成为一种新的价值观。开放教育的倡导者们努力构建免费、可复制、可重组、没有任何获取或交互障碍的开放教育环境③；新技术和网络环境为学习者提供了更多的选择，对于学生来说，高等教育市场更像一个超市，他们可以自由地比较和挑选，出入不同的机构，也运用联机、同步、异步等多种学习方式④。因此，教育范式也正在发生变迁，涵盖了网络学习、混合式学习与协作学习。这对从一个机构、一个地点提供一个学历的传统教育模式产生了巨大挑战；劳动力市场对大学毕业生所需的技能不仅仅局限于大学中正规课程的学习，更多地来自正式学校环境之外的非正式学习，而网络或其他现代环境为学生提供了除正式学习之外的学习内容，让学生能够用更灵活的时间根据自己的兴趣来学习和实验⑤。北京师范大学的庄秀丽博士表示⑥，"慕课的出现，是互联网教育应用的一个分界点，在此之前，网络教育的关注点聚焦于开放课程的内容层面，在此之后，慕课在探索开放互联网背景下全新的大学课程组织实施模式，撬动着根深蒂固的传统课堂的组织管理模式。"此外，通过学习分析等技术从教育的大数据或者与学生相关的海量数据中挖掘、辨识他们学习行为的发展趋势和模式，提升对教学和学习的理解，将促进个性化高等教育的发展，让教育更有效地适合个体学生。

---

  ① 王左利. MOOC：一场教育的风暴要来了吗？[EB/OL]. [2013-9-4]. http://www.edu.cn/li_lun_yj_1652/20130506/t20130506_938989.shtml.
  ② Johnson L, Adams Becker S, Cummins M, et al. NMC Horizon Report: 2013 Higher Education Edition [EB/OL]. [2013-8-29]. https://www.nmc.org/publication/nmc-horizon-report-2013-higher-education-edition/.
  ③ The New Media Consortium. 2009 Horizon Report Preview [EB/OL]. [2013-3-10]. http://net.educause.edu/elements/attachments/eli/2009_hr_preview.pdf.
  ④ Acrl. ACRL Environmental Scan 2013 [EB/OL]. [2013-5-4]. http://www.ala.org/acrl/sites/ala.org.acrl/files/content/publications/whitepapers/EnvironmentalScan13.pdf.
  ⑤ Welsh D H B, Dragusin M. The New Generation of Massive Open Online Course (MOOCS) and Entrepreneurship Education [J]. Small Business Institute, 2013, 9 (1): 51-65.
  ⑥ 宋新华. "在线教育"席卷全球 [EB/OL]. [2013-8-30]. http://luanpim.blog.edu.cn/2013/808084.html.

高等教育机构正处于变革之中，不论是在概念上（教育的新模式、社会学习理论的进步），还是技术上（e-Learning、移动设备、学习网络）。"慕课"对高等教育的信息化、国际化、民主化都将产生重要而深远的影响。

可见，"慕课"犹如一块巨石，打破了原有高等教育市场的平衡，使高等教育和优质教育资源突破了原有的围墙，为更多人获得。对于图书馆来说，支持教育模式的创新亦是义不容辞。但在开放教育环境下，如何为超出我们原有用户范畴的学习者提供服务，如何为开放课程提供版权资料，如何嵌入"慕课"教师的教学环境等，都将为信息服务提出新的挑战。

第二节 网络信息服务主流趋势

进入 21 世纪，技术创新的速度是惊人的，技术驱动科研方式、教育模式和人类生活方式都发生了重大变化，对图书馆信息服务模式和服务手段提出了新的要求。但同时，技术进步也为图书馆信息服务创新提供了基础。网络化信息服务随着信息技术的发展而不断进化，在新的信息环境下，图书馆网络信息服务的主流趋势表现在以下几方面：

一、趋势一：移动信息服务

随着移动技术发展和产品价格下降，移动设备迅速和工作环境的融为一体。过去，通常是由公司配备个人计算设备，现在一项名为 BYOD（Bring your own device）运动逐步成为趋势，很多工作人员更愿意带着自己的笔记本、平板电脑到单位工作[1]。越来越多的学生开始将移动设备用做学习工具。根据 2011 年[2] ECAR 的本科生研究表明，本科生中，55%的有手机，62%的有 ipod，大约 21%的有 netbook、ipad 或其他平板电脑。这些学生中超过 2/3 的是为学术目的使用这些设备。5/9 使用手机上网获取信息，24%使用手机获取图书馆资源。Dahlstrom[3] 报告，62%的学生说有手机，这比 2011 年提高

---

[1] Jones N. Mobile Trends and Issues from 2013 to 2016 [EB/OL].[2013-12-31]. http://www.mediclick.com/sites/default/files/PDF for Implant Tracking.pdf.

[2] Dahlstrom E, de Boor T, Grunwald P. ECAR national study of undergraduate students and information technology, 2011 [EB/OL].[2013-8-22]. http://net.educause.edu/ir/library/pdf/ers1103/ers1103w.pdf.

[3] Dahlstrom E. ECAR study of undergraduate students and information technology, 2012 [EB/OL].[2013-12-13]. http://net.educause.edu/ir/library/pdf/ERS1208/ERS1208.pdf.

了 30%。

移动 App 的功能也日益丰富，从网上购物、移动支付，到移动社交、移动阅读，移动应用无所不能，形成了学习、生活和工作的移动环境①。2012年，CNNIC《用户使用平板电脑的行为习惯调查分析》②显示，虽然用户使用平板电脑主要用于观看视频（67.7%）、玩游戏（64.8%）等娱乐性活动，但有 37.4% 的人用来处理工作事务，30.5% 的人常用来进行专业学习。

移动设备已经改变了人们信息传递和获取的方式，原先以桌面体验为主提供的网络信息服务，正迅速向移动体验方向转变。移动应用也深入到教学领域，如国外许多大学已开始实践平板电脑的教学功能③。图书馆一向走在新技术应用的前列，图书馆很早就探索移动信息服务的开展，并随着技术发展和用户需求不断改进。在第 10 章已经对图书馆移动服务的主要实现模式和服务内容进行了全面而详尽的介绍。在此基础上，结合目前移动服务中存在的不足，以及移动技术的发展趋势，笔者认为，图书馆移动服务的主要发展趋势体现在以下几个方面：

1. Apps 成为移动服务的主要载体

Apps 是伴随移动设备而发展起来的，目前成为移动服务的主流模式。根据移动分析公司 Flurry④ 最新公布的数据，2013 年全球 App 整体使用率比去年同期增长了 115%。据 ASYMCO 监测⑤，截止 2013 年 5 月底，移动 App 的下载量超过 1000 亿次，这是 App 改变世界的一个重要里程碑。Gartner 预测⑥，到 2016 年 Apps 的下载量将超过 3 000 亿次。

移动互联网的服务接入方式一般分为以移动浏览器为主的 Mobile Web 和

---

① 缔元信. 2012 年移动 APP 应用状况研究 [EB/OL]. [2013-8-29]. https://wenku.baidu.com/view/33a3534dc850ad02de80410c.html.

② 刘波. 用户使用平板电脑的行为习惯调查分析 [EB/OL]. [2013-8-23]. http://www.cnnic.cn/hlwfzyj/fxszl/fxswz/201212/t20121210_37376.htm.

③ Johnson L, Adams S, Cummins M. NMC Horizon Report: 2012 Higher Education Edition. [EB/OL]. [2013-8-29]. http://www.nmc.org/publications/horizon-report-2012-higher-ed-edition.

④ New Statistics: Mobile Use Grows 115% in 2013, Propelled by Messaging Apps [EB/OL]. [2014-2-5]. http://www.infodocket.com/2014/01/13/new-statistics-mobile-use-grows-115-in-2013-propelled-by-messaging-apps/.

⑤ Asymco. Apps 下载量超过 1000 亿次 [EB/OL]. [2014-2-14]. http://www.asymco.com/2013/05/31/100-billion-app-downloads/.

⑥ 黄龙中. App 改变世界：2016 年下载量将达 3000 亿次 [EB/OL]. [2014-2-14]. http://www.ifanr.com/299958.

以 Apps 为主的 App 网络方式。前者是通过手机浏览器（如 iphone 上的 safari）访问服务站点，而后者是将服务变成手机中的一个应用图标，此外，App 能够为用户提供移动设备丰富而尖端的功能，如照相、多点触碰、方位感应等，而 Mobile Web 方式则是望尘莫及的。因此，当前移动服务多以 Apps 方式提供。Gartner 技术趋势预测，HTML5 的标准出台会极大改变这种情况，在在眼前仍然是 Apps 的天下。

目前，图书馆移动服务的构建已经开始转向基于移动 App 的方式。

2. 跨平台的移动服务日益重要

移动技术发展趋势显示，当前正处于移动设备发展的爆发期，但尚未成熟。移动技术创新使移动设备的软硬不断更新换代。一方面移动设备类型繁杂，屏幕尺寸规格各异；另一方面，目前支持移动设备的操作系统就有苹果 IOS、Android、Windows8 等多种，网络信息服务需要能够适应各种不同类型的操作系统来提供应用。这些都为移动信息服务的开展带来了巨大挑战，为了给用户更好的移动体验，就需要支持各种类型，各种操作系统的移动设备。

基于 Apps 的移动服务仍受移动设备平台提供的开发环境的限制，即是以 IOS 架构，还是 Android 架构示或者是以跨平台方式来设计；移动服务开发探索跨平台的技术解决方案，以最大程度地降低平台所带来的不良移动体验。

3. 移动云平台可以提供更丰富服务

移动技术和云平台相结合是当前信息服务的一个重要趋势。移动云计算就是云计算技术在移动互联网中的应用基本形式，即通过移动网络以按需、易扩展的方式获得所需的基础设施、平台、软件（或应用）等的一种 IT 资源或（信息）服务的交付与使用模式。这为移动图书馆提供了新的发展途径与实现方式，也可为移动用户提供便捷、高速、安全的信息存储服务和移动阅读服务。在云计算模式下，服务器中的大型存储器为日益增长的数字图书资源的整合奠定了坚实的基础，用户只需一台支持浏览器技术的移动设备，如手机、MP4 等，然后向服务器端发出请求，即可享受移动图书馆的服务。所有的运算均在服务器端完成，读者使用移动设备通过浏览器即可访问"云"端存储器自行检索资源，当设备更新、发生故障、数据丢失时，所有个性化服务都不受影响。

4. 基于移动互联网的用户个性化服务

为用户提供个性化定制服务一直是图书馆信息服务发展的理想目标。移动互联网的发展为我们提供了了解用户需求和行为的一种新途径，从而能为用户提供真正的个性化服务。

随着用户持有和使用移动设备数量的增加,移动设备不仅是用户获取服务的工具,也为我们提供了用户在移动环境中的标识。追踪和记录用户在移动环境中的轨迹,能够获得与每个用户相关的最直接的数据。在移动环境中,用户与移动服务之间建立了一种新型契约关系,即每项服务都需与用户标识绑定,因此,用户使用服务的相关数据将被记录。在移动环境中,个人信息的价值在不断提升,用户的行为及用户产生的信息更加真实可信。基于对用户行为数据的研究和分析,能够更精准的为用户适时推送服务。基于对这些行为数据的分析和研究,能够为我们提供最精准的用户需求信息。

了解用户的使用行为以后,图书馆的移动服务才能从"用户寻找信息"的被动服务模式逐步转变为"信息寻找用户"的主动服务模式。这种个性化的主动服务模式将对移动终端设备、用户信息安全和隐私保护技术等都提出了更高的要求,如何保证信息的准确采集、有效存储和保密、个性化内容的及时处理和发布将是一系列有待解决的难题。

5. 基于移动互联网的泛在化服务

泛在服务的基本思想是嵌入用户科研、学习环境中。目前图书馆移动服务提供仍是一个图书馆整体功能的客户端化。如果移动服务能体现用户需求的客户端化,则能将图书馆的移动服务更好地嵌入到用户的移动环境中。二维码与移动技术的结合能够很好地实现这一思想。

二维码与移动技术的结合,在现有的移动应用中已经体现了移动体验。二维码不仅能可以作为一种物品的标识,也可以作为一项应用、一种服务的标识。如网上购物的付款已经启动二维码启动的移动支付。如果用户在学习和科研中需要查询或获取文献,也能转化为二维码的启动,图书馆的移动服务将能更好地与用户的移动环境结合。

6. 穿戴式设备开启移动服务的新领域

可穿戴技术在 2006 年就有萌芽,2012 年,谷歌眼镜问世,引起了人们对可穿戴式互联网技术的热议。可穿戴设备是直接能穿在身上,或是整合进用户衣服或配件的设备,其目的是电脑像眼镜或衣服一样穿戴在身上,并可基于情形的变化与用户互动[①]。谷歌眼镜等新一代可穿戴设备的出现,已经改变

---

① Zheng Jason. 永不离线:可穿戴式计算技术是移动的未来?[EB/OL].[2014-2-16]. http://www.36kr.com/p/167423.html.

了人们接入互联网的方式和入口,我们的身体也将由此成为一个新的智能终端[1]。可穿戴技术尚未进入成熟的市场应用,但其未来前景将有可能取代智能手机,成为新一代的移动设备。可穿戴技术将移动、智能、网络等多种元素汇合,将有可能成为图书馆实现服务泛在化、智能化的有利技术。

从本质上说,可穿戴式设备更加突出了图书馆泛在服务理念,即遵循用户需求,适应用户行为变化,将图书馆服务融入用户科研和学习一线,嵌入用户的科研和学习过程中[2]。图书馆移动服务的发展,一方面依赖于移动技术的进步,另一方面则依赖于我们在服务建设理念上的突破。

二、趋势二:云服务——让服务和管理更有效率

麦肯锡[3]预测,到2025年,大多数IT和Web应用和服务都是云传递或应用云技术的,大多数商业使用云设施和服务作为他们的计算资源。刘炜[4]认为,"云"计算最大的价值在于让图书馆人专注于自己的业务,摆脱IT的束缚,发挥IT的最大效益,降低IT应用的难度和复杂性,从而降低管理成本,减少风险,并进行更大范围的协作,提供更好的服务。

云平台让图书馆能够使用外部技术和资源来传递复杂服务,降低图书馆对服务基础设施的投资,以及寻找灵活计算资源的成本[5]。图书馆已经在不同服务中采用基于云的解决方案,包括电子期刊存取管理、统计追踪、数字图书馆托管,以及集成图书馆系统托管。

1. 图书馆采用云服务的模式

云服务有三种基本模式,及基础设施即服务(IaaS)、平台即服务(PaaS)、软件即服务(SaaS)。无论是 Iaas 还是 Paas,都需要足够的技术实力、资金实力和管理实力。因此,对于大多数图书馆来说,在云服务产业链

---

[1] 冉伟,王硕. 2013,可穿戴技术的崛起之年 [EB/OL]. [2013-12-20]. http://tech.sina.com.cn/zl/post/detail/it/2013-10-15/pid_ 8435728.htm.

[2] 初景利,吴冬曼. 论图书馆服务的泛在化——以用户为中心重构图书馆服务模式 [J]. 图书馆建设,2008,(4):62-65.

[3] Manyika J, Dobbs R, Chui M, et al. Disruptive technologies: Advances that will transform life, business, and the global economy [EB/OL]. [2014-1-12]. http://www.mckinsey.com/insights/business_technology/disruptive_ technologies.

[4] 刘炜. 图书馆需要一朵怎样的"云"? [J]. 大学图书馆学报,2009,(4):2-6.

[5] Mitchell E. Using cloud services for library IT infrastructure [J]. Code4lib Journal, 2010, (9).

中，更多的是成为云服务的接受者，而不是提供者①。

目前，图书馆已开始尝试云服务：

1）基于 IaaS 服务应用

IaaS 一般是与服务器有关的，提供基本的计算资源，如处理能力、存储器、网络部件或中间件。IaaS 的服务主要包括计算实例服务、数据传输服务和存储服务②。目前，此类服务多由有实力的 IT 企业提供。如亚马逊的网络服务（Amazon Web Services，AWS）主要提供简单存储服务 S3 和弹性云计算 EC2。

目前租用亚马逊云计算服务来处理自己业务的用户超过 37 万，哥伦比亚区公共图书馆正使用亚马逊的弹性计算云服务托管它们的网站，并且还在使用亚马逊的简单存储服务（S3）备份图书馆集成系统。Ohio LINK（俄亥俄图书馆与信息网络）使用 Amazon 云服务管理一些公共数字资源，匹兹堡大学使用 EC2 服务托管该馆网站，并用 S3 备份图书馆集成系统③。

2）基于 PaaS 服务应用

PaaS 可为图书馆的开发人员提供应用程序的托管服务。平台通常是一个应用程序框架，它让开发人员可以在驻留的基础设施上构建并部署 Web 应用程序④。如西方国家大学（Western State College in Gunnison，Colorado）图书馆使用 Google 的 GAE 来支持其 Elibrary。

集成系统提供商将推出更多的软件平台服务模式，图书馆无需在本地架构集成图书馆服务系统，即能对用户开展服务，节省了对图书馆硬件资源的占用和投入。

3）基于 SaaS 服务应用

SaaS 向图书馆提供了某些应用程序的使用，但图书馆不能控制运行该程序的操作系统、硬件或网络基础设施。Google 的 AppEngine 服务和微软的 Windows Azure 服务基于 SaaS 模式，除了提供计算和存储外，还具有托管和管理功能的可扩展环境。目前，加州理工学院图书馆使用 Google Docs 服务收集

---

① 孙坦，黄国彬. 基于云服务的图书馆建设与服务策略 [J]. 图书馆建设，2009，10（9）：1-6.

② 肖小勃，邵晶，张惠君. CALIS 三期 SaaS 平台及云服务 [J]. 图书情报工作网刊，2012，(3)：52-56.

③ 肖小勃，邵晶，张惠君. CALIS 三期 SaaS 平台及云服务 [J]. 图书情报工作网刊，2012，(3)：52-56.

④ 曹三藏. Gartner 预测 2013 年 10 大科技趋势 移动技术居榜首 [EB/OL]. [2013-12-20]. http://www.leiphone.com/1026-echo-gartner-tech-trend.html.

图书馆与用户的互动信息,把 Google Calendar 做为用户培训和会议安排的参照表,用 Google Analytics 获取其他图书馆目录、相关网站的数据信息①。东部肯塔基大学图书馆和加州理工学院则较多地使用 Google 的云服务,如用 Google Apps 作为日常工作的应用程序,用 Google Docs 来收集信息,用 Google Calendar 来安排指令和会议,用 Google Analytics 来收集统计网站、目录和博客的信息②。哥伦比亚特区公共图书馆用 Gmail 作为其邮件平台。东部肯塔基大学图书馆用 Google Apps 作为其日常工作的应用程序,用 Google Docs 来收集 Web 表单的响应,用 Google Calendar 来安排指令和会议,用 Google Analytics 来收集统计网站、目录和博客的信息等。

2. 图书馆自建的云平台服务

图书馆除了作为云服务的接受者,有实力的大型图书馆或图书馆联盟体,也可以利用技术优势,建立云平台,提供云服务。

1) OCLC 的云服务

2009 年 4 月 23 日,OCLC 在都柏林正式宣布将向它的会员图书馆提供基于云的"Web 级的协作型图书馆管理服务"。这是图书馆界第一个云计算服务。7 月,基于 WorldCat 书目数据的"Web 级协作型图书馆管理服务"正式上线,OCLC 对超过 1000 多个会员图书馆进行云计算新产品服务,其目标是取代当前图书馆的集成管理系统。

OCLC 的云服务以丰富的 WorldCat 资源做后盾,提供全套的图书馆信息管理服务:联机合作编目、馆际互借、联机参考咨询以及数字馆藏管理、流通和采购管理、版权管理,为成员馆提供编目数据、书目数据、馆藏信息、咨询信息的动态共享。为提高信息资源的利用率和服务开放性,OCLC 提供了多途径的资源检索入口。此外,OCLC 云平台还提供了具有标签、评论、喜爱图书等多种功能的用户个人档,并通过资源标注聚类,建立用户社交网络,使服务更加个性化、人性化③。

2) LC 的 DuraCloud 项目

美国国会图书馆与 DuraSpace 公司的 DuraCloud 项目,为有效解决全国性

---

① 肖小勃,邵晶,张惠君. CALIS 二期 Saas 平台及云服务 [J]. 图书情报工作期刊,2012,(3):52-56.

② 曹三藏. Gartner 预测 2013 年 10 大科技趋势 移动技术居榜首 [EB/OL]. [2013-12-20]. http: //www. leiphone. com/1026-echo-gartner-tech-trend. html.

③ 陆颖隽,郑怡萍,邓仲华. 美国图书馆的云服务 [J]. 图书与情报,2012,(3):16-21.

公共数字遗产有效访问与保存的服务问题,美国国会图书馆国家数字信息基础设施与保存项目(National Digital Information Infrastructure and Preservation Program,NDIIPP)与DuraSpace于2009年7月启动,纽约公共图书馆和生物多样性遗产图书馆也参与了该项目。该项目的主要目的是检测云技术在维持数字内容永久访问上的性能。以云服务为支撑,为用户提供数字存储和访问服务,并探索在多家云存储服务提供商之间实现互操作的内容复制与内容监控服务。目前,麻省理工学院、哥伦比亚大学、西北大学和莱斯大学使用DuraCloud的托管服务以保护数字资源,但尚未见到上线产品或演示[1]。

这是图书馆对云计算进一步应用的重要见证。可以预料,这一试验将对云计算在图书馆的应用产生巨大的影响。

3) CALIS 三期 SaaS 平台及云服务[2]

CALIS三期项目建设将应用云计算模式,提出设计开发一套基于SaaS的数字图书馆云服务平台,该平台由一组集成化软件构成,包括统一认证服务、计费服务、联合资源检索服务、数据服务、知识服务、数字对象存储和下载服务、元数据联合编目服务、文献联合订购服务等[3]。

3. 图书馆提供的个人学术云服务

"个人云时代"是 Gartner[4] 发布的"2014 年十大战略性技术趋势"之一。随着目前个人云服务市场竞争激烈,为用户带来了日益丰富的个人云服务内容和不断增长个人云存储容量[5]。作为云计算的重要应用,个人云存储已经逐渐走进人们的生活,Gartner 认为,个人云将逐步取代电脑,成为个人保存个人内容,获取相关服务和个人爱好的数字生活中心[6]。

---

[1] Library of Congress. DuraCloud [EB/OL]. [2014-2-8]. http://www.digitalpreservation.gov/partners/duracloud.html.

[2] 肖小勃, 邵晶, 张惠君. CALIS 三期 SaaS 平台及云服务 [J]. 图书情报工作网刊, 2012, (3): 52-56.

[3] 肖小勃, 邵晶, 张惠君. CALIS 三期 SaaS 平台及云服务 [J]. 图书情报工作网刊, 2012, (3): 52-56.

[4] High P. Gartner: Top 10 Strategic Technology Trends For 2014 [EB/OL]. [2013-12-20]. https://www.forbes.com/sites/peterhigh/2013/10/14/gartner-top-10-strategic-technology-trends-for-2014/#22ce57d21ec9.

[5] 安建伟. 个人云存储时代到来, 你准备好了吗? [J]. 互联网周刊, 2013, (23): 24-25.

[6] 曹三藏. Gartner 预测 2013 年 10 大科技趋势 移动技术居榜首 [EB/OL]. [2013-12-20]. http://www.leiphone.com/1026-echo-gartner-tech-trend.html.

个人云的发展也引起了图书馆界的关注，ACRL[①] 在 "2013 年环境扫描" 中呼吁，图书馆要关注用户对个人云的使用以及与图书馆服务和资源的关系。

个人云服务可能成为图书馆未来增长的一个新的服务。目前，研究人员的个人数字化学术资源大多存储在本地电脑，很多学者自身的数据管理水平有限，同时因设备和系统故障也会对资料和数据安全带来威胁。如果图书馆开展面向研究人员的个人学术云服务，为他们提供个人学术资源仓储和数据管理，一方面可以减轻科研人员个人学术资源管理负担，另一方面，与图书馆资源整合，能够为其他用户提供更有价值的资源发现。

4. 云服务的风险防范及保障措施

使用云服务有诸多好处，但云服务毕竟不是保险箱。Gartner 公司总结了云计算的 7 大风险，即优先访问权风险、管理权限风险、数据处所风险、数据隔离风险、数据恢复风险、调查支持风险、长期发展风险[②]。图书馆在实施云服务时也要有有防范意识。

中国科技信息所高级工程师孙卫[③]认为：对于图书馆租借云服务而言，更多的是租借计算能力和应用系统的搭载。由于图书馆的数字内容、用户数据、使用过程的日志文件等都是在云端的，那么如何保证提供这些数据导入后的原始数据保存、导入后数据的导出、这些原始数据和导入数据的安全存放能力，以及图书馆隐私数据安全都需要评估。此外，云服务提供商运行能力，如在带宽、存储能力、系统的冗余能力上是否能支撑；如果云服务提供商破产，数据的可迁移性是数据安全的重要评估指标；云服务系统崩溃后的原始数据和系统恢复能力等。

不论是机构还是个体正越来越依赖云，图书馆实施云服务战略，能够充分利用云计算的优势，提供工作效能，降低管理成本，能够更好地提升我们的服务质量和服务水平。

三、趋势三：研究数据服务

随着科研模式的转变，数据成为研究的基础。科学研究和技术创新越来

---

① ACRL. ACRL Environmental Scan 2013 [EB/OL].[2013-5-4]. http://www.ala.org/acrl/sites/ala.org.acrl/files/content/publications/whitepapers/EnvironmentalScan13.pdf.

② 胡小菁，范并思. 云计算给图书馆管理带来挑战 [J]. 大学图书馆学报，2009，27（4）：7-12.

③ 孙卫. 当选择云服务支撑图书馆业务时需要考虑的因素 [J]. 数字图书馆论坛，2012，（3）：7-9.

越依赖于对海量数据的管理、分析和再利用。数据驱动的科学研究和研究数据的管理与共享成为许多领域研究的重要基石。

近几年，美国、英国、澳大利亚等许多国家都开始重视研究数据的管理。2010年5月，美国科学基金会（NSF）推出新的研究数据共享政策，要求所有项目在申请时必须包括一个两页的数据管理计划，用来描述本项目将如何遵照 NSF 关于传播和共享数据的政策①。英国、澳大利亚等国的研究基金组织也都出台了相应的政策，要求研究人员制定数据管理计划，提供数据说明（Data deposition）。

随着各国政府和研究基金组织对数据管理重视程度的提高，科研数据管理已成为了科研计划不可或缺的组成部分，但实际的问题是有许多科研团体和科研人员对于数据管理的方法、流程、数据管理计划的制定等不熟悉，因此，迫切需要有关研究数据管理的基础设施及其相关服务。

1. 研究数据与研究数据管理

由于学科差异和目标的不同，目前对于研究数据（Research Data）尚没有形成一个统一的定义。英国爱丁堡大学②认为："研究数据，不同于其他类型的信息，是为产生原始研究成果而被采集、观察或创建的数据。"英国工程和物理科学研究委员会（EPSRC）③ 认为："研究数据是通常为科学界所接受的，用于验证研究发现的被记录的必要的事实材料。"英国数据保管中心（Digital Curation Centre，简称 DCC）认为：研究数据是"用一种形式化的方式对信息的重新解释进行表述，以适合交流、解释或处理。"英国研究信息网络（RIN）④ 认为，研究数据包括观测数据（observational）、实验数据（experimental）、仿真数据（simulation）、派生数据或编译数据（derived or compiled）、参考数据或规范数据（reference or canonical）。

虽然对于研究数据的定义有一定差异，但从上述定义可以看到，研究数据是研究人员在研究过程中使用的研究素材，既包括研究的原始数据，也包

---

① National Science Foundation. NSF Data Management Plan Requirements [EB/OL].[2014-2-17]. http://www.nsf.gov/eng/general/dmp.jsp.
② Edinburgh university data library research data management handbook [EB/OL].[2014-2-17]. http://www.docs.is.ed.ac.uk/docs/data-library/EUDL_RDM_Handbook.pdf.
③ EPSRC. Research Data [EB/OL].[2013-11-20]. http://www.epsrc.ac.uk/about/standards/researchdata/Pages/scope.aspx.
④ Edinburgh university data library research data management handbook [EB/OL].[2014-2-17]. http://www.docs.is.ed.ac.uk/docs/data-library/EUDL_RDM_Handbook.pdf.

括研究过程中分析、处理的中间结果数据，以及研究的最终成果。爱丁堡大学[1]在对于研究数据的探讨中，特别指出对于研究数据的管理，不仅包括研究数据对象，还包括研究记录，即项目文件、技术报告、研究报告、研究出版物等。同时，研究数据不仅仅是自然科学研究所涉及的科学数据，随着大数据时代的到来，人文和社会科学研究亦转向以数据为基础、以计算为方法的计算密集型研究，网络上的大数据，如社交数据、网络交易数据、网络行为数据、网络搜索数据等正构成人文和社会科学研究的新的基础，这些也是研究数据的范畴。此外，研究数据的格式也是多种多样的，可以是文本型的、数值型的、多媒体的，也可以是模型、软件、学科特有的（如天文学的 Flexible Image Transport System 格式文件）或设备特有的（如卡尔蔡司数码显微图像格式）。这就要求对于研究数据的存储、组织、管理、发布等要考虑不同数据类型的特点。因此，从广义上看，所有在研究中用到的数据都是研究数据，从狭义上看，依据不同的学科和管理目标，研究数据的范畴有不同的界定。

尽管对于研究数据尚没有统一定义，但对于研究数据管理的作用却有共同的认知。通过管理和共享研究数据将提升科学研究进程。一个好的研究数据管理实践将能有效验证研究结果，并在已有信息基础上进行新的创新性研究。英国联合信息系统委员会（Joint Information Systems Committee，简称JISC）认为：为确保数据当前使用目的，并能用于未来再发现及再利用，需要从数据产生伊始即对其进行管理和完善。对于动态数据集而言，这意味着需要进行持续性补充和更新，以使数据符合用户需求[2]。这就是数据保管（Data Curation）。

研究数据不同于一般的文献数据，它产生并贯穿整个研究工作流，因此，对于研究数据的管理，国内外学者普遍认为应该依据数据生命周期进行管理。数据生命周期是指从数据产生，经数据加工和发布，最终实现数据再利用的一个循环过程，其实质是依据科研过程来管理数据。如澳大利亚 Griffith 大学的研究数据管理框架[3]，就是依据研究活动的过程分为数据的发现和收集、清

---

[1] Edinburgh university data library research data management handbook [EB/OL]. [2014-2-17]. http://www.docs.is.ed.ac.uk/docs/data-library/EUDL_RDM_Handbook.pdf.

[2] Lord P, Macdonald A, Lyon L, et al. From data deluge to data curation [EB/OL]. [https://www.researchgate.net/publication/236870393_From_Data_Deluge_to_Data_Curation? ev=prf_cit.

[3] Wolski M, Richardson J. A Framework for University Research Data Management [EB/OL]. [2014-2-10]. http://www98.griffith.edu.au/dspace/bitstream/handle/10072/39672/69936_1.pdf;jsessionid=F957AAED395805497241C5CABAEA38D7? sequence=1.

理和处理、分析和计算以及最后的出版、长期保存和再利用四个阶段，采用分层的方法来设计和开发管理组件。英国数据保管中心将研究数据生命周期分成 9 个阶段见图 12.2，从概念化开始，创建、评估与挑选、长期保存、存储、获取和重用、改造以及部署，除了开始的概念化和最后的配置，其他每个阶段的输出是下一阶段的输入，七个阶段循环往复。围绕这 9 个阶段创建相关的政策和服务支持，而研究数据管理的核心是数据监管和保存。师荣华、刘细文[1]两位学者在综述了国外多种数据生命周期理论的基础上，认为：从内容层面看，一个完整的数据生命周期包括数据加工和知识抽取两个层次，数据加工是知识抽取的基础。数据加工又包括数据初次加工和数据再加工，前者包括数据存储系列环节；后者则是在一次加工基础上增加附加值。在知识抽取方面，主要在数据获取基础上进行的一系列高级活动，包括数据挖掘等知识发现活动。

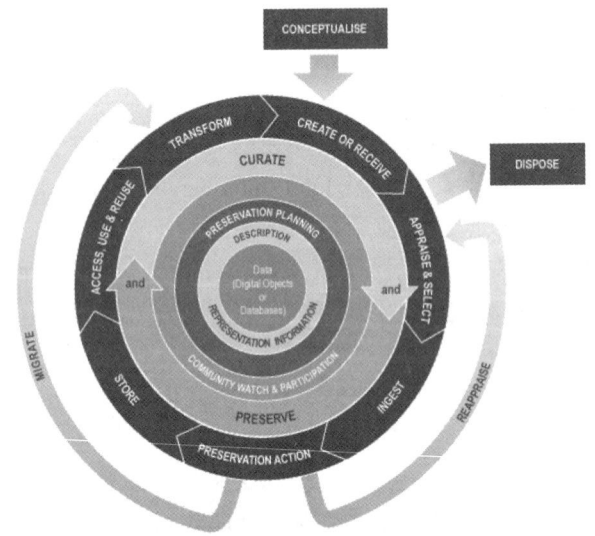

图 12.2　DCC 研究数据生命周期

资料来源：DCC Curation Lifecycle Model[2].

---

[1] 师荣华，刘细文. 基于数据生命周期的图书馆科学数据服务研究［J］. 图书情报工作，2011，55（1）：39-42.

[2] DCC Curation Lifecycle Model［EB/OL］.［2013-11-20］. http://www.dcc.ac.uk/resources/curation-lifecycle-model.

2. 研究数据服务现状

与数据生命周期相关的服务就是研究数据服务（Research Data Services）。从当前研究数据服务的实践来看，主要提供的是数据初次加工的相关服务，包括数据管理计划、数据监管（选择、长期保存、维护和存档）、元数据创建和转换①等，其核心是在数据存储服务上。

（1）研究数据存储服务

数据存储是研究数据再利用的资源保障，也是数据监管的基础服务。根据研究数据在存储库保存的时长可以分为短期存档（Archiving）和长期保存（Preservation）。数据的短期存档是面向暂时性的数据存储，作为面向长期保存的临时仓储，一般是建立机构性的数据仓储，一方面方便机构内部的数据共享，另一方面有部分数据可以转移到更高一层的机构库中。例如康奈尔大学图书馆建立的 DataStaR② 就是一个临时的存储库，用户可以上传数据到 DataStaR，通过选定特定同事实现研究过程中的数据合作与共享。这些已经公开的数据及元数据选择性地为学科专业机构库收割保存，机构库通过网络搜索引擎建立索引，在网络上发布，促进数据更大范围的数据共享。普渡大学图书馆的 D2C2③ 也是一个分布式数据保存中心，其中 e-Data 作为数据管理服务的试验平台，实现了对远程机构库以及网格上数据集的分布式存取。

数据存档不仅提供数据保存系统或仓储系统的存储支持，还需提供数据备份和安全服务。如 MIT 提供了 3copy 服务（原始、本地、远程），同时还提供云存储解决方案，在数据安全方面为了保障数据未来的持续可读性，提供非加密和非压缩的存储服务④。

数据的长期保存，是面向永久性的数据存储服务。长期保存是一种基于存档的活动，即使随着时间的流逝、在技术已经变化了的情况下，还能够对文档的数据进行存取⑤。面向数据长期保存的数据仓储和数据中心发展已久，有的是国家、政府支持建设的，如英国最大的人文社会科学数据存储（The

---

① Tenopir C, Sandusky R J, Allard S, et al. Academic librarians and research data services: preparation and attitudes [J]. IFLA journal, 2013, 39 (1): 70-78.

② DataStaR [EB/OL]. [2014-2-17]. http://datastar.mannlib.cornell.edu/.

③ D2C2 [EB/OL]. [2014-2-17]. http://d2c2.lib.purdue.edu/.

④ 马建玲, 祝忠明, 王楠, 等. 美国高校图书馆参与研究数据管理服务研究 [J]. 图书情报工作, 2012, 56 (21): 77-82.

⑤ 师荣华, 刘细文. 基于数据生命周期的图书馆科学数据服务研究 [J]. 图书情报工作, 2011, 55 (1): 39-42.

UK Data Archive，UKDA)① 已有 40 多年历史。美国航空航天局 1990 年开始着手建设的国家级科学数据中心 DAACs②，涵盖水文、大气、地壳、陆面等地球科学的相关研究领域；有的是基金会支持的学科数据仓储库，如澳大利亚社会科学数据存档（Australian Data Archive，ADA)③ 是全国领先的澳洲大学联盟，目的是收集和保存计算机可读的与社会、政治和经济事件相关的数据，并提供这些数据的存取服务。更多的是以机构自建立的仓储库。机构仓储库最初的目标是保存机构成员的研究成果，既有存储的功能，又提供发现和获取的功能。由于目前许多大学和研究机构都建立了自己的机构仓储，因此，很多大学基于机构仓储扩展成为数据仓储，开展数据的管理与服务。如美国哈佛—麻省理工数据中心（Harvard-MIT Data Center，HMDC)④ 是两校联合建立的数据仓储，供教师存储并检索数据；霍普金斯大学的谢里登学院图书馆建立了数字研究和长期保存中心（Digital Research and Curation Center，DRCC)，中心强调发展自动化工具、系统软件以减少成本，尤其重视对大规模的原生科研数据的收集和长期保存；澳大利亚国立大学超级计算机设施（Australian National University Supercomputing Facility，ANUSF)⑤ 提供对计算机、工程、社会科学和人文学科的大量项目的数据存储服务和计算支持，数据存储来源包括计算模型或是全国领先的澳洲大学联盟，目的是收集和保存计算机可读的与社会、政治和经济事件相关的数据，并使这些数据将来可获取⑥。

(2) 数据的发现与获取

与文献管理一样，帮助用户从海量数据信息中发现和获取研究所需的数据，主要提供数据检索、数据导航、集成融汇等服务。

例如由联邦政府部门提供资助，与莫纳什大学联合建设的澳大利亚国家数据服务（Australian National Data Service，ANDS）项目⑦，其数据发现服务通过 Research Data Australia 上的网络搜索引擎实现。ANDS 建立了一系列相互

---

① The UK Data Archive [EB/OL]．[2014-2-17]．http：//www．data-archive．ac．uk/home．
② DAACs [EB/OL]．[2014-2-17]．http：//nsidc．org/daac/．
③ Australian Data Archive [EB/OL]．[2014-2-17]．http：//www．assda．asn．au/．
④ Harvard-MIT Data Center [EB/OL]．[2014-2-17]．https：//projects．iq．harvard．edu/hmdc/．
⑤ Australian National University Supercomputing Facility [EB/OL]．[2014-2-17]．http：//anusf．anu．edu．au/．
⑥ 李晓辉．图书馆科研数据管理与服务模式探讨 [J]．中国图书馆学报，2011，(05)：46-52．
⑦ Australian National Data Service [EB/OL]．[2014-2-17]．http：//www．ands．org．au/．

关联的网页，并且能被 Research Data Australia 上的搜索引擎收割，每个网页还提供关于数据相关背景以及现有学科门户网站的链接，以帮助用户评估数据的相关性以及发现更多数据服务站点。这些由 ANDS 生成的网页在日益增加，且互联越来越丰富。

由于科研过程中所需要的数据并不仅仅存在于本机构内，因此，数据的发现和获取方式除了数据检索外，还可以通过构建数据门户，提供对数据的导航服务。通过链接方式链接到机构外的数据仓储，建立科研数据知识组织环境，把与数据管理相关的内容集成到一个系统内，统一进行管理。如爱丁堡大学图书馆建立的数据仓库（Data Library）[1]，目的就是支持用户发现、获取、使用和管理科研数据，使数据能够用于研究分析、教学和课程作业。

美国哥伦比亚大学图书馆建立的 CU Numeric Data Collection（也称为 Datagate）[2] 也是一个数据集目录，包括经济、社会学、政治、国际关系、人口统计和调查等多个学科领域的数字数据，提供对可在线获取的数据集链接，除了开放获取的数据，也包括图书馆订购的数据仓储。

集成融汇是将数据、文献集成到一个数字环境中，通过链接来获取文献和数据。如，中国科学院文献情报中心利用数据 SRU 技术实现了科技文献、科学数据、字典等的服务融合[3]。

（3）数据的共享和重用

很多数据集的价值甚至超过其原始的研究，关于研究数据共享方面的服务主要是提供数据引用（data citation）服务。数据引用就是通过一定的标识技术和机制，建立数据与数据之间的来源关系，类似于为文献资料附加参考书目。规范的数据引用可以增加科学数据的认可度，促进科学记录的合法引用；同时起到数据归档作用，促进未来研究中数据的验证和再利用[4]。如澳大利亚国家数据服务（ANDS）项目，从 2011 年底开始使用数字对象标识符（DOI）。DataCite 联盟要求用户提供最小数据集或集合的元数据，用于每个 DOI 的生成。目前 ANDS 的数据引用服务是一种机器对机器的服务，还没有网页可以用于个别研究人员的单个 DOI 访问。只提供一个注册研究软件或数

---

[1] Data Library [EB/OL].[2014-2-17]. http://www.ed.ac.uk/schools-departments/information-services/research-support/data-library.

[2] Datagate [ED/OL].[2014-2-17]. http://www.columbia.edu/cgi-bin/cul/resolve?APZ9144.

[3] 李春旺，王小梅，王昉等.基于 SRU 的集成服务平台设计与实现 [J]. 现代图书情报技术，2007, 10（2）：12-15.

[4] 李丹丹，吴振新.研究数据管理服务综析 [J]. 图书馆学研究，2012,（09）：54-59.

据归档软件系统的接口，进行自动数据创建或数据归档。

(4) 数据管理的咨询和协助服务

数据管理的咨询服务就是提供有关数据管理过程中的相关问题的解答和帮助。目前开展咨询服务的主要是图书馆，这也是目前图书馆开展的研究数据服务中的一项主要服务。

协助和指导科研人员完成数据管理规划，是数据管理咨询服务的一项重点工作。数据管理规划（Data Management Project, DMP）是研究数据管理实践活动和相关责任的文档，其目的是确保研究数据的质量、完整性和可重复性，以及适当的数据访问和后续研究的数据重用。随着各国对研究数据的重视，美国、英国、澳大利亚等欧美国家的大多数知名的研究资助基金会都要求研究人员在提交研究项目报告的同时，提交研究数据管理规划。而许多研究人员和研究团体对相关政策和管理计划的制定并不了解，因此，提供有关各基金机构数据管理政策、存储和元数据标准选择相关问题咨询，有关数据版权、知识产权咨询、数据引用、数据长期保存和备份等问题的咨询服务，可辅助数据管理计划的撰写，确定研究数据的类型和范围，帮助存储及元数据标准的制定，指导数据管理计划 DMPTool 等专用工具的使用等①。几乎现今提供研究数据服务的图书馆都有这项服务内容。

此外，在存储格式、存储流程、数据共享等方面协助科研用户进行数据管理。如耶鲁大学图书馆指导研究人员如何引用研究数据、引用涉及的元数据、引用格式等方面的咨询和帮助，如引用时需要描述的关键元素和 DataCite 系统要求的数据引用格式及相关标准等②。

数据管理咨询服务一般由图书馆的学科馆员承担，他们负责在图书馆网站上建立专门的数据管理服务网页，分门别类地组织各类咨询问题或服务的资料，引导和协助研究人员有步骤有计划地在研究工作中进行研究数据的管理。如麻省理工学院图书馆提供社会科学数据、地理 GIS 数据以及生命科学数据的咨询服务。该图书馆学科馆员利用其现有的人际关系网络，通过非正式交流了解研究人员的数据需求，积极参与到科研中，通过与研究人员合作来管理他们的数据。

---

① 马建玲, 祝忠明, 王楠, 等. 美国高校图书馆参与研究数据管理服务研究 [J]. 图书情报工作, 2012, 56 (21): 77-82.

② Library of Yale University. Research Data Management [EB/OL]. [2014-1-9]. http://guides.library.yale.edu/datamanagement.

国外的一些科学数据中心和图书馆嵌入科研团队进行数据管理协助服务。如美国国家大气研究中心地球观测实验室（EOL）[1] 数据中心围绕数据管理的生命周期为科研人员提供个性化数据管理服务，从数据规划、数据收集、数据加工、数据存档、数据发布到数据的长期保存等，数据中心工作人员融入科研环境，提供嵌入式服务。具体工作包括调查问卷发放、邮件列表、制订数据管理计划、网页开发与维护、GIS 支持、潜在数据资源调查、出版管理、特殊媒体创建和发布、数据长期归档和管理等。

(1) 基于研究数据管理的用户信息素养教育

信息素质教育是图书馆的一项基本职能。随着信息技术的发展和用户需求的变化，信息素质教育的内容也在不断改变。国外一些高校图书馆和协会组织已将研究数据管理纳入到信息素养教育的内容中，对科研人员和学生进行科研数据管理意识、知识和技能方面的培训。

根据研究数据管理的实践，与数据管理相关的信息素质教育主要分为三个部分：研究数据的组织，包括参考书目管理、文件传输和远程获取、版本控制等；研究数据的管理，包括数据备份、数据验证和鉴定、数据采集、分析、处理的文档记录、以及数据安全管理等；研究数据的存档和共享，包括数据存储的选择、版权和许可、元数据管理等[2]。

国外不少大学已经将数据管理的相关内容纳入学生信息素质教育中。2008 年，澳大利亚国家数据服务（Australian National Data Service，ANDS）资助澳洲国立大学的信息素养教育，制定了一个关于研究生数据管理的培训规划；美国麻省理工学院图书馆把科研数据管理纳入其信息素养教育范围内，制定统一的数据管理规划清单和模板，同时提供详细的数据管理手册、课件供下载利用，用户可以选择参加专题讨论或在线自助学习。其培训的形式和内容也在持续完善中，已成为学生课程内容的一部分；美国斯坦福大学图书馆将科研数据培训与虚拟校园课程相结合，供学生注册后免费学习；爱丁堡大学图书馆开发了数据管理的在线学习教材，包括数据管理的成功实践案例、关于数据管理的视频采访及软件使用方面的经验等，这些内容与研究生课程整合在一起，可在线获得。

---

[1] Earth Observing Laboratory [EB/OL]. [2014-2-17]. https://www.eol.ucar.edu/.
[2] 李晓辉. 图书馆科研数据管理与服务模式探讨 [J]. 中国图书馆学报，2011，(05): 46-52.

（2）数据管理的增值服务

为了在更大范围内发挥数据的作用，还可以对数据进行再加工，提供数据的增值服务，如数据可视化、文献和数据的链接等[1]。目前，国外已有一些图书馆开展了此类服务的尝试。如德国国家科技图书馆（TIB）就利用 DOI 系统，通过分配数据集数字对象唯一标识符，实现文献和科学数据的交叉链接。哈佛大学的"Dataverse Network"项目包括科研数据出版、共享、参考、抽取和分析等各个方面，为大学及其他机构提供数据出版系统的全部解决方案，并提供数据分析服务，产生正式的数据引用（data citation），通过 SPSS 和 STATA 分析数据表，并可提供下载，使数据服务的层次不断深化[2]。

数据加工的最高等级就是知识抽取活动，包括数据挖掘、数据分析、数据融合等，这些将是未来数据管理服务的发展方向。

3. 研究数据服务的发展趋势

图书馆界普遍认为，研究数据管理是图书馆未来发展的一个新的服务生长点，是图书馆嵌入科研过程中、支持和服务科研的最佳方式。学术图书馆界已把数据保管（data curation）作为 2012 年的十大趋势之一[3]。然而，Tenopir 等"关于美国和加拿大的大学图书馆开展研究数据服务的现状与未来计划的调研"[4] 显示，在调研的 226 所美国研究图书馆协会（ACRL）的学术图书馆成员中，有 3/4 的 ARL 图书馆没有提供研究数据服务。

研究数据服务作为一项新兴的网络信息服务，它的直接驱动力源于政府和研究资助机构对于开放数据的一系列强制性政策。如美国白宫科技信息政策办公室（OSTP）在 2013 年发布联邦资助的元数据、同行评审的出版物和数字数据必须向公众开放[5]。随着科研模式的变化和开放数据运动的发展，学术研究人员对于研究数据管理方面的需求仍将不断增强。对于图书馆而言，

---

[1] 师荣华，刘细文. 基于数据生命周期的图书馆科学数据服务研究 [J]. 图书情报工作，2011，55（1）：39-42.

[2] Crosas M. The Dataverse Network®: An Open-Source Application for Sharing, Discovering and Preserving Data [Journal Article]. D-Lib Magazine, 2011, 17 (1/2).

[3] ACRL. 2012 Top Ten Trends in Academic Libraries [J]. College & Research Libraries News, 2014, 73 (6): 311-320.

[4] Tenopir C, Sandusky R J, Allard S, et al. Academic librarians and research data services: preparation and attitudes [J]. IFLA journal, 2013, 39 (1): 70-78.

[5] 美国图书馆界与出版商界围绕联邦开放获取政策展开博弈 [J]. 中国图书馆学报，2013，39 (6): 124.

研究数据服务为图书馆开辟了一个新的发展机遇，是增强图书馆的可见性、提升影响力的有效途径。但研究数据服务在未来发展中将面临许多挑战，既有有技术、政策、法律方面的挑战，也有图书馆自身资源状况、服务能力等方面挑战①。如何面对和解决这些挑战，就是研究数据服务发展的方向。

四、趋势四：图书馆出版服务——从服务提供者到内容创建者

2013年9月，"图书馆出版联盟"正式启动，为开展图书馆出版服务的图书馆提供了一个交流和互助中心。在Educopia机构的支持下，115家学术和研究型图书馆结成合作网络，以支持不断发展的、分布式的图书馆出版实践②。图书馆出版是指由高校图书馆主导的，以支持学术、创新性教育成果的创建、传播和管理的一系列活动③。

在开放获取实践中，图书馆已经参与了一些内容创建领域的工作，如文化遗产的数字化工程、开发机构仓储等，图书馆出版服务的发展则代表了图书馆参与学术成果生产和传播的一种新的形态，能够有效提升机构内部出版成果质量，减少出版物成本④。

图书馆出版服务最直接的激发因素是开放获取运动。开放获取运动打破了原有的学术交流体系，并将在未来10-15年成为主流的学术交流模式。英国哥伦比亚的电子图书馆网络的Heather Morrison指出：当前对学术出版的主要经济支持来自图书馆（约为73%），将这些支持转向开放获取将是实现这种转变的关键。根据计算，一个学者主导的开放获取出版系统的花费可能比图书馆当前用于订购的钱要少将近96%。在开放获取运动中，图书馆的资源范围得到了扩大和延伸。同时，开放获取运动也激发了在校师生的出版需求。为了更好地促进学术资源的开放获取，在新的学术交流链中增加价值，图书馆出版服务在这样的情况下应运而生的。

目前，图书馆出版服务通常以学术期刊为主，如2006年启动的SCOAP

---

① 肖潇，吕俊生. E-science环境下国外图书馆科学数据服务研究进展 [J]. 图书情报工作，2012，(17)：53-58.

② Herther N K. The Library Publishing Coalition – A Milestone in Evolution of Scholarly Publishing [EB/OL]. [2014-2-9]. http://newsbreaks.infotoday.com/NewsBreaks/Library-Publishing-Coalition-A-Milestone-in-Evolution-of-Scholarly-Publishing-88253.asp.

③ Wikipedia. Library publishing [EB/OL]. [2014-2-9]. http://en.wikipedia.org/wiki/Library_publishing.

④ Di Cesare R, Giannini S, Luzi D. Towards an e-Publishing library service in Humanities and Social Sciences: a feasibility study [J]. IOS Press, 2013, 33 (2): 191-199.

（sponsoring consortium for open access publishing in particlephysic）项目，在 2014 年将实现高能物理领域 90% 以上高水平论文的开放出版[1]。现在也开始出版学术专著和会议录等。图书馆出版通常优先考虑开放获取出版。大多数提供电子出版，少数提供按需印刷。图书馆出版联盟的调研显示：大约 3/4 的出版项目出版 1~6 种学术期刊，有半数的出版项目出版会议录、技术报告或专著。此外，除了提供学术成果的直接出版外，出版服务还包括版权咨询、数字化服务和同行评议管理[2]。

为了避免与出版社构成正面竞争，图书馆在出版内容的选择上与出版社有所区分，或作为传统学术出版物的补充。事实上，有很多图书馆的出版服务是与本机构出版社合作进行的，如匹兹堡大学图书馆出版服务出版同行评议期刊，也与大学出版社合作出版开放获取专著。图书馆出版服务出版小众成果，或商业与传统出版商认为有风险和收益少的非主流语言成果。

图书馆提供出版服务已得到国外图书馆界的广泛认同。有关图书馆出版服务的多项调查显示，大多数图书馆对图书馆出版服务感兴趣，或已经开展了相关服务或项目，并将其作为面向机构出版物管理的增值服务，在开放获取中承担更重要角色和作用的有效途径[3][4][5]。

作为信息服务提供者，图书馆已经接触校园中的每一个学术项目；他们广受教师和学生信任，因为他们与权威信息源链接；他们有在信息管理方面有知识的员工，包括为长期保存和传播设计的系统创建和托管。因此，图书馆界认为出版服务是图书馆支持知识创造、扩展资源来源、更好服务读者的一项新的增值服务，是图书馆在新的学术交流系统中的一个新的角色。而"图书馆出版联盟"的成立正是这项服务深入开展的标识。

---

[1] 曾燕, 郑建程, 赵艳, 等. SCOAP3：开放出版新模式及其影响 [J]. 图书情报工作, 2013, 57 (1)：37-42.

[2] A. J, B. S. From Service Providers to Content Producers：New Opportunities For Libraries in Collaborative Open Access Book Publishing [J]. New Review of Academic Librarianship, 2010, 16 (S1)：28-43.

[3] Laura B, R G, M R. University Publishing In A Digital Age [EB/OL]. [2014-2-16]. http://www.sr.ithaka.org/research-publications/university-publishing-digital-age.

[4] Hahn K L. Research library publishing services：new options for University publishing [EB/OL]. [2014-2-16]. http://www.arl.org/storage/documents/publications/research-library-publishing-services-mar08.pdf.

[5] Mullins J L, Murray-Rust C, Ogburn J L, et al. Library Publishing Services：Strategies for Success [EB/OL]. [2014-2-14]. http://docs.lib.purdue.edu/cgi/viewcontent.cgi?article=1023&context=purduepress_ebooks.

图书馆出版服务也是一个正在发展中的新生事物，还有许多问题有待在发展中探讨和研究。目前，图书馆出版服务最核心的问题是运行经费来源和可持续发展模式，这也是保障和开展图书馆出版服务的关键。在开展的现有出版服务中，资金来源多样，包括图书馆预算拨付，来自机构的短期资助和赠予支持等。SCOAP3 的经费保障模式为开放出版提供了一种新的模式，将图书馆的订购费转为开放出版的服务费[1]。预计未来出版计划的资金有较大比例来自于服务费、产品收入、扣款、特许权使用费和其他程序产生的收入。此外，图书馆还需加强与其他机构或部门的合作。与出版商合作，以加强他们对图书馆出版服务的支持；与技术中心合作，以获得他们在数字发布平台的技术方面的支持。

五、趋势五：物联网——让图书馆服务与管理智能化

物联网的发展和应用带来人们对智能图书馆的探讨和研究。李峰等[2]学者认为，智能图书馆是利用物联网技术，包括 RFID 技术、传感器技术、Wifi 无线通信技术、计算机网络技术等多种技术，实现图书馆的图书感知、环境感知、人员感知，形成一个集服务与管理于一体的全方位、智能化的体验环境。物联网技术是智能图书馆实现的关键技术之一。

物联网在图书馆的最早应用是基于 RFID 技术的智能馆藏管理。RFID 技术最早是在北美一些国家图书馆开始应用，世界上最早采用 RFID 技术的图书管理系统是新加坡国家图书馆。我国最早采用 RFID 项目的是深圳图书馆，但近两年，国内图书馆建设和应用 RFID 系统处于高峰时期，据不完全统计，国内已有近百家图书馆实施了 RFID 智能馆藏系统。

目前，已经运作的 RFID 系统改进了图书的借阅效率（由册借还转为批借还），使馆藏流通取得了很大成效。对图书馆的馆藏资源实现智能管理，简化图书馆的整架、理架等工作，并与自助系统结合，实现自助借还，可以有效减少图书馆人工成本。

虽然冠之为"智能"，RFID 智能馆藏管理系统的实际应用远未达到真正意义上的智能管理。其突出问题就是图书的精准定位。对于开放式管理来说，

---

[1] 曾燕，郑建程，赵艳，等. SCOAP3：开放出版新模式及其影响 [J]. 图书情报工作，2013，57（1）：37-42.

[2] 李峰，李书宁. 基于物联网技术的智能图书馆发展研究 [J]. 图书情报工作，2013，57（5）：66-70.

图书未借却不在架是常见的问题。RFID 系统能够找到错架图书，却不能发现未在架图书。RFID 智能馆藏管理系统的应用只是物联网技术在图书馆中应用的一个初期案例。基于物联网的智能图书馆系统目前还多在理论探讨阶段，真正实现智能图书馆还有待于更深入地探讨物联网技术与图书馆服务的结合。

第三节　网络信息服务重新定义图书馆的未来

图书馆消亡论不是最近才有的，从最早提出无纸社会的兰开斯特，到最近在图书馆界引起轰动的《2050 年大学图书馆尸检报告》[1]。这些以不同方式反映了人们对技术冲击下的图书馆生存的忧虑。

图书馆所面临的现实环境也确实令人担忧。2005 年 OCLC 的调研报告让图书馆界震惊，第一次以鲜明事实说明了，用户的信息门户已经转移，转向通用搜索引擎。后面的诸多调研报告显示这种趋势并没有改变，反而更加显著[2]。2008 年 Google 提出建立 Google 数字图书馆计划又如一枚重磅炸弹引起图书馆界的震惊和恐慌，引来一片"狼来了"的呼声。而后，更多商业机构进入信息服务领域，所提供的服务不仅覆盖文献检索、文献提供与保存等图书馆原有的信息服务领域，还推出个性化定题选报、研究能力评价、竞争力分析、态势综述等更多高附加值的服务[3]，与图书馆直接构成正面竞争。最近的一些数据显示实体图书馆和传统服务呈现下降趋势，康奈尔大学的最近一项调查结果[4]显示：在过去的 5 年里，图书馆参考咨询服务减少了将近 30%，教学指导下降了 17%，实体到馆人次下降为每年 400 万人次；实体资源借还下降了 38%。而国外一些图书馆的财政预算开始处于下降趋势，如最新报道，纽约公共图书馆 2014 年的财政拨款比上一年缩减 5%[5]……是否真如某些人所说，图书馆已经开始衰退，在数字化浪潮中最终将淡出历史舞台？

---

[1] 初景利，杨志刚. 物竞天择，适者生存——图书馆新消亡论论辩 [J]. 图书情报工作，2012，56（11）：5-11.

[2] Housewright R, Schonfeld R C. US Faculty Survey 2012 [EB/OL]. [2013-12-8]. http://www.sr.ithaka.org/research-publications/us-faculty-survey-2012.

[3] 张晓林. 研究图书馆 2020：嵌入式协作化知识实验室?[J]. 中国图书馆学报，2012，38（1）：11-20.

[4] Kenney A R. less with less [EB/OL]. [2013-11-9]. http://www.arl.org/storage/documents/publications/mm13sp-kenney.pdf.

[5] Barack L. New York Libraries Face Five Percent Cut. [EB/OL]. [2014-2-7]. http://www.slj.com/2014/02/public-services/new-york-libraries-face-five-percent-cut/.

一、图书馆核心职能的嬗变及新环境的挑战

图书馆存在的历史已有上千年。从古代的藏书楼到近代图书馆再到现代图书馆，图书馆的职能也随着社会发展而不断变化。

古代藏书楼以收集图书典籍为目的，由于知识为少数人垄断、独享，因此其核心职能就是"收藏"，兼有一些书目整理工作。图书馆是封闭的，只对少数人开放。近代图书馆的标志是从英国工业革命开始，社会生产要求劳动者掌握知识和技能，图书馆一定程度承担了教育职责，从少数人占有转向对社会开放。这个时期图书馆的主要职能从单纯收藏转为藏用兼顾，从简单整理扩展到采访、处理、存储和传递等。现代图书馆是以电子计算机技术应用为标志。信息技术应用，使图书馆的藏书结构、服务方式、服务手段都发生了改变，其核心职能也随之不断扩展。根据1975年国际图联在法国里昂会议，图书馆的社会职能主要是：保存人类文化遗产、开展社会教育、传递科学情报、开发智力资源，后来又增加了提供文化娱乐。进入21世纪以来，在网络和计算机技术发展的驱动下，图书馆从服务内容到服务方式都发生了巨大变化，从实体图书馆转向物理与数字图书馆相结合的复合图书馆模式，但其主要职能依然是围绕信息资源的收集、整理、保存、传播等基本职能展开。

随着开放获取日益成为学术交流的主流形式，图书馆面临的环境发生了重大变化：

1. 开放信息环境颠覆图书馆原有的信息资源体系

资源是图书馆提供服务的基础。图书馆自建立之初，其资源基础就建立在本地化资源之上的，以正式出版物，如图书、期刊等为主要供应。

进入数字时代后，随着用户对信息资源需求的变化，馆藏形式逐步转为印本文献与数字文献并存，资源提供从本地拥有转为本地存取的模式。通常，图书馆以订购方式获取数据库商的资源使用权，或直接购买成为本地镜像，资源基础仍是通过采购获得的本地化资源，但图书馆的主要功能依旧是对所采购的资源（包括数字资源）进行组织并提供检索服务[①]。

图书馆这种资源发展模式与即将到来的开放信息环境存在严重冲突。近几年，开放获取运动发展迅猛。学术期刊的开放获取是最先开始，也是发展最快的。目前，自然科学的某些领域（如高能物理）将在2014年实现绝大多

[①] 刘细文 张晓林 曾燕. 开放学术信息资源环境的挑战及其应对策略[J]. 图书情报工作, 2012, 56 (19): 5-12.

数学术论文开放出版；根据 Peter Binfield 预测，"到 2016 年，约 100 个超级开放获取期刊就能覆盖全球近 50% 的科技文献，另外的文献则由 100 种高质量传统期刊收录"①。开放图书虽然刚刚开始尝试，但图书数字出版日益成为主流模式，与终端化的销售模式结合，直接越过图书馆，提供给读者②。截止 2008 年，全球 STM 图书六强出版机构的图书数字出版比例已达 80%③。这对图书馆两大主要的信息资源基础构成威胁。而其他方面的开放资源正迅猛发展，从机构知识库、开放教育资源，到最近开放数据带来的科学数据保存中心的发展，越来越多的信息资源开放呈现在网上。如果大部分资源都能开放获取，图书馆将失去采购和馆藏的必要。

正如 Rick Anderson 在《研究图书馆的危机》④ 一文中指出，那种以馆藏为基础、解决"信息稀缺"为目标的研究图书馆的传统组织结构、实践以及观点都日益走向一个死胡同。

2. 数字信息环境改变了用户需求和行为

随着数字化资源的发展，用户从对印本资源日益转向数字资源，并且用户"E 化"趋势日益显著。康奈尔大学图书馆的最新调查⑤显示，电子资源仓储逐年增长，从 5 年前的 18.3% 增长到 71.8%，电子文章的下载量每年增加，2012 年达到为 500 多万次，用户使用电子资源的比例从 8.2% 上升到 14.4%。

很多报告已经表明，图书馆通常不是发现信息的第一来源。公共的、通用搜索引擎成为信息门户，并且其重要性依旧在增加。2013 年 Inthaka S&R 最近的调查⑥显示，自 2003 年到 2013 年，教师以搜索引擎开始研究的比例增了 15%。

---

① Long M P, Schonfeld R C. Ithaka S+R Library Survey 2010: Insights From U. S. Academic Library Directors. [EB/OL]. [2013-12-9]. https://doi.org/10.3886/ICPSR33862.v3.

② 孙坦. 开放信息环境：学术图书馆信息资源建设的重定义与再造 [J]. 中国图书馆学报, 2013, 39 (3): 9-17.

③ 孙坦. 开放信息环境：学术图书馆信息资源建设的重定义与再造 [J]. 中国图书馆学报, 2013, 39 (3): 9-17.

④ Anderson R. The Crisis in Research Librarianship [J]. The Journal of Academic Librarianship, 2011, 37 (4): 289-290.

⑤ Kenney A R. Less with Less [EB/OL].[2013-11-9]. http://www.arl.org/storage/documents/publications/mm13sp-kenney.pdf.

⑥ Housewright R, Schonfeld R C. US Faculty Survey 2012. [EB/OL].[2013-12-8]. http://www.sr.ithaka.org/research-publications/us-faculty-survey-2012.

用户注意力成为稀缺资源，图书馆要与用户注意力竞争，需要提供对信息源和信息即时的、无缝的获取，以保持其现有地位。与发现相比，用户更注重获取。Inthaka S&R 调研[①]显示，免费获取的资料在满足教师研究需求中发挥了重要作用，对于免费联机资料的使用仅次于本地图书馆馆藏，如果从本地图书馆不能立即获取所需的资料，教师首选策略就是"在线搜索免费的资料"。

随着数据密集型科研新范式的建立，科研人员需要新的基础设施来支持知识创新。"慕课"动摇了现有的高等教育模式，也模糊了图书馆原有的服务边界，需要为更广泛的用户提供学习支持，提供对新的教学方式的支持。

3. 商业机构和其他组织不断侵蚀传统图书馆服务领域

Google 数字图书馆计划的推出，代表商业机构开始进入图书馆传统服务领域。其实，早在 Google 数字图书馆提出之前，图书馆在文献收集、组织、发现、传递等多方面的职能都受到外部机构的挑战，这些外部机构与图书馆在数字环境下争夺用户注意力。越来越多的第三方知识服务产品日益侵蚀着学术图书馆服务空间的拓展。从 Web of Science 到 Scopus，全方位地对学术图书馆的文献服务、信息检索、计量分析、关联发现等各层次的服务带来巨大冲击和替代[②]。而在以开放获取为主要模式的新的学术交流环境中，图书馆的参与还没有得到充分认可。

二、网络信息服务强化未来图书馆的核心职能

1. 改变信息资源建设模式，构建开放的信息资源体系

随着开放获取运动的发展，一方面，图书、期刊两大主要资源的图书馆信息保障能力被弱化，以本地化资源为基础的信息资源体系和以采购为主的资源建设模式受到挑战；另一方面，用户需要的大量的开放资源还不能得到很好支持。开放环境既为图书馆提供了前所未有的挑战，也为图书馆提供了前所未有的资源保障。

---

① Housewright R, Schonfeld R C. US Faculty Survey 2012. [EB/OL]. [2013-12-8]. http://www.sr.ithaka.org/research-publications/us-faculty-survey-2012.

② 孙坦. 开放信息环境：学术图书馆信息资源建设的重定义与再造 [J]. 中国图书馆学报，2013, 39 (3): 9-17.

孙坦博士[①]认为，学术图书馆信息资源建设模式重构的目标是：构建网络开放信息环境中的信息（知识）资源设施 Information Commons，即面向开放信息环境构建覆盖各类信息对象的开放信息资源体系，通过知识表示技术转换为可计算的开放知识资源体系，支撑面向用户驱动的开放知识服务的数字知识资源生态环境。

开放的信息资源体系不是仅包含开放信息资源，而是应该既包括印本资源，也包括数字资源；既包括以订购方式购买的第三方数字资源，也包括网上开放获取的各类资源。

在一定阶段，用户印本资源的需求仍然是存在的。Inthaka S&R2013 年的调查[②]显示，认为在五年内印本收藏不再是研究图书馆中的必要收藏的人数比例为：人文学者9%，社会科学学者19%，自然科学学者18%。与2009年的调研结果相比，这个比例虽有增加但还不是主流。印本资源在一定时期仍是与数字资源并存的，也是开放的信息资源体系中的必要组成。

开放获取运动也是一个渐进的过程，在一定时期图书馆仍然需要依赖第三方数据库商对信息资源的保障和提供。以上两个方面，在现有的信息资源体系中已经存在。而对于网络上越来越多的开放信息资源，未来图书馆需要建立有效的开放资源发现和获取机制。

面对开放信息环境，未来图书馆需要在整个数字空间发现、评估、采集、描述和组织各类信息资源，一是要做好开放资源的评估和质量控制，针对不同类型开放资源从内容质量、访问管理、利用许可等多方面进行评估，并考虑开放协议、访问接口、知识产权等方面的约束；二是对开放资源进行登记、发现和集成。规范化集成登记各类开放资源是有效解决开放资源发现的有效途径；三是关注开放资源使用政策与协议，保障开放资源的合理使用；四是在使用许可框架内推动开放资源本地化开放仓储和长期保存[③]。

开放的信息资源体系将是动态发展的，并且基于用户需求驱动可以实现个性化定制。

---

① 孙坦. 开放信息环境：学术图书馆信息资源建设的重定义与再造 [J]. 中国图书馆学报，2013，39（3）：9-17.

② Housewright R, Schonfeld R C. US Faculty Survey 2012. [EB/OL]. [2013-12-8]. http://www.sr.ithaka.org/research-publications/us-faculty-survey-2012.

③ 孙坦. 开放信息环境：学术图书馆信息资源建设的重定义与再造 [J]. 中国图书馆学报，2013，39（3）：9-17.

2. 从信息发现到知识发现

在传统的基于印本资源的时代,知识被封装在图书、期刊等物理载体之中,到了数字化发展初期,知识也是被封装在数字文献对象中,因此,原有的信息描述与组织体系,是基于描述性元数据的文献集成与系统互操作,信息资源主要呈现为 PDF 文档和自由文本形式的文献对象,缺乏结构化、数据化、语义化描述与知识组织,主要提供基于元数据的关键词检索和部分概念检索,缺乏语义搜索与知识发现服务[①]。

开放的信息环境,是一个有各种类型、各种格式的数字对象的数字空间,有规范化、结构化的数据,如数字期刊、电子图书、研究报告,也有非结构化的、游离的数据,如社交网络、科学数据、各类经济、社会、产业信息等。因此,要实现从信息发现到知识发现的转变,首先要打破原有的文献单元,利用开放关联数据和本体标注方式对知识内容进行标注,最终通过语义标注将开放信息资源转化为可计算的开放知识,实现知识发现[②]。

3. 从文献传递到知识传递

文献传递是图书馆的一项基本职能,是指将传统印本文献传递给客户的服务。最早的文献传递活动仅限于本馆内,随着图书馆合作和共享的开展,文献传递发展到图书馆之间、地区之间,甚至国家之间。在数字信息时代,文献传递所涉及的内容及获取方式都在发生变化。一方面,随着用户 E 化趋势的发展,对印本文献的需求呈下降趋势,文献传递量在下降;另一方面,文献传递的频谱范围在扩大,人们期待文献传递能够从开放资源、机构知识库或专业知识库、大规模数字化馆藏,以及其他网络资源来提供文献,尤其是灰色文献和特殊文献(科技报告、专利以及其他非常规非正式出版物)[③]。

当文献传递需求超越了传统的馆藏出版物范围,就需要建立新的支持全谱段文献传递的机制。首先,要建立直接面向用户的文献传递系统;其次,文献传递与学科馆员结合;

[①] 孙坦. 开放信息环境:学术图书馆信息资源建设的重定义与再造 [J]. 中国图书馆学报, 2013, 39 (3): 9-17.

[②] 孙坦. 开放信息环境:学术图书馆信息资源建设的重定义与再造 [J]. 中国图书馆学报, 2013, 39 (3): 9-17.

[③] 张晓林. 从文献传递到知识传递:面向未来的模式转变?——参加 ILDS2009 会议有感 [J]. 图书馆杂志, 2010, (2): 2-5.

对于未来图书馆知识传递范式的设计,张晓林教授[①]基于科恩系统框架,提出,以馆藏出版物为基础的文献传递系统可以向三个方向发展:一是传递内容可以扩大到非正规出版物、开放出版物、开放机构知识库、灰色文献、科学数据等;二是可通过开放出版物目录、开放知识库目录、科学数据共享系统、专门领域知识组织环境,以及专门"随机和非出版机构"采购机制等来形成可靠和可持续的组织控制的渠道,其中有些应纳入"资源建设体系"专门建设,有些则需要通过发现与集成利用第三方资源来形成;三是文献传递与参考咨询结合,充分利用专业学科馆员的学科知识和语言能力,帮助用户确定内容、发掘供应者,并与资源拥有者取得联系,最终获取。这样,文献传递由原来仅支持馆藏正式出版物的传递,转变为可以支持全谱段文献传递,并扩展到以知识服务支撑的内容传递和获取。

4. 从文献服务到知识服务

文献服务或信息服务,都是基于文献单元的图书馆服务。知识服务以信息知识的搜寻、组织、分析、重组的知识和能力为基础,根据用户的问题和环境,融入用户解决问题的过程之中,提供能够有效支持知识应用和知识创新的服务[②]。因此,知识服务强调的是融入了图书馆员知识和智慧体现了知识增值性的一种高智力的服务[③]。可见,知识服务的两个重要特征,一个是知识组织,另一个是嵌入用户过程,问题驱动。

在当前的图书馆实践中,已经有了一些初级的知识服务。其中,学科馆员服务就是比较典型的一种知识服务。科学服务的发展历史已有几十年,其模式从简单的联络服务向直接支撑科研过程的深度服务转变,学科服务的内容也正在从提供文献检索、培训、咨询服务向知识管理与知识服务转变。如中国科学院国家科学图书馆的学科馆员就是嵌入用户科研环境的知识服务[④]。学科馆员服务的主要场所不是在图书馆的办公室,而是全院 116 个服务单元(研究所、野外台站)的一线和用户所在的各种虚拟空间。学科馆员运用自己的学科知识、文献情报技能和良好的服务能力,为用户提供包括检索和工具

---

① 张晓林. 从文献传递到知识传递:面向未来的模式转变?——参加 ILDS2009 会议有感 [J]. 图书馆杂志,2010,(2):2-5.

② Zickuhr K, Rainie L. E-Reading Rises as Device Ownership Jumps [EB/OL]. [2014-1-29]. http://www.pewinternet.org/Reports/2014/E-Reading-Update.aspx.

③ 初景利. 图书馆服务要实现战略重心转变 [J]. 城市图书馆研究,2012,(1):56-60.

④ 范广兵,初景利. 泛在图书馆与学科化服务 [J]. 图书情报工作,2008,52 (1):105-108.

的培训、文献信息咨询、学科情报研究、研究所资源配置分析、用户个性化知识环境构建等服务。未来图书馆将更多的作用于数字空间中的科研和教学活动。

要实现知识服务，首先要将服务的着眼点从关注媒介层面转化为知识内容层面，打破文献单元的限制，深入到科研或任务过程之中，根据科研或任务需要，对细粒度的知识单元进行重组、挖掘、萃取、分析、调用，生成直接支撑科研或任务过程的增值知识成果，提高工作效率和效益。未来图书馆的成败，很大程度上将取决于图书馆员嵌入用户过程提供知识服务的能力和效果①。

5. 从文化遗产保存到数字文化遗产的长期保存

保存是图书馆的最基本的职能，也是图书馆最早就具有的职能。在开放的、数字的信息环境中，保存有着更为重要的意义。从某种程度上讲，数据比印本文献更为脆弱。存储在网络和计算机上的数据，如果脱离了操作系统和解释他们含义的软件，就是一堆毫无意义的二进制代码，可存储介质的损毁对于数据来讲，往往是灾难性的。

另一方面，随着互联网、物联网等的发展，对自然的观察、记录，人们的生活、工作、学习都日益转移到数字化的网络空间，与原先的物理世界相比，人类的科学研究、文明传承主要通过世代积累的文献留存，这也是图书馆在人类历史中所起的关键作用。而数字空间的记录，与原来的文献相比，记录的更为翔实和具体，然而，一旦丢失或丢失其中一部分，就是人类文明的断裂。因此，未来图书馆更要承担起数字文化遗产长期保存的职责和任务。

"国家数字信息基础设施暨保存计划"②（NDIIPP）由美国国会资助，形成了覆盖25个国家和44个州共185个参与者的合作保存网络，开发了一个分布式的技术基础设施，保存了超过1400个濒危的数字资源集合。美国国会图书馆是这个计划的主要参与者。图书馆应该更积极地参与数字文化遗产的长期保存，分工合作，共同将人类的文明传承和延续下去。

---

① 初景利. 图书馆服务要实现战略重心转变 [J]. 城市图书馆研究，2012，(1)：56-60.
② 美国国会图书馆. 国家数字信息基础设施暨保存计划 [EB/OL]. [2014-1-29]. http://www.nlc.gov.cn/old/nav/nlibs/us/prog.htm.

三、网络信息服务培育未来图书馆的新职能

1. 研究数据服务

随着"数字宇宙"的不断扩大,形成了被称之为"大数据"的研究基础。各国政府、研究机构已经发现了"大数据"的价值,并出台相关措施,加强研究数据管理,支持数据复用和创新。

对于图书馆来说,研究数据管理是一个新的服务领域。图书馆原来主要是对文献进行管理,无论是印本文献还是数字文献。而数据的形式则广泛的多,除了包含图书馆原有的资源范畴,如数字文献,还有大量种类不同的数据类型,特别是随着互联网的发展,网络上大量异构的、非结构化的数据也将成为管理的对象。这对数据管理提出挑战,我们原有的在文献管理方面的技能和知识,是否足以应对现在纷繁复杂的数据对象?

研究数据管理一方面使图书馆从单纯收集科学研究的终端产品,发展为介入科学研究的过程,并为用户提供更有针对性的服务,另一方面又有利于研究数据的收集和共享。但图书馆要在研究数据管理方面提供更为有效的服务,还需要深刻理解不同学科领域的科学工作流和研究数据管理的本质含义,准确把握服务要点,探索实践优化的工作模式,适时地嵌入科学工作流[①]。未来图书馆需要在研究数据管理方面进行更深入的研究和探讨。

2. 图书馆出版服务

以图书馆出版为代表的内容创建目前并不是图书馆界广泛开展的事情,目前也主要集中在欧美国家的一些图书馆。但内容创建对于图书馆界的意义却是重大的。

从传统学术交流链来看,图书馆的上游是出版社,出版社负责学术交流成果的生产。即使到数字环境下的学术交流中,虽然图书馆参与了文化遗产数字化、机构知识库构建等包含内容创建方面的工作,但并不是真正意义上的内容创建,一个是属于原有资源的知识载体形式的转换,另一个更多的工作是信息的采集和整理。图书馆出版服务则使图书馆转变为知识的生产者,从服务提供者变成内容创建者,将重新树立图书馆在未来新的学术交流环境中的角色和位置。

---

① 张晓林. 研究图书馆 2020:嵌入式协作化知识实验室?[J]. 中国图书馆学报, 2012, 38 (1): 11-20.

从古代图书馆到现代图书馆核心职能的嬗变，可以看到图书馆在每一阶段的革新和变化都反映出其适应环境变化的努力，并很好完成了其在社会运转系统中的使命。

核心职能也是一个动态变化的、不断发展的。面对开放环境所带来的变化，图书馆正充分利用技术创新，顺应环境和用户的需求，发现自己定位，重塑图书馆的价值。还是阮冈纳赞那句著名的话，"图书馆是一个生长中的有机体"。